ヘーゲル国家学

神山伸弘

法政大学出版局

若者たちへ

本書の出版は、跡見学園女子大学学術図書出版助成による。

ヘーゲル国家学◉目次

ヘーゲル国家学

凡例

一、引用にさいしては、テキストにある強調点をとくに示さない。引用文中の強調点は、断りのないかぎり神山のものである。なお、引用文中への神山の補足は〔　〕で示す。先行諸訳を参照する場合でも、必ずしもその訳文には従っていない。訳文等が異なる場合でも、煩瑣になるのでいちいち断らない。

一、〈　〉は、ヘーゲルの概念を明確にするとき、あるいは、ヘーゲルの著作における題目等を指示するときに用いる。

一、［　］は、テキストにある補足を示す。

一、註は、傍註とする。略号および付記数字は、巻末の「文献」に示す。

序論　解釈者の国家像を批判する〈国家〉の動態性

――ヘーゲル『法の哲学』に対する対立的な評価からの脱却をめぐって

一　ヘーゲル国家学

「ヘーゲル国家学」とは、ヘーゲル（Georg Wilhelm Friedrich Hegel 1770–1831）が大学の教科書として公刊した『エンツュクロペディー』（初版一八一七年、第二版一八二七年、第三版一八三〇年）と『法の哲学』（一八二〇年）のテキストおよびそれに書き込んだ自筆ノート、ならびにハイデルベルク大学およびベルリン大学における「自然法と国家学（法）」講義で講述したものの筆記録を中心的な資料的典拠として、ヘーゲルが概念的に把握した〈国家〉のあり方を解明しつつ、必要に応じてこれを吟味して、現実の国家のあり方の理解とそれに関与する実践に資する学問である。

これを「ヘーゲル国家学」と題することが正統であるのは、簡略に『法の哲学』と称するヘーゲルの著作の原題、すなわち *Grundlinien der Philosophie des Rechts oder Naturrecht und Staatswissenschaft im Grundrisse*（法の哲学要綱、すなわち自然法と国家学の概説）で、大学の授業として要請される「国家学」が明示され、また、これを教科書として用いて「自然法と国家学」の授業を展開したことを形式的には挙げることができる。しかし、より深い意味では、ヘーゲルが学問に要請される論理性をつねに意識して国家の把握に立ち向かったことに照らして、「国家観」であるとか「国家論」であるとかいった直観性なり時論性なりを出発点から斥ける必要を痛感するところであり、ヘーゲルの本懐に忠実になってそれを「学問」として受けとめることを第一としたい、という思いがある。もちろん、ヘーゲルとてみずから時代のなかで思索した者であるから、その利害関心にかかわるなんらかのセンスや物言いがあるのは当然で、あけすけにテキストでそれを表明しているようなところも散見されるけれども、その部分からヘーゲルの考えの全体を当て推量して得意になる侍僕の態度はとらないことにしたいのである。ヘーゲルの論理が「こじつけ」であるとか「でたらめ」であるとかいった弁証法に投げかけられる根本的な批判はそのまま甘受したとしても、そのなかにいくばくかの真理があるのではないか、という立場で臨みたい。

　ヘーゲル国家学の根本は、国家において「現在する現実的な理性」（Vorrede IX）を把握することである。このさい、国家とは、われわれの観念においてのみ現実があることに、とくに注意を促しておきたい。こういうとありふれたとらえ方からすれば奇妙に思えるかもしれないが、それでも、政治家や役人、警察官、裁判官などなど、国家に従事する人びとはあまたにあれど、いずれも国家の一コマでしかないことぐらいは、同意してもらえるはずである。「国家」の全体像は、じつは、なにごとも直截に代表して表現してくれないのである。それが元首であれ、国旗・国歌であれ、そうした「もの」は、ほんとうは「国家」などではない。では、「国家」とはなにか？　それは、本論全体で明らかにしなければならないことだが、端的には「わたし」である。おそらく、こういうと、絶対主義の悪しき格言である「朕は国家なり」を想起するのではないか？　そのとおりなのである。なんと！　でも、それではさすがに拙いのではないか？　もちろん拙いのである。ならば、そう考えない方がいいのではないか？　では、あなたは、主権者であることを放棄するのか？　……

じつは、この点にこそ、ヘーゲル国家学の根本問題がある。「〈わたし〉である〈わたしたち〉、〈わたしたち〉である〈わたし〉」。これは、ヘーゲルが『精神の現象学』（一八〇七年）で明らかにした自己意識の端的な表現であるが、このことが「国家」のあり方に連続する。〈わたし〉の認識は、「国家」の認識に通じているのである。このことが、国家をどうとらえるかに深くかかわっていることを、本書では解明してゆきたいと思う。

それにしても、ヘーゲル国家学に対する毀誉褒貶は、その誕生のときから連綿として続いてきた。その批判の伝統的論点として、〝ヘーゲルはプロイセン権力に阿って絶対主義的な権力的国家観を形成した〟というものがある。[1]今日では、検閲を免れるべく反動的になったとするある意味で「実証的」根拠を持った「イルティング・テーゼ」をどうとらえるかで、ヘーゲル国家学は逆立ちをする。そこで、本論に先立ち、このテーゼの有効性の有無を検討することから出発しよう。そのうえで、ヘーゲル以降の受容史の論点を確認し、われわれの見方の一面性を自覚するための方法論、すなわち〝ヘーゲルに批判されてみる〟ことを提起してみたい。[2]

（1）ヘルマン・ヘラーによると、ヘーゲルは、「現代的な権力国家をドイツにおいて説教した最初の思想家」ということになる。Vgl. Hermann Heller, *Hegel und der nationale Machtstaatsgedanke in Deutschland. Ein Beitrag zur politischen Geistesgeschichte*, Neudruck der Ausgabe 1921, Zeller, Aalen 1963, S. 20. ヘルマン・ヘラー『ヘーゲルと国民的国家思想』永井健晴訳、二〇一三年、風行社、三八頁参照。

（2）髙柳良治が、「神山はもっぱらヘーゲルから現代を見ていて、現代と現代の諸思想をヘーゲルの眼で断罪しているように思われる」と評するのは、そのベクトルは別として、正鵠を射ている。髙柳良治『ヘーゲルの社会経済思想』、こぶし書房、二〇一五年、七九頁。

二　イルティング・テーゼ

ヘーゲルは、一八二〇年に『法の哲学』を公刊するさい、本来のリベラルで進歩的な思想をみずから曲げて、君主主義的な議論を展開した!?　これが、『法の哲学』とその成立史および「自然法と国家学（法）」講義録を研究したイルティングによって提起されたテーゼの核心である。[3]

『法の哲学』の序文で真理の公開性（öffentlich）を強調したヘーゲルが（Vorrede VII）、プロイセン反動に恐れをなして自分の確信を隠し正反対の思想を展開したというのだから、そのテーゼが正しいとしたら、ヘーゲルの真意がどこにあろうとも、『法の哲学』は「転向」の記念碑ということになる。

こうした嫌疑がかけられたのも、ヘーゲルがあまりにも遅筆であったからである。ヘーゲルは、一八一九年三月の時点でその秋には『法の哲学』を出版するもくろみがあることを明らかにしているが、これは計画倒れに終わる。ところが、まさにこのとき、メッテルニヒ（Klemens Metternich 1773–1859）の主導になるドイツ連邦大臣会議が、自由主義を弾圧するためにカールスバート協約の決議（Karlsbader Beschlüsse）をした[4]（九月二〇日）。これによると、二〇ボーゲン（三二〇ページ）を越えない著作を出版するときには、当局の許可が必要とされた。このあおりで、それまで学問的な著作には検閲を免じてきたプロイセンでも新たな検閲規定を布告することとなり（一〇月一八日）、学問研究と大学に与えられた検閲の自由が向こう五年間停止されることになる。

ヘーゲルは、この時期に、クロイツァー（Georg Friedrich Creuzer 1771–1858）に宛てて次のように記している（一〇月三〇日付）。「私は返事をすっかり遅らせてしまいましたが、それというのも、法哲学の若干のボーゲン（あまりに乏しいものですが）と一緒に返事をするつもりだったからです。だれもあなたほどに研究に熱心で活発であるというわけにはいきません。――私は、連邦協約が届いたときに、すぐに印刷させるつもりでおりました。私たちはいま、検閲の自由がどういう事態なのか〔知っているの〕ですから、私はもうすぐこれを印刷に付すでしょう」。[5]

イルティングは、ここから次のように推測する。ヘーゲルは、一八一九年夏ないしは初秋には草稿を完成していたが、その分量が二〇ボーゲンに達していないため、カールスバート決議に基づく検閲を免れることができないことを悟った。そこで、ヘーゲルは、デマゴーグ狩りに対する自衛策を講じ、ブルシェンシャフト（学生組合）に結びつきの深い同僚デ・ヴェッテ（Wilhelm Martin Leberecht de Wette 1780–1849）の解職を支持し、リベラルで進歩的なものだったと想定される『法の哲学』の草稿に本質的な改変を加え、復古主義に順応しようとした、というのである。

出版事情をめぐるこうした推測の当否はいまは措き、まずはイルティングをこのような推測に駆り立てたヘーゲルの議論の内容を問題としよう。ヘーゲルは、『法の哲学』公刊以前に、ハイデルベルク大学（一八一七・一八年冬学期）とベルリン大学（一八・一九年、一九・二〇年冬学期）で「自然法と国家学」の講義を三回、また、その公刊以後にもベルリン大学で「自然法と国家法」の講義を四回（二一・二二年、二二・二三年、二四・二五年、三一年冬学期）、おこなっている[6]。イルティングは、とくに一八・一九年、二二・二三年、二四・二五年の講義録を分析するなかで、ヘーゲルが講義においては「リベラルで進歩的な」議論を展開しているのに対し、『法の哲学』ではその片鱗もみせていないと評価した。

（3） Vgl. K.-H. Ilting, „Einleitung, Die „Rechtsphilosophie“ von 1820 und Hegels Vorlesungen über Rechtsphilosophie“, in: *VR.*, Bd. 1, S. 25–135, bes. S. 64 f. イルティング・テーゼについてのより詳細な議論は、本節執筆にあたり参照した、水野建雄「ヘーゲル『法哲学』の生成と理念（序）」（『哲学・思想論集』（筑波大学）第一二号、一九—三八頁）が参考になる。

（4） 生方卓「ヘーゲル法哲学とカールスバート決議——インティングの最近の研究を中心に」『政経論叢』第四三巻第六号、六七五—九八頁参照。

（5） „359. Hegel an Creuzer, Berlin, den 30. Okt. 1819.“, in: *BH.*, Bd. 2, S. 217–20, bes. S. 220.

（6） Vgl. „99. Hegels Ankündigungen im Heidelberger Vorlesungsverzeichnis“, „103. Hegels Vorlesungs-Ankündigungen in Berlin“, in: *BH.*, Bd. 4, T. 1, S. 110 f., S. 114–25.

イルティングによると、『法の哲学』と講義録とではとりわけ次の諸点で論調がまったく異なるとされる。第一に、君主の位置づけとして、講義録では——たとえば二二・二三年に明確に述べられるように——画龍点睛の〈点〉を打つ形式的な存在にすぎないという性格が強調されるのに対し（V. 764, §280）、『法の哲学』ではこのことが触れられず、むしろ「立憲君主制という全体の頂点であり始原である」（§273）とされ、その重要性を際立たせている。第二に、『法の哲学』に先立つ一八一七年の『ヴュルテンベルク王国の領邦議会における諸討論』（以下『領邦議会論文』）の論文では、「理性的な国法」をもたらしたフランス革命の積極的な意義が宣揚されるのに対し、『法の哲学』では、この点が触れられない。かえって、フランス革命は、勝手に理性的だと思いこんだものを土台におこなわれたために、世にも恐ろしい事態を惹き起こしたと、否定的に評価される（§258 Anm.）。第三に、現実と理性のとらえかたが講義録と『法の哲学』とでは異なるようにみえる。たとえば、一八・一九年の講義では、国制の進展することが語られ、外的で個別的な現象が理性的なものに頑強に抵抗するかもしれないとされ（*II*. 232, Vorwort）、将来における理性の実現が示唆される恰好になっている。これに対し、『法の哲学』序文では、現実と理性とのあいだの和解しか述べられず、しかもこれがすでに達成されたかのように描かれる。つまり、イルティングによれば、ヘーゲルには、『法の哲学』執筆の時点で、歴史的な現実に対する批判的な対決姿勢がなくなった、とされるのである。「理性的なものは現実的であり、現実的なものは理性的である」という有名な「二重命題」は、現に存立する諸関係を哲学的に祝福するものにほかならない、というわけである。

このように『法の哲学』とは対照的に意義づけられる講義録の内容は、『法の哲学』とガンス（Eduard Gans 1798–1839）のつけた補遺のみでヘーゲルの法哲学を理解してきたつもりでいたわれわれの眠りを覚ますに十分であった。だが、講義録の新鮮さに目を奪われて、イルティングの主張するように、『法の哲学』とこれらを根本的に異なる内容のものとし、『法の哲学』のほうを「標準的な叙述とはみなせない」(7) とすることに妥当性があるのだろうか。

第一に、君主の性格についていえば、じつは、『法の哲学』と講義録とのあいだに大きな隔たりがあるわけではなく、これは、「復古的」でもあれば「リベラル」でもある。さらにいえば、オットマンも指摘するように、[8]一八〇五・六年の『イエナ・体系構想Ⅲ』における君主にも、このことはいえるのである（*JSIII.* 234 ff.）。『法の哲学』にかぎっていえば、君主には、主権と最終決定権があり、その地位は自然的な出生によって決定される出生権に基づくというのが、君主の根本規定である（§§ 279 f.）。最終決定権と出生権については、一七・一八年の最初の講義のうちに、『法の哲学』と同様のものが明確に述べられている。もっとも、主権の概念は、一九・二〇年——イルティングによればヘーゲルが『法の哲学』の改作にいそしんでいた時期とされる——の講義になってはじめて登場することになる（*III.* 238, § 278）。しかし、ここで慌ててはいけない。この講義においても、ヘーゲルは、君主の名前が最終的な現実態だとし、またこれを「表象の記号（Zeichen）」（*III.* 250, § 286）だとしており、君主の意志の形式性ははっきりしている。ヘンリッヒにいわせれば、この講義は、「復古体制をひいきにする点で前後の講義と異なっているわけではない。むしろ、ヘーゲルの理論を『リベラル』に読むことを許容する要素を強調する点では、ほかの講義を凌駕しさえしている」[9]のである。主権の要素の導入についていえば、この講義ではじめて「内部国家法」のうちに「それだけで独立した内部国制」と「対外主権」が設けられ、さらにこれが、『法の哲学』やのちの講義へと引き継がれていく。したがって、これは、ヘーゲルの概念の一つの明確化としてとらえるべきだろう。

第二に、『法の哲学』においてヘーゲルがフランス革命の意義を明示的に語らないからといって、その意義の

（7）Vgl. Ilting, a. a. O., S. 113.
（8）Vgl. H. Ottmann, „Hegels Rechtsphilosophie und das Problem der Akkomodation, Zu Iltings Hegelkritik und seiner Edition der Hegelschen Vorlesungen über Rechtsphilosophie“, in: *Zeitschrift für philosophische Forschung*, Meisenheim/Glan 33（1979）, S. 22.
（9）Vgl. Dieter Henrich, „Vernunft in Verwirklichung, Einleitung des Herausgebers“, in: *III.* 28.

核心までもが放棄されたわけではないことに注意する必要がある。『領邦議会論文』でフランス革命が評価されるのは、これはそこに封建的な実定的特権を廃棄する理性態なり自由の実現があればこそである。『法の哲学』のおもな狙いは、理性的なものの把握にあり、「実現された自由の国」として法のシステムを叙述することにあるが、これは『領邦議会論文』で表現された精神を基本的に継承しているのである。[10] もっとも、フランス革命の意義に直接言及すること自体が問題なのだとするなら、なおイルティングの推測を許す余地はあるのかもしれない。だが、このとき、『法の哲学』と『領邦議会論文』との方法や対象に根本的な相違があることを踏まえなければ、ヘーゲルに対して不公平であろう。すなわち、前者では、歴史的な発展段階とは別の次元で理念そのものを扱うと明確に課題が設定されており、イルティングによれば歴史的な観点が強いとされる講義録においても再三にわたり、"国家の理念を考察する学問は、特殊な国家や制度を念頭におくべきではない"と注意を促している(VI. 632, §258)。したがって、ヘーゲルにとって、『法の哲学』は、『領邦議会論文』のごとく歴史的な事情にかかわる評論とは区別される理念論なのであるから、実在する諸制度に講義で言及する場合でも、これはあくまで例解として理解されるべきなのである。

むしろ、イルティング自身も気づいていることなのだが、フランス革命に対する否定的な評価が講義でも一貫して語られていることのほうが重要である。たとえば、一方でその理性的な意義を語った『領邦議会論文』と同時期の最初の講義では、この革命が、君主という頂点性の点で動揺に陥っていることを明確に批判している(V. 187 f., §133 Anm.)。この点は、すでにイエナ時代の『精神の現象学』で確立をみている評価が繰り返されているといえる。ヘーゲルは、旧体制を破壊することに歓喜するフランス革命の地平をはるかに越えて、それによって生ずるにいたった近代の抽象的な自由が孕む問題を乗り越えるべく、理性的で現実的な国家を概念的に把握することに意識を集中していたとみるべきなのである。

このことは、第三の点、現実への関与の問題と連動する。ヘーゲルがいう「現実」を理解しようとするとき、われわれの意識は、あまりにも悟性的で、概念的なとらえ方を苦手とするために、ヘーゲルが必要十分に語っていることを容易につかむことができないでいるのではないか。たしかに、一九・二〇年の講義序文のように明示的に「理性的なものは現実的になる（wird）。そして現実的なものは理性的になる」（*III*. 51）と語られるならば、ヘーゲルの理念がもつ動的な性格にわれわれも容易に気づくことができるだろう。ところが、ヘーゲルがこうした表現とは異なるかたちで理念の永遠性を言明するとき、われわれは通常、永遠性がもつ動態的で過程的な性格を理解できないため、ヘーゲルの議論を静寂主義だと誤解してしまうのである。だが、こうした静寂主義は、『法の哲学』の別の表現からみても、ヘーゲルの採用するところではない。その序文において、ヘーゲルは、「現実との平和が保たれさえすればよい」という「冷たい絶望」をきっぱりと斥けている。イルティングの解釈は、この「絶望」のレベルでしかヘーゲルのいう現実との和解を理解しないものだといえるのではないか。また、同時にヘーゲルは、「現実の成熟のなかではじめて、観念的なものは実在的なものの向こうを張って現れる」（Vorrede XXIV）としている。これは、実在的なものを観念上にコピーするという意味ではなく、この現実の実体を把握した観念が、実在的な世界と対立するにいたるという緊張を語ったものなのである。

さて、このように、『法の哲学』と講義録とを対立的にとらえる主張は、その内容上支持することができないのであるが、決定的なのは、イルティングの推測する出版事情が、それ自身根拠のないものだということである。さきのクロイツァー宛の書簡を注意深く読めばわかるように、ヘーゲルはかならずしも研究熱心ではないのであり、その原稿は、一八一九年初秋に完成していなかったと考えるのが正解である。たしかに、カールスバート決

(10)『領邦議会論文』では、「ひとはフランス革命のきっかけを、理性的な国法を押えつけるおびただしい実定的諸権利と特権に対して、理性的な国法がいどんだ戦いであったと見るべきである」とする（*LKV*. 506 f.）ヘーゲル『政治論文集』下、上妻精訳、岩波文庫、一九六七年、六三頁参照。

議に配慮して印刷を躊躇しているかのような表現もありはする。しかし、ルーカスとラーマイルの検討にしたがえば、「印刷」に付すと語られているものは、『法の哲学』の一部分でしかないとみるべきだろう。[11] また、印刷を見合わせているのは、新たな検閲規定がはっきりしない段階にかかわることであって、その内容がわかったのできっぱりと「印刷に付す」と言明している。つまり、ヘーゲルにとって検閲はなんの障害でもなかったのである。

〝検閲を恐れてヘーゲルが『法の哲学』を改作した〟というイルティング・テーゼは、ヘーゲルの法哲学がもつ自由の哲学、フランス革命の哲学としての側面と、『法の哲学』にみられる「復古的な」表現とに折りあいをつける試みだったといえよう。しかし、ヘーゲルの最初の印刷原稿が想定できない以上、これは、前提を欠く夢想としかいいようがない。とはいえ、こうした問題提起が、ヘーゲルの『法の哲学』像を正確に理解するための起爆剤となったことは確かである。従来は『法の哲学』をイデオロギー的に裁断するのが一般的だったが、根幹においてこれと同一の内容をもつ講義録によって、『法の哲学』のコンパクトで晦渋な表現もわれわれの理解の届くものとなったわけであり、政治状況との相関で評価する以前に、ヘーゲルの法哲学をヘーゲルのシステムと論理において研究することが必要になってきているのである。

三 ヘーゲルの〈国家〉論評価の右往左往の根源

ヘーゲルが『法の哲学』で展開した〈国家〉論は、肯定的にも否定的にも、あるいはそれを弁護するかたちでも、さまざまに評価されてきた。ヘーゲル受容史の全体を概観したオットマンの研究に立脚していえば、このような評価の対立が生ずるのも、ヘーゲルを論ずる者自身の観点がそれに大きな影響を与えるからである。[12] オットマンによれば、ヘーゲルの死後におけるヘーゲル学派の根本的な対立は、ヘーゲルに対する今日的な政治的評価にも影を落としている。この根本的な対立は、端的には、ヘーゲルを論ずる者が、「絶対的なもの」を、超越的なものとみるのか(右派)、内在的なものとみるのか(左派)、あるいは現象するものとみるのか(中央派)という点に認められる、とされる。そして、その対立の系として、ヘーゲルに対する政治的な評価が与えられることになる。

オットマンは、注目すべき政治的な評価の諸相として、(一)現代の政治状況に対する態度、(二)フランス革命の役割、(三)市民社会の役割、(四)市民社会と国家の関係、(五)国家像全般の問題を挙げている。この諸相での対立をオットマンにしたがって略述すれば次のようになる。

(一)現代の政治状況に対する態度に関していえば、右派は、時代の保守的な傾向に迎合するものとしてヘーゲルを賛美し、左派は、市民社会の分裂の維持を進める議論としてヘーゲルを批判し、中央派は、ヘーゲルの議論にある西欧民主主義や近代的な法治国家のあり方を明らかにする。

(二)フランス革命の役割に関していえば、右派は、ヘーゲルが革命の理想を国家に託したことを歓迎し、左派は、ヘーゲル的な国家で起こりうる自由侵害のあり方を批判し、中央派は、ヘーゲルが革命理論の克服をおこなうとともに革命による解放的な理想を承認したと評価する。

(三)市民社会の役割に関していえば、右派は、これを国家に対する相対的な領域として低くみるのに対し、左派は、これを中心的な領域として持ち上げ、そこでのヘーゲルの宥和的な議論を批判し、中央派は、市民社会

(11) Vgl. H.-C. Lucas/U. Rameil, „Furcht vor der Zensur? Zur Entstehungs- und Druckgeschichte von Hegels Grundlinien der Philosophie des Rechts", in: *Hegel-Studien*, Bonn 15 (1980), S. 63–93, bes. S. 82.

(12) Vgl. Henning Ottmann, *Individuum und Gemeinschaft bei Hegel*, Band I, Hegel im Spiegel der Interpretation (Quellen und Studien zur Philosophie; Bd. 11), Berlin/New York 1977, S. 1–32.

を相対的な領域としつつも解放の領域としても評価する。

（四）市民社会と国家の関係に関していえば、右派は、国家の優位性を主張するのに対し、左派は、市民社会への国家の還元を唱え、中央派は、両者の相互の関連を説く。

（五）最後に、国家像全般に関していえば、右派は、ヘーゲル的な国家にある権力国家的な性格を賛美し、左派は、その反民主主義的な性格を批判し、中央派は、その立憲君主主義的な法治国家像を提出する。

ヘーゲル〈国家〉論に対してこのような対立的な評価が繰り広げられるなかで、解釈者の観点に重要な意味を見出すのではなく、あくまでヘーゲル自身がおこなう概念的な把握の意味を問おうとするのであれば、こうした対立的な評価のいずれに与すべきか、という問いは、おそらく意味をなさない。むしろ、こうしたものをもたらしてしまうヘーゲル〈国家〉論の論理構造こそがまずは解明されなければならないだろう。

ヘーゲルが人倫的な実体としてとらえる国家は、概念的に把握される対象としては〈絶対的なもの〉に等しい位置を占めることになるから、その理解の仕方によっては、〈絶対的なもの〉としての超越性や内在性、現象性の次元を問題としなければならなくなる面がある。しかし、これらはまったくの相関概念だから、そのうちの一極のみが真実だとして固執するのは、ヘーゲル風な表現で悟性的という以前に、あまりに一面的である。ヘーゲルは国家を「人倫的な理念の現実態」（§257）と規定するので、たとえばヘーゲルの『論理学』にしたがっていえば、国家は、「現実態」であることから、「本質と現実存在の統一」、「内と外との統一」（*El.* 85, §91）として考える必要がある。もちろん、『法の哲学』を飛び越えてヘーゲルの『論理学』を参照したり、そのような統一として国家を把握したりすること自体が問題だ、とすることも可能だろう。ただ、すくなくともこのようなごく簡単な参照からしても、ヘーゲルの論理を踏まえたうえでその国家学を考えるとき、そこにみられる国家の超越性や内在性、現象性のいずれか一つに決めてかかって議論するわけにはいかない、という見通しぐらいは立ってくる。

ところで、ヘーゲル〈国家〉論をめぐる対極的な評価には、じつは同一の基盤がある。さまざまな議論の微妙な差異を無視して概括すれば、すくなくとも、賛否の両陣営は、ヘーゲルが把握した国家のあり方を「現実存在する」優越的な権力国家とみなす点で、同一の理解を共有してきたといってよい。このように考えれば、とくに「現実存在」というあり方が生身の解釈者の前にたち現れて政治的に実践的な態度決定を迫ってくる以上、ヘーゲル的な国家像を賛美するか批判するかが解釈者の緊要の課題となってしまうのである。

もっとも、賛否の堅い左右両陣営とは異なり、中央派的なヘーゲル弁護論の立場は、極論に欠落しがちな市民社会と国家の相互の〈つながり〉を指摘することからも窺われるように、悟性的な一面性を免れたバランスのよい議論をしているようにもみえる。しかしながら、この立場にしても、ヘーゲル的な国家像が端的に近代国家であると時代限定して考える点では、賛否の極論と同一の基盤に立脚しているといわざるをえない。すなわち、あくまで「現実存在」のレベルでヘーゲルの議論を理解する点では、左右両極の基盤と同じところに立っているのである。そこでの違いは、といえば、たとえば、左右両極がヘーゲル的な国家像を権力国家とみなすのに対し、中央派は、それを法治国家とみなすということぐらいになってしまう。

もちろん、権力国家か法治国家かというヘーゲルの国家像に与えられた色あいの違う評価は、決定的に重要で、それ自体根本的な議論となりうることだし、われわれとしても問題としなければならないが、それ以前にこの場でおおいに指摘しておかなければならないのは、解釈者自身がみずから作り上げた実定的な国家像をヘーゲルのそれに押し付けて解釈するのが、ヘーゲル〈国家〉論についての解釈の通例となってきたことである。

四　現在する理性の薔薇

ヘーゲル国家学の論理構造を解読するさい、われわれのイメージする現実存在する国家をヘーゲルの描く〈国家〉に置き換えて議論する方法は、『法の哲学』の課題意識からいって正当なものとはいえない。ヘーゲルは、明確に、「時間的なもの・過ぎ去り行くものという〈見かけ〉のうちに、内在的に存在する実体と現在的に存在する永遠なものとを認識すること」を、『法の哲学』の課題としている（Vorrede XX）。また、講義でも、「国家の理念というとき特殊な国家や特殊な制度を念頭に置いてはならない」（VI. 632, §258）という。このことはすでに指摘しておいた。あくまで、「学問では、ただ事柄の概念のみが問題となる」（V. 716, Dritter Abschnitt, Der Staat）のである。

プロイセン国家と『法の哲学』を「比較」してヘーゲル的な国家像がプロイセンの現実に合致しないことを告発したシューバルト（Karl Ernst Schubarth 1796–1861）とカルガニコ（L. A. Carganico）に対して、ヘーゲルは、晩年、実定的な現実と哲学的な理念とを比較する外面的で非哲学的な考察方法を批判している。(13) プロイセン国家であれ近代的な立憲君主制国家であれ、それらの実定的な表象に立脚して哲学的国家学を論評するのは、ヘーゲルからみれば学問の埒外にある。それゆえ、はっきりしていることは、現前する政治状況に対する解釈者の実存的な態度のおもむくままにヘーゲル国家学の特質を論じても――そのことが解釈者にとって目を潤ませるほど意味のあることだとしても――、ヘーゲルの議論からすれば、ただちに問題外になってしまうのである。

もっとも、事はさほど単純ではない。なぜなら、ヘーゲルは、他方で、理念を「現在的に存在する」ものとしてもとらえることによって、現実存在する国家にはこうした理性的な核が存在すると主張してもいるからである。とりわけ、「国家を立憲君主制へと形成することは、実定的な理念が無限の形式を獲得した近代世界の仕事である」（§273 Anm.）と明言するのだから、特殊時間的な限定のなかで、すくなくとも近代の立憲君主制国家にある一般的特徴は、ヘーゲル国家学に表現されていると考えたくもなる。あるいはさらに、特殊空間的な限定に類したものまでがヘーゲル国家学に持ち込まれているようにもみえる。たとえば、「人びとは、みずからの持つ諸原則に照らせばいかなる国家も悪いものとして宣言することができるし、あれこれの欠陥をこの国家に認めることができる。しかし、こうした国家であっても、『国家としての国家、キリスト教的なヨーロッパの国家』という本質的なものをみずからのうちに現前させているのであれば、国家が持つあらゆる本質的なモメントを含んでいるはずである」（*VI*. 632, §258）とヘーゲルは言明する。こうなってくると、ヘーゲル国家学は、「キリスト教的なヨーロッパの国家」、あるいはそれに追随した国家にしか通用しない、という理解も生まれうる。

いずれにせよ、われわれのイメージする近代国家は、ヘーゲルが把握した国家の諸要素を具備しているとみられるかぎり、それは理性的なものとして受けとめなければならないようである。[14] だから、こうした筋書きからすると、もしかしたら、実定的な国家を標準にヘーゲル国家学を論評することのほうが、むしろ妥当性があり、しかも正統だということになるのかもしれない。

しかしながら、現実存在する国家が理性的であるとの主張は、ヘーゲルが『法の哲学』で展開した国家の概念の諸モメントを――それが発現していようとなかろうと――具有するかぎりのものについてなされているとみられる。したがって、当然ながら、現実存在する国家の特殊態まで含めて一切合財理性的だというわけではない。哲学的に把握された国家と実定的に存在する国家との相互の〈つながり〉を念頭におきつつも国家の実定性そのものは理性と無関係だとするヘーゲルの主張を容認するかぎり、『法の哲学』では、現実存在する国家が問題とされるのではなく、あくまで、おおよそ国家であればもつはずの理性態が主題化されていると考えなければなら

（13） Vgl. G. W. F. Hegel, „Erwiderung auf Schubarth/Carganico（Jahrbücher für wissenschaftliche Kritik; 1829）", in: *Materialien zu Hegels Rechtsphilosophie*, hrsg. v. Manfred Riedel, Bd. 1, Frankfurt am Main 1975, S. 214–9.

（14）「経験的現実があるがままにうけとられ、この現実がまた理性的だとも称される」（*KHS*. 207）。

ないだろう。

　現実存在する国家が国家の理性態を具有するとした場合、哲学的に国家を議論する者は、この現在を「十字架」として背負わざるをえない。すなわち、この現在する国家を肉体として犠牲に供さなければならないのである。しかし、その過程で主題化され摘み取られた理性という「薔薇」こそが国家学では展開されるべきなのである（Vorrede XXIII）。『法の哲学』で叙述されている「薔薇」とは、もちろん「自由の理念」（§§1, 2, 4）のことである。これに対し、国家の理性態を歪める実定的な要素は、こうした自由ならざる「十字架」である。国家における「現在する理性」の「薔薇」を摘もうとしたヘーゲルにとって、目の前にあるプロイセン国家はたしかに「十字架」であった[15]。

　もちろん、「薔薇」よりも「十字架」に目がいく立場からすれば、ヘーゲルが主張する国家の理性態にも難点を指摘することもできよう。すなわち、ヘーゲルは、プロイセンという現在の「十字架」を背負いながら国家の理性態を剔出しようとするのだから、このことにより明確になった国家の理性態なるものは、プロイセンの現実に照らしてのみ意味がある、というような反論である。しかし、この場合、ヘーゲルの議論のなかに特殊プロイセン的なものとしてだけ考えうる要素を認めることができるかどうかが、この反論に与するかどうかの分かれ目になるだろう。

　ただ、今日までのヘーゲル研究の到達点に依拠するかぎり、ヘーゲル国家学の基本性格をプロイセン反動の御用哲学、それへの順応主義と断ずる「略式有罪判決」は、すでに維持できなくなっていると思われる[16]。たとえば、ジャック・ドントの研究は、ベルリン時代のヘーゲルの具体的な政治姿勢がむしろ進歩的な改革者のものであることを明らかにした[17]。このような研究段階に立つわれわれには、プロイセン的な現実の論理化を懸命に捜索するよりも、むしろ現代にも直結する国家の理念性を『法の哲学』から読み解くことのほうが、今日とくに要請されているのではなかろうか。すくなくとも、『法の哲学』を著したヘーゲルの意図自体になおも反動性を嗅ぎ取ろうとすることは、いまや空虚な「伝説」[18]と化したものにしがみついてまで冤罪を仕立てるに似たところがあるといわざるをえない。

五　ヘーゲルに批判されてみる——アンチノミーからの脱却の方向性

しかしながら、哲学的な国家把握は、公刊の『法の哲学』で明らかにされているとヘーゲルが自負している以上、進歩的であったとされる、ヘーゲルが具体的にとった政治的な姿勢なるものは、たかだかヘーゲルの主観的な意図を明らかにするにとどまるから、これをもってヘーゲル国家学の客観的な内容に代えて弁護することはできないと主張されるとしたら、それも当然である。そして、こうした主張のうえに立って、ヘーゲル国家学の客

(15)『法の哲学』の直接的な基礎となる国家把握が、すでに、バーデン王国におけるハイデルベルク大学時代での『エンツュクロペディー』(一八一七年)、「自然法と国家学」講義(一八一七・一八年)で基本的に完成していたことに注意すべきである。もっとも、このときからプロイセンに対するヘーゲルの期待を語ることもありうるかもしれないが。

(16)ヘーゲルが『法の哲学』をめぐり「『政治上の立場の転換』をはかっているとのイルティングの指摘」、すなわち順応主義に同意する見解が近年また復活している。福吉勝男『ヘーゲルに還る——市民社会から国家へ』、中公新書、一九九九年、一五八頁参照。権左武志は、「政治的立場を転換した」とするさいの「転換の意味」を「具体的な政治的見解の変化から著作における本来の見解の隠蔽へと変更する可能性が残されていると思われる」とする。権左武志『ヘーゲルにおける理性・国家・歴史』、岩波書店、二〇一〇年、一九五頁。なお、前掲書第六章では、「イルティング・テーゼ」をめぐるドイツにおける論争の経過を紹介しており、きわめて有益である。ドイツにおいても、今日、シュネーデルバッハやアンゲールンがこれを支持している由。

(17)Cf. Jacques D'Hondt, *Hegel en son temps (Berlin, 1818–1831)*, Paris 1968, p. 287. J・ドント『ベルリンのヘーゲル』、花田圭介監訳・杉山吉弘訳、法政大学出版局、一九八三年、二九五頁。

(18)Vgl. H. Ottmann, „Hegels Rechtsphilosophie und das Problem der Akkomodation, ...", in: a. a. O.

観的な内容は、やはりプロイセン反動の議論、あるいは百歩譲って近代国家への順応の議論であり、プロイセンの現実などから汲み取った国家の理性態なるものを近代国家全般の理性態へと拡張することによって、権力的な近代国家のあり方を理念的なものに祭り上げたと語ることもできるのかもしれない。

ヘーゲルを責めたてるこうした主張には種が尽きない。たとえば、〝ヘーゲルのいう「君主」が本質的に立憲君主制の近代的な君主であるとしても、ヘーゲルは君主の首を刎ねることができない、だから反動である〟と、いつでも言えそうである。あるいは、〝一国の政治は、統治権に属する「普遍的な身分」があれば営めるのであって、議会はたんなる「添え物 Zutat」(§301 Anm.)でしかない〟と、ヘーゲルは明言しているではないか、と詰め寄られそうである。[19] こうした国家像は、一般に代表制民主主義に依拠する議会を「国権の最高機関」とする常識的な近代国家と比べるならば、おおよそ反動の部類に属するとするしかないようにみえる。[20]

こうした告発に対して、ヘーゲル国家学に隠されている自由主義という「秘教的な意味」を明らかにしつつ、ヘーゲルの主観的な政治的意図の卓越性に免じて情状酌量を乞うといった弁護方針はありうるだろうか。ヘーゲル自身、主観的な意図が客観的な行為を正当化するという見解を「現代の堕落した格率」(§126 Anm.)であり「偽善」(§140)だとして批判しているではないか。したがって、それはまったくありえない。

すでに述べたように、従来の『法の哲学』受容史におけるヘーゲル〈国家〉論解釈の根本的な欠陥は、解釈者のがわの利害関心や態度を無条件の基準とし、ヘーゲル国家学にある内在的な論理をみずから引き受ける態度をとっていないことにある。面白いことは、ヘーゲルに対する賛美者や批判者の議論が、ヘーゲル解釈の相対的な一翼しか占めないし、いわばアンチノミーの一方の主張しか立てていないことである。[21]

たとえば、ヘーゲルの議論が時代の保守的な傾向に迎合すると評価するときには、実経験的な普遍態として安定的に成立している「習俗」——保守性の源泉——に対してヘーゲルが批判的な視座を持ちあわせていることは、ネグレクトされる。また、市民社会の対立矛盾をヘーゲルはごまかしによって和解させたと評価するときには、国家の理性態が発揮されるには国家の有機的な再編成――和解の成り立つ基盤――が必要となるというヘーゲルの指摘がナンセンスになる。さらには、ヘーゲル国家学に含まれる民主主義的な性格を持ち上げようとするときには、当のヘーゲル自身、いわゆる民主主義的な国家編成を痛烈に批判していることがどうでもよくなってしまう。

いずれにせよ、現代的な政治状況に対する一定の立場を前提とした議論に対して、ヘーゲルはつねに逆向きの論理を提出してくる。いや、むしろこのことこそが、ヘーゲル国家学の基本的な特徴をなすというべきだろう。したがって、ヘーゲル国家学を一面的に理解することから免れるためには、こうした一定の立場に固執しないことが必要となってくるわけだが、このことは、われわれ自身がつねになんらかの立場性やら先入観を具えて生きていかざるをえないからには、かなり困難な課題といわざるをえない。いやほとんど絶望的な営みといわざるをえないのかもしれない。

こうしたなかで、一つ考えうることとしては、ヘーゲルの国家像とわれわれのそれとが対立に陥っている場合、ヘーゲル国家学は、われわれの国家像に対しなんらかの批判的な位置を占めていると受けとめてみることである。

---

(19) ヘーゲル〈国家〉論で議会に実質的な審議機能、立法機能が認められることについては、第三章第三節参照。

(20) ヘーゲルの『法の哲学』のうちに「公開的（exoterisch）部分」と「秘教的（esoterisch）部分」が存在することを指摘したのは、もともとはマルクス（*KHS.* 206）。ここで「公開的」とは経験的、「秘教的」とは論理的と考えることができる。こうした議論と離れて、イルティングは、『法の哲学』は、「公開的」には反動的だが、「秘教的」には自由主義的で進歩的であるという趣旨でこれを用いた。Vgl. K.-H. Ilting, „Einleitung des Herausgebers, Der exoterische und esoterische Hegel (1824–1831)", in: *VR*, Bd. 4, S. 55 f. Vgl. Otmann, *Individuum und Gemeinschaft bei Hegel*, S. 229 f.

(21) ヘンリッヒは、ヘーゲルの理論が自由と反動の二義性を免れない定義を与えうることを指摘する。また、同時に、こうした二義性を推論させるのは、ヘーゲルの形而上学的原理に対立する思想によってであって、ヘーゲル自身は二義的根拠によってこうした推論に到達したのではないと主張する。Vgl. Henrich, a. a. O., S. 26, 30.

このように考えれば、われわれの立場性や先入観を批判する機能がヘーゲル国家学に含まれていると予想することができ、その自覚化もある程度容易になる。そして、こうした批判機能自体は、ヘーゲル哲学が包括しているアンチノミーのただ一極に固執することに対して批判が加えられるということである。ようするに、ヘーゲル国家学に含まれる批判機能の受け入れがその内在論理を剔出するプロセスとなるだろう。こうしたヘーゲル〈国家〉論が、われわれの国家像の批判者として、いかなる論点を提示するのかを注視し熟慮してみるべきだということである。

このようなかたちでヘーゲル国家学の内在論理の剔出がどこまで徹底できるかは、もちろんわれわれの思考能力いかんにかかっている。しかも、こうした作業がわれわれに対する批判となって歯向かってくるのだから、それを受容することは、なんとも身を削ることでもあり、どうしても厳しい作業とならざるをえない。しかし、われわれが抱える立場性のこともあればこそ、このような方法によってしかヘーゲル国家学の論理を見極めることができないだろう。それゆえ、ヘーゲル国家学の研究は、みずからの立場を無きものにする絶望的な道をたどらざるをえない。しかし、「鏡映視的な知の本性」[22]や「論理学的な精神」にしたがって『法の哲学』を評価するようヘーゲルがとくに要請していることを考えると（Vorrede. V）、ヘーゲル国家学の内在論理を引き受ける絶望の道は、その研究をおこなうもっとも正当な本筋の立場といわなければならない[23]。

このようなヘーゲル国家学の研究は、当然ながら、ヘーゲルのおかれた歴史的な脈絡ないしは状況の検討をつうじてその意味を論ずるような、あるいは今日われわれが置かれている政治的な現実との比較において妥当性を示すような、経験的な手法の対極を行く。もちろん、われわれは、歴史学的な研究態度や現実的な有効性を評論する態度に、それぞれに固有な意義を認めないものではない。しかし、他面では、このような研究態度は、歴史上の一時期にヘーゲル国家学をはめ込んで身動きのとれないものとし、その静態において特性描写をおこなう虞がきわめて大きいだろうから、かならずやさきに問題とした一面性の議論に迷い込むのみならず、ヘーゲルの論ずる国家概念の動態性を扼殺することになりかねないと思われる。

六　国家概念の動態性を示しうるか——『法の哲学』の生きた解釈の試金石

ヘーゲルの論ずる概念は、ヘーゲルによると自己運動をする。もっとも、それはたんに叙述上の〝こじつけ〟でしかない、とみられるかもしれない。ヘーゲルの議論が成功を収めているかどうかは、もちろん、われわれ自身が評価しなければならないことだが、すくなくとも、ヘーゲルは、概念がもつ論理性ということで、概念が一

(22) 従来「思弁」、「思弁的」と訳される Spekulation, spekulativ を「鏡映視」、「鏡映視的」と訳す。Spekulation は、当時の独羅辞典で、„Aussinnung, Forschung“と言い換えたあと、“meditatio; contemplatio; contemplatio rerum” の意と、„Gewinnspähung“と言い換えられる “quaestus, lucri faciendi studium, meditatio” の意が紹介されている。また、speculativ については、“contemplativus; theoreticus” の意とされ、とくに „speculative Philosophie“を “philosophia, quae contemplatione rerum continetur.” の意としている。Vgl. Friedrich Karl Kraft, *Deutsch-lateinisches Lexikon*, aus den römischen Classikern zusammengetragen und nach den besten neuern Hülfsmitteln bearbeitet, 2. Theil, 2. Aufl., Leipzig und Merssburg 1825 (Google), S. 626 f. ラテン語の speculatio 由来のもの。英語、フランス語でも、基本的に同形。*Dictionnaire de l'Académie française* (5th Edition, 1798) の示すところでは、“Action de spéculer” が大本の意であり、“spéculer” は、“Regarder ou observer curieusement” の意であるから、「視る」ということである。「鏡映」は、『広辞苑』(第六版) では、「〔数〕空間内図形を、或る平面について面対称に移すこと。また、移った像」の意だとされる。『大辞泉』(第二版) では、「空間内の図形を、ある平面に関して鏡に映すような面対称に移すこと」の意だとされる。

(23) 論理的な探究を主とすべきことについては、次を参照のこと。Vittorio Hösle, „Die Stellung von Hegels Philosophie des objektiven Geistes in seinem System und ihre Aporie“, in: *AL* 12. ヘーゲルの『法の哲学』をその『論理学』に依拠して読むべきとする今日的な主張としては、次を参照のこと。Klaus Vieweg, *Das Denken der Freiheit, Hegels Grundlinien der Philosophie des Rechts*, München 2012, bes. S. 22.

定の形態に縛られずさらなる主体的な展開を示してゆくことを想定していたはずである。こうした性格をもつ国家概念を歴史上の一時期のものと決め込むならば、ある時代が次の時代によって反駁されるように、運動する概念で組み立てられる『法の哲学』の論理構造によって反駁されることになるだろう。つまり、ある時代表象によってヘーゲル国家学を扼殺しようとしても、それはかならずや息を吹き返してくることになるだろう。もし、ヘーゲルが意図したように、概念の自己運動が『法の哲学』のなかに具わっているのであれば、なんらかの時代表象を撥ねのけてしまう論理の歩みが開示されるはずである。こうしたことが開示されたとき、ヘーゲルの概念の自己運動に対する理解は、真正なものとなる。

そうはいっても、ヘーゲルは哲学を「時代を思考枠組（Gedanke）のうちにとらえたもの」（Vorrede. XXII）だとしなかっただろうか。ヘーゲルの国家概念に動態性があると容認したしても、この点から、それはたかだか近代までの展開でしかない、という限定的な理解も出てきそうである。当然ながら、ヘーゲル国家学は、たかだか近代の議論であって、ポスト近代の射程などもちえないとされそうである。

だが、思考枠組が時代を超越することに対するヘーゲルの批判は、存在基盤のない当為を立てることの恣意性に向けられている（ebd.）。時代という過ぎ去りゆくものを思考枠組に内化してゆくこと自体が、時代に即しつつ（「ここがロドスだ！」）時代を超える（「ここで飛べ！」）能動的な営為だといわなければならない。[24] だから、ヘーゲル国家学の正当な解釈がなされうるとすれば、このような時代超出の方向性を明確に提示できるものにならざるをえないはずである。そして、これを語りうるのは、国家を動かす内在的な論理にほかならない。

（24）『存在すべきである』状態という理念の名の下に現実の政治状況を真に批判し規範的に判断することは可能である。しかし、これは、個人的空想によっては達成されない。これが可能になるのは、ただ、いまここで（部分的にしかも不完全に）実現している状態（の理念）という現実状況に含まれている『当為』を導くことによってである」。Adriaan Theodoor Peperzak, *Philosophy and Politics, A Commentary on the Preface to Hegel's Philosophy of Right,*（Archives internationales d'histoire de idées; 113）, Dordrecht/Boston/Lancaster 1987, p. 107.

第一章　家族・市民社会・国家の人倫的な再建

ヘーゲルの『法の哲学』における国家学を理解するうえで――あるいはそれに立脚して現実を評価するうえで――つねに争点となる問題がある。端的にいえば、ヘーゲルがそこで提出した人倫（Sittlichkeit）のシステムがはたして正当なものであるのかどうか、という問題である。

『法の哲学』における人倫は、周知のように、家族と国家の二実体のあいだに市民社会という分裂態がさし挟まるかたちで成り立っている。これらを受けとめるときに、われわれが持ちあわせている表象がヘーゲルの議論進行に絡みついて不協和音を発する。そして、おそらく、その地点がヘーゲルを理解する難所であるとともに、反転してわれわれがみずからの観念に胡坐をかいてヘーゲルを批判してみたくなる箇所になるだろう。

ヘーゲルの〈家族〉論は、いかに近代的な核家族像を提示しているとしても、その夫婦関係は、家父長制的で性別役割分業を当然視する代物にみえるであろう。しかし、そのようにみてさらにヘーゲル批判に向かうときには、家族の根柢をなしている〈自然のあり方〉を根こそぎにし、愛の物質的基盤を崩落させることになる、という帰結を我がものとして引き受けなければならなくなる。人間が、そうした無機的な関係に耐えうるのかどうかは、もしかしたら世紀の実験なのかもしれない。しかし、その実験は、おそらく、人間がその〈類〉的過程から抜け出してゆくものとなるのではないか。

市民社会は、自立的な個人から成り立つ社会として、われわれ自身が個人の活動の自由をみずから実感できる場である。ヘーゲルは、市場経済の自由を一方で放任しながら、他方でその弊害に対して法的規制をおこなう政府の活動が富の偏在と貧困の蔓延を解決しえない、という洞察を提示している。この洞察で重要な点は、よしんばルールある資本主義になったとしてもこの問題は残る、ということである。(したがって、当然ながら、規制緩和を標榜して自由主義経済を放任しきるならば、とてつもない格差社会が到来する、ということである。)ヘーゲルの〈ポリツァイ〉論は、こうした市民社会の陰画を提示している。だから、ヘーゲルは、市民社会の貧富問題を解決するどころか、棄民的植民主義やら経済的帝国主義やらに手を染めた、と考える向きもあろう。しかしながら、このように考えるときの前提は、自立的な個人に固執する立場である。このことによって、市民社会における個人の自立なるものがかえって脅かされているのである。これに対して、ヘーゲルは、職業上の連帯と団結によって集団的に市民の安全が保障される必要がある、という一歩先に進んだ問題解決への方策を示す。人びとの連帯と団結が面倒であれば、外面的な法的規制がせいぜいのところで、これを突き進めれば、統制社会になることは目に見えている。

国家は、いわゆる進歩的な立場からは、人倫的共同性を詐称するものとして、もっとも批判的に描かれるものであろう。古典的な問題としては、国家が立憲君主制として展開されるあり方に、抜き差し難い復古性なり反動性を嗅ぎ取る立場がある。いや、それよりも、国家の主体性は、家族や市民社会に対抗するものとしてある以上、自立的な個人に対して抑圧的な位置に立たざるをえないとされるかもしれない。では、正義の実現は、いかにして確保されるのか。無政府的共同性が可能であるか、あるいは、そうでないときに、だれが正義を確保するのか。

第一節　生命ある善としての家族——人倫的な実体のはじめの姿について

一　はじめに——家族とその自由な意志

ヘーゲルの『法の哲学』の観点からすると、〈家族 Familie〉は、〈人民 Volk〉と並ぶ人倫的な実体である。「それだけで独立して存在する（für sich seiend）自己意識をその概念と統一させて含む人倫的な実体は、家族や人民という現実的な精神である」（§156）。

〈人倫 Sittlichkeit〉とは、「生命ある善としての自由の理念」（§142）である。ここでいう〈生命ある善 lebendiges Gute〉は、自己意識がこれを「知って意志し」、「行為する」ことでこれに現実態を与える（ebd.）。つまり、家族が「生命ある善」の現実態として成り立つのは、自己意識という主観の理論的で実践的な活動による。ただ、この場合、主観のこうした活動は、意志論的にいって〈恣意 Willkür〉によるものだとは考えられない。というのも、人倫において、自己意識は、「人倫的な存在」を「それ自体でもそれだけで独立しても存在する（an und für sich seiend）基礎」とし、「みずからを動かす目的」としているからである（ebd.）。つまり、家族を「生命ある善」の現実態として成り立たせるためには、自己意識という主観の理論的で実践的な活動が、主観内部に閉塞することなく、客観としての「人倫的な存在」を対象とし目的としなければならない。

さしあたりこのかぎりでは、家族を成り立たせる主観の理論的で実践的な活動のあり方、またその対象や目的となる客観である「人倫的な存在」の内実は、無規定のままである。これらは、いずれ問題とせざるをえない。とはいえ、このかぎりでも明らかなことは、家族は、主観と客観とを統一する実体だとみられるとき、すくなくともヘーゲル的にいって、主観を滅却するあり方にするとまったく成り立たず、むしろ不断に自己意識を要求しつづけるということ、また、このときの客観は、「主観的な思いつき（Meinen）や好み（Belieben）」（§144）に委ねられているものではなく、「人倫的な存在」として普遍的で必然的なものであるしかない、ということである。ようするに、ひとは、おのれの左右できない「法則（Gesetz）や制度（Einrichtung）」（ebd.）をまさにそれ自身がみずからのものであるとして選び取ることによって家族を成り立たせている、とヘーゲル的にはとらえられるわけである。現代風の言い方をすれば、自己決定できないことをそのまま選び取る自己決定をなすことにより、家族は成り立っている。

ところで、冒頭に掲げたように、家族は、「それだけで独立してある自己意識をその概念と統一させて含む人倫的な実体」だが、この規定にある自己意識の「概念」とは、もっとも基礎的には、意志としての「自由の概念」である。ヘーゲルは、人倫を、「現前する世界となるとともに自己意識の自然となった『自由の概念』」（§142）だとしていた。この場合、「自由の概念」とは、一般的に、普遍と特殊とを統一する個別という意志論的な事態であるとともに[25]、人倫の場においては、「それ自体でもそれだけで独立しても自由な意志の理念」（§33）として、意志のあり方自身をみずからの意志の対象とする事態でもある（§22）。当然ながら、人倫の場合、こうした意志のあり方自身が、対象や目的としての「人倫的な存在」であるから、「自由の概念」は、「自由な意志」のメカニズムを具えた「人倫的な存在」ということができる[26]。したがって、家族も、そのものとして「自由な意志」が成り立っていなければ、人倫的な実体としての資格をもちえていない。

そこで、この「自由な意志」が家族においてどのようにして現実的に成り立つのかを考えてみる必要がある。ヘーゲルが概念的に把握する家族は、典型的には、夫（父）と妻（母）と子からなるいわゆる核家族そのものだが[27]、子は、「それ自体で自由なもの」であるとはいえ、それだけで独立してそうであるわけではない。子を教育することは、子を「自立態と自由な人格態に高める」ことだが、これは、同時に、子が「家族の自然的な統一から抜け出る能力を獲得させる」ことでもある（§175）。そして、子がそれだけで独立して自由となるとき、家族そのものは、すくなくとも子を含むものとしては、「人倫的に解体」している（§177）。したがって、家族において「自由な意志」を「それ自体でもそれだけで独立しても」論ずることのできる関係は、現実的には夫と妻の〈結婚Ehe〉関係以外にないことになる。(28)

もっとも、結婚という統一は、「実体的なものとしては内心（Innigkeit）と心情（Gesinnung）にすぎず、現実存在するものとしては両主観に分かれている」（§173）。この統一が子として表現されていると考えるなら、たしかに、その子が「統一そのものとして、それだけで独立してある現実存在と対象」となっている（ebd.）。しかし、こうした子は、結婚という統一の現実存在ではあっても、それ自身が「それだけで独立して」「自由な意志」を有するわけではない。端的な言い方をすれば、子が家族の意志をそのものとして最終決定するわけではない。したがって、結婚という統一のそれ自体の主観的な現実存在は、「関係」とはいっても、夫および妻の「内心と心情」に還元されることにならざるをえないから、家族における「自由な意志」は、現実的には、夫および妻のそれぞれの意志であるとともに両者に同一の意志にほかならないことになる。

---

(25) 意志が、欲望や衝動といったどんな制限も解消し度外視する純粋な無規定態、絶対的な普遍態、無制限な無限態であるというモメント（§5）と、逆にみずからを規定されたものとして設定して現存在のうちに特殊化し有限化するというモメント（§6）とを統一して個別態となり（§7）、このことによって、みずからを規定しながら、この規定態を可能態とみなして無関心となるあり方。

(26) 一八二二・二三年講義ホトー筆記録によると、復習教師ヘニング（Leopold v. Henning 1791–1866）が講述したとみられる概括のなかに、「人倫的な実体」と「知の個別態」との統一によって、「人倫が意志の現実的な精神だと証明される」（V. 502, §156）とある。ここで、「知の個別態」が自己意識と考えられるので、「人倫的な実体」は自己意識の「概念」である。実際、この講義録では、「人倫的なもの」を「意識と概念との統一」としている（V. 503, §156）。ようするに、「概念」のがわは、「自由の概念」とはいっても、「人倫的な実体」である。

二 家族を普遍的・必然的と考えないときの帰結

家族の「自由な意志」を夫と妻が一致していだいていることが「内心と心情」といった主観態にあるとするかぎりでは、その意志の形式的な側面しか理解できていない（§8）。もっとも、家族が「生命ある善」でありうるためには、これが客観的な「人倫的な存在」でなければならないことだけは、前項でも示しておいた。しかし、これがいかなるあり方をするのかは、そこでは無規定のまま放置している。家族という「人倫的な存在」が普遍的で必然的な規定としていかに考えうるのか、この点こそが家族の「自由な意志」を内容的にも理解させるものとなるだろう。

しかし、現代の社会人類学的な知見によれば、家族のあり方における普遍的で必然的な規定などを想定することは、無意味とみなされよう。(29) こうした実証主義的で真面目な議論をカリカチュア化すれば、家族は「メタファー」にすぎない、とみなされることにもなる。(30) こうなると、家族は、むしろ、「主観的な思いつきや好み」によって任意に恣意的に設定されさえすればよいはずである。したがって、同じことだが、家族は――ヘーゲル的なターミノロギーにすぎないとされるかもしれないが――「生命ある善」として考えようもないことになる。

もちろん、こうした論理的な帰結が現代社会で人びとにより自覚的に引き受けられるかどうかは、この場での主題ではない。それよりも、われわれの関心事は、「生命ある善」である「直接的な、つまり自然的で人倫的な精神」（§157）としてヘーゲルが家族をとらえた理由にある。(31) というのも、家族は「生命ある善」としてかならずしも現代的には「学問」的に公認されないとするなら、家族と「生命ある善」との関係をよりいっそう明確にする必要に迫られるからである。このことは、ヘーゲルが『法の哲学』においてなにゆえ〈家族〉を直接的で自然的な〈人倫〉としてその出発点とせざるをえなかったのかの解明ともなる。

このことを考えるとき、まず、〈道徳 Moralität〉論でとらえられる「普遍的で抽象的な本質態」としての「善」

（§133）と〈人倫〉論でとらえられる「生命ある善」との間の区別を明確にする必要がある。まず、前者から考えることにしよう。

〈道徳〉論での抽象的な「善」は、「義務」ではあるが（ebd.）、いかなる「特殊な内容も規定された目的」も含

（27）ヘーゲルの〈家族〉論が、市民社会の成立を前提とした核家族（Kernfamilie）であるとの指摘については、次を参照。Siegfried Blasche, „Natürliche Sittlichkeit und bürgerliche Gesellschaft. Hegels Konstruktion der Familie als sittliche Intimität im entsittlichten Leben", in: *MHR.*, Bd. 2, S. 312–37, bes. S. 319. シュネーデルバッハもこれを支持し、「市民家族」、「夫婦家族」とする。Vgl. Herbert Schnädelbach, *Hegels praktische Philosophie, Ein Kommentar der Texte in der Reihenfolge ihrer Entstehung*, Suhrkamp, Frankfurt am Main 2000, S. 261 f. ただし、ブラッシュのいうように、ヘーゲルが、「市民社会前的な世界」にない「個人の自由な同意」によって〈家族〉を構成し、前近代的な「経済的大家族」「親族的大家族」について語らないことをもって、その〈家族〉論を近代家族論として歴史化する所説には、ヘーゲルの『法の哲学』の課題と議論構成、さらに「世界史の哲学」が独自の領域として存立する事実を踏まえ、本論はまったく与しない。〈家族〉論の概念諸モメントは、近代市民社会の形成によってはじめて顕になったものだとしても、〈家族〉の本質的属性をなしているとみるべきだろう。むしろ、前近代的な家族自身が抱えた〈家族〉概念に合致しない要素は、それから切離され、別途評価すべきである。そうすると、〈家族〉のなかに〈市民社会〉的要素が混入していることをみることによって、前近代的な家族が読み解かれることになる。ヘーゲルの〈家族〉と対比されるアリストテレスのオイコスについても同様である。なお、家族に対する市民社会の前提性を説く本邦での議論は、早くは、金子武蔵が、「諸家族を包括する共同体」として「市民社会」を挙げ、「市民社会を生ぜしむべき共同体が市民社会であるとなすことの不合理」を自問自答して、それを「民族共同体」としてとらえなおすことから始まっているであろう（金子、四五一―二）。しかしながら、ヘーゲルは、国家が「最初のもの」として家族に対して先行すること、そして「国家の内部ではじめて家族が市民社会へと発達する」（§256 Anm.）と明言する。だが、家族に対する市民社会の前提性の議論は繰り返される。たとえば、鷲田『ヘーゲル『法哲学』研究序論』、新泉社、一九七五年、一四〇頁参照。また、早瀬明「市民社会に対抗する家族――ヘーゲル家族論の政治的含意」、『ヘーゲル哲学研究』第九号、二〇〇三年、六七―八頁参照。

（28）したがって、〈結婚〉論は、最初の「自然法と国家学」講義において、〈家族の概念のうちにある関わりとしての家族〉論の標題で議論されるわけである（*I*. 91–101, §§ 75–80）。

んでいない（§134）。当然ながら、人間の現実的な意志による行為は、こうした内容や目的をもたざるをえないから（§15）、「善」は、そのかぎり、実際には恣意的なものとならざるをえない。もっとも、「善」である以上は、〈正しいことRecht〉であるとともに〈幸せなことWohl〉でなければならず、しかもこのことに普遍態が要求されざるをえない（§134）。しかし、「善」すなわち「義務」は、抽象的なものにとどまるかぎり、なにごとが「正しいこと」か、あるいは「幸せなこと」かを論ずることができない（§135）。したがって、いかなる内容や目的を具えた行為が「善」たりうるのか、つまり普遍的な「善」がいかなる特殊態をとるのかは、主観態すなわち〈良識Gewissen〉の思うところに帰着せざるをえないのである（§136）。ようするに、抽象的な「善」は、主観態の恣意によって設定された特殊な内容や目的を普遍的なものとして「良識」に賭けて主張するためのレッテルでしかないことがある。

このため、ここでの一大問題は、「善」の特殊態そのものが「それ自体でもそれだけで独立しても善いもの」（§137）たりうる可能態を、つまり自己意識の主観態が「それ自体でもそれだけで独立しても普遍的なもの」（§139）を原理としうる可能態を認めることができるかどうか、またいかにして認めうるのか、にある。これに関するヘーゲルの吟味を詳細に祖述することは、〈家族〉論を主題とするこの場としては煩瑣にすぎるため割愛するしかない。ただ、この問題を解決する基本的な方向性は、家族を考えるさいに重要な示唆を含んでいる。

まず、一方では、特殊化された「善」に普遍態はない、とする方向性があるだろう。これは、「善」といえばもっぱら「偽善」（§140）とみなし、「善」なるものはない、とする立場である。この場合、『法の哲学』の議論のあり方からすれば、「善」に先行する一階下の「幸せ」、つまり「私の主観的で特殊な満足の全体」（*RN*. 431）こそが道徳の最高達成ということになる。「人間は、みずからが幸せになることを意志する」（ebd.）。この方向性の先は、当然ながら、普遍態を拒絶するものである以上、公共的に論ずる必要もないだろうし、善悪の彼岸にあるから、場合によっては、あえて正義に反することすら道徳的に是認することになるだろう。

この方向性で家族を考えるなら、次のようになる。家族は、普遍的なあり方で「善」でない以上、たかだか個々の主観態を満足させる「幸せ」を達成するものとしてだけ位置づけられることになる。「いいじゃないの幸せならば」（岩谷時子）。したがって、このような家族なるものにおいては、そこでいかなる人間関係（性関係を含む）が営まれようとも、それは、当事者全員の「幸せ」の名の下に是認されざるをえない。[32] このような家族なるものは、親密かもしれないが、非公共的で私秘的なものでしかないから、いかなる法的な規定も受け入れられない。この立場は、家族が人間関係の普遍的なカテゴリーであることを否認するしかないから、そのような家族なるものを家族と呼ぶことすら便宜的となる。ようするに、この立場は、家族を概念的に解体しつくし、家族をこ

（29）『結婚』制度すべてが当てはまるような単一の通文化的な母型は存在しない」。「まったく同じことを『家族』という語についても明らかにしようと思う」。E・リーチ『社会人類学案内』、長島信弘訳、岩波書店、一九八五年、二二九頁以下。ただし、リーチは、続けて、「存続しうるどんな人間社会も、（他の人員補充の形式よりも）生殖をつうじて永続することを図る以上、子供たちを育てるための環境を作り出すなんらかの手段を制度化しなければならないことは自明のことである、という点には私は同意する」とする。したがって、〈家族〉の普遍態を語ろうとするときには、自然としての「生殖」に基礎をもたざるをえない。

（30）「日常的なイメージと専門の学問とを問わず、家族を定義するさいにしばしば引き合いに出される〔中略〕概念――血縁、親子、兄弟、夫婦、婚姻、同居、生活の協働と社会化、戸籍――は、いずれも自然に根ざした人類に普遍的なものではなく、家族を根拠づける公分母ではあり得ない」。栗原彬「メタファーとしての家族」、『シリーズ　変貌する家族7　メタファーとしての家族』、上野千鶴子他編、岩波書店、一九九二年、七頁。

（31）〈家族〉論にかかわって、ヘーゲルの「精神という弁証法的に思弁的な概念」がヘルダーリンの「合一哲学」がいう〈愛〉や〈生命〉に由来することへの指摘は、次を参照のこと。Schnädelbach, a. a. O., S. 253 f. なお、拙論は、思想形成史的観点で議論するものではない。

（32）婚外性交渉、近親相姦などは、良識的な一般的観点からすると、被害者を想定することができる以上、けっして全員の「幸せ」をもたらすものでないが、想定被害者が当の関係の維持を「幸せ」として望むとき、特殊な「幸せ」を道徳の最高達成とみなす立場によっては、それを否認して「不幸せ」とみなすことができない。

の世界から消し去る帰結を背負わざるをえない[33]。

これに反して、他方では、特殊化された「善」に普遍態がある、とする方向性もあるだろう。しかし、共同態の観点から独立しうる道徳の固有な立場に固執するかぎり、こうした普遍態を決定するものが主観的な「良識」以外にありえないから、よしんばそこに、ヘーゲル的な「真実の良識」、つまり「それ自体でもそれだけで独立しても善であるものを意志する心情」があることを想定するにしても、「良識」自身としては客観態が認められず、すべてがたんなる主観的な確信に帰してしまう（§137）。もちろん、この方向性の真実の先は、当然ながら、「善」の特殊化された内容の普遍態を保証する客観態を担保することにあるが、ここで深刻なのは、この客観態自身が〈道徳〉論的に主観的に確信する以外にないとするなら、「良識」が「それ自体でもそれだけで独立しても善」であるとするものを真に名指しているのかどうか、本質的に判別することができないことである。

この方向性で家族を考えるとき、もちろん、家族は、個々の主観態を満足させる「幸せ」でありながら「善」としての普遍態——「法」に合致する「普遍的な幸せ」（§130）——を主張することのできる可能態のはずである。しかし、その主張は、客観態が担保されないかぎり、主観態を絶対のものとして居直るばかりで、善悪の転倒や無差別化に踏み込まざるをえない（§140 Anm.）。もっとも、こうした主観態を束ねて〈コミューン Gemeinde〉とし、仲間内で「善」なることを喜びあうこともできるかもしれない（ebd.）。しかしながら、この場合でも、客観態がないかぎりでは、その仲間内に通用する以上の普遍的な承認はえられないだろう。とはいえ、いずれにせよ、普遍的な客観態のないこの立場は、家族をたんに主観的な恣意によって構想して、その特殊なあり方こそを「普遍」化することになるだろう。この場合、家族ならざるものが家族なるものとして堂々と主張されることになる。

三　家族の普遍態を保証する類的な自然

ヘーゲルは、主観態にのみ依拠する「良識」によっては、「人倫的な客観態の〈見かけ Schein〉すらもすっかり消失する」（ebd.）としている。このさい、ヘーゲルは、同時に、この立場が「真なるものの認識可能態を否認する」という不可知論と軌を一にしていることを指摘する（ebd.）。もちろん、ヘーゲルは、この不可知論に反駁するわけだが、ならば、このことにより、「人倫的な客観態」という「真なるもの」がいかに認識されるのか、みずからがそれに答えていかなければならない。

もっとも、〈道徳〉から〈人倫〉への移行ということで、ヘーゲルは、「善」の抽象的な普遍態と、「良識」という主観態の無規定的な抽象態とが同一であるということから、この抽象的な同一態を具体的な同一態に転換するところに〈人倫〉が成立すると議論している（§141）。したがって、この議論を容認するならば、ヘーゲル的には、こうしてもたらされた「具体的な同一態」の認識が「人倫的な客観態」の認識だとしうるかもしれない。しかし、このことは、「生命ある善」である人倫を成り立たせるために、「主観的な思いつきや好み」を超えた「法則や制度」が必要だとの要請を確認するだけのことでしかない、ということもできるだろう（§144）。つまり、なにごとがこうした「法則や制度」なのか、このかぎりでは、なお無規定といわざるをえない面が残るのである。

ところが、ヘーゲルによれば、われわれの知の客観としての人倫的な実体とその「法則と権力」とは、「対象」や「存在」として「自然の存在よりも無限に固定した絶対的な権威と威力を具える」（§146）としている。しかも、人倫的な実体とその「法則と権力」とは、「主観そのものの本質」として主観により「精神の証」が与えられて

(33)「相互的なやりとりの相乗化が社会のいたる所に顕現するときでも、家族という形式＝メタファーを私たちは必要とするのかどうか」。栗原、前掲論文、二〇頁。もちろん、これは反語である。

おり、人倫的な実体と主観との関係は、〈振り返り Reflexion〉である「信仰や信頼」よりも直接的に同一であるとまでいわれている（§147）。したがって、人倫的な実体は、それと同一であるとする主観が存在することによって、直示的に証明される、あるいはヘーゲル的な言い方によれば「みずからが権利となるにいたる」（§152）ことになる。

しかし、こうした「精神の証」は、〈道徳〉論における「良識」という「形式的な主観態」（§139 Anm.）と外見的に選ぶところがない、と評しうるかもしれない。ヘーゲルの時代には、家族に「絶対的な権威と威力」を認めえたかもしれないが、現代社会においては、そうした「精神の証」がすくなくとも「学問」的に感じられないからには、とりわけそうである。家族が「生命ある善」として「人倫的な客観態」を具えていることは、おのおのの主観においては「精神の証」がありさえすれば確認でき、しかも実際的にそれで十分であるとしても、今日的には、不幸にもその根拠を〈振り返り〉、それとして確認する必要がある。

このさい、客観態が求められているのは、「善」の特殊態である。これは、意志論的には、意志の内容的な特殊態であるが、もっとも始原的には「衝動、欲求、傾向」といった「自然的な意志」に根ざし（§11）、これらを〈振り返り〉ながら純化して形式的な普遍態をもたらす教養形成をつうじて（§20）、意志の普遍的なあり方を意志する「それ自体でもそれだけで独立しても存在する意志」（§21 Anm.）となるものである。したがって、家族が普遍的な「善」の特殊態であるとは、それを成り立たせる主観の自然態自身をいかに普遍的なものとしてとらえるかにかかっている。

この論理は、なにも一般的な意志論の解明において提供されるのみならず、〈道徳〉論において「良識」が善にも悪にもなりうることにかかわって、ヘーゲルがバリアントのかたちで明示しているものでもある。「悪」の根源は、「自由という〈鏡映視的なもの Spekulatives〉」のうちにある（§139 Anm.）。自由な意志は、自然態と対立するが、みずからの内容を自然態からしか汲み取りえない。こうしたなかで、たんなる自然態と対立するものが「善」となるが、この自然態は、特殊なものでないならば、それだけでは「悪」とはならない（ebd.）。よって、自然態は、それが普遍的なものであるかぎり、「善」となりうる性格をもっている。

したがって、「善」を考えるとき、意志論的には、これを自然からまったく切断して自然とは無縁な地平でその内容を構想することは、不可能といわざるをえない。このことは、家族を「善」と考えるさいにも、同様である。家族は、人間主観によって任意に恣意的に設定された社会的な規定として自然といっさいかかわりない、などと主張することは、不可能事をあえて立言する虚偽意識ないし曲学阿世である。[34]

すでに前項で示したように、抽象的な「善」は、最低限、「法」に合致する「普遍的な幸せ」である。この「普遍的な幸せ」は、個々の主観によって内容に差異がもたらされないように論定しようとすれば、普遍的な主観、普遍的な自己意識にかかわるものとしてとらえなければならない。もちろん、普遍的な主観、普遍的な自己意識は、精神であるから、このもの自身の普遍的な自然が基礎となり、これを普遍的な自己意識が精神化することになる。ここで問題とする主観、自己意識は、人間のそれであるから、普遍的な主観、普遍的な自己意識は、個々の人間において現実存在があるとはいっても、個々の人間には解消されえない。普遍的な主観、普遍的な自己意識にとっての普遍的な自然とは、個々の人間を超えうる人類の自然である。したがって、〈道徳〉論的な抽象的な「善」を〈人倫〉論的な具体的な「生命ある善」に転換しうる客観態は、人間の類的な自然以外にないことになる。[35]

ヘーゲルにおいて人倫の出発点をなす「直接的な精神、すなわち自然的で人倫的な精神」としての家族は、明

(34) フィヒテは言う。「結婚をたんに法律による社会だとみなすのは、不適切で人倫にもとる表象である」（*GN*. 317. 三七一）。

(35) フィヒテは、「自然によって人類を徳へ導きうるか」という「課題」が、「両性間の自然的な関わりが再興されることによってのみ」解決されると考える。「この点から出発する以外に、人間性の人倫的な教育はない」（*GN*. 315. 三六九）。

確に、こうした人間の類的な自然と向きあうことによってはじめて成り立っている。すなわち、「家族の直接的な概念である結婚」（§160）は、第一に、「実体的な関係としては、総体性（Totalität）での生命態を含み、すなわち〈類 Gattung〉およびその過程の現実態を含んでいる」（§161）。ヘーゲルは、このさい、『エンツュクロペディー』における〈自然哲学〉の「動物の有機体」のうち「類の過程」を直接参照する[36]（*El.* 217 f. §288 f.）。もちろん、〈結婚〉は、第二に、「自然的な性の統一」を「精神的な愛、自己の真価を意識した愛」[37]に変換する（umwandeln）ことによって、たんなる自然を超え、これを精神化する実を示すことになる[38]（ebd.）。

ヘーゲルが『法の哲学』において〈人倫〉の出発点に〈家族〉を置くのは、「生命ある善」の客観態が人間の類的な自然を基礎とする以外にないという、ヘーゲル的な自由意志論の論理的な必然によるものである[39]。ヘーゲルの〈人倫〉は、自然の土台に深く根を下ろしたかたちで構築されている。最初の「自然法と国家学」講義において〈家族〉論で結婚を論ずるにあたり、「人倫的なものがもつ普遍的な概念から〈生命あるもの Lebendiges〉への移行が果たされている」（*I.* 92, §75 Anm.）とするのは、真に自然的な〈生命 Leben〉にかかわっての言明なのである。

四　自然的な「類の過程」と精神的な「愛」

「自然的な性の統一」を「精神的な愛、自己の真価を意識した愛」に変換するという議論から明白なように、ヘーゲルは、結婚を「性関係」としてのみとらえる考え方を斥ける。ヘーゲルによると、結婚を自然的な「性関係」としてのみとらえると、「結婚の排他性や持続性、一夫一婦制」が出てこない（*V.* 425, §161）。これは、「愛」にかかわる結婚の制度的な側面ということもできるが、逆にいうと、こうした制度を欠如する結婚なるものは、

「愛」に変換する以前の自然的な「性関係」にすぎないととらえられていることになる。(40) こうした制度は、その社会性と任意性をワンセットで考えたい立場からすると、無視することが可能なようにもみえるだろうが、しかし、実際そうすると、ヘーゲルの見方からするなら、自然的な「性関係」しか残らないことになるわけだから、結婚を語る必要もなくなるわけである。(41)

「結婚の排他性や持続性、一夫一婦制」の制度は、このように明確に、自然的な「性関係」と区別されているので、そのかぎりでは、なんら自然に基礎をもたないものと考えられるかもしれない。もちろん、この制度は、精神によってもたらされるものである。しかしながら、「性関係」が「類の過程」であることを踏まえるとき、「自然的な性の統一」が「精神的な愛」に変換されるなかで、この「愛」が自然的な「類」に深くかかわり連続していることにまずは注目せざるをえない。自然から精神への変換は、まったく異質なものへの跳躍ではないの

(36) 金子武蔵は、Gattungを「族的統一」と読み、「民族として歴史的に自己を生み出していくもの」と理解するが、これは、ヘーゲルの議論とは無縁である。金子、四五三頁参照。

(37) selbstbewußtを「自己の真価を意識した」と訳す。「自己 selbst」が後続の被修飾語であることを明確にする趣旨による。「真価」という語がなければ、「自己」が被修飾語と切り離されて理解される可能性が高まる。グリムによると、selbstbewußtは、「自分独自の価値を意識する者」について語られる。Vgl. *Deutsches Wörterbuch von Jacob Grimm und Wilhelm Grimm*, Bd. 16, Sp. 463.

(38) ヘーゲルは、〈家族〉を「自然的な性と類の関わりを人倫化する制度」としてとらえている。Vgl. Schnädelbach, a. a. O., S. 252.

(39) 鷲田は、「ヘーゲルが『家族』を『市民社会』に先行させる」のは、「『家父長的』生活原理＝封建的家族原理をあとから・外部から挿入することを隠蔽」するためだとする。鷲田、前掲書、一七八頁参照。けだし、政治主義的に歪曲された議論である。

(40) 自然法や実定法が〈結婚〉を肉体的側面からのみ考察したとヘーゲルが批判することからわかるように、哲学的な〈結婚〉論は、経験的な現実の追認総括ではない（V. 425, §161）。〈家族〉論も同様である。

(41) 〈結婚〉の「人倫的な規定」は、「感性的なモメントを制限された一モメントに引き下げること」にあり、結婚の「儀式」は、このことの宣言であるが、これを否認する主張は、こうした人倫的な「愛」を否定することになる（§164 u. Anm.）。結婚制度の任意性の主張は、精神的な「愛」を否認し、自然的な「性関係」のみを至上のものとする。

である。

『法の哲学』で参照されたハイデルベルクの『エンツュクロペディー』によれば、動物は、「自己保存」をするが、同時に「みずからの最初の概念を生産する」。この「概念」は、「具体的な普遍」としての「類」だとされる（§161; *EL.* 217, §288）。この論理は、簡潔すぎてわかりづらいが、一八一九・二〇年冬学期ベルリン大学での「自然哲学」講義でその意味が解明されている（*VPN.* 179）。動物は、「エレメント的な〈関わり〉」を同化してみずからのものとなす〈形成衝動 Bildungstrieb〉に駆られ、さまざまなものを生み出すが、こうした「形成衝動」というかたちの「総合」では、みずからの真の実在化を獲得できないので、これに満足しきれない。これに対し、「真の総合は、性関係で達せられる」。動物の衝動は、「みずからを普遍的なものとして設定する」ことにあり、これが「自然を超える〈類〉の衝動」、つまり「性関係」をなす衝動だとされる（ebd.）。つまり、動物は、みずからを自己保存してさまざまな形成をするだけではあきたらず、「性関係」によってみずからを普遍的な概念すなわち「類」にしようとする衝動を抱えているのである。

しかし、なぜ「性関係」なのか。「個別的なものそのものは、〈類〉に合致していない」（*EL.* 217, §289）ので、動物が「みずからを〈類〉として直観する」ことは、自分をではなく、同種の「他のもの」をみずからの「類」であると「感覚する Empfindung」以外にない。「類の過程」の実質は、こうした媒介にあり、「類」の衝動は、「みずからが完全でないと感じる緊張」であり（*VPN.* 179）、「欠陥の感情」（ebd.）である。〈性差 Geschlechts-Differenz〉は、もっとも抽象的には、「みずから自身を見出す個別態の、〈類〉における選言分離（Disjunktion）」（*EL.* 217, §288）と規定される。「性」は、もともと同一であるが、形成されるなかで区別として設定される。人間も、根源的には〈雌雄同体 hermaphroditisch〉なのだが、実際には「性」に差異あるものとして形成される。[42]〈性交 Zeugung〉は、「生命ある感覚の統一」であって、このことにより、両性は、「みずからの特殊な固有性を廃棄する」（*VPN.* 180）。こうした媒介過程により、普遍的なものが現われてくるわけだが、「自然態」においては、「統一の感情」がばらばらとなり、ふたたび「個別的なもの」に復帰して、「性から性への単調な円環」を閉じることになる[43]（ebd.）。「類の過程」の帰結として、「具体的に普遍的なもの」が「個別的な現実態」となるとは（EI. 217, §290）、このことである。

このように、「類」は、自然においては「感じられる」にすぎない。最初の「自然法と国家学」講義の言い方を借りれば、「普遍的なものが普遍的なものとしてまだ現実存在していない」（*I*. 92, §75 Anm.）のである。これに対し、「類」がそのものとして――したがって普遍的なものがそのものとして――現実存在する固有の座は、精神である。「〈類〉は、思考枠組（Gedanke）や精神においてのみ、それだけで独立して存在する」（ebd.）。一八一九・二〇年冬学期ベルリン大学の「法の哲学」講義では、次のようにいう。「自己意識としての精神において、〈類〉は、意識された統一となる。本質的な〈関わり〉として意識され意志されること。このような〈関わり〉として、それは、精神的な愛となる」（*VI*. 131, §161）。もちろん、この「愛」は、「感覚される統一」（§158）であるが、精神のエレメントにあるものなのである。

ようするに、結婚においては、自然における「類」が精神のかたちで「愛」として現実存在する。この場合、当然ながら、自然と精神は「同等の尊厳（Würde）」を有するものではなく、自然は精神に従属しなければならない。「自然的な和合（Einigkeit）が起こるのは、精神的で人倫的な和合の根拠としてのみのこと」（*VI*. 428, §161）だが、しかし、であるがゆえに、「自然的な性の統一」は、「精神的な愛」の根拠となる。そして、こうした普遍的で必

(42) ヘーゲルは、実際に人間に雌雄同体（両性具有、半陰陽）が存在していることを理解している。また、半陰陽者によって、男女の内性器、外性器の分化が認識できるともいう。「半陰陽者から認識できることは、前立腺が子宮となり、陰嚢が陰唇となることである」（*VPN*. 180）。

(43) なお、本節第一項で触れた、〈結婚〉において「実体的なもの」が「現実存在するものとしては両主観に分かれている」自然的基礎は、「統一の感情」が「性交」外でばらばらに個別化することによる。

然的な「類」としての「愛」こそが、家族を成り立たせる「人倫的な存在」の客観態そのものなのである。家族を成り立たせる主観は、「愛」という理論的で実践的な精神活動を営むことになる。

なお、「類の過程」の観点からすれば、当然ながら、結婚における「愛」は、異性間のものであるほかなく、いわゆる同性愛を容認する余地はない。[44]「結婚は、なにゆえ本質的に、異なる性の関わりであるのか。それは、生命あるもののうちの和合も、精神的なもののうちの和合も、設定された和合だからである」（VI. 427, §161）。こうした「和合」は、「性が異なることによってのみ可能である」。ヘーゲルは、異性間の「和合」を生命あるもの、同性間のそれを「死んだ和合」とみる。「愛」が異性間のものでなければならないのは、それが、生命ある「和合」であるべきで、「死んだ和合」であってはならないからである（ebd.）。

五　家族として一人格となる解放性と性別役割分業

結婚は、「自然的な性の統一」を基礎として、これを「精神的な愛」に変換するものだが、このときに、精神は、「類」を意識し、「和合」を意識している。そして、このことが、結婚がもつ「人倫的なもの」だとされる（§163）。

結婚では、両性の「自然的で個別的な人格態」をこうした「和合」において「放棄」して、「一人格をなす同意」がなされる[45]（§162）。これは、両性にとって、「自己制限」ではあるが、「実体的な自己意識を獲得する」ものであるがゆえに、「みずからの解放」と位置づけられる（ebd.）。しかし、それでも、おそらく現代社会においては、「自然的で個別的な人格態」を「放棄」するこうした「自己制限」は、反動きわまりない思想ととらえられるであろう。われわれは、この場では、そのことの是非を争わない。「愛は、悟性の解きえないとてつもない矛盾である」（*VI*. 420, §158）。ただ、両性がこうした「自己制限」を承認しないのならば、すくなくともヘーゲル的には、結婚は成立しないし、よってもって家族も成立しないことだけは、指摘しておく。現代社会におけるこうした「自己制限」なき結婚なるものは、概念的には結婚ならざる野合だろうし、そこに「生命ある善」が顕現することはないだろう。

ヘーゲルによると、「結婚がもつ人倫的なもの」の実質は、一人格をなす「統一」を「実体的な目的として意識する」点、「個体的な現実存在全体を信頼し共有する愛」にある[46]（§163）。このさい、自然的な衝動は引き下げられ、「精神的な紐帯」が「実体的なもの」として、つまり「情熱やはかない特殊な好みを超えた崇高なもの」、

（44）異性愛（heterosexuality）に強制的性格が伴うとすれば、ヘーゲル的には、それは、自然としての「類の過程」に由来するからであって、家父長制といった社会制度によるものではない。性自認が生前ないし生後直後の自然的メカニズムによって形成されるとすれば、外性器的観点での同性愛（homosexuality）も自然に由来するとしなければならない。ヘーゲルは、自然的なあり方と精神的なあり方の「双方のあり方は、必然的に同等に本質的であり、たがいに規定された関わりをもつ」としている（*VI*. 428, §161）。ただし、性自認を形成する自然的メカニズムの理解は、一九六〇年代のことである。吉永みち子『性同一性障害』、集英社新書、二〇〇〇年、三四—七頁参照。ヘーゲルがこの理解に達していないことはいうまでもない。なお、同性愛者間の人倫的な結合といったオルタナティブがヘーゲルにおいて考えられないことの指摘は、次を参照。Schnädelbach, a. a. O., S. 262.

（45）フィヒテによると、「夫婦の関わり全体は、けっして法律的なものでなく、心と心の自然的で道徳的な関わり」であって、「ふたりは一つの魂である」（*GN*. 325. 三八一）。

（46）早瀬は、「家族は、市民社会に人倫を不可能にする危険の存在する限りで、市民社会に対する対抗原理として機能するという人倫的な使命を帯びた存在である」とし、このさいの「対抗」関係を、「市民社会の脅威から国家を守る為の防波堤」として理解する。この議論は、詳細な「立証」にもかかわらず、〈家族〉の〈人倫的なもの〉の根本を理解せず、国家主義的に歪曲する点で、ヘーゲルの『法の哲学』の議論の曲解といわざるをえない。早瀬、前掲論文、七二—三頁参照。なお、「愛が国家によってのみ人倫的となりうる」ということが、「ヘーゲルの人倫的な『国家主義』の帰結」だとするのは、次を参照。Schnädelbach, a. a. O., S. 262 f.

「それ自体は解消できないもの」として際立ってくるとされる（ebd.）。このことが、前節で指摘しておいた「結婚の排他性や持続性、一夫一婦制」にかかわるのは、見やすい道理だろう。一夫一婦制でなければ、「結婚は、真実に人倫的な〈関わり〉でなくなり、自然的立場にとどまり続ける」（*L.* 101, §80 Anm.）。自然的な「類」を精神のエレメントで意識することは、「類」をその場かぎりでとっかえひっかえ没精神的に感じることとは、まったく次元の異なることなのである。

〈結婚〉を持続的に営むためには、さまざまなモメントが介入してくるが、「和合」そのものが「根本規定」であって、これ以外の特定の規定をそれに祭り上げることは、一面的である（*VL.* 429, §161）。「しばしば子を産むことが根本規定とみなされるが、もはや後継者をもつ希望のありえない老齢の人格にあっても結婚は起こりうる。援助したり、心配を分かちあったりすることなども同様である」[47]（ebd.）。また、ヘーゲルは、「子をもうけ産む点での両性の不平等」をとらえ、「和合」においては不平等そのものが目的とならないという立場から、この不平等こそが「子供を産むことが結婚の本質的で唯一の目的となりえないことの証明」（*L.* 101, §80 Anm.）だともしている。したがって、たとえば、結婚、すなわち家族を「市場に対して労働力の再生産という機能を担」うものとしてとらえる議論[48]などは、ヘーゲルの見方からすれば、結婚の「根本規定」をとらえない一面的で浅薄なものであり、「自然法や実定法そのもので結婚の目的を問う」ものでしかない（*VL.* 429, §161）。

このように結婚によって夫と妻が「一人格をなす」とき、すでに第一項で触れたように、こうした統一のそれ自体の主観的な現実存在は、夫および妻の「内心と心情」に還元されるから、本質的にはいずれか特定の人格によって代表されることがない。この点、ヘーゲルは、国家の場合に最終意志決定をおこなう人格が君主として一個の個体となることと対比して、法人や社会、〈コミューン Gemeinde〉と同列に、家族は、「その内部でいかに具体的であっても、人格態をただモメントとして抽象的にしかみずからに具えていない」としている（§279 Anm.）。つまり、家族においては、最終決定する主観が、「現実存在という真理に達していない」（ebd.）のである。このことは、家族の成員の人格態が独自のものとしては放棄されていることの系でもあるが、このかぎり、ヘーゲルの場合、家族の意志を最終的に決定する人格態は、夫なり妻なりに特定することができず、夫唱婦随か婦唱夫随かはともかく、双方に同一の意志がはたらくものと、予定調和的にみられなければならないはずである。

しかしながら、〈家族の資産 das Vermögen der Familie〉論を考えるとき、ヘーゲルは、明確に、「法的人格としての家族を他の家族に対して代表しなければならないのは、家族の長（Haupt）としての夫」（§171）であるとする。あるいは、「家族の首長（Oberhaupt）としての夫は、妻を代表しなければならない」（VI. 451, §171）ともいう。また、これに伴って、「妻は、本質的な活動として家の内部にいる」（*L.* 102, §82 Anm.）ものとされる。

ヘーゲルは、このことに自然哲学的な基礎があると考える。すなわち、ヘーゲルは、性の分化の結果、「雄はより活動的なもの」、「雌は単純なもの、自分を自分自身に関係づけるもの」（*VPN.* 180）になるとみるが、さらに、こうした「自然的な規定態」が男女両性の「理性態によって知性的で人倫的な意義」をもつようになると主張する（§165）。雄の活動態を基礎にして、男性（夫）は、「それだけで独立してある人格的な自立態」と「自由な普遍態を知りかつ意志する」こととに分裂する「精神的なもの」であり、家族の外で活動する。これに対し、雌の単純態、自己関係態を基礎にして、女性（妻）は、「和合において維持される精神的なもの」である（ibid.）。

こうした議論の延長線上で、女性は、法学や医学などの悟性的な内容をもつ学問に就くこともあるが、哲学や芸術には向かないなどという、ヘーゲルのいう剣呑な性別学問適性論には、この場では立ち入らない。ただ、以[49]

（47）したがって、結果として子がないことについても同様。
（48）上野千鶴子『家父長制と資本制――マルクス主義フェミニズムの地平』、岩波書店、一九九〇年、二五頁。なお、上野によると、「家族」は、「その神話に反して寛大な『一般的互酬性』が貫徹するような『愛の共同体』ではない」。前掲書、九三頁参照。「家族の危機」の思想上の根本問題は、こうした実定的事態の「社会学的」追認によって、「家族」に対し「愛の共同体」であることを放棄させようとすることにこそあり、上野にはこの理解がない。前掲書、二三七頁参照。

上のようないわば性別役割分業論なるもので解明されていることが、男性（夫）の差別的な優位性を確認することにあるわけではないことだけは、明確にしておきたい。

男性は、分裂の立場にあり、みずからがそれに一体性をもたらすためには、「外界や自分自身との闘争や労働」によらなければならない（§166）。とはいえ、こうした一体性は、自分自身で直観できるわけではない。それは、あくまで家族において直観するしかないのである（ebd.）。男は、そういうとても寂しい立場にある。そのうえ、学問や芸術で達成される普遍的なものは、国家や社会においてこそはそれ自体として意味あることであるとしても、たんにそれだけのある特定のものでしかない。このことが「特定の性格、特定の格率をいっそう固定化することによって、男性は、とくに特定のものになり、したがって制限されたものになり、それゆえ一面的なものになる」（VI. 442, §166）。

これに対して、女性は、「特定の現実態に踏み込まないことによって、総体性にとどまっている」（ebd.）。男性は、闘争によってしか実体的なものを獲得できないのに対し、女性は、それ自体として、すでに「実体的なものを具体的な個別態と感覚の形式とで知りかつ意志する」（§166）ことができる。もちろん、この形式が唯一最高のものであるわけではない。しかしながら、それに起因する〈軽率 Leichtsinn〉、〈軽い感性 leichter Sinn〉は、「一面的な悟性格率に対してしばしば最善のものとなる」。「首尾一貫性は、悟性に帰属するもので、一面的であり、これに対する最善は、首尾一貫しないことである」（VI. 443, §166）。男性の一面性に対して、女性は、善と悪を一体化し、完全に特定のものになりきらない。こうした「女性の固有性」を、ヘーゲルは、「美の形式での人倫的な主観態」と呼ぶ[50]（§166, S. 444）。

したがって、ヘーゲルの議論では、人倫的な実体という統一の観点からすると、男性（夫）は一面的なものとして劣位に置かれ、むしろ女性（妻）の全体性に具わる優位性のほうが強調されている。もっとも、こうした女性の優位性は、国家において発揮されると「国家が危機に陥る」とヘーゲルはみている[51]から、家族に封じ込められるべきものなのだろう。したがって、現代社会では、やはり、ヘーゲルがとらえた女性の役割は、家族に女性を縛り付けるものとして忌避されるに違いない。しかしながら、性別役割分業を超えて男女共同参画社会を築き終えたとき、そこに生きるジェンダー・フリーの「人間」の姿が、ヘーゲルのとらえた分裂した一面的な男性のあり方以上に優れたなにかであるのか、その是非はともかく、その像自身をわれわれは知らない。

六　家族を代表する夫の責務

ところで、夫が家族の外で家族ないし妻を代表するということは、夫が家族の欲求を充足するために外に出て資産を形成し、それを配分管理する義務を負うことを意味する（§171）。このさい、「父親」の「利害関心や目的、意識は、利己的なものでなく」、「普遍的なもの」とみなされる（*RN*. 605）。したがって、夫が獲得した資産は、夫自身のものではなく、「共同の所有」であり、「どの成員もこの共同のものに対する権利」をもっている（§171）。「真の〈関わり〉は夫婦共同財産制であり、夫婦はそれぞれ特殊な人格として特殊な所有を持ってはならない」[52]（*L*. 103, §83 Anm.）。

（49）フィヒテがすでに類似のことを主張している（*GN*. 352. 四一四）。
（50）なお、こうした美的女性観を、ヘーゲルは、シラーやヘルダーリンから得ている。
（51）「個々の女性は、例外を設けることがあるが、例外は規則ではない」（*V*. 525, §166）。このことは、ヘーゲルが、「政府の頂点に女性が立てば、国家は危機に陥る」とする理由でもある。
（52）なお、結婚時に妻が夫に対し「自分のすべての財の所有と、国家内で自分に排他的に帰属するすべての権利の所有を夫に譲り渡す」（*GN*. 326. 三八二）とするフィヒテの考え方とは、ヘーゲルのいう夫婦共有財産制は根本的に異なる。

こうした規定にある夫の代表権について考えるとき、「夫は、家族の所有を維持し増やす人倫的な義務を持つ」(ebd.) という規定が同時に語られていることに注目しなければならない。この規定は、自己献身的なきわめて重い責任を夫に対して課している。

まず、夫が家族の外でなんらかのかたちで働き所得することの人倫的な意義の有無を考えておきたい。夫の働きを市民社会的な経済的な交換行為――労働者であるなら労働力の売買――としてのみ考えると、当人がなんのために働こうが、所得をいかに用いようが、それは、当人の勝手であり、他人の関知するところでない。市民社会的には、市民の「欲望の利己心」(§170) の面しか評価されない。

しかしながら、「個体がみずからを気遣わなければならないのか、あるいは全体を気遣わなければならないのか、これらは、まったく別のことである。ここに人倫的なものがありうるかぎり、こうした気遣いが人倫的なものになる」(V. 540, §170)。同一の働きであっても、それが家族という全体のためになされるなら、人倫的な意味をもつことになるが、[53] そうでなくたんにおのれ一身のためになされるなら、それはエゴイズムにとどまる、ということである。これは、きわめて深刻な指摘であろう。

もちろん、このことは、背後に家族がいさえすればよい、ということではない。よしんばそうであっても、その働きがたんに当人の自己実現の意味しか持たないかぎりでは、同断である。いかにその働きに社会的な意義があろうとも、その意義は一面的な普遍態でしかないから、そのことで、社会はたしかに人倫的になるかもしれないが、当の個人はかならずしも人倫的にならない。前項でみた男性のあり方でいえば、働きによって自立態と普遍態は分裂したかたちでえられるが、手元にあるはずの人倫によってそれを統一するすべがなく、個人は分裂に喘ぐことになる。家族外労働への一面的な賛美には、こうした論理必然に対するまったくの無理解がある。

しかし、おそらく、今日的には、働くことのこうした人倫的な意味は問題となりえず、むしろ、所有を「自由処分する権利」(*L.* 103, §83 Anm.) をとりわけ夫に対して認めることだけが問われるのかもしれない。

ヘーゲルのこの規定は、「夫婦共同財産制」に深くかかわっている。ヘーゲルの復習教師ヘニングの概括によると、第一に、夫は、「所得しなければならない」。第二に、夫には、「持続を配慮することである管理が委ねられなければならない」。しかし、第三に、「以上のことによって家族に生じた所有は、夫のためのものでも妻のためのものでもなく、各成員のためのものである。なぜなら、各成員は、他を排除する人格として登場しないからである」(V. 541, §171)。

ヘーゲルの議論では、夫の稼ぎなるものは、家族の共同財産として吸い取られてしまう運命にある。もちろん、このように犠牲となることは、夫が「自由な意志」により結婚することでみずからの使命として喜んで選び取ったことだった。したがって、夫に家族財産の管理処分権を認めるとはいっても、概念的には、〝だれが稼いでるんだ〟式の振る舞いによって、もっぱら自分のために家族の所有を処分したり、妻子の請求を無視したりすることができない。こうしたことは、結婚や家族の概念破壊である。むしろ、妻が夫を信頼するとしても、「夫も、妻と相談しなければならないし、決定が共同的になされることは、必要不可欠なことである」(VI. 451, §171)。

もっとも、概念的にはそうであっても、夫の財産処分権と妻子の請求権とは、実際的に「衝突」することがありうる(§171)。この「衝突」は、論理的には、「家族の個々のメンバーがだれも家族所有について特殊な専管的権利を持たないのに、家族の長である夫が自由処分権を持たなければならない」ことからくる(L. 104, §83 Anm.)。つまり、ヘーゲルの議論でいくと、夫は、財産処分権が委ねられる点で、他の家族成員との比較においていわば特権的な地位を占める――したがってそれに伴う無限の責任を負う――ことになるから、形式的には、夫の行為が他の家族成員の求めに反する可能態を排除しきれないのである。このことは、ヘーゲル自身が自覚している。

(53) このことは、たんに〈家族〉における意味づけにとどまるものではなく、国家・社会的な意味づけともなる。労働をめぐる対国家・社会的請求は、人倫的要求となる、ということである。

ヘーゲルは、「家族においては人倫的な心情という直接的なものが特殊化と偶然態に開かれている」（§171）とみる。家族における「心情」は、すでにみたように、「愛」という「感覚」だから、この形式に「特殊化と偶然態」が伴うのは、ある意味で必然的である。だから、「衝突」自身は、特殊偶然のこととして、家族という人倫的な実体に無関与ともいえるが、個々の経験的な家族にとっては、宿命とも呼ぶべき巡りあわせとして出来する。これは、もっぱら家族のみで解決するには荷が重過ぎる。

そこで、ヘーゲルは、家族で生じうる「衝突」に対して、「適法的な面でも経済的な面でも解決する普遍的なものが要請される」として、原則的には、「夫がみずからの技能を家族の利得のために使うよう、国家が気遣わなければならない」とする。具体的には、国家による家族資産の管理、破産者の家族の国家的な扶養の方策が挙げられる（*L.* 103 f., §83 u. Anm.）。このように、夫の財産処分権は、その濫用時に国家が民事介入して家族成員の権利を保護する仕組みを伴って主張されている。つまり、夫が正常に財産処分を営むことは、国家がそれを保証しなければ、機能するものではない。

もっとも、こうした解決では不満で、国家による民事不介入を貫いて、夫の財産処分権によらない家族制度を編み出す道もあるかもしれない。しかし、それは、必然的に、家族として共同財産をもつ考え方を廃棄する。というのも、財産処分権を妻に委ねようと、夫婦の共同意志決定としようと、「衝突」は起るからである。このため、「夫は妻に一定の所有を保証し、夫が死んだあともそれは妻のものであり続ける」という「夫婦財産契約」が構想される（*L.* 103, §83 Anm.）。しかしながら、この構想は、当の家族でなく、夫婦各自の血族を重視することにつながり、「結婚という新しい絆が唯一の本質的なものだとみなされない」（ebd.）ことになる。こうしたオルタナティヴは、夫婦の「愛」に基づく家族の概念を根柢から覆す。

したがって、「生命ある善」としての家族という人倫的な実体が持続するためには、夫婦の共同財産が不可欠であり、さらに、それを形成する責任の所在が夫にあると明確にし、国家がこのことを保証する以外にないことになる。逆に、国家は、家族を成立させるために、必然的に成立してこざるをえない。ヘーゲルは、〈世界史Weltgeschichte〉論で、「結婚や農業から出発して法則的な規定や客観的な制度に入る」ことが「国家を創建する英雄の権利」だとするが（§350）、〈家族の資産〉論でも、国家の創建にさいして、結婚とともに「所有」が導入されると指摘する[54]（§170 Anm.）。

七　家族が家父長制となるとき——まとめに代えて

ヘーゲルによれば、人倫的な実体としての家族は、結婚における夫婦の「自由な意志」があってはじめて成り立つ。このとき、家族が「生命ある善」でありうるためには、人間の自然的な「類の過程」という必然的で普遍的なものが、主観の客観的な内容となり、「精神的な愛」に転換されて意志される必要がある。「愛」は、その「和合」にいたる夫婦の個別的な人格態を放棄せしめるが、このとき、男女両性の自然的な規定態に基づいて性別役割分業が生じてくる。このさい、ヘーゲル的な議論でとくに注意すべきは、家族の外で働く夫のがわがそれとしては実体を欠いて一面性に陥り、むしろ妻のがわが実体の総体性を保持し続けることである。また、家族に本質的な「夫婦共同財産制」により、夫はみずからの稼ぎをすべて放出して家族を維持するための財産上の責任を負うということである。

家族が「自由な意志」によってはじめて成り立つとすれば、この概念に忠実な家族は、そこに性別役割分業があろうとも、おそらく「家父長制」的な「性支配[55]」なるものとは無縁であろう。そこにあるのは、「愛[56]」による

（54）〈家族の資産〉論では、具体的には、ローマの豊穣の女神ケレース（Ceres）のことが考えられている（V. 540, §170）。

「和合」であって、物質的な基礎をもつ性的な支配－被支配の関係ではないからである。

このさい、とくに妻のあり方について言及しておく必要がある。ヘーゲル的な〈家族〉において、「家の内部にいる」妻は、「家を統治する（regieren）」（V. 529, §166）ものであり、いわゆる〈主婦 Hausfrau〉（V. 534, §167）である。妻によるこうした家内統治の概念は、家族における夫の「性支配」なるイデオロギーの虚妄を突くものである。妻は、家族内で所得するが、「このことは、家族外で所得することと同様に重要である。というのも、こうしたことは、事前の気遣いが欠けると不首尾に終わるからである」（VI. 451, §171）。もっとも、この働きがもつ豊かな意味は、「主婦」といえば「家事専従者」にすぎないと経済主義的に貶める立場[57]にはとうてい理解不能であろう。

こうした「主婦」としての地位は、一夫一婦制と固く結びつく。〈家父長制的な関わり patriarchalisches Verhältniß〉をヘーゲルが語るのは、一夫多妻制を特色づけるときである。ヘーゲルによると、一夫多妻制では、女性は、「女奴隷」であり、夫から寵愛を受けて夫にかしずく。このため、女性は、他の女性を犠牲にして夫の寵愛をえようとしなければならない。したがって、ここには、「人倫的な統一」も「妻として通用する信頼」も現前しない。妻は、子が支配者になることを求めて養育する。だれが後継となるか、妻が愛をえられるかは、「権利」ではなく「好み」によって決まる。一人の妻だけが「尊厳」を保ち、他の妻は「召使」となって、「夫の肉体的な欲求」に従う。ヘーゲルは、「家父長制」をこのように説明する（V. 533 f., §167）。

一夫多妻がそれとして制度的な是認を受けているかいなかはともかく、蓄妾や売買春、婚外性交渉などが当該の家族とともに成り立っているときには、同類とみなせるだろう。そして、より一般的には、夫が妻の意向を無視したいときに、夫がその関係を維持しながら他の女性と関係することが社会的に是認されるなら、ヘーゲル的には、そこに「家父長制」があるというべきである。

だから、「妻は、まったく主婦でないところでは、みずからの客観的なもの、みずからの権利をもつにいたらない」(V. 534, §167)。

もっとも、今日、ある立場からは、「主婦」であることすらも、「家父長制」の下に置かれ、夫による「性支配」を受けて疎外されているとみなされている。このとき、その疎外から解放は、「両性間の相互依存」を「断ち切る」「『家族破壊的』な戦略」によって達成されると主張される。もちろん、その真意は、「性支配」の「物質的基盤を破壊」することにあり、「家族の凝集力を、ただたんに心理的基盤の上にのみ置く」ところにあるとされる。[58]

ヘーゲルが示したのは、結婚は、あくまで「精神的な愛」によって成り立つが、その持続のためには、夫婦共同財産制が必要となるという論理だった。ヘーゲルの「精神」を「心理」と読み替えるのはあまりに無造作だが、すくなくとも、ヘーゲル的な〈結婚〉は、根本的に物質的な基盤以前のところで成り立っている。

---

(55) 上野によれば、「家父長制は、語源的には『父の支配 rule of fathers』という意味をもっているが」、「この『父の支配』には、『性による支配』と『世代による支配』との二つが含まれる。女性に関して言えば、『妻としての労働』と『母としての労働』の両方の家父長による(夫)による領有がある」。そして、「労働」を「セクシュアリティ」に置きかえることによって、「『妻としてのセクシュアリティの(夫による)領有』と『母としてのセクシュアリティの領有』との二つの疎外がある」とされる。上野、前掲書、九三頁以下参照。

(56) 上野によれば、「『愛』とは夫の目的を自分の目的として女性が自分のエネルギーを動員するための」「イデオロギー装置」である。「母性」についても同様に語られる。上野、前掲書、四〇頁参照。

(57) 上野、前掲書、一九六頁参照。「六〇年代の高度成長期をつうじて、日本の社会は、滅私奉公する企業戦士とそれを銃後で支える家事・育児に専念する妻、というもっとも近代的な性別役割分担を完成し、これを大衆規模で確立した。フェミニストはこれを『家父長制』と呼ぶが、この『家父長制』はまったく近代的なものであり、封建遺制の家父長制とは質を異にしている」。なお、ヘーゲルのとらえる家父長制は、封建的なものではなく、まったく近代的なもので、〈結婚〉の本質にかかわる。

(58) 上野、前掲書、一〇七頁参照。以下の議論では、ここを問題とする。

しかし、「自由な意志」により結婚が持続するための物質的な基盤を共同して確保することは、人格が自由であるために外的な物件を必要とすること（§§41 f.）と同様に必然的である。ところが、さきほどの「家父長制」解放戦略は、この物質的な基盤を破壊するから、「自由な意志」により結婚が持続する基盤を破壊する。その戦略は、ヘーゲルの〈家族の資産〉論的な位置づけでは、たかだか「夫婦財産契約」の立場をとるしかないだろうから、必然的に、当初の主張に反して結婚を唯一本質的なものとみなせなくなる。したがって、「家族の凝集力」を「心理的基盤の上にのみ置く」と主張すること自体が偽善であり、実のところは、夫にせよ妻にせよ、みずからの稼ぎに対する自己領有のエゴイズムを主張する以外でないことが論理的に帰結する。したがって、こうしたところに、「生命ある善」である家族が実現するはずがない。

『家族破壊的』な戦略」を「家族解体的」と非難する者を、論者は「家父長的」と呼んだが、その論法でいくなら、ヘーゲルの議論は、もしかしたらそれなのかもしれない。もっとも、「生命ある善」としての家族を破壊する戦略を意図的に推し進めるためには、その戦略に含まれるエゴイズムの論理を見抜く者をぜひとも「家父長」として撃っておく必要があるのだろう。近代がこの戦略に乗るとき、家族の黄昏とともに国家の黄昏がやってくる。

第二節　市民社会の人倫的な再編――〈コルポラツィオン〉導出論理

一　はじめに――近代が嫌うコルポラツィオン

ヘーゲルが〈コルポラツィオン Korporation〉を『法の哲学』に導入する議論は、ホッブズ（Thomas Hobbes 1588-1679）やルソー（Jean-Jacques Rousseau 1712-78）による中間団体否認論ないし不要論と対比すると著しい懸隔があるため、[59] 特殊ドイツ的な社会－政治関係に端を発する政治的ロマン主義、あるいは団体論的な近代化構想との脈絡でとらえられる必要があるように見える。[60] たしかに、こうした脈絡をまったく念頭に置かないのは一面的な議論かもしれないが、逆にヘーゲルの構想に内在せずに、同時代人がなす議論と類似の概念を使っていることだけでヘーゲルの議論を評価するならば、『法の哲学』を正当に扱ったことにはならないと思われる。ヘーゲルの試みが、時間的に過ぎ去り行くものの描写ではなく、理性的なものの概念的な把握にあったことに思いを致すと、『法の哲学』の論理空間の内部でコルポラツィオンにいかなる意味が籠められているか精査することのほうが、なによ

（59）高柳良治「ホッブズ、ルソー、およびヘーゲルの中間団体論」、『國學院経済學』第二八巻、一九八一年、二五三―七四頁参照。

（60）ロマン主義の団体論の梗概は、Vgl. Friedrich Müller, *Korporation und Assoziation, Eine Problemgeschichte der Vereinigungsfreiheit im deutschen Vormärz*, Berlin 1965. ヘーゲルに結社の自由が存在しないというミュラーの所説は、ヘーゲルが市民的・政治的自由を重要モメントとする以上（*I*. 164）支持できない。コルポラツィオンによる社会問題の解決の点でヘーゲルと進歩派宮廷人の相同性を指摘したものは、R・K・ホッチェヴァール『ヘーゲルとプロイセン国家』、壽福眞美訳、法政大学出版局、一九八二年、一三四―七頁参照。『法の哲学』は、実定法論ではないのだから、これを「プロイセン一般ラント法」に引き付けるホッチェヴァールの所説全体は支持できない。ヘーゲルのコルポラツィオン論の積極的評価は、Cf. G. Heiman, "The Souces and Significance of Hegel's Corporate Doctrine", in: *Hegel's Political Philosophy, Problems and Perspectives*, ed. by Z. A. Pelcynski, Cambridge 1971, pp. 111–35.

りも先決といわなければならない。

ヘーゲルの〈コルポラツィオン〉論の意義を検討するさいの大きな論点として、これが〈国家〉論における立法機能にいかなる役割を果たすかということと、市民社会で出来する貧困の問題を解決する能力があるかということの二点が指摘されており[61]、コルポラツィオンを導入する必然的な事情はとくに後者の論点にかかわっている。通常、コルポラツィオンによっても貧困を解決することが不可能であり幻想であることを指摘されることが多いが[62]、従来、たんにヘーゲルの叙述の流れにのみ着目して『法の哲学』全体を視野に収めて議論しないために、モメントとして働く論理構造の剔出をゆるがせにしてきた嫌がある。

『法の哲学』の「要綱」としての性格から、そのおのおののコンパクトな概念には先行的な諸段階の概念が内包されており、ある概念の意味を十全に理解するためには、それに先行する概念を必要に応じ分析する必要に迫られる。こうした観点から、まず手始めに、先行する〈ポリツァイ Polizei〉論から〈コルポラツィオン〉論への移行に焦点をあてた検討を施し、コルポラツィオン生成の必然的な事情の基本点を明確にするなかで、ヘーゲル的な貧困解決、すなわち「人倫の再興」のあり方を問うことにする。

二 「脱出口」ならざる海外政策

ポリツァイからコルポラツィオンへと移行する必然性を精査するには、まず、〈欲求のシステム〉に直面するポリツァイの機能的な限界を剔出する必要がある。もちろん、ポリツァイの持つ積極的な意義を全般的に視野に収めようとするならば〈ポリツァイ〉論全体を検討する必要もあるであろうが[63]、さきに設定した本節の課題に応えるかぎり、直截にポリツァイの持つ矛盾の極点に登りつめることが許されるはずである。

ヘーゲルは、ポリツァイからコルポラツィオンへの移行論で〈ポリツァイ〉論を総括し、市民社会の特殊態に含まれる普遍態を現実化する事前の配慮と、当の社会の枠をはみ出る利害関係に対する事前の配慮に、その機能を認める（§249）。この二つの機能は、まったく孤立したものではなく、前者から後者へは、内在的に進展する関係がある。すなわち、この進展の動因は、周知のごとく「富の過剰にもかかわらず十分には富んでいない」という、また、「貧困の過剰と賤民の産出とを抑止するに足る固有の資産力能[64]（Vermögen）を持たない」（§245）という「市民社会の弁証法」（§246）にある。この弁証法の解決が海外貿易や海外植民に求められるように見える点に着目して、従来、ヘーゲルの議論を貧困の解決放棄とか「経済的帝国主義」などと評価してきたが[65]、この進展があくまでポリツァイの限界内の「脱出」であり、市民社会的な矛盾のたんなる回避にすぎないとヘーゲル自身が明確に自覚していたことは、看過されてきた[66]。すなわち、当のポリツァイの持つ矛盾をヘーゲルの論理の「自己矛盾」だと誤認してきたのである。したがって、ポリツァイの問題性を浮き彫りにするためには、迂路ではあるが

（61）高柳、前掲論文、二七一頁参照。

（62）利益結合は通例公共心を阻害することを理由にヘーゲルのコルポラツィオン構想を幻想的と評価する議論としては、次を参照のこと。Christoph Jermann, „Die Familie, Die bürgerliche Gesellschaft“, in: *AL*. 177.

（63）ポリツァイの一般的性格を「階級国家」とするのは、柴田高好『ヘーゲルの国家理論』、日本評論社、一九八六年、一〇五頁参照。しかし、ポリツァイの本来的立場は、〝階級支配ゆえ普遍的表現を付与する〟（マルクス）のではなく、普遍態の承認レベルの抽象態・外面態ゆえ私人の特殊態自体に無関与的なのである。この立場を「階級支配」とするには〈偽善〉論（§140）を媒介させる必要がある。

（64）「資産力能」の概念は、たんに「個人に対する客体」である手段のみならず、「主観的活動態」のモメントをも具備する（*VI*. 510, §200）。ここでは、この主観態の意味が強いと見るべきである。内部留保あれども支出あたわざるがごとし。

（65）Cf. Shlomo Avineri, *Hegel's Theory of the Modern State*, London 1972, pp. 153 f. Cf. Raymond Plant, “Economic and Social Integration in Hegel's Political Philosophy”, in: *Hegel's Social and Political Thought, The Philosophy of Objective Spirit*, ed. by D. P. Verene, New Jersey 1980, pp. 85 f.

まずこの点を追跡することが必要である。

ヘーゲルは、植民による所産を、新開地での家族原理への還帰と、母国での労働意欲の創出に認めている（§248）。まず、家族原理への還帰に関しては、国家による未利用地や不完全利用地の引渡しによって農業を営む植民を想定している（*I*. 167, §120 Anm.）。そのかぎり、ヘーゲルのいう植民は、国家的な授権のみならず無主地の占有取得という法的な正当化根拠を持たなければならないことに注意すべきであり、先住民所有地に対する征服植民は基本的に容認されていないのである。[67] ヘーゲルの想定する植民の典型はギリシア・ローマの古代的な植民であり、[68] 市民の自由と公共生活への参加とが貧困により危殆に陥ることを防止し、母国の持つ法と自由を植民地においても享受する点に、その意義が認められている（*VI*. 615, §248）。では、労働意欲の創出に関してはどうか。ヘーゲルは、植民の形態として、非国家事業である散発的な植民と国家的な事業である組織的な植民――後者は上述の典型的な植民である――の二種を考察する（*VI*. 614, §248）。前者は、植民者自身の生活資料の獲得に資するのみで、植民者を送り込む国に利益をもたらさないため、母国での労働意欲を創出しない。よって、後者の典型的な植民がこの未解決の課題に応えるべきである。しかし、ヘーゲルのみた近代的な植民は、こうした典型的な植民ではない。第一に、市民階層において享受の節度が欠け、植民者の違反行為に基準が指令されず、こうした基準は個人任せになっている（*V*. 706, §248）。ヘーゲルは、こうした無節度の点に、貧困のそもそもの原因を看取してもいる（ebd.）。第二に、近代植民地は、母国に政治的・経済的に従属している。じつは、植民地が本国に真の利益をもたらすためには、こうした従属からの解放が不可欠なのである（*V*. 707, §248）。

以上から、植民者の無法を正当化し、植民地の政治的・経済的な従属を強制するいわゆる植民地主義には、ヘーゲルが批判的であることが理解できよう。ところで、母国の労働意欲を創出するはずの植民地は、真実には、もはや植民地ではなく、母国とは別の国家なのである。したがって、本国の労働意欲の創出は、他国との通商関係一般の問題に還元される。植民による新市場創出は、たしかに母国の「富と貧困の過剰」を一定程度は回避することを可能とするとしても、対他国関係に左右される限定性があり、当の市民社会のこうした「過剰」問題を内在的・根源的に克服するものではない。たとえば、植民をおこなっているイギリスについて、ヘーゲルは、植民という排出口のない場合は貧困も富と同じ比率で増大するであろうが、そうでなくとも「ロンドンというこの無限に富んだ都市では、困窮・悲惨・貧困がわれわれの想像を絶するほど恐ろしく広がっている」(VI. 494, §195)という。この意味するところは、植民は、「貧困と富が同じ比率で増大する」ことは回避するとしても、根柢的には貧困を解決しえないということである。

では、通商関係の充実によって、貧富の過剰を克服できないであろうか。ヘーゲルは、〈コルポラツィオン〉論の講義で「営業の自由」に言及し、全世界に海外市場を持つイギリスの商業的な繁栄を、家族の生計を確保せず、所得の確実性をもたらさず、多くの者を没落させる犠牲の上に成り立つものとして批判し、「通商の抽象概念(Abstraktum)が目的ではない。〔目的は〕家族が商業によって確実な生計資料を持つことである。こうした繁栄では、家族の幸せが本質的な事柄となっていない」(VI. 626, §254)という。この認識におけるヘーゲルの主張の力点は、本国の市民社会における――「営業の自由」ではなく――コルポラツィオンの組織によって家族の生計資料を確実なものとすることである。このように、一般に通商関係は「市民社会の弁証法」を内在的に克服しえ

(66) ヘーゲルの貧困解決策が植民論にないことは、すでに金子武蔵の指摘するところである。金子、四四三頁参照。また、ヘーゲルが植民地経営をおこなうイギリスを範型とせず、植民という緩和剤以上の解決策を構想したと正当にも指摘したものとして、Cf. A. S. Walton, "Economy, utility and community in Hegel's theory of civil society", in: *The State and Civil Society, Studies in Hegel's Political Philosophy*, ed. by Z. A. Pelczynski, Cambridge 1984, pp. 254 f.

(67) 植民よりも交易をより高次の「正当な方法」とし、最初の成果として「法人格の承認」が挙げられる(*III*. 199, §247)。この観点からすると、未開人の独立性を否認するかに見える「世界史」の議論は(§351)、じつはかれらによる承認要求闘争が理性的であることとの主張である。

(68) 通常、ローマの植民は、征服植民に数えられる。

ないため、ヘーゲルは、この弁証法に関するかぎり、ポリツァイによる海外政策がたんなる外面的な糊塗策にすぎないと明確に把握していた。しかもこの認識を基にコルポラツィオンを要請する以上、〈ポリツァイ〉論から〈コルポラツィオン〉論への移行は、海外膨脹による媒介を経ずに、論理的に「市民社会の弁証論」から直接惹起するとみられるべきなのである。

三　孤立的な人格への固執ゆえの弁証法

では、ヘーゲルのいう「市民社会の弁証法」の構造自体はどうか。市民社会には「みずからの内で無限で自立的な人格態」という絶対的な原理がある（§185 Anm.）。貧富の蓄積に直面したポリツァイがおこなう、労働を媒介しない救恤的な社会保障政策は、貧困に対する対処療法的な政策ではあっても、「諸個人の自立態と名誉の感情」を損ない、この原理を充足できない。したがって、ヘーゲルは、道徳に基づく個人的で主観的な救援活動との対比では、こうした救援の持つ偶然態を廃棄する公的・普遍的な救援活動を要請するものの（§242）、基本的には労働によって個人が自立することを理性的だと把握する立場にある（VI. 496 f. §196）。すなわち、貧困問題に関してポリツァイがおこなう普遍的な活動の最善の立場は、労働機会の創出、いわば完全雇用の実現といってよい。[69] しかしながら、この最善の立場こそが、「富と貧困の過剰」、生産と消費の不均衡という矛盾を露呈させてしまう。こうした過剰は、いかにして生ずるのか。

ヘーゲルは、欲求を介した人間の〈つながり〉と、欲求充足手段の作製調達方法とが普遍化することによって最大の利得が獲得できる点に、「富の蓄積」原因を求める（§243）。第一の「人間の〈つながり〉の普遍化」は、論理的には、他人の欲求と意志の所有や産物である「外物」という手段と、欲求と充足とを媒介する活動や労働によって、特殊な意志のもつ主観的な欲求が客観態に到達することができ、必然的にこの特殊な人格相互間の本質的な媒介として普遍態の形式が出来することに由来する（§182, §189）。ある特殊な人格が他者と媒介せざるをえない必然的な事情は、まさに欲求充足手段である「外物」が「すべて他人の所有物」に帰し、「もはや直接的な占有取得に基づかない」からである（VI. 497, §196）。すなわち、「人格の解放」が「所有の自由の全般化」であること、つまり私的所有制度が成り立つことが、人間の普遍的な〈つながり〉をそれだけで独立して形成するための前提となっている、ということである。ここで、「人間の〈つながり〉の普遍態」そのものは、基底的な人格の意志的な側面に関していえば、「市民社会の秩序、法律、一般に国家」という普遍態だとみるべきであるが（VI. 480 f., §186）、富の側面でとくに問題となるべきは、こうした普遍態の形式が振り返られる以前の[70]「万人の依存関係という全面的な絡みあいのなかに存する必然態」と呼ばれる「普遍的で恒存的な資産力能」であろう。そして、こうした「万人の依存関係」は、第二の「欲求充足手段の作製調達方法の普遍化」すなわち抽象化によって完成するから（§198）、ヘーゲルが把握した富の源泉は、根柢的にはこうした労働の普遍化すなわち抽象化であるといってよい。

実際、ヘーゲルは、直接的には、分業という「抽象的な労働」（ebd.）によって、さらにはこの抽象性から導入が可能となる「機械」によって生産量が飛躍的に拡大する点に直接的な富の増大因を求める一方（V. 609 ff., §198）、労働による「形成加工が手段に価値と合目的性を与える」（§196）として労働が商品の価値源泉であるという説を採る。[71]ヘーゲルは、資本と賃労働の観点をも射程に入れ（VI. 497 ff., §196）、自分の労働生産物を給付しない「資本

（69）社会政策が実行されてこそ「市民社会の弁証法」がある。社会政策の放棄はポリツァイ自体を廃棄する。「棄民政策」との評価は、生方卓「ヘーゲルのポリツァイ論について」、『政経論叢』第四四巻、四七〇頁参照。

（70）「振り返られる以前」とは、欲求と労働の相互関係という相関的秩序が「みずからの内への振り返り Reflexion in sich」を持つという議論による（§209）。

家」を不生産的で不要と把握する。そうである以上（*II.* 314, §98; *V.* 618, §199; *VI.* 499, §196）、資本家相互の競争をつうじて少数の資本家へ富が蓄積する過程もあるにせよ（*VI.* 608 ff., §244）、根柢的には労働者の労働こそが富の蓄積の源泉だと把握している。[72] しかし、まさにこの富の形成者である労働者階級こそが、「隷属と窮乏」に陥っているのである（§243）。

市民の一方に富が蓄積し、他方に貧困が蓄積する原因は、ヘーゲルによれば、人格的に解放された個人的な所有の内実が基本的に個人の自助努力に俟つべきであるという、「人格的な自立態」の抽象的で外面的な側面だけを承認する立場――所有論的には「私有財産原理」――に、市民社会が、そして当の市民自身が立脚しているからである。すなわち、たしかに「抽象的な人格」としては市民は平等であるが、「主観的な目的、欲求、恣意、才能、外的な事情」などの特殊態の側面の方が、むしろ所有の多寡を「法的な偶然」として決定することになる（§49）。もちろん、不平等は「抽象的な人格そのものの外」に属するが（§49 Anm.）、まさに「抽象的な人格」の承認しかないために、かえって市民社会は不平等の広大な地盤を用意することになる。こうした人格の抽象性の承認に限定されるならば、「普遍的で恒存的な資産」への個人の関与は、つねに個人の「直接的な資本と技能」によって制約され、また逆にこの資本と技能の方も、自立的な個人を囲繞する偶然的で多様な状況に左右されることになる（§200）。とりわけ「資産の多寡」を決するものは競争関係であって、ここで功成るかいなかは個人の才覚に委ねられている。ヘーゲルは、これを「欲求、主体の特殊態、外的な対象とそれへの反発」の立場と呼ぶ（*VI.* 495, §195）。こうした立場では、「過度の資産と過度の貧困」の分水嶺をなす基準は、主体の恣意性、「主体の行状（Konduite）」以外にありえない（ebd.）。そして、決定的なことは、人格自身が、こうした偶然的な競争関係に固執し、みずからの恣意性や特殊態をあくまで自分だけで孤立して保持しようとしていることである。[73]

こうして主体が陥った隷属と窮乏は、究極的には、生活水準の零落によって労働者自身の生命をも危殆に陥れ「現存在の無限な侵害と全面的な権利喪失」（§127）をもたらすことになる。しかも、産業化が進展した段階での貧困は、ポリツァイが外面的に配慮する社会政策では除去できない問題も孕む。すでに機械化された産業は、近代的な原理であったはずの「自立態の原理」そのものを廃棄し、労働者をこの産業構造に縛りつけるため、この産業構造を自明視しながらたんに個人の自立的な生計を確保する目標を掲げる政策だけでは、機械的な産業構造と人間との内面的な従属関係それ自体に有効な施策を講ずることができなくなっている。なぜなら、たんなる生活保護のみならず個人が自立して独立する営業を創出しても、個人の生計は、産業構造全体に絡め取られ、偶然的な競争関係に翻弄されるからである。また、この産業化は、具体的な全体を把握する理論的で実践的な教養形成――これはなお悟性的ではあるとしても本来は個人の目標となるべきものである――を労働する個人から奪い、人間を愚鈍にする（*V.* 610 f., §198; *VI.* 502 f., §198）。こうした教養形成と労働に伴う名誉感情が労働過程におい

（71）国民経済学と『法の哲学』の継承関係に関し「自然法と国家学」講義を視野に収めた研究としては、Vgl. Paul Chamley, "La doctorine économique de Hegel d'après les notes de cours de Berlin", in: *HPR*. S. 132–8. なお、「労働によって私は〔鉄の〕価値を千倍以上に高めうる」（*VI.* 499, §196）。ヘーゲルの価値を「一般的使用価値」だとする説は、生方「ヘーゲルにおける『欲求のシステム』――講義筆録の検討」、『政経論叢』第四四巻、二四九頁参照。物件の有用性と欲求の質を捨象した普遍態が価値であり、使用は本質的に質であるから（*VI.* 225, §63）、ヘーゲルの価値は「使用価値」ではない。使用人の生産により生産物に横たわる「普遍的なもの・精神的なもの・技能に属するもの」が「物一般の価値のモメント」である（*VI.* 230, §65）。そもそも、労働者が譲渡可能なのは、量的に制限された「力の使用」である（§67 Anm.）。

（72）生方、前掲論文、二五四頁参照。なお *II.* 314 の「いついなくなっても構わない資産の無用な通過点」は、「Renteで生活する者」である。これは、「rent はしばしば資本の利息・利潤と混同される」というリカードの言明を考慮し検討される必要がある。Cf. D. Ricard, *On the Principles of Political Economy and Taxation* (1817), ed. by E. C. K. Gonner, London 1908, p. 44. ただし資本家に対するヘーゲルの否定的評価は動かない。

（73）ワルトンの指摘の通り、競争経済原理の意義をヘーゲルが限定するあり方――私的欲求充足をそれ自体として目的とせず、外界と個人の関係を精神の展開とし、社会関係をたんなる道具としない――が重要である。Cf. Walton, *op. cit.*, pp. 247 f.

て獲得できる性格のものだとすれば（§208）、ポリツァイは、なるほどその機能として教育を担うとしても（§239）、産業組織の内部に立ち入らないかぎり労働者の知性的にして道徳的な教養形成を推進する能力を欠くことになる。そして、そもそもポリツァイは、その概念からして、あくまで特殊な意志――自立態を前提とした等質的な市民の欲求と恣意性（§185）――を尊重することが原理となり、偶然的に浮上した問題事象にしか対処せず、外的な秩序しか形成しないものだと規定されなくてはならない。そうでなければ、個人のいかなる行為にもある私秘的な内面態を、当人には疎遠で普遍的な威力であるポリツァイが全般的に監視する「ガレー船」のごとき体制を作りあげることになるからである（*I*. 163, §119 Anm.; *III*. 190, §236; *VI*. 617, §249）。特殊態の承認と裏腹な権利喪失というジレンマに直面しても、人格がなお孤立的な存在に固執しようとするかぎり、ポリツァイ的な無能さに甘んじなければならないのである。

ところで、他方、個人が有する資本とその背景となる社会環境とによって技能や資産力能、知性的で道徳的な教養形成の不平等が出来する事態は、自立的な個人を「必然的な〈つながり〉」として囲繞するはずであった「普遍的で恒存的な資産力能」自体が、むしろたんに個人が関与できるといったレベルのもの、あるいは偶然的な多様性でしかないことを暴露する。したがって、ヘーゲルは、こうした「自然状態の残滓」を一掃すべき根拠を、「人間の諸欲求とその運動とのシステム」に内在する「理性」[74]、すなわち職業身分の編成に看て取り、「この理性こそ、そのシステムを区別のある一つの有機的な全体に編成する」と指示するのである（§200 Anm.）。（もちろん、こうした理性も、コルポラツィオンに組織されるまでは、それ自体のものにとどまるが。）だが、通常の解釈によると、こうしたヘーゲルの議論は、あげて私有財産制度の肯定論でしかないとして、「資本主義的搾取を擁護する立場に与している」[75]ものだと評価される。たしかに、ヘーゲルは、私的所有や家族、個人の自立的な特殊態を絶対的に廃棄するといった「共産主義」に敵対する立場をとる（§46 Anm., §185 Anm.）。人格の特殊態や恣意が不平等の源泉となる事情があるとしても、外的な〈振り返り〉という悟性の立場――これはポリツァイの立場である――において物質的かつ精神的な生活条件の外面的な水平化を推進することは、法の抽象により万事を外的に指示する「不信」のシステムを形成することであり（§46 Anm.）、労働はすべからく強制的なものとなり、精神の多様性を無限に毀損する事態を招来するからである。

しかしながら、ヘーゲルの主旨は、あくまで抽象的な人格態の限界内にありながら「平等性の要求」を対置することが「悟性的な抽象や当為」であると批判する点にあるのであって（§200 Anm.）、「肉体的で人倫的な頽廃」（§185）を放置する意図によるものではない。むしろ、『法の哲学』の努力のすべては、人格的な特殊態や自立態を保存しその差異を承認しつつも、富の不等による人倫的な頽廃を回避する方途を探求することに傾注されている。

四　国家の滅亡

だが、市民社会の一原理である抽象的な人格態に不可欠な私的所有権に対して、理性の立場からいかなる論理を提起することができるのか。ヘーゲルは、この問題を回避して人倫的な頽廃を克服する幻想に浸っていたのか？　いや、そうではない。

ヘーゲルは、「人格態の放棄」の例として「所有の不自由」を挙げ、これを明確に不法と位置づける（§66 Anm.）。また、〈幸せ〉論では、人格の特殊態が「一個の自由な者」であるかぎりで権利であるという見地から、

(74) ヘーゲルは、「悟性」の立場である国民経済学（§189）とこの点で区別しようとする。
(75) C・I・グリアン『ヘーゲルと危機の時代の哲学』、橋本剛・高田純訳、御茶の水書房、一九八三年、一八二頁参照。

「特殊態は、自分のこうした実体的な基礎が矛盾している場合には、固執することができない」といい、こうした特殊態は不法行為だとする（§126）。抽象的な人格——そしてより正確にいえば労働せざる「資本家」——がみずからの特殊態を追求した結果である「富と貧困の蓄積」は、まさに〈市民社会〉論冒頭で特殊態の独立発展が実体的な概念を滅ぼすとされた事態、すなわち「享楽と貧困」、「肉体的で人倫的な頽廃」なのである（§185 u. Anm.）。

ヘーゲルは、貧民における「心の分裂」として、こうした「人倫的な頽廃」である不法状態を叙述する。貧民は、人格である以上、みずからが無限であり自由であるという意識を持っているが、あらゆるものから排除され侮辱されており、そう自覚している。このとき、貧民の自己意識は、「もはや自己意識が権利を持たず、自由が現存在を持たない先端に駆り立てられている」ようにみえる（*III.* 195, §244）。したがって、外的な現存在がみずからの無限で自由な自己意識に合致するよう要求して貧民が憤慨することは、必然的である（ebd.）。ここでは、「個人の自由がなんの現存在も持たないため、普遍的な自由の承認が消失しているのである」（ebd.）。こうした自由喪失は、たんに貧民の自己意識の勝手な思いつきではなく、市民社会の産業化の進展によって必然的に出来する事態であることを〈ポリツァイ〉論の歩みは明示していた。そして、貧民の自己意識それ自体は、さきに示した「抽象法」や「幸せ」の観点からいっても、まったく正当なのである。このように、「資本家」による「富と貧困の蓄積」は、その特殊態を追求する結果出来した貧者に対する不法なのである。

では、こうした「富と貧困の蓄積」という形態をとる不法に対し、いかなる対応策があるのだろうか。第一に、すでにみたごとく、ポリツァイによる生活保護は、富裕者の負担であれ公的な施設であれ「個人の自立態と名誉の感情」という原理に反する憾みがある（§245）。とはいえ、もちろん、ヘーゲルは、こうした社会政策が当面必要であるにもかかわらずこれを放棄して「棄民政策」を主張するのではなく、人格態を確立することをめぐるこうした政策の限界——権利と正当性の感情や、労働により存立する名誉の感情の喪失——をいかんともしがたいことを指摘しているのである。したがって、貧富の蓄積という不法の克服は、なによりもこうした人格態の確立を成功させる方向で取り組まれなければならない。また、第二に、ポリツァイによる完全雇用の創出によっても過剰生産を克服しえなかった事情から、富の不均衡の原因となった「人格の特殊態・恣意性の相互関係」を内在的に調整する必要が生じてくる。そして、この内在的な調整は、ポリツァイが偶然的で外面的な配慮という規定を維持すべきである以上、ポリツァイには不可能なことであった。このように設定される矛盾解決は、いかにして実現されるのか。この実現の法的ないし道徳的な根拠がいかに提示され、またこうした実現行為を担う主体がいかに確定されるのであるか。

抽象法は、一般に権利能力を規定するばかりで（§36）、人倫的な諸関係の内容に関してはたんなる可能態を確保するにすぎない（§38）。したがって、抽象法それだけでは、貧富の蓄積問題を解決する能力に欠けるともいえよう。しかしながら、かえってこうした抽象法的な人格態が持つ「たんに主体的でしかない」という制限が、人格態の無限な普遍態を毀損する矛盾を暴露し、逆にこうした制限を廃棄して実在態を獲得する能動性を人格に付与することになる（§39）。ヘーゲルの立場は、こうした矛盾を廃棄する能動性を抽象法によって禁止するのではなく、むしろこの能動性が真の人格態の意味だとして明らかにするものである。また、「所有の不自由」という人格態の放棄が生じているさいに、こうした現存在の直接態から「みずからのうちへの無限な還帰」を獲得し、現前する不法を不法として、またみずからを無限な人格として自覚すれば、従来の不法関係は廃棄されるとヘーゲルは論ずる（§66 Anm.）。この論理的な折れ返りの関係は、もちろんなお人格の内面態にとどまるともみられようが、不法関係を廃棄する時効にかからぬ「絶対的な権利」（Vl. 239, §68）を確認する点で、きわめて重要な論理だといわなければならない。すなわち、「富と貧困の蓄積」を不法と把握し、人格態の立場からこの不法を廃棄する主体を法的に確定する論理なのである。こうした折れ返りの論理に支えられた「みずからの権利の自己意識」に進展するかいなかが、権利感情や労働意欲を具えて不法を廃棄する主体たりえるか、あるいはこうした正当性を欠いた労働意欲なき賤民に陥るかの分岐点となる[76]（*III*. 196, §244）。〈幸せ Wohl〉論においては、実体的な基礎の矛盾に対して、ヘーゲルは「危急権 Notrecht」――これは人格の危急にさいして他人の正当な所有を侵害するものである――を権利として請求する（§127）。「危急 Not」は、「自由の実現の全範囲が攻撃されている」という意味を持つため「神聖な言葉」であり（*VI*. 342, §127）、したがって、当然危急権の行使は神聖な行為である。じつに、こうした危急権が出来せざるをえないということは、特殊な人格を現実存在させない抽象法と、法の普遍態を伴わない特殊な意志である〈幸せ〉の有限態や偶然態を白日の下に晒すことになる（§128）。こうした事態こそが「教養形成された社会」の持つ問題性として、すでに〈幸せ〉論において議論されていることに注目しなければならない（*V*. 397 f., §126）。

ところが、主体が確定され、特殊態の自由を実現する神聖な権利が存在するにもかかわらず、事態は一向に好転しない。もちろん、ポリツァイは、こうした権利を実現するそれなりの権能を持ちあわせてはいる。ヘーゲル自身がフィヒテの国家論に言及しポリツァイを「強制国家 Notstaat」と呼ぶことから明白なように（*I*. 162 f., §119 Anm.）、市民社会の「全面的な依存性のシステム」がさしあたり「強制国家」であるのは（§183）、あくまで〈ポリツァイ〉論の段階に限定されている。そして、このポリツァイこそ、不断にこうした危急権――富裕者への課税による救恤政策――を強制として発動せざるをえないため、ポリツァイが強制国家だとされるわけである。[77]「人間が肯定的で成就された権利を持つということは、人間が生きる権利を持つことである」という立場から「個々人の生命と生計」が「普遍的な重要事項である」（*I*. 160, §118 Anm.）とするヘーゲルのポリツァイは、たしかに、フィヒテの主張する「生存権」を積極的に継承し（*GN*. 212 f.）、個人の危急を救済する機能を果たしていると評価することができる。

しかしながら、事態が好転しないのは、危急権自体が、生命の危急が出来した「現在」にのみ発動しうる一時的な権利でしかなく（*V*. 402 f., §127）、ポリツァイも偶然的に一時的にしかこうした法を組織化しえない限界を持っているからである。しかも、こうした限界のなかで貧富の蓄積という事態が普遍的・必然的に進行するため、貧民は、「権利の自己意識」にいたらないかぎり、賤民として、救恤に馴染んで労働を放棄するか、恒常的な「危急権」――これはすでに危急権ではない――の発動である犯罪を惹起するかという次第となる（III. 196, §244）。たんに貧民ばかりではない。富裕者のがわも、「あらゆるものを自分のために買収しうる」（ebd.）という点で権利感情や労働意欲を喪失した賤民となっているのである（VI. 608 f., §244）。

事態は深刻である。富裕者と貧民とがともに賤民となるにいたった不法状態――これは、まさに「純粋な不平等」の出来した「社会の解消」、「普遍的な貧困」による「人民の解消」（V. 573, §184）、「無頼 Verworfenheit」の発生による「国家の滅亡」（V. 577, §185）と呼ぶにふさわしい。ヘーゲルは、国家が「抽象的な現実態」である「実体性」から「国家活動の概念的な区別項」へと展開するといい（§270）、こうした無限な形式を獲得するには市民社会における教養形成が必要だという（§256 Anm.）。したがって、国家と市民社会の展開のこうした相互関係に留意すれば、市民社会が「ポリツァイ」段階にとどまり、原理的に「富と貧困の蓄積」を克服しえないかぎり、その当の実定的な国家は滅亡しているものと把握されているのである。しかし、では、一時的な危急権とその組織化が功を奏しないとすれば、一体いかなる超出方法があるというのか。

（76）貧民がただちに不法廃棄の主体となるわけではないが、さりとて市民社会的矛盾の廃棄主体をヘーゲルが「土地貴族」に求めた（鷲田、前掲書、一七六頁参照）とはいえない。問題は、意志の高揚関係である。

（77）竹村喜一郎のいう危急権の制度化は、資力限度の恩恵（§127 Anm.）として既に「司法」において実現の端緒がある。竹村「市民社会観の旋回と理性国家の位相」、『ヘーゲル』所収、以文社、一九八〇年、一〇六頁参照。

五　人倫的な理念を還帰させる良識

主体は、現前する「富と貧困の蓄積」を不法だと把握しこれを廃棄する意志にまで高揚した人格である。しかし、一時的な危急権とその組織化が功を奏しない以上、この人格は、なおみずからの生命保存という特殊な意志にすぎないたんなる危急権の発動ないし請求にとどまることができない。なお抽象的な言い方ではあるが、人格はさらに、「意志の概念と特殊な意志の統一」という「善」を意志する立場、すなわち「実現された自由」という「世界の絶対的な究極目的」を意志する立場へと高揚することが要請されている（§129）。なぜなら、「所有の抽象的な権利や幸せの特殊な諸目的に反対する絶対的な権利」を有するこうした「善」の立場こそが（§130）、貧富の蓄積を規制する一定の私的所有関係を廃棄することができるからである。

もっとも、このさいの善意志は、〈道徳〉段階でのおもな考察対象であるたんなる「みずから自身の形式的な確信」としての良識ではなく、むしろ「それ自体でもそれだけで独立しても善であるもの」を意志する「真実の良識」であり、「確固たる原則」である義務を具備していなければならない（§137）。そして、こうした原則こそは、「富と貧困の蓄積」を出来せしめた市民社会の産業構造に含まれているとみるのが、ヘーゲルの立場である。というのも、〈ポリツァイ〉論から〈コルポラツィオン〉論への移行にあたり、「理念にしたがって、特殊態自身が、みずからの内在的な利害関心に存在するこうした普遍的なものを、みずからの意志と活動態の目的および対象とすることによってこそ、内在的なものである人倫的なものが市民社会に還帰する」（§249）といわれるが、こうした普遍的なものを組織化したコルポラツィオンは、特殊な人格の意志によって組織された「自立的な結社（Assoziation）」であるばかりなく（VI. 665, §276）、すでに触れたごとく「人間の諸欲求とその運動のシステム」に内在する「理性」（§200 Anm.）を産業部門ごとに組織したものだからである。

このように、市民社会の産業構造に内在する理性的なものという「確固たる原則」を義務とし内容とする良識の形成は、同時に、滅亡した国家を再組織する主観態の生成とみることができる。危急が示した自由の実在態の消失にあたり、主体が「実現された自由」を要請するとき、こうした自由はたしかに市民社会に「内在する理性」であるはずである。しかしなお、コルポラツィオンは、法律や制度として肯定的な現実とはなっていない以上、主体の自己意識がもつ「主観態自身の純粋な確信」（§138）のうちに胚胎せざるをえない。そして、こうした「自由の不在」から「自由の実現」へ向かう「主観態自身の純粋な確信」が出来している事態こそ、国家への移行過程だとされる（*I*. 76, §64 Anm.）。また、「それ自体でもそれだけで独立しても普遍的な意志」としての善が「みずからのうちでみずからを規定する実体的な統一」となるとき、「人民のもろもろの職業身分が個々の構成分肢」となるともいわれる（*I*. 81, §68 Anm.）。こうした国家への移行過程をめぐる主観的なモメントの詳論は、次節に譲ることにするが、ここではただ端的に述べれば、市民社会をコルポラツィオンによって組織化するという「理性」を自覚した個人が既存の無国家状態を廃棄し、国家理念の現実化に向けた闘争過程に突入することによって国家が再組織されることを指摘しておく。もっとも、こうした個々の国家的な制度のモメントに関し闘争現象を逐一議論しないところに『法の哲学』の欠陥を見出す向きもあるかもしれない。しかし、『法の哲学』は『エンツュクロペディー』〈客観的精神〉論の詳論であり、その「法の概念」の生成そのものは先行する〈主観的精神〉論に負っている（§2）。この点に鑑みれば、「法の概念」の不在から生成への闘争論的な過程は、もともと、「主観的精神」にある〈承認する自己意識〉論で展開済みであり、ヘーゲルのシステム全体を視野に収めれば『法の哲学』に特段の瑕疵があるわけではない。[78]

（78）市民社会にはAnerkanntseinが現存し、〈自己意識〉論での承認闘争が無関係だとされる（*E3*. 221, §432 Zu.）。しかし、これは「極端に誇張された形式」としての闘争が無関係なのであって、闘争一般が消失したことを意味しない。なお、次を参照のこと。Vgl. Karl Heinz Ilting, „Rechtsphilosophie als Phänomenologie des Bewußtseins der Freiheit", in: *HPR*., S. 225–54. Vgl. Ludwig Siep, „Intersubjektivität, Recht und Staat in Hegels ‚Grundlinien der Philosophie des Rechts'", in: *HPR*., S. 255–76.

とくに〈ポリツァイ〉論から〈コルポラツィオン〉論への移行にさいしこうした相互承認闘争を念頭に置くべきであるのは、富と貧困の賤民性に関連して次のように講義するからである。「奴隷（Sklave）を支配する主人（Herr）の心情（Gesinnung）は、奴隷の心情と同じである。主人はみずからを威力として知っているが、同様に奴隷もみずからを自由、理念の現実化であると知っている。主人が他者の自由を支配する威力であるとみずからを知ることによって、心情の実体的なものが消失してしまっている。ここでは、悪いと思う良識が、たんに内面的なものにとどまるのではなく、承認された現実態となっているのである」（*III*. 196, §244）。つまり、「人倫の解消」としてのポリツァイ内部の事態は、こうした「主奴関係」の生成した事態であり、したがってこれを超克してコルポラツィオンに向かうことは、こうした関係の廃棄をつうじて「自由の肯定的な側面」（*E3*. 225, §435 Zu.）を樹立することにほかならない。そして、この樹立は、奴隷的な自己意識が「それ自体でもそれだけで独立しても理性的なものを主体の特殊態に依存しない普遍態において把握する」場合と、主人の自己意識がみずからの直接的で個別的な意志の廃棄を「みずから自身（＝主人）との関係においても」真実なものと認識し、主人固有の利己的な意志をそれ自体でもそれだけで独立しても存在する意志に服従させる場合に生ずる（*E3*. 225 f., §435 Zu.）。

このように、貧富の蓄積の解消は、これを不法と把握する「真実の良識」の主体が、市民社会の産業構造に内在する理性的なもの——これは、「諸個人の内的で内在的な目的や活動態自体」（*VI*. 617, §249）であるが、貧民および富裕者の直接的で特殊な利害は超えている——を実現することによって、「内在的なものである人倫的なもの」を産業部門ごとに還帰させ、その有機的な編成による国家再建を果たすことによってのみ可能である。このことを個別的な諸個人に即していえば、かれらは、個人の自由の実在態を確保するために、個別的な個体性としての個人——つねに外面的な秩序を呼び覚ます孤立自存的な存在を超出しつつも、フィヒテのごとく個人に疎遠な外面的な秩序に自由の制限を委ねるのではなく、個人の内面的な活動態の場において主観的な意識と自由の概念との統一を本質としてゆくということである（ebd.）[79]。そして、この個人の内面的な活動態のもつ普遍態とは、「主奴関係」で出来した「普遍的な自己意識」であり、さらに広義には、市民社会の個人が取り結ぶ相互依存関係を理性的な関係としてそれだけで独立して現実化したものということができる。この相互依存関係は、コルポラツィオンに組織されないかぎりでのたんなる「普遍的な資産力能」の形態では「無限交錯運動」の域を出ず、ここに職業身分的な区別が生じても「一般的な群（Masse）」以上のシステムは生じない（§201）。またこうした群の特殊な部門も、コルポラツィオンの形態を持たないかぎり、「それ自体で同等のもの」であるにすぎない。こうしたそれ自体の同等性を「共同的なもの」「同輩関係」として現実存在とすることが（§251）、相互依存関係をコルポラツィオンによって理性的にそれだけで独立して現実化することなのである。そして、この現実化によって、個人は、ポリツァイに踏み留まった従来の他者関係を変革し、その固有の限界を踏み超える。

「人倫の解消」をもたらした富裕者と貧民の不法関係においてその相互依存関係を現実化するとは、この主奴関係において破綻を来すにいたった「生産の互恵性」（VI. 499, §196）を「自分自身との関係において」も「真実なもの」と把握し、こうした相互承認を「所有の抽象的な権利や幸せの特殊な諸目的に反対する」善の立場から成立させることである。とくに富裕者に関していえば、こうした承認の成立によりみずからの特殊な利害追求が廃棄され、労働生産物を給付しない「資本家」は「生産と消費の互恵性」に則るよう迫られる。すなわち、非生産的な「資本家」は不要である以上、従来のかたちでは存立を許されず――もちろん相互承認を不可能にする自然的な存在の抹消ではなく「資本家」という規定態が消失するという謂――、「労働する階級」との「同輩関係」を形成しなければならない。ヘーゲルは、コルポラツィオンから日々雇用者と偶然的な使用人を除外するのであるが（§252 Anm.）、これは勤労者の同輩関係が成立する常態において出来する偶然的な事態に関するもので、いわゆる資本－賃労働の関係を前提とした言明ではない。むしろ、日々雇用者などが基本的に存在しない事態を、

(79) ワルトンの指摘のごとく功利主義的態度の転換が見られるとすれば、この点においてである。Cf. Walton, *op. cit.*, pp. 255 ff.

ヘーゲルは構想しているのである。[80]

このようにいわゆる資本家を廃棄したうえで構想されたコルポラツィオンは、利己的な目的を普遍的な目的として把握し団体利益を「共同統治 mitregieren」(*I*. 211, §141 Anm.) することによって、「富の腐敗」を除去することを可能とする。この腐敗除去のあり方は、労働において富裕となった者が、法律上の一般的な義務ばかりでなく、同時に仲間関係において「みずからの富をみずからの仲間関係のために使用する」義務を負う形態をとる (*III*. 207, §250)。こうした富の放棄によって、富裕者には名誉が残るものの、所得の平準化をもたらすことになる。ここでは、利己的であるにすぎない利益追求は制限されることになるが、このことがまさに労働の質をも転換してゆくことになる。すなわち、コルポラツィオンの成員の技能発揮は、思いつきや偶然態から解放されコルポラツィオンの準則に従うものとなり、共同統治により過剰生産をもたらさないから、他の成員に対する危険を惹き起こさないものとなる。この点で、みずからの没落をも賭けてきた従来のごとき競争関係は、廃棄される。ヘーゲルは、これを理性態だと評価する (§254)。また、機械化の進行によって労働者の愚昧化が深刻となる事態に対しては、抽象的な労働を機械に代位させる可能態に依拠し (§198)、コルポラツィオンの教育機能 (§252) によって理論的で実践的な教養形成を維持する職務を人間に開いていかなければならない[81] (*V*. 613, §198; *VI*. 503, §198)。

六　ヘーゲルの課題意識と近代の「灰色」——まとめに代えて

こうした労働関係の人倫化は、政治関係の人倫化でもある。次節を展望しつつその意義を略述しておこう。同輩関係によるコルポラツィオンでの共同統治を、ヘーゲルは明確に「民主主義」と位置づけている (*I*. 211, §141 Anm.)。「市民社会」の展開の最終的な成果として位置づけられたコルポラツィオンは、普遍態と特殊態の統一が労働する個人に即して成立する、市民社会において唯一人倫的な座である（§255）。人倫的実体が獲得する「無限な形式」のなかでもいわば最高のものであるコルポラツィオンを有機的に編成することがヘーゲルの基本構想であることを考えれば（*I*. 174, §125）、ヘーゲル国家学は、たかだか行政的な福祉国家の域にしかたどりつけない近代的な政治関係を根本的に超克する意図を秘めたものだといえるであろう。コルポラツィオンは、「個人からも、かれらの特殊な窮状からもかなり疎遠となった一般的な（＝近代の）市民社会にとってはいっそう未規定（不明確）のままである」（§252）！「現代の課題はコルポラツィオンを形成することである」（*VI*. 617, §251）！

もっとも、ヘーゲルのコルポラツィオンを、中世的なものとしたり、あるいは独立小生産者の危機意識の反映としたりして、その有効性を否認する見解も根強い。しかし、ヘーゲルのコルポラツィオンが、人格的な自立態を前提としつつ、近代的な産業関係が孕む人倫の危機を克服する構想案であることを精査したあとになってもなお、『法の哲学』の有効性を否認する意図に駆られてこうした限定解釈を施すことは、みずからが近代の「明るさ」に幻惑され、理性を見失っていることの証左ではあるまいかと、自問してみることも必要であろう。だが、この「明るさ」がじつは「灰色」だと看取しうるには、まだまだ世界は暮れ泥んでいないのかもしれない。

（80）よって、コルポラツィオンが資本主義を基盤とした自助組織だとするフェッチャーの見解に賛同できない。Vgl. Iring Fetscher, „Zur Akutualität der politischen Philosophie Hegels", in: *Hegel-Bilanz, Zur Aktualität und Inaktualität der Philosophie Hegels* hrsg, v. R. Heede u. J. Ritter, Frankfurt am Main 1973, S. 211 f.

（81）機械的労働からの解放は、生産力の向上を前提とするであろうが、ヘーゲルの議論によしんば「生産力の肯定的側面を隠蔽する」（西憲二）性格があるにせよ、労働者の教養破壊的な生産力向上にヘーゲルは積極性を認めないということである。西憲二「後期ヘーゲルの市民社会と経済認識——経済的自由主義をめぐって」、『経済科学』第二七巻第二号、五五頁参照。

第三節　国家生成の論理――「最初のもの」としての国家の現実的な主体性について

一　はじめに――国家が「最初のもの」であるのは神秘的か

ヘーゲルの『法の哲学』における家族や市民社会と国家との関係を論ずるさいには、両者のうちどちらを真の現実的な主体として認めるかという評価するがわの観点をまずは問題とせざるをえないだろう。たとえば、つとにマルクス（Karl Marx 1818–83）は、家族や市民社会を現実的な主体として主張する立場から、ヘーゲルの論理展開を批判している。すなわち、ヘーゲルは、国家を家族や市民社会の「真実の基礎」ととらえ、現実態における「最初のもの」と位置づけ、国家の現実的な理念が家族と市民社会へとみずからを分割するという論理を展開するのであるが（§256 Anm.）、マルクスは、これを「論理的で汎神論的な神秘主義」だと批判する[82]（*KHS*. 205）。もちろん、ヘーゲルの国家論に対するマルクスによる批判は、こうした論理展開に対する批判ばかりではなく、ヘーゲルの議論の「現実聖化」的な性格を批判する狙いもある[83]。ただ、立脚点を問題とするかぎり、家族や市民社会を主体とするマルクスの立場は、国家の理念を実体とし主体とするヘーゲルの立場の対極をなしているといえる。そして、この点にこそ、ヘーゲルの『法の哲学』をいかに評価するかをめぐる根本問題があるといわなければならない。観点の相違によるこれに類する対立がヘーゲル受容史のなかで不断に繰り返されてきたことについては、すでに序論で概観しておいたが、解釈者の観点がヘーゲルに対する評価そのものと直結する事態は、きわめて実践的で政治的な意味で国家主義か、しからずんば市民社会主義かのいずれかを選択するよう解釈者に迫ってきた点においてはなはだしいといわなければならない。

このように『法の哲学』に関し解釈者の観点が相違せざるをえないのも、通常は、推理連関の一方の普遍の極とみられる国家を——他方の極である家族や市民社会とすくなくとも対等に扱うのではなく[84]——ヘーゲルが「最初のもの」としての現実的な主体だと優越的に論じていることに由来すると思われる。したがって、ここから問題の焦点となるのは、とりわけ家族や市民社会を主体とする立場と対比しながら、こうしたヘーゲル的な国家の位置づけのもつ意味それ自体を考えることであろう。

ところで、国家が「最初のもの」であるとは、『法の哲学』において国家が論理的にも時間的にも家族や市民社会に先行することを意味するであろう。つまり、国家は、叙述では〈国家〉論以前に位置する家族や市民社会を存在論的に基礎づける「真実の基礎」——存在根拠——だということである。『法の哲学』の方法によると、時間的な発展と形態化されたあり方では、高次の概念が、それを産出する諸モメントである概念諸規定に先行する（§32）。こうした観点と「国家の内部ではじめて家族が市民社会へと発達する」（§256 Anm.）という言明を総合すれば、ヘーゲルが時間的に他の諸規定に先行するものとして国家をとらえていることは明らかである。

もちろん、ヘーゲルは、国家の直接態を証明するあり方として、「直接的な人倫が、市民社会の分裂をつうじて、みずからの真実の根拠であることを顕わにする国家へと展開してゆく」（ebd.）という叙述方法を採っている。したがって、国家の直接態を、「概念の諸規定の内在的な前進と産出」（§31）によって先行する家族や市民社会

（82）なお、『法の哲学』の目的論的構造とのかかわりで、マルクスのヘーゲル批判について論じたものとしては、次を参照せよ。Reinhard Brandt, "Dichotomie und Verkehrung, Zu Marx' Kritik des Hegelschen Staatsrechts", in: *Hegel-Studien*, Bonn 14（1979）, S. 225–42.

（83）ヘーゲルの議論が「現実聖化」であるという見解を筆者は採らない。なお、ヘーゲル国家論の基本的性格として、その近代的性格を強調したものとしては、次を参照せよ。Avineri, *op. cit.* また、ヘーゲルの政治哲学のうちに脱工業化の論理を読み取る議論もある。これについては、次を参照せよ。Charles Taylor, *Hegel and modern society*, London 1979, p. 133. チャールズ・テイラー『ヘーゲルと近代社会』、渡辺義雄訳、岩波書店、一九八一年。

（84）ヘーゲルの国家が、特殊と普遍の媒辞である個別にあたることを正当に指摘したものとしては、次を参照せよ。Manfred Hanisch, *Dialektische Logik und politisches Argument, Untersuchungen zu den methodishen Grundlagen der Hegelschen Staatsphilosophie*, Königstein/Ts. 1981.

に基づいて理解する必要があるのはいうまでもない。しかし、家族や市民社会に対して国家が論理的に時間的に先行する当の局面を検討するために、これら先行領域を全般的に視野に収めるのでは問題の所在が拡散する虞をなしとしないであろう。なかでも、〈市民社会〉論全体の「近代的」性格に目を奪われて、M・リーデルのごとく、[85]国家理念の発生的な説明が「近代世界」の地盤における国家と社会との差異規定に出発するという議論に終始するのでは、「市民社会」が形成される以前の状態をも射程に入れているヘーゲル的な〈国家〉の理念のもつ意味を極度に制約することになろう。そこで、市民社会総体と国家との関係を問う前に、むしろ市民社会の形成以前もしくはその出発点という局面で、国家が先行的で第一次的な意味をもたざるをえない事情を『法の哲学』から剔出し、その意味を明らかにする必要がある。

とりわけ、この局面、すなわち家族や市民社会へと自己分割する以前の直接態である国家そのものを、われわれの自然的な意識が現実態において想定することに困難の伴う事情が、ヘーゲルの議論をいっそう神秘的で非真理のように感じさせてしまっているように思われる。この困難を回避してヘーゲルの議論の合理的な核心だけをとらえようとすれば、ヘーゲルは〝思弁的な構成〟によってたんに経験的な現実をあるがままに受容したにすぎないと評価し、この「思弁性」と「現実追随」とを批判しさえすればよいことになるのかもしれない（*KHS.* 207 f.）。もちろん、ヘーゲルにこの側面を読みとる視点もありうるだろう。プロイセン的な現実との類似性の目立つ議論をすることには、歴史的な位置づけを与える必要もある。しかし、ここで問いたいのは、ヘーゲルの議論のもつ存在根拠としての論理性である。すなわち、『法の哲学』で国家の一次性や先行性が真実の関係として明言される以上、普通の目には神秘的に映るとしても、この議論のうちにこそきわめて現実的な意味があるのではないか、と問い直してみることなのである。

そこで、本節では、国家を現実的な主体とするヘーゲルの鏡映視的な（思弁的な）論理それ自体のもつ現実的な意味を解明することにしたい。

二　法律や制度を顕現できない自然的な意志

マルクスは、『法の哲学』の第二六二節に対して、家族や市民社会の成員として現実に存在する群衆（Menge）から国家が出現することが真実の関係だと主張し、このような事実を理念の行い（Tat）として語るヘーゲルの「思弁性」を批判している（KHS. 207）。ヘーゲル自身は、「世界史」の段階で、前国家状態から国家状態への移行を「人民は当初まだ国家ではなく、家族や流浪集団、部族、群衆（Menge）が国家状態に移行すること、このことが総じて人民において理念の形式的な実現を成就する」（§349）と論じている。両者の議論の対象領域が異なることから、単純な比較には慎重でなければならないが、ことヘーゲルに関するかぎり、国家に対する家族や群衆の所与性や先行性を念頭に置きつつ〈国家〉論を展開していること、いいかえれば、家族や群衆から国家が出現する事実を認めていることは確かなことである。もっとも、この点については、マルクスも、国家が家族や市民社会の圏にみずからを分割するというヘーゲルの議論の必然的な帰結として、この国家にはこれらの圏が前提とされていることを看破していた（KHS. 205）。したがって、家族や市民社会へとみずからを分割する以前の直接態としての国家そのものを論ずるにあたっては、こうした事態が家族や群衆を非実在として構想されているのではないことに注意する必要がある。つまり、国家を「最初のもの」として主張することは、単純に人間不在の国家の理念が家族や群衆を産出することを主張するものではないのである。

いうまでもなく、『法の哲学』の課題は、自由を実体とし規定とする法の理念を、内在的な発展のうちに観望することにある（§§1, 2, 4）。このことからすれば、国家を「最初のもの」とする国家の一次性の土張は、法の理

（85）Manfred Riedel, *Bürgerliche Gesellschaft und Staat bei Hegel*, Neuwied und Berlin 1970, S. 71. M・リーデル『ヘーゲルにおける市民社会と国家』、池田貞夫・平野英一訳、未來社、一九八五年、九七頁参照。

念が家族と群衆に先行して国家によって原初的に実現されること以外を意味せず、この意味で国家が諸個人と家族の「真実の基礎」だといわれるのである。[86] この間の事情を解く鍵は、ヘーゲルが、国家を「人倫的な理念の現実態」(§257) すなわち自由の理念が現実となっている事態ととらえる一方、無国家状態下の諸個人と家族とを自然状態にあり不自由であると解することだと思われる。[87]

そこでまず、『法の哲学』における無国家状態と国家状態との区別の論理、および両者の移行の論理を剔出することが必要となる。

ヘーゲルは、無国家状態と国家状態とを区別する規定を、人倫的なものがもつ堅固な内容としての (§144) 法律的諸規定と客観的な諸制度の存否のうちに置いている (§349)。すなわち、無国家状態にある諸個人と家族、総じて人民は、法律と制度を欠如し、人倫としては無内容な状態にとどまっている。いいかえれば、無国家状態にあっては、自由が無規定であり、その意味で、諸個人と家族は、自由としての存立をえるための「真実の基礎」を欠如しているのである。

もっとも、「それだけで独立して存在する自己意識を自己意識の概念と合一したかたちで含むものとしては、人倫的な実体は、家族および人民 (Volk) という現実的な精神である」(§156) から、家族や諸個人を包括する人民といえども、「自由の理念の発展段階」(§30) の一階梯をなしている。だから、無国家状態にあっても、自由がそれ自体で消失しているとはかぎらないともいえる。しかし、まず人民についていえば、無国家状態にあっても人民はたしかに人倫的な実体ではあるが、たんにそれ自体でのみそうなのであって (§349)、それだけで独立しては人倫的な実体となっていない。すなわち、人民は、「明らかでみずから自身にはっきりした実体的な意志という人倫的な精神」(§257) になりきっていないのである。また、このとき、家族の場合も、国家のエレメントで顕在化できるような実体的な意志はもてない。なぜなら、これは、思考 (Denken) によってはじめて可能であるのに、家族はあくまで、「感情的に振る舞う人倫」でしかないからである (§257 Anm.)。

このように、家族や諸個人を包括する人民が明らかではっきりした実体的な意志たりえないのは、その場にいる人間の精神の態様に制約があるからである。最初の「自然法と国家学」講義の〈国家〉論冒頭の記述は、ここに照明を当てているようにも思われる。[88]「精神的な〈自然のあり方〉は家族連合にたどりつき、特殊な欲求は市民社会にたどりつくが、絶対的義務としてのそれ自体でもそれだけで独立しても存在する普遍的なものは国家にたどりつく」（*V.* 170, §122）。ヘーゲルの認識によれば、家族や市民社会は、基底的にはあくまで〈自然のあり方〉や欲求の所産、すなわち総じて「自然的な意志」（§11）の所産なのであって、これに制約されて、実体的な意志それ自体を顕現させることができないでいる。[89]

なるほど、家族や諸個人の意志のうちには、それ自体として理性的なものも含まれているであろうが、しかし、これは国家を抜きにしては理性態の形式を獲得してはいない（ebd.）。このように実体的な意志が法律や制度によってはっきりと明らかにされていない段階にあっては、それ自体で存在する実体的な意志の侵犯を予防し救済することは、当然、家族や諸個人の自然的な意志に委ねられることになる。ヘーゲルによると、国家が未形成の場合に実体的な意志（法）の侵犯としての犯罪を廃棄する方法は、復讐という形式をとる[90]（*V.* 322, §102; *VL.* 294, §102）。しかし、この復讐は、主観的な特殊な意志に基づくものにすぎず、普遍的な意志の形式を持つものでは

（86）家族のあり方、群衆のあり方の「正しさ」「権利」は、事実から生ずるのではなく、国家から生ずる。
（87）リーデルは、「市民社会と国家との差異は自然の概念と自由の概念の分離を基礎としている」という。Vgl. Riedel, a. a. O., S. 39.
（88）この一八一七・一八年の講義については、次の論文が参考になる。Hans-Christian Lucas, „Wer hat die Verfassung zu machen, das Volk oder wer anders?“ Zu Hegels Verständnis der konstitutionellen Monarchie zwischen Heidelberg und Berlin, in: *HRZ.* 175–220.
（89）市民社会は、「道徳」でいえば「意図と〈幸せ〉」の段階に対応する。ヘーゲルは、この段階にある目的にあっては、（α）人間主体が関心をもつものに対する形式的活動態しかなく、（β）自然的主観的現存在（欲求・傾向・情念・思いつき・気紛れ）にしか内容を持たないとする。ここでは、自然的意志の内容が生ずるのである（§123 u. Anm.）。

ない（§102; V. 326, §103）。特殊な意志に基づく方法では、犯罪を真実に廃棄できないのである（V. 324, §102）。つまり、このことは、自然的な意志にとどまるかぎりでは、いかにしても実体的な意志をそのものとして顕現させることが不可能なことを意味している。このため、この実体的な意志それ自体を顕現させる独自のあり方が必要になってくるのである。

三　国家形成の前提としての諸個人の教養形成

ヘーゲルは、「たんに自然的でしかない意志」を、「自由のそれ自体で存在する理念に拮抗するそれ自体の暴力」ととらえ、逆にこうした自然状態に拮抗する理念が「英雄の権利 Heroenrecht」を基礎づけるという（§93 Anm.）。これと同様の議論は、「世界史」の段階でも繰り返され、「結婚と農業から出発して、法律的な諸規定および客観的な諸制度へと歩み出ること」という「理念の絶対的な権利」を、「国家の創建（Stiftung）のための英雄の権利」だとしている（§350）。[91] また、さらに注目すべきは、〈家族の資産力能〉論の冒頭の註解であろう。そこでは、「確固たる所有の導入は、結婚の導入とともに、国家を創建することについての伝説のうちに現れる」（§170 Anm.）と指摘している。これらのことからまず理解できることは、農業と結婚、所有が、国家の創建と深く結びついていることである。

「英雄の権利」については次項に譲ることとして、さしあたり農業と結婚、所有の三者の相互関連から始めることとしよう。ヘーゲルは、「農業の原理が土地の形成とそれに伴う排他的な私的所有を持ちあわせ」、このことによる私法の安定と欲求充足の保証が性愛を結婚に制限するという（§203 Anm.）。さらにここで着目したいのはヘーゲルの次の言明である。「欲求充足の保証や確保、持続など――このような〔農業と結婚からはじまる〕諸制度が推奨されるゆえんである諸性格は、普遍態の形式にほかならず、理性態や究極目的がこれらの対象において妥当するような諸形態の形式にほかならない」(ebd.)。農業や結婚、所有が同時に問題とされるエレメントは、こうした理性態や普遍態の制度的な顕現であり、すなわち国家の創建にこそあるのである。

ところで、〈欲求のシステム〉論最後の箇所では、〈欲求のシステム〉の原理が自由の普遍態をたんに抽象的に所有の権利として含むにすぎないといい、これに対しこの所有権がそれ自体ではなく「有効な現実態」のかたちで存在している状態を、〈司法〉による所有の保護がある状態と位置づけている(§208)。「確固たる所有の導入」が当然のこととして所有の保護を含む以上、〈司法〉のこのような位置づけは、国家創建の問題と切り離して考えるべきではない。

すでにみたように、自然的な意志のうちにあるそれ自体で理性的なものとしての実体的な意志は、制度のない状態すなわち無国家状態にあっては、みずからが侵犯されることを予防し救済する保障を持たなかった。このように、いまだ〈司法〉への移行を果たしていない段階の〈欲求のシステム〉をいわば「それ自体の暴力」の状態ととらえることが、〈市民社会〉論で〈司法〉という客観的な諸制度により所有の保護を要請することの合理的な根拠となっている。というのも、市民社会の領域では、「自然状態という残滓」をとどめており(§200 Anm.)、法(権利)の現存在がまったく存在しない場合にあっては、この「自然状態」が市民社会で露呈することにならざるをえないからである。したがって、司法制度を創設することは、こうした「自然状態」を脱却するための客

(90)『法の哲学』第一〇二節に対応する講義において、アラビア人のみならず北アメリカ人にあっても復讐が不滅であることを論じている(V. 325)。ガンスは、『法の哲学』への「補遺」をなすさいに、北アメリカ人を削除している(*HW*7. 197)。ガンスの意図は不問に付すとして、注目されるべきは、『歴史哲学講義』との呼応であろう。そこでは、アメリカの合法性(Rechtlichkeit)には誠実(Rechtschaffenkeit)が欠如し、いまだ有機的で現実的な国家が形成されていないと論じている(*HW*12. 112 f.)。

(91)そのほかに、〈対外主権〉論に登場する国家の個体性が、個人に担われることに注意する必要があろう(§322 Anm.)。

観的な諸制度すなわち国家を創建することにほかならないのである。

もっとも、ヘーゲルは、国家が「最初のもの」であるとして、この国家が家族を市民社会へと形成すると言明するのであるから、〈欲求のシステム〉の段階を国家の前提性に基づいて検討する観点は、もちろん正当である。この場合、〈欲求のシステム〉において諸個人の相互関係のうちに生成しているとされる「相互承認」は（§192）、法（権利）の実現により保証された側面をもつものとしてとらえる必要がでてくる。ただ、〈欲求のシステム〉から〈司法〉への移行の必然性をヘーゲルが説く意味を意識する場合、〈欲求のシステム〉では「人間」が問題とされるという議論（§190 Anm.）に注意を払うことによって、なお国家的な法律諸規定や客観的な諸制度を欠如した「自然状態」の相において〈欲求のシステム〉論を解読する必要も認めなくてはならない[92]。

たとえば、ヘーゲルは〈司法〉論の冒頭で次のように講義している。「法（権利）は現実存在すべきであり、通用すべきであるが、しかしそれゆえに法は現実存在してはいない。現実存在は法とまったく異なっており、現実存在が法の現実存在すること自身を意志するときにのみ、現実存在は法に到達することができる」（VI. 530, §210）。〈司法〉によって法が有効な現実態をもつのだから、〈司法〉の形成以前には法が現実存在していない側面がある。それ以前に諸個人の「相互承認」が存在するにせよ、これは、あくまで現実存在としての諸個人の自然的な意志を基盤とする特殊な「相互承認」なのであって、それゆえ実体的な意志を顕現しえないというさきに示した制約を脱しえていないとみられなければならないであろう。つまり、この場合の「相互承認」は、法と制度によって保護されたものとはなっておらず、法の理念の立場からは、それだけで独立しては顕現していないそれ自体のあり方のものと評価されざるをえないのである。

単純化すれば、〈欲求のシステム〉から〈司法〉への移行論理は、自由の普遍態がそれ自体のあり方から現実態へと移行することといいうるであろう。ヘーゲルは、この現実化の論理を市民社会の領域では教養形成（Bildung）の論理としてとらえている。すなわち、〈司法〉論の序論では、「法（権利）が、現存在を与えられ、普遍的に承認されたものとして意識され意欲されたものとし、このように意識され意欲されることによって媒介されて効力と客観的な現実態を持つようにするのは、教養形成としての相関的なものの領域である」（§209）といわれている。ここでの「教養形成としての相関的なものの領域」とは、「市民社会の成員の個別態や自然態を、自然必然態と同時に欲求の恣意をつうじて、形式的な自由、知と意欲の形式的な普遍態へと高め、かれらの特殊態における主観態を教養形成する過程」（§187）だと考えられる。〈労働の様式〉論にある理論的な教養形成と実践的な教養形成への言及（§197）を考慮すれば、法に現実態を与えるのは、みずからの特殊態に依拠して教養形成しつつある諸個人自身であるとみられよう。

もちろん、諸個人が法（権利）の客観的な現実態を意識するためには、当の諸個人自身の教養形成の過程が不可欠であることはいうまでもない。いいかえれば、法そのものの内容がもつ思考枠組の形式に到達するには（§217 Anm.）、教養形成の過程が必要なのである。このことは、国家の法制が実現される場合、これにはあくまでこれらの諸個人の教養形成が前提とされ、この教養形成に実現が左右されることを意味している。こうした論理があるからこそ、ヘーゲルは、スペインにおけるナポレオンの政治実践を踏まえ、「体制や法システムをア・プリオリに与えようと欲することは認容できない」（VL 531, §210）というのであろう（本書一五五、三二四、三三三頁参照）。法の実現にとっては、一面で、法が存在しうるよう現実のがわが加工されていなければならないのである（ebd.）。このように、諸個人の教養形成が国家の法制を規定するという意味では、ヘーゲルは、国家のがわの一次性よりは、諸個人のがわの一次性を主張しているようにもみえる。

しかし、問題となるのは、あくまで諸個人にとっての法（権利）の現実化はかれらの主観的で特殊な意志に制

(92) 柴田高好は、単純化した場合「市民社会マイナス公権力イコール自然状態ないし自然状態的」だとしている。柴田高好『ヘーゲルの国家理論』、日本評論社、一九八六年、九一頁。

約されており、こうした法の意識化は、なるほど教養形成の過程のうちにはあるものだとしても、端的に普遍妥当的なものとして現在するわけではないということである。いいかえれば、法は、諸個人の特殊な意志という主観的な目的によって設定された「手段」という形式でしか、諸個人に意識され意志されることはない。『法の哲学』第一八六節に対応する一八二四・二五年の講義において、ヘーゲルは、普遍態を「市民社会の秩序、法律、一般に国家」ととらえたうえで、次のように講義する。「人間が法律に聴き従うのは、さもないと自分独自の目的が達成されないからである。この自分独自の目的こそ人間にとって第一のものであり、法律に則ることはみずからの目的にとっての一つの手段である。法律が外的なものとして現れるから、人間はしばしばみずからの目的を脇に措かざるをえないのだが、しかし、普遍的なものは自分独自の目的や意志なのではない」（VI. 481, §186）。もちろん、ヘーゲルは、この特殊なものが同時に普遍態へと高揚することも主張している（ebd.）。しかし、それはあくまで、特殊な意志に対立する人倫的な内容（法）が外的に存在し、そのうちに特殊な意志の目的を促進するものを見出しえてのことでしかない。諸個人にとっては、法はさしあたり外在的に存在するほかはないのである。だが、現在われわれが問題とすべきなのは、こうした外面的な法律や制度が不在の無国家状態であるから、特殊な意志の目的を促進する法も当然のこととしてそれだけで独立しては存在していない。したがって、こうした事態においては、ただ諸個人の主観的な目的のみがあるのであって、法そのものを諸個人が普遍妥当的なものとして顕現させる必然態はないのである。

四　法律設定する「最初のもの」である個別的主体（英雄）

ヘーゲルにとって、法の客観的な現実態は、たんに意識されるばかりではなく、「現実態の威力（Macht）を持ち、この威力を通用させ、それゆえまた普遍的に通用するものとして意識されなければならない」（§210）ものとしてある。個人にとって法がそれ自体で顕現するにせよ、これが個人の主観的な目的に従属した特殊な「手段」にすぎないものであったとすれば、普遍妥当的なものとして法を現実化するためには、この主観的な特殊な意志を超出する論理を必要とするのはいうまでもない。ヘーゲルは、法律（Gesetz）を「それ自体で法であるものが、客観的な現存在のかたちで設定され、いいかえると思考枠組によって意識に対して規定され、そして、法であるもの、法であると通用するものとして確認されること」（§211）だととらえている。ここから必然的に帰結することは、こうした〈設定すること Setzen〉ないし〈規定すること Bestimmen〉、および〈確認すること Bekennen〉こそ、主観的で特殊な意志を超出する論理であらざるをえないということである。

ここで、法律を設定することそれ自体を自己目的とすることが、ヘーゲルの人倫の規定の根柢に横たわっていることを銘記しておきたい。このことは、法が個人の主観的な目的に従属する手段にすぎず自分独自の目的とならない事態を、すなわち法と対立する主観的な目的を「法であると通用するもの」として僭称する事態を超えた高みにのみ、人倫ひいては国家が成立するということでもある。主観的な目的を至上なものとしつつその「正当性や善」を主張する立場は、ヘーゲルの〈善と良識〉論にしたがえば、〈偽善 Heuchelei〉の立場を構成する（§140）。これに対し、人倫は、「善と主観的な意志との具体的な同一態、両者の真理」（§141）としてある。したがって、これは「みずからの特殊態を普遍的なもの以上の原理とし、この特殊態を行為によって実現しようとする、すなわち悪であろうとする恣意」（§139）なのではない。

たしかに、人倫の立場は、こうした恣意や偽善の立場と同様に良識をモメントとしている点では、「従来通用しているすべての諸規定を無価値なもの（Eitelkeit）とし、意志の純粋な内面態のうちにある自己意識」（ebd.）という側面をもっている。しかし、人倫の場合は、善というなお抽象的なものの代わりに「自由の諸規定一般およびその原理が要求されており」（§141）、それらを普遍的に客観化する高みにある。従来通用している諸規定を無価値化し、純粋な内面態のうちにあるという面は、目の前にある事態を否定し自由の諸規定と原理を設定する運動を内面的・思想的に遂行することを意味する。人倫と合一した自己意識を良識というモメントにしたがってみれば、これは、偽善の立場とは異なって「それ自体でもそれだけで独立しても普遍的なものを原理とする可能態」（§139）である自己意識なのである。[93] しかし、人倫的な自己意識は、内面態や可能態にとどまるものではなく、客観的・現実的に自由の諸規定と原理を設定する。このように設定することが、論理的にも、現象的にも家族と諸個人に対し第一次的に作用するところに、国家が「最初のもの」として位置づけられる真の意味がある。つまり、家族や群衆のがわにそれ自体で存在する「相互承認」が顕在化するという意味では家族や諸個人のがわの一次性を認めうるとしても、法を設定することは、やはり家族や諸個人の自然的な意志や〈振り返り〉のある意志のなせる業なのではない。教養形成によってえられた家族や群衆の「相互承認」というそれ自体を国家がそれだけで独立させるという交互作用のなかで、絶対的な権利をもつのは国家のがわだということなのである。

　現前する無国家状態の規定を無価値化し、自由の諸規定と原理を設定する実体である主体は、国家が存在しない以上当然のこととして通常の表象で結ばれた国家ではありえない。このことに関しては、ヘーゲルの『論理学』の〈理念〉論を参照する必要がある。ヘーゲルによると、国家がみずからの理念にまったく一致しない場合、あるいは自己の真価を意識した諸個人という国家の実在態が概念とまったく一致しない場合、国家は、魂と身体とが分離し、死せる状態にある。「国家の概念はまったく本質的に諸個人の自然をなすから、国家の概念はいっそう威力的な衝動として諸個人のうちに存在する。だから、諸個人は、たとえ外的な合目的性の形式にすぎないとしても、この概念を実在態へと移そうとし、あるいはこの概念に従うようになる」（*LII*. 465）。無国家状態にある諸個人、したがってまたこれらを包括する人民は、国家の概念に一致していない。このとき、国家の概念は、人民それ自体に宿るのではなく、自己の真価を意識した諸個人の主観態の領域に存在するというヘーゲルの言明は重要である。

これは、『法の哲学』でいえば、「自由な精神の絶対的な規定（使命）」、「絶対的な衝動」というものと関係する（§27）。すなわち、この規定や衝動によって「それ自体で意志の本質であるものがそれだけで独立して理念として存在するにいたる」（ebd.）のであるが、「意志されたものが、さしあたりただ自己意識に属する内容でしかなく、遂行されていない目的でしかない」場合には、こうした規定や衝動も、主観態という一面的な形式を帯びざるをえない（§25）。国家の概念が、個人の主観態に属するということは、こうした意味での一面性にほかならない。しかし、「絶対的な衝動」としての意志は、こうした一面性を、つまり主観態と客観態との矛盾を廃棄するものであり、「みずからの目的を主観態の規定から客観態の規定へと移し込み、客観態のなかで同時にみずからのもとにとどまる」（§28）のである。したがって、国家の概念が個人に宿る場合、この個人は、絶対的な衝動として国家の概念を現実化しようとすることになる。

このような事情から、ヘーゲルは、最初の「自然法と国家学」講義において次のように論ずるのである。「概念は、理性的なものそのもの、法律と名づけることができるが、それが現存在を持つのは、個別の主観において、つまり個々人の知性においてである」（*I*. 83, §69 Anm.）。もちろん、人民や家族の人倫的な生活（生命）は、ヘーゲルによれば、たんに主観的なものなのではなく、客観的でもある。しかし、これは、不動の現実が客観的に存在するという意味ではなく、人倫的なものが客観的なものとして不断に生成してゆくという意味でのことである。だからこそ、ヘーゲルは、「人倫は、真理の立場であるから、現実存在を持たなければならないし、現実化されなければならない。善は、人倫的な主観によって現実化されなければならない。それゆえ、善は、精神が実在するさいの精神の運動である」（ebd.）と講義するのである。

以上から明らかなように、無国家状態においてこの状態を否認し国家を形成する者は、端的に個別的な主観や

（93）「それ自体でもそれだけで独立しても普遍的なもの」とはいったいなにか、という問いが当然ながら湧き起こるであろう。これについては、本章第一節を参照のこと。

個人にほかならない。この個人こそが、すでにみた国家創建者としての「英雄」なのである。国家創建の「理念の絶対的な権利」を特定の個人に帰するという『法の哲学』では「世界史」の段階で明示される論理が、最初の「自然法と国家学」講義では〈国家〉論冒頭に与えられるのも、「最初のもの」である国家理念の現実化にさいしてこの理念を持つ個人が絶対的に必要とされるからである。[94] したがって、われわれがヘーゲルの国家理念の始原を理解しようとするときには、つねに、こうした個人の先行性を念頭に置かなければならないことがわかる。この講義では、次のように論じている。「国家の権利とは、国家の理念が承認され現実化されていることである。個々人は、みずからの特殊な意志で国家に参入し、国家のうちに存在する権利を持っている。個々人は、自由意志でこの国家に加わらないのであれば、自然状態に身を置くことになる。こうした自然状態では、個々人の権利は、承認された権利でなく、このように承認されること（Anerkanntwerden）が、自然的なやり方で、すなわち承認を求める闘争によって、また暴力（Gewalt）によって達成されなくてはならない。こうした暴力の〈関わり〉では、神的な権利が国家の創建者のがわにある」[95]（*I.* 173, §124）。

五　英雄による承認闘争の権利

このように、無国家状態において個人に対し国家創建の権利を認めることは、一面では、国家の創建が個別意志に還元されていることをも意味している。実際、ヘーゲルは、「国家が個別的な自己意識によって現実化される」ことは「国家の絶対的な権利」だとする一方、「人格態の点で自由であるから、そもそも国家に参入しようとするかいなかを、個人の恣意にしてしまう」（ebd.）というのである。しかし、他方、ヘーゲルは、「諸個人の最高の義務は、国家の成員となることである」（§258）として、個人が国家の成員となることの任意性を徹底的に批判するものでもある。国家の使命を所有と人格的な自由の保護に置く近代自然法的な国家観や、一般意志を個別意志に由来する共同的なものとしてしか構想しえないと評価してルソー的な社会契約論をヘーゲルが批判するのも、これらが個人の国家参入の任意性を帰結する議論であると断ずるところに焦点がある。いいかえれば、ヘーゲルにとっても個別的な意志の所有と人格的な自由の保護は、すでにみたように国家創建によりもたらされる具体的な内容となっているのであるが、ヘーゲルは、こうした個別意志を国家の実体とした場合、転倒して国家も個別的な主観的な意志や自然的な意志になりさがることを見抜き、これを回避しようとする。そこで、国家創建の権利を個人に帰するヘーゲルは、個人の国家参入の任意性をも超克する原理を、当の個別意志に内蔵させておく必要が出てくるのである。

この原理は、個人の国家参入の任意性を克服するために発動される「英雄」の暴力を基礎づける論理にほかならない。「ある者が国家に逆らって自分だけで独立して自由なものであり続けようとするならば、国家を相手に承認を求める闘争に踏み込むことになる」(*I*. 174, §124)。国家を否認する個人は、自然状態のうちにある。こうした暴力状態としての自然状態にある者に対しては、その者の自然態の論理すなわち暴力の論理にしたがって、国家は自然態以上のものへと、すなわち自由の立場へと引き入れようとすることになる。このような国家による自由の実現過程が「承認を求める闘争」だとされることは、国家生成の原理が究極的には『法の哲学』以前の論理に基礎づけられていることを示している。このことは、『法の哲学』の法の概念が、生成の点からみれば先行

(94)『領邦議会論文』との関係も吟味する必要があろう。そこでヘーゲルは、「国家を創建するという優れためぐりあわせに恵まれた個人」をフリードリッヒ王だと考えている(*HW*4. 464 f.)。

(95)イルティングは、一八一七・一八年の講義の新版をなすにあたって、個人が国家に存在する「権利」のところを「義務」と校訂しているが、個人の権利(恣意)と国家の権利が対立する可能態のあるところに、のちにみる個人と国家の「承認を求める闘争」が出来すると思われるから、特別校訂する必要を認めない(*I*2. 145)。

部門によって演繹されているとするヘーゲルの言明からして当然である（§2）。みずからの個別態や特殊態を廃棄している端的に普遍的で自由な自己意識が生成するのは、『エンツュクロペディー』の体系でいえば「客観的な精神」以前の〈主観的な精神〉論における「承認を求める闘争」と「主人への服従」という暴力関係を経験したあとのことであるが（El. 255, §355 Anm.）、このように個人を国家へと参入させていく国家生成の事態は、そうした主奴関係の生成と相即しているのである。

しかし、自己の意志規定から国家創建を選択した個人（英雄）は、普遍的な自己意識の生成する以前の、個別的で偶然的な意志しかもたず、普遍的な意志を体現しえない主人とは性格が異なっていることに注意する必要があろう（E3. 225, §435 Zu.）。国家をめぐる「承認を求める闘争」は、たんなる個別的な自己意識どうしの闘争なのではなく、国家を創建しようとする絶対的な意志と国家への参入を欲しない恣意との闘争なのである。こうした闘争が出来するのも、国家の創建者が普遍的な自己意識としての人倫的な諸規定を自覚し意志したとしても、なおその普遍的なものが承認されず、さしあたっては特殊なものとして現象せざるをえないことに起因する。たとえば、ヘーゲルは次のように論ずる。「国家を創建し農業と結婚を導入した英雄たちは、こうした人倫的な諸規定を自分のものとした。それらの諸規定は、まだ承認された権利ではなく、したがって特殊な意志として現象するのである」（V. 295, §93）。したがって、ある偶然的な個人が意志する人倫的な諸規定が、特殊なものではなく、あらゆる個別的な自己意識にとっても普遍的なものとして顕現し承認されるためには、普遍態に抵抗する個別的な自己意識の恣意性を権力的に（gewaltig）廃棄する必要があるのである。

このさいの暴力を、ヘーゲルが国家の実体として理解していないことに十分注意する必要がある。ヘーゲルは、明確に「国家は暴力や不法によって設立されうるが、このことは、理念にとってはどうでもよいことである」（III. 211, §258）と論ずるのであるが、これは、ヘーゲルが、国家創建の実体を自由としての普遍的な意志の現実化に求め、不自由と現象する暴力を創建途上の偶有態にすぎないと考えることによる。「国家とは、現実的な普遍的自己意識という普遍的な意志であり、神の理念である。〔……この国家の〕本質は、普遍態や現実態での自由である」（*L*. 173, §124）。すでに示したように、ヘーゲルの意図する国家の創建の目的は、「相互承認」を法的・制度的に顕現させることにあった。また、そのさい現前する事態を否定し自由の諸規定と原理を客観的に設定することが国家創建の運動というものであった。したがって、ヘーゲルのいう国家創建上の暴力は、本来「相互承認」を否認しようとする者に向けられているものなのである。

しかし、国家の理念にとって無関与なものとしてであっても国家もしくはその創建者の暴力が承認されることから、ヘーゲルのいう国家による自由の現実態が暴力的な専制と同質のものであるのかどうかが、問われなければならないであろう。国家の暴力がそれ自体で否定的なものとして理解される理由の一端は、これをもっぱら「第一の否定」としてのみとらえる観点によるものである。こうした観点が、自由の現実態というヘーゲルの国家把握にとって妥当であるならば、ヘーゲルが国家創建上の暴力を国家の理念にまったく無関与なものだとして力説したとしても、無力といわざるをえないであろう。しかし、ヘーゲルは、国家の暴力を、こうした「第一の否定」ではなく「否定の否定」としてとらえ、さらに個別的な意志による「否定の否定」すなわち復讐ではなく、普遍的な意志による「刑罰による正義 strafende Gerechtigkeit」（§103）ととらえることを基礎に、国家の理念に対する暴力の無関与性を主張するものと考えられる。

すなわち、この議論の前提となるのは、すでにみたように国家以前のいわゆる自然状態を自由に対する暴力や不法ととらえることである。ヘーゲルは、この不法は法に対する〈見かけ〉であり、「法がこのようなみずからの否定を否定する運動によってみずからを回復することが、この〈見かけ〉の真理態である」（§82）とする。こうした「否定の否定」である自己媒介によって、「法はみずからを現実的なものとして、通用するものとして規定する」（ebd.）のである。このような観点でのみ国家の暴力が想定されるのであれば、ヘーゲルによる国家の概念的な把握には、正当なものがあるといわなければならないだろう。もし、そこになお問題が残るとすれば、論理的な仮構であるとされる自然状態を、ヘーゲルとは異なって自由そのものと理解することからくるといわなければならない。

とはいえ、国家による「相互承認」である自由の実現がかならずしも専制的な状態を生ぜしめないわけでもない。周知の通り、ヘーゲルの把握した「世界史」は、「世界精神」が「みずからを絶対的に知り、そのことによってみずからの意識を自然的な直接態の形式から解放し、みずから自身に到達する」(§352) 四つの「世界史的な国 welthistorisches Reich」の段階的な発展をなしている。このうち国家の生成の局面においては、偶有態にせよ暴力を背景としている国家が専制的な性格を帯びることを指摘しておきたい。「いかなる国家においても形式としては絶対的な出発点をなしている、国家形成におけるまだ実体的で自然的な精神性のモメント」(§355) を持つとされる第一の「オリエント的な国」では、「個体的な人格態は全体の壮麗さのなかに没入して無権利である」(ebd.) とされるように、本質的に「専制政治 Despotismus」が存在している[96] (*L*. 258, §165)。

しかし、ここで注意しておきたいのは、ヘーゲルは、こうした専制状態の意義を、人倫の実体性のうちに恣意が没することにより「恣意の最初の克服」がなされる点に見いだしていることである (*HW12*. 142)。所有と人格的な自由の保護がまさに現在していないがゆえに、これらの保護の前提となる実体性がこれらの生成に先立って確立されなければならない。そして、すでに論じたように法を設定することが諸個人に対して外面的に関係することによって、専制の形式で諸個人の教養形成に対する一次的な主体となる。これを逆に諸個人の位置からみるならば、自己意識なき受動状態と精神の直接態を克服し「普遍態の形式」や「悟性性」を獲得するための「厳しい労働」が課されるということである (§187 Anm.)。ヘーゲルによれば、こうした労働や教養形成による普遍態や悟性性の獲得こそが「無限にそれだけで独立して存在する自由な主体性」(ebd.) を確立する。したがって、ヘーゲル的には、専制状態といえども、それが実体的な「相互承認」の生成を目的とするかぎり、自由の現実化の一階梯をなすと評価すべきなのである。

六　個人の意志は神秘的ではない――まとめに代えて

本節は、一般に「思弁的」な構成と評価される、国家の理念を現実的な主体とするヘーゲルの議論から現実的な論理の剔出を試みた。ことの問題は、国家から家族や群衆が出現するかいなかなのではない。法律的な諸規定と客観的な諸制度のない無国家状態下の諸個人と家族は、自然的な意志に制約されて実体的な意志それ自体を顕現させることができない。このため、これを顕現させる独自のあり方として、主観的な特殊な意志を超出して法律を設定することそれ自体を自己目的とする論理が必要となるのである。

無国家状態では国家の概念が自己の真価を意識した諸個人の主観態の領域に存在するというヘーゲルの言明にこそ、「最初のもの」としての国家の生成、ひいてはその現実的な主観態を解読する鍵がある。国家の概念をもつ個別的な主観である個人は国家創建者としての「英雄」であるが、この個人には「承認を求める闘争」により国家参入の任意性を超克し諸個人の〈自然のあり方〉を超克する原理が内蔵されている。この原理の発動である暴力は、不法に対する「否定の否定」という「刑罰による正義」にほかならない。このようにみた場合、ヘーゲルの国家生成の議論には、なんら神秘的な要素を認めることはできないであろう。

(96) このさいの「専制」は、第三の「世界史的な国」にあたるローマ帝国の専制とは異なるとヘーゲルはいう（*HW* 12. 136）。

第二章　国家を動かす個人

ヘーゲルが描く〈国家〉は、通例、個々人の意志を超えたいわば神的意志の領域に成り立っていると理解されるだろう。『法の哲学』には、そう受け取れる表現がいたるところにちりばめられているからである。これにしたがって理解すれば、〈国家〉に個々人がかかわっていわばその主体となる余地はまったくないことになるだろう。とはいえ、現にある国家は、けっして〝神の国〟ではなく、欲望に満ちた生身の人間によって営まれるのだから、そうした理解だと、ヘーゲル国家学は、現実の権力行使を「神的なもの」として美化する〝詐称システム〟に成り果てる。『法の哲学』の晦渋な論理につきあうまでもなく、ヘーゲル国家学をただちに反動と決めつけることができる安易な論理がこれである。

しかし、個々人が国家にかかわるべきだとされるさい、その個々人は、どのような要件を満たせば、〈国家〉の主体たりうるのだろうか。それは、大統領なり公務員なり国会議員なりとなって政策形成に関与することをいうのだろうか。あるいは、それらを選出する有権者であることなのだろうか。

〈国家〉は、その種の政治家や有権者のみによる閉じた存在ではない。一市民としての行為は、さしあたりその当の個人にとってのみ意味があるような〈見かけ〉を示していても、つねに共同性を伴わざるをえない。この点に着目すれば、われわれの生活のあらゆる局面が〈国家〉と深いかかわりを持ち、またみずから行為することで〈国家〉に関与しこれを動かしているのである。たとえば、もめごとを収めるのが当事者同士であれ、公平な第三者であれ、そこに合意のかたちでなんらかの普遍態を現出させることになり、こうしたはたらき自身が〈国家〉の機能の一端を担っているのである。

こうした身近な事実をわれわれは案外に見落としてしまう。だから、政治家の世界ならざる日常を非政治的なものとみなし、無関心を決め込むことも容易である。だが、その無関心も、ある種の政治家を支える政治的なあり方なのである。

深刻なのは、『法の哲学』を専門的に研究する者自身もこうした見落としの罠に陥ることである。ヘーゲルが人民との対比で国家公務員の有能性——これがなければ本当のところ困るであろう！——に言及すれば、あたかもヘーゲルが人民の能力を貶めているかのごとく強調してやまない。それは、政治的な領域以外でも脈々と普遍態が形成されている事実とヘーゲルによるその論理化を忘却してしまう議論である。こうなってしまうのも、人民がその普遍態をどのような質をもって表現するのか、概念的に把握しようとしないからである。政治的な主体といえば、政治の表舞台に登場するものとばかり表象しているのである。

この点の理解は、議会でなされる立法のもつ意味にも影響する。立法は、それ自身理性的な行為であることに間違いはないが、けっして学問的に理性的なのではない。それは、つねに、人民の経験レベルでの普遍態を表現するものなのであり、議会の優位を語りうるとすれば、それは、経験に根ざした〈習俗〉の優位のことなのである。このように、人民はおのおのの居場所でつねに〈国家〉に関与し、〈習俗〉としてもまたそうしている。

では、このような相即関係が認められる以上は、ヘーゲル的な〈国家〉は、平穏無事で幸せなあり方をしているとみるべきなのだろうか。人民に教養形成がなければ、そうともいえるかもしれない。しかし、従来の〈国家〉のあり方では人民の教養形成に追いつかない場合、変革の課題が観念のうちに生成する。そして、その変革を担うのは、国制そのものとしての人民ということになる。

第一節　自己意識の思考としての国家——国家への人格の関与形態

一　はじめに——個人の意志と人倫の意志

ヘーゲルは、『法の哲学』において、国家を「人倫的な理念の現実態」、「明らかでみずから自身にはっきりした実体的な意志という現実的な精神」（§257）としてとらえる。通常、この「人倫的な理念」ないし「実体的な意志」の意味が、家族や市民社会を超越するものとして性格づけられているかのように見えるため、国家を超越的なものに基礎づけることを拒否する近代的な理解の仕方では、前章でもみたように、ヘーゲルの〈国家〉論の基本的な性格が国家理念主導の議論として神秘主義的なものだと評価されることにもなるであろう（*KHS*. 205）。

「人倫的な理念」ないし「実体的な意志」を超越的なものとしてヘーゲルが性格づける例は、枚挙に暇がない。たとえば、国家の「現実的な精神」は「みずからを知りかつ意志する神的なもの」である「人民精神」（§257 Anm.）であり、また国家は「現実的な形態と世界の有機組織へとみずからを展開する現在的な精神としての神的な意志」（§273 Anm.）だとされる。また、恣意的である個別的な意志によって国家を基礎づけることに反対し、国家の客観的な意志は、個々人の認識と意志に無関係であって、「概念のかたちをしたそれ自体で理性的なもの」（§258 Anm.）だとする。あまつさえ、客観的に人倫的なものにとって「個人が存在するかいないかは偶有的なものだ」（V. 485, §145）とまで言い放つ。このように、「人倫的な理念」ないし「実体的な意志」は、個人の意志をまったく超越して自存する疎遠で神秘的な実体に祭り上げられているかのようにみえる。

しかしながら、国家のこうした理念ないし意志は、個人と完全に無関係に成立しているのだろうか。このような疑問を呈するのも、ヘーゲルは、「実体的な意志」と個人との交渉関係を、次のようにも把握しているからである。すなわち、一方で、実体的な意志は、「習俗に即して」――のちにみるようにこれは個別的な自己意識に即してもいる――直接的な現実存在を持ち、「個人の自己意識に即して、つまり個人の知と活動態に即して」媒介された現実存在を持つとされる（§257）。他方で、個人の自己意識は、「みずからの本質であるとともにみずからの目的と所産」である実体的な意志を信奉する「心情 Gesinnung」によって、「みずからの実体的な自由を持つ」とされる（ebd.）。このように、すくなくとも実体的な意志と個人とは、おのおのの側面からして相互に密接に関係していることが理解できる。あるいは、ヘーゲルによれば、国家は人倫的な実体であるが（*RN*. 545, *VI*. 395, vor §142）、もともと「客観的に人倫的なもの」とは、「無限な形式としての主観態を介することにより具体的となる実体」（§144）のことである。したがって、主観が客観を現実化する媒介関係によってのみ、国家という実体が成立することだけは確実である。

そこで、ヘーゲルのいう「人倫的な理念」ないし「実体的な意志」と個人の自己意識とを安易に切断することなく、両者の交渉関係をより精密に規定する必要があると思われる。この点については、前章において、英雄的な個人の自己意識について論じたが、本節では、より一般的な個人の自己意識について論じてみよう。

二　個人による国家の形成

まず、実体的な意志が現実存在を持つにいたる関係の面と、個人がそれを信奉する心情を持つにいたる関係の面の双方を、はっきりさせることから始めたい。

最初に、実体的な意志が現実存在を持つにいたる関係についてみる。この現実存在には直接的なものと媒介的なものがあるので、議論が煩瑣とならないよう、国家が「人倫的な理念の現実態」であることに着目して、〈人倫〉の一般的な議論でこれを検討することにする。こうした一般化が可能なのも、〈国家〉論でいう「人倫的な理念」が、『法の哲学』における位置づけからいって〈人倫〉序論での「生命ある善としてある『自由の理念』」（§142）だからである。ここでは、この理念の具体的な意味をなしている「生命ある善」が、「自己意識のうちにみずからの知ることと意志することを具え、自己意識の行為によってみずからの現実態を具える」（ebd.）とされている。この議論は、個人の自己意識に「即して」実体的な意志が成立するという議論と同じ意味である。

善が「みずからの知ることと意志すること」ないし「みずからの現実態」を「具える」という規定の仕方は、善が主語の位置を占めるため、さきの「神的な意志」などの規定とあいまって、理念を主体化して神秘的な議論を展開するものだとする批判を蒙りやすい。もちろん、一般的に理念は、「主観的な意志と、意志の本質や概念との統一」（*RN.* 161）であるから、主観態を持つことは疑いを容れない。しかし、主観態自体を剔出してそれだけで独立なものとするときには、ヘーゲルの議論に即してそれをモメントの形態で考察する必要がある。もともと主観態をモメントとして含まないような抽象物としての「理念」を設定しておいて、こうしたものを主体化した廉でヘーゲルの責を問う姿勢は不公平であろう。(97) ヘーゲル自身は、主観態は「区別」であり「実体に身についたかたち（Figuration）」（*VI.* 397, §144）であるといい、「意志一般に関して主観的なものとは、意志の自己意識の面を、意志にそれ自体で存在する概念とは区別された個別態の面を意味する」（§25）という。モメントとしての主観態を剔出すれば、それはあくまで自己意識なのである。

したがって、「生命ある善」に関するさきの定式の真義は、第一に、善を意志し実現する能動的な産出主体がほかならぬ自己意識であることを明らかにすることである。実際、ヘーゲルは、「人格が究極目的をみずからの活動態をつうじて産出する」（*El.* 292 f. §431）といい、「善は自己意識によって意志され現実存在に設定される。

(97) マルクスの批判はこの類の批判（*KHS.* 207）。

それゆえ自己意識は実現するがわである」（*V.* 482, §142）と講述している。第二に、善の産出主体が人格であることから、必然的に、この定式で語られる自己意識は、個別的な自己意識から遊離するがごとき自己意識ではない。このことは、次のようにもいえる。人倫的なものとは、「それ自体で存在する権利」を信奉する「主観的な心情」（§141 Anm.）であり、人倫である普遍的で理性的な意志は、「個別的な主観態の純粋な思考枠組のうちで」（*El.* 292, §430）この心情を持つ。つまり、善は、個別的な自己意識という主観態の内部に存在し、個人は、主観的な一面性を脱却して外部においてそれが客観的に存在するように活動する（§28）。したがって、ヘーゲルは、「各個人の現実態と活動態は普遍的な所産への移行運動でもある」（*El.* 293, §432）とし、人倫態は「個人の仕事として持続的に産出される」（*H.* 290, §74）というのである。国家が「人倫的な理念」の「現実態」であるとされるのは、こうした「内と外の統一」（*El.* 85, §91）だからである。

このように、個人の自己意識に即して実体的な意志が現実存在を持つという議論の趣旨は、個人がみずからの身の上において実体的な意志を主観的・能動的に産出して現実存在にするということである。あくまで、実体的な意志は、個人による「所産」であって、本来個人を超越してそれだけで自存する疎遠で神秘的な実体なのではない。にもかかわらず、なにゆえヘーゲルは、人民精神なり国家なりを個々人の認識と意志とを超越するかのような「神的な意志」とするのだろうか。これは、ヘーゲルが、個別的な主観態の原理をルソーと共有しながらも、当の主観態に潜む人倫破壊的な機能を批判する意図を持つからである（§258 Anm.）。この点が、検討すべき第二の点、すなわち個人が実体的な意志を信奉する心情を持つにいたる関係にかかわる。

個別的な自己意識こそが人倫を実現し産出する主体であって、こうした自己意識なしに人倫が現実態を欠如すると把握することは、人倫の持つ意味を、個別的な自己意識が持つ任意の主観的な内容に還元する虞をなしとしない。ヘーゲルは、この任意性に人倫的な実体を不可能にする原因を見咎めるため、人倫的なものの内容は「それだけで独立して必然的に存在し、主観的な思いつきや恣意を超越して存立するもの」（§144）だというのである。

この規定は、「思いつきのまったき偶然態、思いつきの無知と錯誤、思いつきの誤てる知識と評価」（§317）では、その自然からして人倫的なものを産出できないという認識からもきている。むしろ、思いつきや恣意を超越して人倫的な実体を認識した者こそが、これを産出する主観的な能動性を持つということである。実際、「意志は思考する意志として普遍的であり、私が思考する意志として意志するものは、人倫的なものである」（VI. 395, vor §142）として、ヘーゲルは明白に、人倫的な実体を産出する主観的な能動性を個人の思考のエレメントに認めている。つまり、個人は、みずからの主観的な精神の側面からすると、「主観的な思いつきや恣意」の立場にとどまるかぎりでは直接的に実体を産出する主体となるわけではないが、「思考する意志」の立場に高揚したときには実体の産出主体となるのである。このように、「客観的に人倫的なもの」と「個別的な自己意識である主観態」との〈関わり〉は、当の人倫に内包される個人が前者にいかなる態度をとるかという問題に帰着する。そして、主観的な精神に諸段階が認められるように、個人が思考のエレメントへと、あるいは「それ自体で存在する権利」を信奉する「主観的な心情」へと高揚する諸段階が存することになる。

したがって、このように主観的な精神の段階論が「客観的に人倫的なもの」に対する個人の態度に直結する事情から、個別的な自己意識である人格は、無条件かつ直接的には人倫を実現する産出主体とはならない。そもそも、抽象的に自然的な人間を人格として想定した場合、人間の自然を善と決めることが恣意的である以上（§18）、こうした人格が直接的・必然的に「客観的に人倫的なもの」を意志すると立言することは不可能である。むしろ、人格が人倫に適合的な主観的な自己意識となるためには、客観的な概念や善を基礎として「一面性」を喪失し（V. 482, §142）、あるいは自分の特殊な意志を普遍的な利害関心と同一にする（VI. 395, vor §142）必要がある。そして、このとき、人格は概念や善という普遍的な自己意識に契合しているのである。ヘーゲルは、こうした自己意識を「人倫的な性格」（§152）と呼ぶ。このように、現実的な人格には、人倫に対して適合するか不適合であるかの区別が厳然と存在する。

こうした人倫的な性格となるかいなかは、「客観的に人倫的なもの」に対する人格の主観的な「知と意志」という相関的な態度によって規定されている。同時に、「実体は本質的に実体そのものに対する偶有態の〈関わり〉」(§163 Anm., vgl. *El.* 88, §98)——ここで実体は人倫的な実体であり偶有態は諸個人(§145)——であるから、人格のがわが人倫的な性格の点で差異化されるのみならず、人倫的な実体のがわも、主体である思考する人格に規定されて「設定された存在」としては差異を伴うとみなければならない。

三　人倫的な実体との同一地平と実定性

ヘーゲルの議論を表面的にみれば、主体に規定されて人倫的な実体のがわに差異が出来することはありえないもののように言明されているかにみえる。たとえば、「人倫的な実体とその法律・権力」は、「独立性の最高の意味で『存在している』」という〈関わり〉を主体に対して持つとされる(§146)。あるいは、〈国家〉論では、国制は「端的にそれ自体でもそれだけで独立しても存在するもの」であり「神的で恒存的なもの、作られるものの圏を超えたもの」(§273 Anm.)だとされる。端的に、「実体は永遠に現前している」のであって、「すでに現前しているものが産出されるにすぎない」(*L.* 83, §69 Anm.)のである。

ヘーゲルが人倫的な実体の永遠性を主張するのは、実体が、個別的な自己意識という主観態と意志の概念とを統一する理念だからである。詳細は補論第一で示すが、ヘーゲルによれば、理念は、過去と未来との無差別的で否定的な統一(*E3.* 9.55, §259 Zu.)としての「絶対的な現在」(*E3.* 9.26, §247 Zu.)であり、「過去の所産であるとともに未来を孕んだもの」(*E3.* 9.55, §259 Zu.)であり、「過程全体」(*E3.* 9.51, §258 Zu.)である。過去や未来と区別して通常表象される「有限な現在」(*E3.* 9.52, §259 Anm.)の立場では——こうした現在はモメントにすぎないから——、たしかに、理念の過程の一部分しか実現してはいない。しかし、この「有限な現在」も真実には理念の過程全体を含むことによりこれを産出してゆくものでもある。とはいえ、過程全体を含むとはいっても、現在はこれを無差別化していることに注意しなければならない。こうした無差別的な同一態に含まれた理念の諸モメントが時間経過にしたがってここから産出されていくこと、これが、「すでに現前しているもの」の産出である。このように、ヘーゲルのいう実体の永遠性は、人倫的な実体がみずからの区別を産出する運動過程の永遠性を表現したものなのである。

実際、ヘーゲルの〈国家〉は、同一的な精神と、区別された精神との統一として理解されている。ヘーゲルは、「普遍的な利益」とともに、「特殊な利益の実体としての普遍的な利益において特殊な利益を維持すること」を、国家の目的だと規定する。そして、国家がこうした目的であることを、「国家の抽象的な現実態である実体性」と「この実体性が国家活動の概念区別へと分解したものである必然態」との統一である精神、すなわち「教養形成の形式が貫通した、みずからを知りかつ意志する精神」だとする（§270）。ここには、「普遍態において国家が意志するものを思考枠組として知る」というモメントと、「意識された目的や知られた原則」そして「法律」にしたがって「活動し行動する」というモメントの二つが働いている（ebd.）。ところで、実体は――「万人の実在的な自己意識」、「共同精神」ともいわれ「知の普遍態」を意味するが（*I.* 179, §129 Anm.）――、「全体的なもので実体的なもの」にとどまれば、みずからのなかで分肢組織化されない「全体的で無区別的な意志」あるいは「恣意」でしかなく、そのかぎり「真の実在態を持たない」（*I.* 179, §129 Anm.）。こうした無区別的な実体的な意志が、国家概念の一モメントである「普遍的で至純な（gediegen）精神」（*I.* 178, §129）であり、このかぎり法律は、未決定のままの思考枠組でしかない（*I.* 179, §129 Anm.）。つまり、「国家の抽象的な実体性」とは、「共同精神」という「思考枠組」であり、法律とならずに無区別的な同一態に安らうモメントである。これに対し、国家概念の他方のモメントである「精神の活動によって生み出される現実的な精神」（*I.* 178, §129）こそが、国家の実体性を国家活動の概念区別へと分解することになる。そして、第三に、国家概念は、以上二つのモメントの統一として、共同精神という自己同一的な「思考枠組」を不断の教養形成によって現実的な区別へと転化する、「みずからを知りかつ意志する精神」なのである。

人倫的な実体がみずからの区別を産出するこうした運動過程は、それとの相関者である自己意識といかなる関係を持つことになるのか。ヘーゲルによれば、人格の主観態が客観的な概念である善を基礎とする事態のもとでは、思考する主体と対象である実体とが「完全に調和」(V. 482, §142)し、「人倫的な実体とその法律と権力」は「主体にとって疎遠なものでない」(§147)。いわば、思考においては、実体は主体である自己そのものとなる。「実体は、知ることであり、知性に密接に結びつく」(V. 485, §§146 f.)。「人格は、思考する知性であるから、実体をみずから独自の本質として認識し、こうした心情によって実体の偶有態であることをやめる」(*El.* 292, §431)のである。

もっとも、第一章第一節でも言及したように(本書三五頁以下参照)、こうした同一的な関係は、信仰や信頼という〈振り返り〉を介する以上の同一態となっており(§147)、一般に〈関わり〉を廃棄している(*El.* 291, §429)。こうした同一態のもとでの人倫的な実体は、「語りえないもの」で「端的に直接的な善」(ebd.)である。したがって、主体がこの同一態に対して与える「精神の証」(§147)は、「自己感情」(ebd.)をもって足りる側面を持つ。ヘーゲルは、直観や感情、表象による人倫的な実体と主体との直接的な同一態の把握を単純には否認せず、絶対的な真理を含む点では是認する立場を採っている(§270 Anm.)。しかし、こうした認識形式による直接的な同一態の立場では、思いつきや恣意を介入させる余地を残すことにより国家がもつ区別である法律ないし機構を動揺せしめ(ebd.)、実体にふさわしい実在態を保証しなくなるため、強く、そうした「同一態の十全な認識は思考する概念に属する」(§147 Anm.)とするのである。そして、思考する自己意識は、「語りえない」人倫的な実体を「言語表現 sprechen」(*El.* 295, §437)して法律へと形成するのである。ところが、このとき、判断や推論として概念自身の区別が必要となる。

実体がみずからの実在態を産出するために「区別を設定する」（§144）のは、「事柄の自然」（V. 484, §144）であるこうした「概念」にしたがってのことである。そして、この概念こそが、「共同精神」、「万人の普遍的な自己意識」、すなわち普遍的で実体的な意志を表現するのである。しかし、なおこの概念が、個別的な自己意識という主観態を欠如するかぎりでは、いかに理性的であろうともふさわしい実在態を持たない。つまり、実体は実在的にみずからの区別をなすことがない。したがって、実体の産出主体である個別的な自己意識が、実体の区別を規定する概念に向きあい、これにしたがうかたちでの活動態を持つときにのみ、実体の現実存在における区別が産出されることになる。自己意識は思考のエレメントにおいてすでに実体と同一であるから、実体が区別を設定するかいなかは自己意識の思考と活動態にかかっており、したがって、自己意識とは別の実体というものは本質的に存在しない。このことは、同時に、概念的に把握し活動する自己意識の教養形成の程度によって、国家という実体が持つ区別の程度、いいかえれば国家の有機的な編成の程度の差異が出来することを意味する。すなわち、「一定の人民の国制は、当の人民の自己意識のあり方と教養形成とに依存する」（§274）のである。

ここで、ある人民の人倫的な精神が「みずからを理解し国制化する（verfassen）」さいにおかれた発展段階の特殊態は（*El*. 297, §442）、法に実定的な性格を付与する源泉にもなる。というのも、ヘーゲルによれば、「自然必然態に属するすべての諸関係の〈つながり〉」とならんで人民の「特殊な国民性格」と「歴史的な発展段階」が、内容的にみた場合に法が含むことになる実定性の第一の要素だからである（§3）。したがって、国家という実体は、人民の自己意識に依存して自己区別を設定することにより、実定性に接触することになる。ただし、実定性それ自身は、あくまで精神の発展段階の特殊態に規定されているのであって、概念の区別そのものによるのではない。なぜなら、実体と同一的である思考する主体は、あくまで概念的な同一態を区別においても設定しているからである。実定的な要素は、概念に規定されないものであり、そもそも非理性的であるか、理性には無関心であるかのいずれかである（*Vl.* 84, §3)。思考は、こうした実定的な要素に接して実体の区別を設定することになるものの、実定法の理性的な核を形成するのであって、実定的な要素それ自体を設定するものではない。これは、実定法のうちに理性の核が存在しないとき、それがたとい国家において妥当性を持つように見えても、真実には有効にならないということを意味する。[98]

ヘーゲルによれば、実定性は、存在的な通用性にあり、法の理性的な通用性にあるのではない（*V.* 105, §3)。「概念みずからが設定した現実態でないものはすべて、過ぎ去りゆく現存在、外面的な偶然、思いつき、本質を欠いた現象、非真理、錯覚などである」（§1 Anm.）のに対し、「概念のみが現実態を持ち、概念が現実態自身をみずからに与える」（ebd.）のである。そうである以上、概念の核を持たない実定性が概念によって廃棄され、事柄の自然すなわち理性にしたがった新たな規定が現実的に出来するのは必然的である。このように、実定的なものをいわば審問する立場は、概念であり、ひいてはこの概念と同一となった概念的に把握する主体なのである。実定法は、産出当初の自己意識が持つ発展段階の特殊態や、当時の発展段階に依然停滞している自己意識には適合的ではあっても、自己意識が進展してそれに適合的ではなくなった実定的なものは、新たな段階において概念的に承認されないものとなる。ヘーゲルは、とくに国家の革命的な変化の規定的な原因を、ある国家のもつ制度と自己の真価を意識した諸個人の精神とが不整合に陥ることにあるとする。「諸制度の釣合いのとれた継続的な形成がないのに、精神が継続的に教養形成されると、精神は諸制度と矛盾するようになり、これは、不満の源泉であるばかりか、革命の源泉にもなる」（*I.* 219, §146)。

以上のごとく、ヘーゲルは、国家という人倫的な実体がおこなうみずからの区別を自己意識の概念的な把握に帰着させることにより、実体と自己意識との本来的な同一態を恢復せしめ、概念に適合的な自己意識には背馳するがごとき国家の実定性を廃棄する権利を基礎づける。そして、自己意識に適合的な客観的な人倫的な実体をこうした廃棄の過程をつうじて実現することが、ヘーゲルのいう人倫的な実体の永遠性なのである。では、現在の地平において個別的な自己意識が実体の区別を産出する基礎的な論理はいかなるものであろうか。

四　習俗を超える個人のありよう

国家のもつ現実存在の一方である「習俗」は、実体の実現過程において万人の実在的な自己意識として通用するにいたった直接的で実体的な意志である。習俗は、「諸個人の現実態と単純な同一態」において人倫的なものが現象する「諸個人の普遍的な行動様式」であり「習慣」である（§151）。この習俗の規定は一般的なものであって、なにもギリシア的な人倫に限定されるものではなく、どの人民や家族にも存在する人倫的なものである。習俗を具える人民は、直接態である「普遍的で自然的な出来事」（*I.* 172, §123 Anm.）の形式で存在しているのである。

ところで、こうした習慣という「実経験的な普遍態」（*RN.* 549）の側面から、習俗は、実体との直接的な同一態であるばかりでなく、実定的なものとも関連するとみなければならない。ヘーゲルが、法律の抽象的な本質である「それ自体でもそれだけで独立しても存在する意志」の現実態を「生命ある習俗」（*El.* 295, §438）だとすることからしても、習俗には法律としての実定的な要素が介入する。実体との同一態を保有するかぎりで意義を持つ習俗も、実経験的な普遍態であることに由来して自然と「善い内容も劣悪な内容も持つ」ため「形式的」である（*VI.* 407, §151）。こうした実経験的な普遍態に安んずるのは、習俗に直面したさいに人間のがわが「振り返ることのない人倫的な意志」（*VI.* 406, §151）で応ずるからである。しかし、この振り返ることのない意志は「自己意

（98）ローザンフェルドによると、個人の最高義務は、国家的権威秩序への盲従ではなく、公民を組織する規定全体を発展させることである。Cf. D. L. Rosenfield, *Politique et liberté, une étude sur la structure logique de la Philosophie du droit de Hegel*, Paris 1984, p. 254.

識の無限な形式を欠如する」（§26）ものであり、人間は習慣によって死にもする（*VI*. 407, §151）。そこで、ヘーゲルは、習俗に対する全面的な否定はおこなわないものの、「習俗がもはや善いものでなくなるとき」、主体が古い生活を見限り道徳の立場に移行することを是認するものでもある（*I*. 82, §69 Anm.）。この習俗から脱却して形成されるものが「法（権利）と道徳」（ebd.）なのである。

したがって、ヘーゲルのいう国家は、自己意識による活動によって産出されながらも媒介を消失して振り返ることのなくなった直接態としての「普遍的で自然的な出来事」、すなわち人民の直接的な人倫を基礎としつつも、この直接態の持つ善ならざるものを超克する運動機構として、個別的な自己意識の媒介を不可欠のものとしている[99]。そこで、「法と道徳」を固有の「抽象的なモメント」（*RN*. 573）とする市民社会において、こうした自己意識の媒介構造を検討する必要があろう。とくに、人倫的な実体は、市民社会において、自己意識である主観態と、思考枠組の形式での実体性という「無限な形式」（§256 Anm.）とを獲得するからにはなおさらである。

人倫的な実体性の「喪失態や分裂態」（§157）である市民社会は、もっとも抽象的にいえば、自立的で具体的な人格である多くの家族が相互に外面的な〈関わり〉を取り結ぶ（§181）ことでかたちづくられる。ここで話題となる人格は、意志の特殊態を捨象するたんなる普遍的で抽象的な人格（§37）と、「欲求の全体」として、「自然必然態と恣意の混合」（§182）として存在する特殊な人格とを推理連結する個別者、すなわち具体的な人格である。ところで、個人に内在する諸モメントに関して〈家族〉と〈国家〉論でなされた議論では、一方のモメントの普遍態に対し他方のモメントを、市民社会でモメントとされる特殊態ではなく、個別態としている。すなわち、市民社会の位置において具体的な人格として登場する「法的な人格」（§171）である夫は、前章第一節でみたように、「それだけで独立して存在する人格的な自立態」という個別態と「自由な普遍態の知と意志」という普遍態との二極に分裂している（§166本書四六頁参照）。〈国家〉論でも、個人は、「それだけで独立して知りかつ意志する個別態の極」と「実体的なものを知りかつ意志する普遍態の極」を内蔵しているという（§264）。

このように個人の極性が普遍態と個別態だとされるのは、具体的な人格といえども、「それだけで独立して自由な意志」という普遍態が「自己の真価を意識する以外は無内容な、意志の個別態のかたちでの単純な自己関係」（§35）でしかないという抽象的な人格の規定を根柢としているからである。しかし、普遍態と個別態とが、こうした「単純な自己関係」としての同一態であるばかりでなくおのおの区別された極となるのは、普遍態が特殊態のモメント――さしあたり直接的には欲求や自然必然態、恣意――を内蔵しており（§6）、これとの直接的な〈みずからの内への折れ返り〉の関係としていわば「質的な推論」関係の第一格（個―特―普）（*El.* 110, §131）を形成するからである。一般的に、人格は、没規定的な抽象態から脱却してみずからに実在態を与える能動性により（§39）、意志の特殊化である内容（§9）を獲得することによってはじめて具体的となる。ただし、当面人格がおこなう推論がこうした直接的な推論であるかぎりでは、推論の媒辞である特殊態にいかなる規定態をとるかもまったく偶然的であり（*El.* 110, §132 f.）、「自由の規定である人格態とはまったく異なる欲望や欲求、衝動、偶然的な嗜好など」（§37）がこうした特殊態となるのである。

抽象的な人格の場合、みずからの意志の特殊化を「目の前に見いだされた外的で直接的な世界」（§34）に求めることになるが、家族としての具体的な人格は、全体であって、みずからのうちに特殊態の領域を持つということも可能である。すなわち、普遍態と個別態とに二極分裂することでのみ自立的なみずからの一体性を獲得する家長の夫は、こうしたみずからの一体性の安定的な直観と感情的で主観的な人倫とは家族において持つのである（§166）。この主観的な人倫は、たしかに夫の「個別態に対する実体的な地盤」（*III.* 135, §166）ではあるが、なお「自然的な欲求、すなわち生命の感情と特殊態の側面」（*I.* 96, §77; vgl. *II.* 299, §82）、「自然的な人倫」（*VI.* 442, §166）

（99）世界の直接態のうちにいる諸個人が新たな統一の把握と新たな形態化過程の解放を可能とする新規定を産出するというのは、cf. *ibid.*, p. 253.

への欲求の側面なのである。

しかしながら同時に、こうした家族内で成立する特殊態は、人倫としては主観的でしかない。もちろん、家族の規定である愛自体は、たんに主観的なものを超えた、すなわち「情熱という偶然態や一時的で特殊な嗜好という偶然態」を超えた権利として（§163）「話しSprache」（§164）というもっとも精神的な現存在をすでに持つので、人倫が客観的なものとなっている面もある。だが、家族が「普遍的かつ永続的な人格」（§170）として存続するためには、「話し」とは異なった「実体的な人格態の現存在」である「資産力能」――これは「恒存的かつ確実」であることを要件とする（ebd.）――が要請される。ヘーゲルは、家族財産に対する夫の支配権が「家族所有の維持という人倫的な義務と、家族の生計のための気遣いしか含んでいない」（*I.* 102, §83）と主張する。

こうした資産の不可欠性の主張から理解できることは、家族内での主観的な人倫態を客観的に実在化しようとすれば、家族の外に向かい資産形成をしなければならないということである。そして、家族内での主観的な人倫が具体的な人格の特殊態であるように、人格態の現存在の形態である資産を外界で形成することもまた、かれの持つ特殊態である。両者には主観態と客観態の区別が存するものの、ともに具体的な人格という同一実体の区別された側面だといえよう。このように、具体的な人格の具備する〈個―特―普〉の諸モメントのうちまず特殊態の実現が家族間の外面的な〈関わり〉に求められる。そして、このことにより、人倫的な理念の概念諸モメントが解放されて独立の実在態を獲得するさいに、特殊態の規定が実在態を獲得することになるのである（§181）。しかも、こうした特殊態の追求が家族的な人倫の立場から「人倫的な義務」とされる事情が、理念をして、市民社会において特殊な人格を追求する「利己的な目的」（§183）に、「全方面に発展し専心する権利」を授けることになる（§184）。こうして、市民社会における人格の「知と意欲」は、この特殊態を志向することになる。

他方の市民社会の原理である普遍態は、こうした特殊態に関係してたんにその「内面的な基礎」であるにすぎず、それゆえ「特殊なもののうちに見かけをつくるだけの形式的なあり方で」存在するにすぎないとされる（§181）。また、さしあたり特殊態を意志する個人の視界でみた場合にも、かれ自身が普遍態の権利を獲得する主観的な過程は、「特殊な利害関係のうちにそれ自体で存在している普遍的なものとしての諸制度に、みずからの本質的な自己意識を持つこと」（§264）だとされる。したがって、市民社会という「人倫的なものの現象界」（§181）においては、あくまで、「基礎」（Vl. 472, §182）としての個人の特殊態（特殊な目的）が、普遍態に先行し、この普遍態の形式が、当の特殊態に「第二の規定」として「付加される」（ebd.）かたちの見かけをつくるのである。

ヘーゲルは、理念が普遍態のモメントに対し「普遍態こそ特殊態の根拠であるとともに必然的な形式であることを実証し、特殊態とそれの究極目的とを支配する威力であることを実証する権利を授ける」（§184）という。しかし、これは、個人の特殊態に即することなく普遍態がそれだけで抽象的に「根拠や必然的な形式、威力」として自存しうることを意味しない。ヘーゲルは、「特殊態に即する」ことを普遍態の形成にさいしての必須の要件とするからこそ、「特殊態の原理が普遍態へと移行するのは、まさに特殊態が独自に展開して総体性（Totalität）になることによってである」（§186）と言明し、またさらに「普遍的なものは、特殊な利害関心と知と意志を抜きにしては、通用もしないし完遂もされない」（§260）と言明するのである。

そこで、個人の特殊態の実現が具体的な人格相互の外面的な〈関わり〉に求められる事情から、こうした関係における個人の特殊態の実現形態を直視するなかで、そこに普遍態が見かけをつくるあり方を検討する必要に迫られる。そこで、市民社会の抽象的なモメントである抽象法と道徳のエレメントにおいて、諸個人が関係する場面で生ずる普遍態と特殊態の「折れ返りの関わりReflexionsverhältnis」（§181）を剔出することが問題の焦点となる。

五　承認の実在態

家族相互の外面的な〈関わり〉は、本質的には「人格態の原理」（ebd.）によって、すなわち子供の法的な人格を承認し「家族が人倫的に解体すること」（§177）によって惹起されるから、市民社会がひとまず成立しているとみれば、「市民」（§187）である諸個人は、相互の人格的な承認を得ていると考えるのが自然である。こうした承認をおこなわず家族財産を固定化するとすれば、そこに成立するのは市民社会ではない。ヘーゲルは、それを「隷農制 glebae adscripti」（*L.* 104, §83 Anm.）だとみなしている。実際、市民社会では、〈抽象法〉論の契約の論理が通用し、契約では「締結者が人格および所有者として承認されていることを前提とする」（§71 Anm.）以上、人格の相互承認がすでに成立しているように見える。しかし、一般的に、人格の承認という抽象法だけでは、具体的な行為の「内容に対するただの可能態でしかない」（§38）ことに留意すべきである。しかも、意志が直接的に外界に対峙するさいには、「意識への還帰」が生じている（*EN.* 143）。また、市民社会の他方のモメントである道徳でも、「意識の立場」が生ずるとされる（§108）。まさにこの「意識の立場」こそは、「承認を求める闘争」と「主人と奴隷の関係」を惹起せしめる立場なのである（§57 Anm.）。

人格が、他者の承認を要せず孤立自存的に現実的な所有を形成できるならば、相互承認の実在態は問題にすらならないであろう。しかし、ヘーゲルは、所有は本質的に〈他のものとして〉あり、〈他のものとして〉あるこうした所有は「意志の現存在としてみれば、他の人格の意志としてのみ存在する」（§71）とみてとる。したがって、所有すること――これはもっとも直接的にはみずからの肉体の占有取得のかたちで生ずるであろう（§48）――によって直接的・必然的に、人格は他の人格との〈関わり〉に入り込むことになる。こうした事情から、他者の承認なき人格およびその所有は、「意志と意志との関係」という「自由が現存在を持つための固有かつ真なる地盤」（§71）を欠如するため、みずからの意に反して他者の意志の貫徹を許すような所有の本質なき「脆弱性

Sprädigkeit」しか持たないのである。これに対し、「所有の本質的な現存在は、所有の適法な絶対的側面の現存在」（*I*. 34, §31）なのであり、こうした現存在こそ「外面的な現存在を媒介」（ebd.）することによる人格的な相互承認なのである。

このことが意味するところは、いうまでもなく「他の人格との〈関わり〉」から「相互承認」が生成するということであり（*I*. 35, §31 Anm.）、「承認することの概念は、しかも厳密にいえば所有としてのそれは、その実在態を契約において持つ」（*II*. 265, §37）ということである。つまり、市民は、他者とのあいだで物件を媒介に契約関係を締結しないかぎり、承認の可能態である「人格態」を実在化する前提を形成することがそもそも不可能なのである。人格態をも包括する普遍態が、市民社会の成立（あるいは子供の人格の承認）によってただちに現実的に存在するとはせず、あくまで特殊なもののうちに見かけをつくるだけにすぎないとヘーゲルが定式化する意図は、物件をめぐる具体的な人格の外面的な〈関わり〉によってはじめて人格的な普遍態が承認され実在化されうる領域が形成されること、しかもこの関係次第では相互承認が成立しないこともありうることを射程に入れるためである。[100] したがって、人格に内包されているとされる普遍態すなわち自由の概念が実在化するための第一の基礎的な過程は、市民同士の契約関係なのである。

具体的な人格の人格態と所有が他者との人格的な相互承認という普遍態を要請する事情、しかも物件に対する所有の外面的な関係である占有が自然的な欲求や衝動、恣意という「特殊な利害関心」（§45）によって形成される事情があればこそ、「どの特殊な人格も、他の特殊な人格によって媒介され、しかもこの媒介が同時に普遍態

(100) イルティングは、契約も含めたんなる個別的な人格の水準での相互承認不成立を説く。Vgl. K.-H. Ilting, „Philosophie als Phänomenologie des Bewußtseins der Freiheit", in: *HPR*., S. 225–54. ジープは、相互承認の前提性を主張する。Vgl. L. Siep, „Inter-subjektivität, Recht und Staat in Hegels ‚Grundlinien der Philosophie des Rechts'", in: *HPR*., S. 255–76.

の形式という他方の原理によって媒介されたときにだけ、みずからを貫徹し充足させる」（§182）ことになる。これを、人格の特殊な〈関わり〉を度外視して、市民社会においては人格的な同一態という「普遍態の形式」が一般的に承認され、市民間の相互承認関係が成立しているという前提のもとで理解してはならない。こうした理解は、人格相互のたんなる承認可能態を表象して、これを実在的なものと錯覚したものでしかない。しかるに、相互承認の持つ可能態は可能態であるがゆえに偶然態でもあり、「普遍態の形式」によって実在的に媒介されるかいなかは、人格の特殊な〈関わり〉に開放されているのである。「承認は、表象に留まってはならず、実在態を含ま［なければならない］」（*II*. 266, §37）となれば、この実在化の形式こそが問題の核心となる。

六　法と幸せの現象と現実化

市民社会における相互承認の実在的な成立は、人格相互が物件を媒介として人格的な同一態を意識する水準で契約関係を締結することを不可欠の前提とするにもかかわらず、人格が契約関係を締結する動機は、当初から相互承認を追求するというよりは、みずからの「一般の欲求や好意、効用」（§71 Anm.）を実現することにある。したがって、こうした特殊態が念頭にあるかぎり、人格は「自由な人格態の実在的な現存在という理念」（ebd.）の自覚を要せず、あくまでこの理念は「それ自体では理性」（ebd.）にとどまる。すなわち、相互承認の実在的な成立が人格的な自由の現存在の真実なる地盤であり、また契約締結時にはそれ自体として相互承認が要請されるにもかかわらず、人格のそれだけで独立した意志としてはこうした地盤を無視することも可能なのである。

ここから、一方で、契約締結が人格の恣意の事柄（*I*. 35, §32）である以上、契約をなさない可能態が出来する。ところが、契約の一般的な不可能態が出来するということは、相互承認が実在的に破綻している事態の生成、すなわち「個人の自由がなんの現存在も持たないため、普遍的な自由の承認が消失している」（*III*. 155, §244）事態の生成を意味する。こうした「所有の不自由」は「不法」であるから（§66 Anm.）、実在的な相互承認が成立するためには、この不法を廃棄することが不可欠となってくる。

また他方で、契約がそもそも人格的な承認を形成しない不法形態をとりながら成立する可能態も出来する。一般的に、契約が成立していれば人格の相互承認が外見上成立しているかのようにみえるが、ヘーゲルはこうした認識を持たない。なぜなら、契約によって当事者が媒介する同一的な意志は（§74）、たんに「設定された意志」、「共通的な意志」でしかなく、「それ自体でもそれだけで独立しても普遍的な意志」ではないからである（§75）。ところで、こうした「それ自体でもそれだけで独立しても普遍的な意志」とは、「意志としての意志自身」、「純粋な普遍態のかたちでの自己」を対象とする（§21 Anm.）自由意志である以上、「意志と意志との関係」――これはおのおの異なる別の意志ではあるが――である契約関係においてこの普遍的な意志が成立しないということは、人格の相互承認関係においてそれだけで独立して真の自由が成立していないということなのである。

もちろん、ヘーゲルは、「法の内的な普遍態が恣意および特殊な意志の共通的なものとして存在する」（§82）といい、意志の外的な現存在である約定や言葉を「法それ自体」だと論ずるから（*VI*. 263, §81）、人格が普遍的な意志を顕現させるべく設定することの一端をここに認めることはできる。しかしながら、人格がみずからの特殊態を貫徹する目的に従属するため、ここには、普遍的な意志としてのそれ自体の法と意志の特殊態としての現実存在としての法とが「それだけで独立して差異あるものとして設定されざるをえない」という「論理的な必然態」（§81 Anm.）が存在する。したがって、人格の特殊な意志とそれ自体で存在する意志とが一致することは、つねに偶然的となる（§81）。つまり、市民社会的な個人の基本的な〈関わり〉である契約関係は、普遍態の形式による媒介を成立させたとしても、これは、特殊な意志と普遍的な意志の直接的な一致という「現象」（§82）以上のものではなく、相互承認の真のエレメントである普遍的な意志自体を明らかにしはっきりさせることはないのである。

もっとも、主観態である人格が、道徳的な主体となり、おのれの特殊態のうちに普遍態をみてとって、「万人の幸せ」（§125）の形態でこれを実現しようとすることもありうる。しかしながら、こうした万人性は、実質的に「自分にもっとも親しい者たち」（V. 395, §125）の域を出ず、そのかぎり「空虚な表現」（ebd.）でしかない。ここには、契約における「共通的な意志」と「それ自体でもそれだけで独立しても普遍的な意志」との不整合と同様の事態が出来する。すなわち、「万人の幸せ」は、「たんなる集合的なもの」（VI. 338, §125）でしかなく、「普遍的な最善」（ebd.）なのではない。道徳の立場は、意志と概念が同一的なものとしてなお設定されてはいない「意志の有限態と現象の立場」（§108）なのである。「万人の幸せ」の立場にあっても、個別的な人格の「危急Not」（§127）を必然的なかたちで回避することはできない。つまり、契約におけると同様に、「万人の幸せ」は現象以上のものではなく、普遍的な最善を明らかにしはっきりさせているのではない。

ヘーゲルは、人格の特殊な意志と法それ自体との対立を、不法として、すなわち法の〈見かけSchein〉として把握するが、この理由は法それ自体が直接態にとどまるからである（§82）。したがって、この〈見かけ〉を「否定の否定」により「無効なもの」として廃棄する過程によって、「法はみずからを現実的かつ通用するものとして規定する」（ebd.）ことになる。したがって、人格相互の〈関わり〉で出来する不法を廃棄することが、「それ自体でもそれだけで独立しても普遍的な意志」を顕現させる唯一の方途だということになる。しかも、こうした普遍態の顕現は、普遍的な最善として、人格に不可欠の特殊態を内包しているものでなければならない。この立場こそが、意志の概念である自由と特殊な意志との統一としての善なのである（§129）。

ここで出来した善という「世界の究極目的」（ebd.）は、そのモメントに即してみれば、人格相互の〈関わり〉に基盤を持つものである。しかし、他方で、普遍的な意志を明らかにしはっきりさせるあり方は、こうした〈関わり〉を超えている。このように人格相互の〈関わり〉に即しつつ超越するあり方が、「明らかでみずから自身にはっきりした実体的な意志」としての国家なのである。このことは、一方では、個別的な人格の普遍態が人格相互の〈関わり〉に依存するため、人格に内蔵されているかにみえる普遍態も、こうした〈関わり〉なくしては実在化する前提を欠くことを意味する。これを実体としての国家についてみれば、市民社会的な人格の〈関わり〉によってはじめて、国家がもつ自由の普遍態である実体的なものの実在的な成立が可能となるということである。つまり、国家的な実体はこうした〈関わり〉に即した普遍態以上のものを実在的には持たないため、国家は人格の〈関わり〉の普遍態であるということができる[101]。

他方では、普遍的な意志が人格相互の〈関わり〉を超越する性格を持つために、人格がこうした関係を締結するだけでは、相互承認としての普遍態を可能ならしめるたんなる前提を形成するにすぎない。そこで、普遍態を概念的に把握する国家が、こうした〈関わり〉を否定的に媒介することにより「根拠、必然的な形式、威力」となって、人格的な〈関わり〉に真の相互承認を顕現させる必要がある。そして、この国家によってはじめて人格において普遍態が実在化するため、国家が諸個人の「内在的な目的」(§261)となる。諸個人は、「特殊な利害関心にそれ自体で存在している普遍的なものである諸制度のうちに、みずからの本質的な自己意識を持つ」ことによって、「普遍態の権利を獲得する」(§264)のである。

諸個人の〈関わり〉がもつ法の「共通性」ないし幸せの「集合性」が「それ自体でもそれだけで独立しても普遍的な意志」の直接態であり〈見かけ〉でしかなく、国家による否定的な媒介過程によってのみ、こうした普遍

(101) 人格の相互主観態に即しつつ超越する国家の場面において成立する客観的な普遍態は、人格そのものの普遍態とみなければならない。国家ではまさに相互主観態の普遍的な意味を問うのであって、これが国家論では課題とならないとするトイニッセンの見解は妥当でない。Vgl. Michael Teunissen, „Die verdrängte Intersubjektivität in Hegels Philosophie des Rechts", in: *HPR.*, S. 381. これに対し、ヘスレの「人倫によって編成された相互主観態」という見解のほうがより妥当である。Vgl. V. Hösle, „Die Stellung von Hegels Philosophie des objektiven Geistes in seinem System und ihre Aporie", in: *AL.* 49.

的な意志としての法と幸せが外面的な現実存在となり現実態や通用性を獲得するというヘーゲルの論理は、個別的な自己意識としての人格が人倫的な実体である国家の区別を形成する諸段階を開示することになる。すなわち、第一に、市民社会にいるおのおのは、法の「共通性」ないしは幸せの「集合性」という普遍態の〈見かけ〉を暴露し、法に現実態を与える前提である否定態を形成する。しかし、こうした否定態に対する「第二の否定」こそが法と幸せに現実態と妥当性を与えるものである。したがって、第二に、この「第二の否定」を人格自身が思考によって概念的に把握して意志するときに、普遍的な意志としての国家の区別が実在的なものとして産出されるのである。

ところが、一般には、個別的な人格の意志するものはみずからの特殊態であり、かれらによって形成される人格の〈関わり〉も「それ自体でもそれだけで独立しても普遍的な意志」をそれ自体として顕現させることがなく、かれらはよしんば普遍的な意志を手段とすることはあっても、さしあたり目的とすることはない（§187）。国家の実在的な区別を直接形成する主体となるためには、こうした普遍的な意志を目的とする域にまで主体が教養形成され高揚しなければならない[102]。ところが、この教養形成自体も人格のもつ利害関心に規定されているかぎり、普遍的なものである実体を思考することを目的とし確証する人格が、独自の人格としてとくに要請されることになる。こうした人格を組織したものが「普遍的な身分」であり、かれらの「叡知と学問」によって実体として存在している人倫的な精神が「概念的に把握され」「国制化する」ことになるのである（*El.* 296, §441）。そして、実体的で特殊な利益が「個としての私に対する他者の〈関わり〉のうちに含まれ維持されている」という意識である「政治的な心情」は、「国家において存立している諸制度の成果」（§268）として現れることになる。

七　国家の超越性は思考の疎遠の反映——まとめに代えて

諸個人の〈関わり〉のうちで不断に前提が産出されている国家という人倫的な実体は、じつは、相互承認という諸個人自身に即した普遍態、本質なのである。しかるに、人格相互間のたんに「共通的なもの」に固執して、この関係自体の普遍態を概念的に把握しないところに、国家が超越的で疎遠な実体としてたち現れる根拠がある。こうした超越性は、おのれがみずからの真実態に対し盲目であることへの一種の「懲罰」であるともいえよう。もっとも、現前する実定的な国家が、自己意識の概念に合致せず、それ自体として疎遠な実体となっていることもありうる。しかし、こうした非真理性の持続自体は、おのれの思考が外化表現を要求するほどの絶対的な衝動を持たないことの鏡像でもあろう。

国家の超越性への嘆き、それは、おのれの思考がおのれにとって疎遠であることへの嘆きなのである。

（102）人格が特殊態のうちに普遍態を意志する場が、「コルポラツィオン」である。ここへの移行に関しては、第一章第二節参照。

第二節　個々人は普遍的な意志を担いうるか？——人民を精神ととらえる意味

一　はじめに——個人が普遍的な意志を担わないとの嫌疑

〝ヘーゲルは、『法の哲学』において、われわれ一人ひとりを普遍的な意志の担い手として認めなかった。〟この種の断罪は、ヘーゲル国家学についての今日でも依然として根強い理解の一つであり、専門的な研究者のあいだでもおうおうにして聞かれるものである。[103]

近代国家を成り立たせている根柢が人民主権の考え方にあることはいうまでもない。『法の哲学』というヘーゲル国家学は、その〈国内体制〉論で冒頭に君主権を議論し、君主がいわば主権者となる論理の解明から始まるので、人民主権に真っ向から敵対するようにみえる。こうした議論の組み立ては、なにも今日的にだけ批判されるのではなく、ヘーゲルの生きた時代でもそうであった。[104]さらに、ヘーゲル没後には、マルクスが、「ヘーゲル国法論批判」でヘーゲル国家学に根本的な批判を突きつけた。それは、細かな論点はともかく、中心的にはヘーゲルの反民主主義に対する批判としてとらえることができる。[105]

もっとも、ヘーゲルの〈国家〉論を近代的だと評価する向きも他方ではあるので、[106]その君主主権論も象徴的なものとして理解するのがおそらく公平な立場なのだろう。しかしながら、ヘーゲルの旗色が悪いことには変わりがない。ヘーゲルの議論にしたがうかぎり、あくまで、君主の下で働く政府官僚が、人民あるいはその代表者からなる議会を向こうにまわして、普遍的なものをそれ自身で顕現させる役割を担っているようにみえるからである。

たとえば、『法の哲学』の立法権論では、「理性の欲するものを知るということは、深い認識と洞察の結実であって、こうした認識と洞察はかならずしも人民のあずかり知ることではない」とされる。人民はこのように無知無能であるのに対し、「最高の国家公務員たちのほうが」「議会なしでも最善のことをなすことができる」（§301 Anm.）とされる。

ようするに、ヘーゲル国家学では、君主と政府官僚が結託して政治的な意志決定をすることが普遍的な意志の現実的な姿だ、ということになりそうだから、それは、おおよそ人民主権的なわれわれの政治感覚を踏みにじることになる。ヘーゲルとしては、われわれ個々人が普遍的な意志の担い手だと考えられないわけであり、そうである以上、ヘーゲル国家学は、総合評価として無意味と断ぜざるをえないことになる。

しかしながら、ヘーゲルによれば、国家は個々人の自己意識によって成り立つ面がある。〈国家〉論冒頭では、「国家は、習俗において直接的なかたちで顕現し、個々人の自己意識、かれの知と活動において媒介されたかたちで顕現する」（§257）と明言されている。つまり、国家は、実体的な意志であるとしても、その偶有態である

(103)「国家意志の実質的な担い手としては国事に関して『より深くより包括的な洞察』および『より優れた技能と習慣』を具えた最高官僚こそがふさわしい」。髙柳良治『ヘーゲル社会理論の射程』御茶の水書房、二〇〇〇年、五六頁。

(104) 国家論を君主から議論しはじめるヘーゲルに対して、「君主に熱を上げるばかり、現実的な体制に独断的な順序を選択したのか」とターデン（N. v. Taden 一八四八年没、ラインホルトの友人）はヘーゲルを詰問する。N. v. Thaden, „v. Thaden an Hegel (Syndruphoff den 8 Aug. 1821)", in: *BH.*, Bd. 2, S. 281. なお、ヘーゲルの君主論については、第三章第一節参照。

(105) マルクスは言う。「民主制は体制の類である。君主制は一つの種、しかも不良種である」（*KHS.* 230 f.）。

(106) Cf. Avineri, *op. cit.*

(107) 滝口清榮によると、「個別意志に対する実体的意志の優位」を、「ヘーゲル法哲学の難点とみる理解は、現代的な読解のなかでも広く残存している」。このような読解は、「個別的意志が普遍的・実体的なものに支えをもつという明確な知をもつときに、普遍的な意志はこのような意志によって知られ承認される」という論理を無視することから生ずるとされる。けだし、至当である。滝口清榮「ヘーゲル法哲学の基本構想――公と私の脱構築」『思想』九三五号、二〇〇〇年三月、二八頁、四三頁参照。

個々人の意志を抜きにしては成り立ちえないと、ヘーゲルは明確に考えている。[107] だとすれば、個々人が普遍的な意志の担い手ではないかのような議論に対し、普遍的な意志の顕現は、ヘーゲルのこうした言明は緊張関係に陥らざるをえない。

個々の自己意識による国家的な普遍的な意志の顕現は、人民主権といかなる関係があるのだろうか。通常、人民主権論によるもっとも純粋な普遍的な意志の表明方式は、ルソー的な人民集会ということになるだろう。あるいは、反ルソー的な代議制も、近代では人民主権論の具体化として十分通用するとみなされる。いずれにせよ、ヘーゲルにおいて個別的な自己意識による普遍的な意志の顕現を考えるときには、このような人民集会または議会の場で決着をつける必要がある。

二　集合的な人民から精神的な人民へ

そこでまずは、「人民」をどうとらえるか、ルソーに即して考えたい。このことは、ヘーゲルが『法の哲学』で普遍的な意志をめぐりルソー「批判」をしていることからして概念的に本質的な課題となるが、ヘーゲルが青年時代にルソーをそれなりに読んだことからすれば、両者の間の思想史的な問題ともなる。[108]

ルソーは『社会契約論』において、「主権をもつ団体」(CS. 427, §3.14, 一三〇)として人民集会を想定する。ルソーは、「精神的で集合的な団体 corps moral et collectif」である政治体が構成員によって名指されるときに「国家 Etat」と呼ぶが、その構成員のほうは「集合」として「人民 peuple」と呼ぶ(CS. 361 f., §1.6, 三一)。人民を個々人の集合体と考えるのは、おそらくわれわれの常識にかなった見方だろう。

これに対し、ヘーゲルは、『エンツュクロペディー』の初版で、「大勢の集合(Aggregat)」を「人民 Volk」と呼ぶのは間違っている、と端的に主張する(*El.* 296, §440)。ヘーゲルはなぜ人民を集合体と考えないのか？　それは、人民は「実体的で絶対的な〈つながり〉」(ebd.) によって成り立っているにもかかわらず、「集合」の観念に含まれる機械論的な意味あいは、そうした〈つながり〉を表現できないからである。ヘーゲルの『論理学』によれば、ものごとを「集合」として語る場合、統一づけられているものと個々の要素とのあいだには無関心なあり方しかない[109]。人民を集合体として考えると、個々の人民にかかわりのない統一を基礎に人民を考えることにならざるをえないのである。

ところで、ルソーにとって、人民を集合体としてとらえることは、きわめて本質的なことである。たとえば、「主権者とは集合的な存在 (être collectif) にほかならないから、それはこの集合的な存在そのものによってしか代表されない」(*CS.* 368, §2.1, 四二) といい、「人民は集会したときだけ、主権者として行動しうる」(*CS.* 425, §3-12,

(108) チュービンゲン時代のヘーゲルの学友であるロイトヴァイン (Leutwein) によると、その時代の「ヘーゲルの〔話題の〕主要人物 (Held) は、『エミール』や『社会契約論』、『告白』を書いたジャン＝ジャック・ルソーであり、同じような感情が支配的な他の作家である。これらでは、ある一般的な悟性の統制、すなわちヘーゲルの言い方でいうと鉄鎖 (Fesseln) から解放されるのである」。D. Henrich, „Leutwein über Hegel, Ein Dokument zu Hegels Biographie", *Hegel-Studien*, Bonn 3 (1965), S. 55. なお、ロイトヴァインの書簡のシュヴェークラー (A. Schwegler) による一八四四年の公表には、改竄が多く含まれており、引用箇所にかかわっては、シュヴェークラー版では、ルソーの著作を「ヘーゲルは絶えず読んでいた (er beständig las)」と竄入され、また「一般的な悟性の統制」以下も、「これらの読書によってある一般的偏見と沈黙せる前提、つまりヘーゲルの表現では鉄鎖からの解放がなされるとヘーゲルは信じていた」と改竄される。Vgl. „Magister Leutwein an Schwegler über Hegels Stifts-Zeit", *Dokumente zu Hegels Entwicklung*, hrsg. v. J. Hoffmeister, S. 430. なお、ヘーゲルとルソーの関係に焦点を当てたのが、髙柳、「ヘーゲルとルソー――国家意志論を中心に」、前掲書、四七―七一頁。

(109) ヘーゲルは、『論理学』において、Aggregat の観念を存在論の「量」、本質論の「本質的相関」、概念論の「機械論」および「認識の理念」で扱っている。とくに、「本質的相関」では、「力」を念頭におき、自立的な質料の多様態を統一づけながら、この多様態と統一が外面的であるような形式規定をもつものが「死んだ機械的集合」だとされる (*LII.* 172)。「機械論」でも同様に、諸客観が統一に対して無関心で対抗しているとき集合となしうるとされる (*LII.* 415)。

一二七）という。ルソー的には、〝集合なければ主権なし〟である。もちろん、こうした主権者は、公共の福祉、共通の利益としての一般意志（volonté générale）を表明するものとしてある。ただ、これだけでは、一般意志と人民のあいだに直接的な対応をつけただけで、なんの具体的な〈つながり〉も、それを解明する道筋も提示できているわけではない。

人民がいかなる一般意志をいだくのか、それは集会すれば分かることだと言われるかもしれない。しかしながら、集合的な存在である人民集会がかならずしも一般意志を表明するわけではないことを、ルソー自身は十分に自覚していた。たとえば、「一般意志は、つねに正しく、つねに公の利益を目指す」にもかかわらず、「人民の決議が、つねに同一の正しさをもつ、ということにはならない」とされる（CS. 371, §2.3, 四六）。とりわけ、人民のなかに部分社会が存在するならば、「一般意志は存在せず、また、優勢を占める意見は、特殊な意見であるにすぎない」結果になる（CS. 372, §2.3, 四八）。

そこで、ルソーの議論を前向きにとらえるなら、人民集会と一般意志とのあいだの直接的な関係から進んで、より具体的で規定的な関係を明確にしてゆく必要があるが、残念ながら集合体としての人民理解では、これができない。このことは、人民集会で出来する事態へのルソーの対応をみることでいっそう明確になる。

ルソーによれば、「多くの人間が結合して、一体をなしているとみずから考えているかぎり、かれらは、共同の保存と全員の幸福にかかわる、ただ一つの意志しかもっていない」。だから、その「共同の幸福」は、「良識さえあれば、だれでもそれを見わけることができる」。「新しい法律を最初に提出する人は、すべての人びとがすでに感じていたことを、口に出すだけだ」（CS. 437, §4.1, 一四四―五）。つまり、人民の社会的な一体性が確保できているかぎり、だれもが一般意志を身につけて自覚している。人民集会でおこなわれることは、その確認にすぎない。

もちろん、そうした確認こそがきわめて重要なのである。一般意志を表明する者とそれを確認する者との関係は、人民集会を設定する根幹の理由であることを記憶に留めておきたい。しかし、にもかかわらず、人民の社会的な一体性があるなら、人民集会を開かずとも、ある一人の知性が一般意志を表明しさえすればそれで十分な面もある。人びとの間に不一致のありようがないからである。こう考えると、人民集会自身もまさに「添え物」といってもいいことになる。

他方、人民の社会的な一体性がなくなり、「個人的な利害が頭をもたげ、群小の集団が大きな社会に影響を及ぼしはじめる」ならば、「共同の利益」が損なわれるから、「一般意志は、もはや全体の意志ではなくなる」。最終的に、個人的な利害そのものが「公共の幸福という神聖な名」を装うようになれば、「一般意志は黙ってしまう」（CS. 438, §4.1, 一四五）。もちろん、この最終局面は、「国家が滅亡に瀕している」事態だから、ルソー的な人民の理想型にとっては論外なのだが、ここで注目すべきは、人民に社会的な一体性がない場合、人民集会は、一般意志を表明する機関としてはまったく無能だということである。

ようするに、ルソーの議論では、人民の社会的な一体性があろうがなかろうが、一般意志がはじめて知られうるためには、人民集会そのものに決定的な機能があるわけではない。むしろ、ルソー自身が認めるように、いずれの場合にも、一般意志は、個々人のもとに存在している。一般意志は、「つねに存在し、不変で、純粋である」（CS. 438, §4.1, 一四六）。人民の集合性と一般意志の個体性を天秤にかけたとき、ルソーの論理構成では、一般意志の個体性が前面に出てこざるをえないのである。(110)

そうである以上、ルソーとしては、人民集会と一般意志との関係をより具体的に規定してゆく必要がない。腐

（110）「一般意志」は、『社会契約論』の全体において」、「理念的・超経験的な性格と具体的・経験的な性格」という「両義性にまといつかれている」が、後者の性格の方が支配的だとするのは、髙柳、前掲書、五一―四頁参照。このような一般意志の「両義性」なるものは、むしろそれに本質的にそなわるもので、重要なのは、そうした「両義性」の媒介関係であり、その解決がヘーゲルの課題であった。本節第六項でみるように、統治権のがわの最善の洞察と議会のがわの実経験的な普遍態を出会わせる議論が、それである。詳細には、第三章第三節参照。

敗した人民集会と心中して、一般意志を内面という彼岸に構想するだけのことである。もちろん、会議においてつねに一般意志が発現するように保証する「会議の秩序を守るための法」やら、発言や提案、討議を政府の構成員にしか認めない権利やらについて、ルソーは言及したりもするが（CS. 438 f., §4.1, 一四六―七）、その積極的な展開は慎重に避けられる。それは、もしなされたとしても、ルソーにとってはかなり厄介な隘路であったろう。「人民が、主権をもつ団体として、合法的に集合するやいなや、政府の裁判権はまったく停止され、執行権は中絶される」（CS. 427, §3.14, 一三〇）。人民は集合体として個々人が無差別となり、こうした「主権は分割できない」以上（CS. 369, §2.2, 四四）、人民内部において一般意志を発現させるための機能分化を認めることなどは、人民の集合論的な理解という前提を掘り崩すことになるからである。

したがって、さしあたり政治体を絶対的に無差別化しつづける人民集会という集合体を括弧にくくることによって、（人民集会とではなく）人民と一般意志との関係を具体的に規定してゆく必要があるだろう。別の言い方をすれば、「精神的で集合的な団体」というルソー的な政治体の定式化から「集合的な」という部分を差し引いて、政治体をもっぱら「精神的な団体」としてとらえるということである。(11)

三　普遍的な意志をそれ自体でとらえる

ここまでおもにルソーに焦点を当てて「人民」という言葉のもつ意味を考えてきたが、ヘーゲルは積極的にどのように語るのだろうか。

ヘーゲルは、『エンツュクロペディー』の初版で、人民を実体として明確にとらえている。すなわち、その〈客観的精神〉章の〈人倫〉論の冒頭の議論で、「絶対的な当為が、同じく存在となっているような自由な実体は、人民という現実態である」という（*El.* 292, §431）。この場合、その位置づけからして、人民は、人倫と基本的に同義である。とはいえ、「実体として存在している普遍的な精神」が概念的に把握された場合に国制化するという議論を踏まえれば[112]（*El.* 296, §441）、のちの『法の哲学』において「国家」と呼ばれるものは、『エンツュクロペディー』初版にしたがえば「人民」とおきかえてよいことになる。

重要なことは、こうした考え方が、なにものちの『法の哲学』で消えてしまうものではないことである。まず、〈人倫〉序論では、「人倫的な実体」が「家族および人民という現実的な精神である」とされている（§156）。また、〈それだけで独立した内的な国制〉論では、「国家は、人民の精神として、国家のあらゆる関係をくまなく貫く法律であると同時に、国家に属する諸個人の習俗であり意識である」（§274）という。ヘーゲルにおいて、本来的な人民は、集合体としてとらえられず、あくまでもっぱら精神としてとらえられる。だから、「人民の精神」という言い方の「精神」は、ある意味では余計なもので、それを指示するには、ヘーゲル的には「人民」でまったく十分である。しかし、おそらく、人民をもっぱら集合体として理解するわれわれの一般的な表象に対しては、「人民の精神」と意味限定しなければ、ヘーゲル的な理解から外れたあらぬ「人民」観を提供しかねないだろう。この意味では、「人民の精神」という言い方は、われわれにとって必要不可欠なのかもしれない。

いずれにせよ、このように、ヘーゲル的には、人民が精神的な存在として国家と同一視される。であればこそ、「国家にこそ主権は属すべきであるということが明らかにされていさえすれば、主権は人民に存する、と言

(111) マルクスは言う。「国家は一つの抽象物である。人民（Volk）のみがひとり具体物である」（*KHS.* 229）。邦訳、前掲書、二六一頁。この場合、マルクスは、「人民」を「多くの主体」としてルソー流に集合的に考えている。なお、ヘーゲルは、人民から国家への形式的移行関係を考える（§349）。

(112) 一八一七・一八年ハイデルベルク大学での「自然法と国家学」講義では、「自由の有機組織、すなわち人民の理性態が、国制である」とする（*L.* 177, §127）。

ってもいい」（§279 Anm.）とヘーゲルは言うのである。けだし、国家のもつ精神性と人民の精神性とが一致してこそ、このテーゼは意味をもつであろう。

もっとも、このような人民ないし国家理解は、われわれの通常のとらえ方とおおいにかけ離れたものだろう。しかし、すくなくともヘーゲル国家学をルソーとの対話のなかに置いてみたとき、人民ないし国家を精神として観念化することの思想史的な脈絡が明白に浮かび上がってくる。端的にいえば、人民の集合体ではなく、その根幹となる一般意志そのものに目を向ける――したがってマルクスが批判するであろう理念の主体化[113]を直視する――以外には、一般意志が発現するあり方を探究できないということである。ヘーゲルが『法の哲学』でルソー批判をおこなうさいに、その前提として次のようにルソーを称揚することには真剣味がある。「ルソーには、たんに形式上思考枠組である原理（たとえば社会衝動とか神的な権威とかいったようなもの）ではなく、形式上だけではなく内容上も思考枠組であり、しかも思考そのものであるような原理、すなわち意志を、国家の原理として立てたという功績がある」（§258 Anm.）。

ヘーゲルが同じ箇所で議論するルソー批判の要点は、意志を個別的な意志ととらえ、普遍的な意志をこの個別的な意志から出てくる共同的なものととらえる点に向けられる。もちろん、このことは、意志が個別的な意志ではありえないという批判ではない。そうではなく、普遍的な意志をとらえるとき、個別的な意志を集合させるかたちで理解してはならない、ということを語っているのである。

では、普遍的な意志をそれ自体でとらえるとは、一体いかなることなのだろうか。

個別的な意志を根拠にしないという制約を課すのでもっとも分かりやすいのは、近代的な主観―客観図式さながら、私個人とは別の水準で普遍的な意志がそれ自体で独立して成立しているとみなすところから始めることだろう。簡単な表象に訴えれば、国家や社会は、私とは別の意志で動いている、ということである。ヘーゲルが、「人倫的なもの」の第一の規定として、その「内容は、それだけで独立して必然的であって、主観的な思いつきの意見や気ままな意向を超えて存立するもの」（§144）だとするのは、このことである。このように独立している内容は、具体的には「法律や機構」にほかならない。

もちろん、ヘーゲルによれば、人倫は、個別的な自己意識の知や意志によって媒介されているから、じつは、法律や機構などの人倫的なものの内容が私個人とはまったく別の水準にあるわけではない。別の水準どころか、個々人が、そうした人倫的なものを「自己感情」をもつほどの「みずからの本質」として「精神の証」を与えることが想定されている（§147）。人倫的なものとのこのような一体性は、「信仰や信頼の関係よりも直接的に同一の関係」だとされるのだが（ebd.）、このような事態は、さきほど紹介したルソーの議論で考えれば、個々人が一般意志と一体となっている状態と同様だと評価することができる。

個々人による普遍的な意志の媒介に関して、ここでまず第一に明確にしておかなければならないことは、個々人は、一面では、このような「直接的に同一の関係」によって普遍的な意志を担っている、ということである。これは、〈国家〉論でいうならば、まずは「習俗 Sitte」を体現していることで担いえているということだし（§257）、「信頼」というより進んだ関係としては、「愛国心」という「政治的な心情（Gesinnung）」――これは「真理を踏まえた確信」であるとともに「習慣」となった意志のはたらきだとされる――が成り立つことによって担いえている（§268）、ということである。普遍的な意志は、このような直接的な形態で、それ自体としてとらえられている。

これに対し、出発点においた分裂、つまり私個人とは別の水準で普遍的な意志がそれ自体で独立して成立しているということがそのまま保持されて、普遍的な意志と個別的な意志とが媒介しあぐねている状態を考えたときにはどうなるだろうか。この媒介が成り立たないならば、ルソーの議論でいうと、いわば特殊な意志が一般意志

（113）「理念は主体化され、そして家族と市民社会との国家にたいする現実的な関係は理念の内的な、想像上のはたらきと解される。」Vgl. *KHS*. 206. 邦訳、前掲書、二三六頁参照。

を圧伏し、人民集会といえども一般意志が顕現しえない状態に陥ることになる。そして、このような特殊な意志が頭角を現わすことは、近代にとってはむしろ一般的な事態ともいうべきなのである。

ヘーゲル国家学に近代性を語りうるとすれば、それは、このような特殊な意志と一般意志とのあいだを媒介し、いわゆる実体即主体の地平を切り開いた点にある。ヘーゲル自身、次のように言う。「主観態の原理が人格的な特殊態という自立的な極点にまで完成することを許すと同時に、この主観態の原理を実体的な一体性のうちへ連れ戻し、こうして主観態の原理そのもののうちに実体的な一体性を保つということ」、これが、「現代国家の原理」の強さ、深さとなっている（§260）。そして、このあり方の解明こそは、ルソーにおいてはなすすべのなかった、特殊な意志を乗り越えて一般意志を、したがって普遍的な意志をそれ自体として顕現させる仕組みをはっきりさせることなのである。

四　ルソーの立法者の体制内化

ルソーは、なぜこの事態になすすべがなかったのだろうか。

ルソーには、問題意識だけはあった。つまり、特殊な意志と一般意志とが切断される関係が一般的だという自覚はあった。「各個人は、自分の個別的な利害（intérêt particulier）に関係があるのでなければ、どんな政府案も好まないのだから、良法が課する永続的な不自由からえられるにちがいない利益を、容易に認めようとはしない」（CS. 383, §2.7, 六五）。この場合、特殊な意志と一般意志のあいだには媒介の論理が欠けているから、一般意志を顕現させるためには、特殊な意志が発現するのとは異なる形式を要求せざるをえない。ルソーは、「立法者は、力も理屈も用いることができないのだから、必然的に他の秩序に属する権威に頼る」として、宗教的な「神の権威」がその権威とされてきた実情について追認する（CS. 383 f., §2.7, 六五—七）。ヘーゲルの場合、「人民精神」を「神的なもの」とするから（§257 Anm.）、事情に依存するたんなる権威づけとは別の次元で「神」と立法とのかかわりを考えているというべきかもしれない[114]。ただ、「世界史」の議論で、法律状態への進展という「理念の絶対的な権利」が、「神による立法や恩恵として現れようと、暴力や不法として現れようと」、「国家創設のための英雄の権利」とされているように（§350）、神による権威づけそれ自体は、一種の現象としてとらえている[115]。

それはともかく、個々人の内部で特殊な意志と一般意志とが切断され、個々人の生命が特殊な意志によって支えられているかぎり、一般意志はつねに個々人を超越したレベルで実現が果たされざるをえない。

個々人が特殊な意志によって導かれるということは、ルソーにとって、その一般意志が曇らされているということであり、個々人がその本来の幸せを知らないということにほかならない。「人民は、ほっておいても、つねに幸福を欲する。しかし、ほっておいても、人民は、つねに幸福がわかるとはかぎらない。一般意志は、つねに正しいが、それを導く判断は、つねに啓蒙されているわけではない」。このため、「個人については、その意志を理性に一致させるように強制しなければならない。公衆については、それが欲することを教えてやらなければならない」（CS. 380, §2.6, 六〇—一）。このように強制し教える立場のものは、ルソーの場合、「導き手 guide」、「立法者 Législateur」とされる。

しかしながら、ルソーにとって、この種の「立法者」は、共和国の制度を与えるものだが、「行政機関でもな

---

(114)「国家も法律も、そうして義務も、それらが真であることが意識に対して最高度に確証され、意識に対して最高の拘束性をもつのは、神との関係においてである」（§270 Anm.）。

(115) 法の基礎が神法や実定法、契約や慣習としてとらえられる点は、ヘーゲル的な学的認識にとっては、「現象」であり「物語の問題」である（§258 Anm.）。国家の創建者には「神的な権利」がある（*L*. 173, §124）。

ければ主権でもない」(CS. 382, §2.7, 六三)から、つねに国家体制の外にのみ位置づけられるほかはない。これに対し、立法権は、主権のある人民にあくまで残りつづける。「立法者」の編纂した法律といえども、人民の同意抜きには、効力を発しえない。もちろん、こうした「人民の同意」は、人民の意志の一致の確認をするために、必要不可欠とみてもいいだろう。しかしながら、ルソーの議論で深刻なのは、国家体制上、この種の「立法者」がまったく位置づけられず、いわば共和国が出来上がったとたんに人民は無指導状態になる、ということである。

人民が特殊な意志ではなく一般意志を目指すものとして予定されているならば、このような無指導状態は、むしろ歓迎すべきだというべきかもしれない。しかしながら、取り組むべき課題は、個々人が特殊な意志しか目指していないときに、一般意志を提示し有効化する仕組みの考察であったはずである。ルソーは、問題を自覚し、人民にとって超越的な「立法者」の必要性まではつかんだ。人民の従うべき法制については、「制度の産物たるべき社会的な精神(esprit social)が、その制定自体をつかさどること」が必要なのである(CS. 383, §2.7, 六五)。しかしながら、ルソーは、これをいわば体制内化することができなかった。

人民において、もっぱら特殊な意志が追求される領域と、一般意志が追求される領域とに分かれるという理解、これこそが、ヘーゲルの『法の哲学』において、市民社会と国家という領域の区分をもたらしたものにほかならない。もちろん、ヘーゲルが、スチュアートやアダム・スミスなどの国民経済学を研究することによって、ルソーの近代自然法的なアプローチではかならずしもみえてこない市民社会的な現実の諸相をより包括的に理解したことは、いうまでもない。しかし、そうであるとしても、『法の哲学』が意志論であることを忘れてはならないだろう。「法の地盤は総じて精神的なものであって、それのもっと正確な場所と開始点は意志である。これは自由な意志である。したがって自由が法の実体と規定をなす」(§4)。

ルソーは、人民集会において一般意志の顕現がありうるとしたものの、その実、人民集会はかならずしもそれをなしえないことに直面せざるをえなかった。ルソーは、そうした理念と実態との乖離を、人民の意志内実、つまり特殊な意志が一般意志にうち克つ状態にみてとった。ところが、こうした結末は、ヘーゲル的に評価すると、ルソーによる社会契約の第一の定式化において、すでに予定されていたものでしかない。

すなわち、その社会契約の第一の定式化は、次のようなものである。「各成員の身体と財産を、共同の力のすべてをあげて守り保護するような、結合の一形式を見出すこと。そうしてそれによって各人が、すべての人びとと結びつきながら、しかも自分自身にしか服従せず、以前と同じように自由であること」（CS. 360, §1.6, 二九）。しかしながら、ヘーゲルによれば、これは、たかだか市民社会の定式化でしかない。「国家が市民社会と取りちがえられ、国家の使命が所有と人格的な自由との安全と保護にあると決められるならば、個々人としての個々人の利益が合一の究極目的であるということになる」（§258 Anm.）。つまり、ヘーゲル的には、この定式化による社会契約で構成された「国家」、すなわち集合体としての人民は、定義上、「個々人の利益」すなわち特殊な意志を目指すものにすぎなくなる。

ルソーは、このような社会契約の定式化によって、みずからの意図に反して、特殊な意志の追求の場としてしか、つまり市民社会としてしか政治体を構想できないことを自覚できているわけではない。しかしながら、ルソーには、こうした市民社会的な現実を乗り越える方向性の予感があり、その一端は、すでに示したように「導き手」・「立法者」の議論として現れていた。それのみならず、ルソーにとってより決定的には、社会契約の第一の定式化から「非本質的なもの」を除去した第二の定式化が、国家の使命を、「所有と人格的な自由との安全と保護」から脱却せしめるのである。

すなわち、その第二の定式化では、「われわれのおのおのは、身体とすべての力を共同のものとして一般意志の最高の指導の下におく。そしてわれわれは各構成員を、全体の不可分の一部として、ひとまとめとして受け取るのだ」（CS. 361, §1.6, 三一）とあり、「各成員の身体と財産の保護」は、非本質的なものと見定められる。ルソーによるこの第二の定式化こそは、ヘーゲルが、市民社会的な国家定式を斥けて、積極的に、「合一そのものがそれ自身、諸個人の真実の内容であり、目的であって、諸個人の使命は普遍的な生活を営むことにある」(ebd.) とする議論の祖型にあたるものである。

ルソーは、このように定式を変化させることによって深刻な変化をもたらすことに、おそらくは気がつかなかった。このため、二つの定式を基本的に矛盾のない同一のものとみるので、個々人の特殊な意志が発揮される面では第一の定式で、一般意志の顕現にかかわっては第二の定式で考えるということが、融通無碍におこなわれる。しかし、重要なことは、すでにみたように、ルソーにおいては、一般意志の顕現そのものにかかわる立法者の議論が、体制外に置かれることだろう。つまり、ルソーの議論は、第二の定式をその真意において展開するだけの力を欠いているのである。

しかし、ルソーを熟読するヘーゲルは、ルソーの二つの定式のあいだに根柢的に異なる対象を読み取る。そして、第二定式のほうがルソーにとっても本質的である以上、この定式の先に市民社会と異なる人民のあり方、すなわち国家を構想することは、ルソー主義的に当然のこととなる。そして、この人民ないし国家こそは、一般意志そのものなのであった。ルソーは、主権者である人民集会に一般意志の担い手をみるわけだが、ルソー自身が認めるように、ここで真に一般意志が顕現できるかどうか不明であるからには、人民集会という市民社会相当のあり方を離れて、ルソー的な体制外的な立法者のあり方こそを国家と考えざるをえない。この立法者が人民の「社会的な精神」を表現するものである以上は、これで十分だということになる。

五　人民の恣意性

『法の哲学』で〈国家〉論と〈市民社会〉論との区別を法のあり方として単純に先鋭化させようとすれば、国家が立法者の役割を担い、市民社会がその法を受け取る立場にあることは、みやすい論理だろう。ヘーゲルの「政治的な国家」は、立法権として「普遍的なものを規定し確定し」、執行権として「特殊な諸領域と個別的な出来事を普遍的なものへ包摂し」、君主権として最終意志決定をおこなう（§273）。つまり、国家は、法に関して能動的な主体となる立場である。これに対して、「市民社会」では、法は、個々人の特殊利益にとっての手段として現象し（§187）、いわばそれに従属して後追い的にやってくる。つまり、市民社会は、法に関して受動的な客体ということができるだろう。

このような差異は決定的だが、ヘーゲルにおいては、国家のがわが市民社会領域の真の普遍態を表現し、市民社会のがわがみずからの特殊態を追求するときにそうした普遍態を要求せざるをえないという循環過程があることもまた念頭におかなければならない（§261）。国家は、あくまで、市民社会の「内在的な目的」でもある。そうでなければ、国家は市民社会とあいだになんの媒介関係ももたない一方的な指令機関と成り果ててしまうが、ヘーゲル的な国家は、けっしてそのようなものではない。

ところで、国家と市民社会の区別がこのように不可欠であるとき、はたして個々人が普遍的な意志を担いうるとすることができるのか。とくに政治的な場面を主題化して考えるときには、この問題は深刻である。個々人のうち国家機関に関与しえている者であれば、さしあたり普遍的な意志を担っているということもできるだろう。本節冒頭で指摘した、政府官僚が人民を向こうにまわし普遍的な意志を担っているという一般的なヘーゲル理解の源泉は、こうしたところにある。

このような問いと答えの背後には、国家機関に関与しえている者といない者という分類をし、国家機関に関与できる者が多ければ多いほど、民主主義としての人民主権に近づく、という原理的な理解が控えていると思われる。しかしながら、このような分類がある種の集合論的な発想によってなされていることは、容易にみてとれる。われわれは、すでにヘーゲルに倣って、人民を集合体として取り扱うことを斥けたわけだから、この場合でも、国家機関への関与の有無ですべてを判断する態度をとるべきでない。

ヘーゲルが、ルソーに促されて「立法者」を独自の領域で組織化し、それを政治的な国家としたとしても、そのさいの国家そのものが人民に重なることに十分注意しなければならない。ルソーのいう「立法者」は、「国家において異常な人」であったが（CS. 382, §2.7, 六三）、ヘーゲルの場合の「立法者」は、精神としての「国家」であり「人民」そのものなのであり、いわば〈国家において平凡な人〉なのである。[116] したがって、立法をめぐる国家と市民社会のあり方の違いを、そのまま個々人の関与形態もしくは意識態様と重ねあわせ、個々人の所属分類に転化してしまうことは、『法の哲学』の読み方としてはおよそヘーゲルの想定しないものである。もし、生身の個人こそが問題だというなら、それは、政治的に無関心な意識をもっていても、ヘーゲル的には、市民社会にもまた同時に政治的な国家にも属している。

ヘーゲルは、一八一七・一八年の「自然法と国家学」講義で、「内的な有機的な規定による国家の概念」のモメントとして、「普遍的で至純な（gediegen）精神」と「この精神の活動態によって産出される現実的な精神」というものを挙げる（*I*. 178, §129）。分かりやすく表象に訴えれば、一般的なのっぺらぼうな人民と、さまざまな職分が生まれて姿かたちがはっきりしてきた人民ということができる。

「普遍的で至純な精神」がそのままのかたちで、つまり集合論的な見え姿では「みずからのうちで分肢組織化されていない群衆の態度」をとって振る舞うことがある。これは、ルソー的な議論では人民集会に匹敵するあり方だろう。ヘーゲルは、こうした分肢組織化されていない精神に関して、「普遍的なもののこうした個体的な意志は、恣意と偶然態であり、全体は、たんに直接的な現実態でしかない」と評価する（ebd.）。

ルソー的にいっても、人民集会の決定は、一般意志であるかどうか不明である以上、じつは特殊な恣意にすぎない。重要なことは、こうした恣意や偶然態が、一般意志だと〈称する〉ただそれだけのことで、免罪されはしない、ということだろう。ヘーゲル的な政治的な国家は、ルソー的には「立法者」の品位を具えるわけだが、へーゲルの洞察が優れているのは、それが直接的であるかぎりは、「異常な人」であろうが〈平凡な人〉であろうが「社会の精神」を正当に表現しえているかどうか不明の恣意性、偶然態を有せざるをえない点を喝破していることにある。

政治的な国家の直接態にそのような否定的な論理が具わることを見定めるため、ヘーゲルは、人民という精神が、未分化の形態から分化した形態へと展開すると考え、さらにここに、人民の意志としては、偶然的な恣意から必然的な意志への展開を構想することになる。こうした議論の仕組みは、『法の哲学』でいうと、「国家の抽象的な現実態ないしは実体性」から「この実体性が国家活動の概念的な区別項へとみずからを区分」する「国家の必然態」へと進展するあり方と同一のものである（§270）。そして、じつに、ヘーゲルが国内体制論で君主権から開始して統治権、立法権へと議論を進めるのは、このような偶然的な恣意から必然的な意志への転化の過程がそのようにしてはじめて明らかになるからである。

ヘーゲルは、君主権論から議論を展開するとき、政治的な国家の直接態がもつ「普遍的で純然たる精神」あるいは「抽象的な現実態ないしは実体性」が同時に自然的な個人としてたち現れてこざるをえない事態を直視する。「君主の概念」は、「端的に自身からはじめるもの」（§279 Anm.）として、政治的な国家の直接態である。政治的な国家は、具体的な人間抜きの理念の空回りなのではない。この点は、おうおうにして誤解のあるところだが、政治的な国家にしても、それはヘーゲルにとって人間の意志の自由によって形成されるものなのであり、人間としての意志の自然的な基盤が当然のこととして前提とされている。

ところが、人民を精神としてとらえ、しかもそれが自然的な人間として現実的であるときには、次のようなこ

(116) したがって、「人民の意志に対するに最高官僚の『洞察』『技能』『習慣』――これがヘーゲルのルソー批判の帰結である」との主張は、人民ならざる国家の唱導者としてヘーゲルを描き出す点で支持できない。髙柳、前掲書、五六―七頁参照。

とが必然的となる。〝私とあなたは、平等に同じ資格で人民の精神であり、普遍的な意志の表明者である。そうである以上、私であれあなたであれ、人民の精神として主権者だから、最高権力者として、いっさいの政治組織を解体し法律を停止して、すべてを新たに開始することができる。しかし、こうした意志は、恣意であり偶然にほかならない。〟ヘーゲルが、ルソー的な「個別的な意志の原理」に依拠したものとしてフランス革命を批判し、「まったくはじめから思考枠組によってやり直し、たんに勝手に理性的だと信じ込んでいるものだけを新しい国制の土台にしようと欲した」(§258 Anm.) というのは、このことである。

じつに、主権者が現実的であるときには、それが個別的な意志として全権をふるうならば、一個の人間であろうが人民集会であろうが、ヘーゲルの洞察によれば、どのみち恣意的で偶然的にならざるをえないのである。

六　議会は人民の実経験的な普遍態を顕現する

ヘーゲルの君主権こそは、意志規定としては「直接的な個別態」(§280) であり、そのかぎり、以上のような恣意と偶然を抱え込まざるをえないものとしてある。ヘーゲル自身は、君主権のなかに、国家に必要なすべてのモメントがそこに内包されていると考える。「君主権自身が総体性 (Totalität) の三つのモメントを含んでいる。すなわち国制 (憲法) および法律の普遍態と、特殊なものを普遍的なものへ関連させることとしての審議と、自己規定としての最終決定のモメントとがそれである」(§275)。このうち、意志規定としての「直接的な個別態」は、当然ながら、「自己規定としての最終決定」のあり方に固有なものである。

ところで、このさい、「国制および法律の普遍態」と「特殊なものを普遍的なものへ関連させることとしての審議」をも個別態である君主の機能にしてゆくなら、ヘーゲルが批判したルソー的でフランス革命的な「個別的な意志の原理」に則る国制が出来上がることにぜひとも注目したい。であるがゆえに、ヘーゲルとしては、君主からは憲法や法律、特殊にかかわる審議を遠ざけなければならないのである。

「恣意によって動かされないものということの理念が、君主の尊厳性をなす」（§281）。ヘーゲルが、画竜点睛の〈点〉を打つ形式的な裁可をおこなう存在として君主を描き出すのは、もちろん近代国家で顕になってきた君主の機能であったとしても、その経験的な現実を追認することでこう議論するのではない。そうではなく、政治的な意志決定をおこなう個体的な存在が理性化されるための唯一の方策を提示しているのである。

人民集会による最高にして最終の意志決定がありうるとして、それが理性的となるあり方を探ろうとすれば、同様にして、人民集会は、仕上がり済みの法案をまったく議論することもなくただただ「然り」と言い続ける以外にない[117]。そして、このことは、ルソーの人民集会においても、理想的には予定されていることであった。

人民集会の支持者がこのような非討議型の理性的な人民集会を是認するかどうかは、この場の主題ではない。しかし、たった一人の「君主」ならば、それに掣肘を加え、その恣意性や偶然態を除去するのは当然だが、すべての「人民」ならば、その必要もないし、集合する趣旨からして討議的である必要があるとするなら、人民集会において対立や論争が起こるのは、特殊な意志が跋扈する事態だというルソーの議論を思い出す必要がある。ヘーゲルは、主権にかかわって専制状態と立憲的状態とを区別し、前者は特殊な意志が法律として通用し、後者はむしろ特殊な意志が法律に従属する状態だとみる（§278 Anm.）。

だとすれば、もしこのような意味で個々人が普遍的な意志を担いうるべきだ、という主張がなされるのだとすれば、それは、ルソー的にもヘーゲル的にも、討議で最終的に勝利する特殊な意志の専制を称揚する議論でしか

(117)「人民の直接的意思表示の自然な形式は集合した多数人の同意または拒否の歓声、喝采（Akklamation）である」。カール・シュミット『憲法論』、阿部照哉・村上義弘訳、みすず書房、一九七四年、一〇七頁。

ありえない。

君主権のうち「君主」そのものから統治権および立法権をいわば〈分離〉することによって、ヘーゲルの君主権は理性的となっていく。もちろん、このさいの〈分離〉では、それぞれの国家権力がみずから有機的な結合を具えていなければならない(§272)。つまり、統治権や立法権も、他の権力を有機的に結合することによってみずからの恣意性を除去してゆくのである。

ヘーゲルの議論において統治権からどのようにして恣意性が除去されるのか、このことも興味深いことだが、それは第三章第二節で論ずるのでそこに譲り、人民集会ないしは議会に焦点を当てるわれわれとしては、立法権の議論に移ることが許されるだろう。

ヘーゲルは、『法の哲学』で、官僚の洞察を「議会なしでも最善のことをなすことができる」と持ち上げる一方で、議会の使命は「実経験的な普遍態」としての「公共意識を顕現させる」ことにあり、議会の洞察を「付属品 Zutat」だと語り(§300 Anm.)、議会をそもそも「拡大物 Zuwachs」とみなす(§314)。したがって、ヘーゲルは、議会をつうじた人民の意志表明を貶めているようにも見える。ヘーゲルが政治的な国家において個々人を普遍的な意志の担い手として認めなかったとされるゆえんである。[118]

しかしながら、ヘーゲルは、議会を立法権の「主要なモメント」として明言する立場にある(*I*. 221, §147)。あまりにも容易なことだが、立法権が理性的であるのは、それが有機的な編成をなすかぎりでのことだから、議会が「付属品」「拡大物」として語られるとしても、そのような「付属品」や「拡大物」のない立法権は、まったく非理性的なのである。そして、きわめて重要なことだが、議会は「実経験的な普遍態」の顕現にこそ使命があるのだから、それを顕現しえない議会こそはむしろ批判されなければならない。[119] もちろん、ヘーゲルは、市民社会のあり方に依拠しつつ、二院制の上院を世襲的な農民(すなわち貴族)、その下院をコルポラツィオンの代表者からなるものとして構想したが、その是非はともかく、そのことによって「実経験的な普遍態」としての「習俗」が顕現するものとして位置づけられている（本書第三章第三節参照）。

議会が人民を代表することへのルソー的な批判の観点でみれば、このような構想に根本的な欠陥を見咎めざるをえないかもしれない。とりわけ、人民を集合的に理解した場合には、このことは量の面で決定的になるだろう。しかしながら、人民が真実には精神であるなら、人民としての精神と議会としての精神が媒介される仕組みこそが問題となる。ヘーゲルは、議会を、人民との媒介機関とし（§302）、また世論を教養形成するものとして（§315）、人民の経験的なあり方を映し出しつつ作り上げる立法権に不可欠な機能と位置づける。だから、ヘーゲルにおける個々人による普遍的な意志の媒介に関して、第二に明確とすべきは、このような政治的な国家のシステムを組織化することにより、個々人は、みずからがいだく「実経験的な普遍態」をさまざまな段階で表明し、かつその普遍態を形成してゆくということである。

われわれは、すでに、ルソー的な人民集会で課題となるのが一般意志の顕現であり、そのさい、社会的な一体性がある場合にだれもが同じことを思いつくとしても、そのことを集会で確認することが重要だということに注意しておいた。たしかに、統治権に属する官僚は理念的に最善を考察することが「できる」であろう。しかしながら、それが人民によって実経験的に普遍的であると承認されなければ、まったく通用しない。ヘーゲルは、普遍的な意志のこのような承認関係を、「普遍的な事項が、たんにそれ自体（an sich）ではなく、それだけで独立して（für sich）現実存在する」こと、つまり「実経験的な普遍態」の顕現として語ったのである（§301）。これを担う議会は、人民にとって必要なかぎりの一般意志を確認するものとしてある。もちろん、ここには、統治権が「そ

（118）髙柳、前掲書、五六頁、六五頁参照。
（119）「彼〔ヘーゲル〕は、階層制議会や選挙を形式的経験的普遍態に過ぎないものとして批判」したとするのは、髙柳、前掲書、六五頁。しかし、そのように批判したのは、マルクスである（Vgl. *KHS*. 264 f.）。

れ自体」で最善と称するものを十分に審議する――「審議 beraten」こそが立法権での議会の要素である（§300）――ことが含まれる。これは、恣意的でも偶然的でもない人民集会が「イエス」「ノー」しか言いえないことと比べるなら、あまりに討議的ではあるまいか。

七　こたえ――個々人は普遍的な意志の担い手

ヘーゲルの『法の哲学』では、われわれ一人ひとりの個々人が普遍的な意志の担い手として認められない、というのは、通説かもしれないがじつはまったくの謬論といわざるをえない。

このような謬論が発生するのは、われわれが人民をとらえるさいに、それをルソー的に集合体として表象するからである。もちろん、集合体としての人民は、とりわけ特殊態の追求が人びとの基本となる近代では、ルソー的な一般意志を表明する存在として基本的に機能しないから、その表象自体が実際は破産の憂き目に遭う。しかしながら、ヘーゲルを読解するときには、こうした表象が大手を振り、ヘーゲルにそうした集合体が存在しないと言うだけで、ヘーゲルが批判できた気になるのである。

もちろん、ヘーゲルは、人民を集合体として考えない。ヘーゲルにとって、人民は、精神であって、その点で形式的な差異はあるものの国家と同一であり、普遍的な意志の立法者なのである。もちろん、個々人は、精神として人倫的なものと直接的に同一な関係を結ぶことによって、だれもが普遍的な意志の担い手たりえている。しかしながら、このような直接的な同一態に終始するだけでは、人民は恣意的で偶然的な立法者、すなわち専制者でしかありえない。ヘーゲルによる君主権の機能分化、したがって統治権、立法権への概念展開は、まさしく、このような人民の個別的な意志の恣意性と偶然態を除去してゆく議論なのである。そして、人民は、コルポラツィオンをつうじて統治権に関与するとともに、立法権の不可欠な構成部分である議会によって実経験的な普遍態を顕現してゆく。このように、ヘーゲルのいう政治的な国家では、われわれ一人ひとりが――もちろん個々人の意識の差異を含みながら――普遍的な意志の担い手たりえている。

しかし、おそらく近代は、ヘーゲルの期待に反して、人民を精神として把握できないまま推移するであろう。特殊態の追求が深まり、個々人の差異のみが気にかかるかぎりは、人民をくるにたかだか集合を持ち出すことしかできそうもないからである。ヘーゲルの議論において個々人が普遍的な意志を担いえていないとの批判は、こうした特殊態に馴染んだわれわれの認識の限界の明確化なのかもしれない。

第三節　人倫的な理念の超越と実在の間――革命の権利づけをめぐって

一　はじめに――ヘーゲルにおける革命権？

序論でも指摘したように、ベルリン時代のヘーゲルの「実際の境遇」を研究したジャック＝ドントの寄与によって、ヘーゲルの『法の哲学』における〈国家〉論の基本性格を「プロイセン反動の御用哲学」とか「順応主義」とかと特徴づけることは基本的に覆され、ヘーゲル自身のとった当時の「具体的な政治姿勢」は、むしろ

（120）Cf. J. D'hondt, *Hegel en son temps*, Paris 1968.

「進歩的な改革者」の姿勢であったことが明らかとなったといってよいと思われる[120]。

もっとも、イルティングのように、ヘーゲル〈国家〉論の「自由主義」や「進歩性」が、あくまで「自然法と国家学（法）」講義でしか伝えられない「秘教的なもの」でしかなく、『法の哲学』の議論は、プロイセンの検閲に怯えて順応的な議論に改変されたものだと評価する向きもある[121]。こうした主張にしたがうかぎり、ヘーゲルの公然たる客観的な政治的立場は、どうみても反動的で順応的なものとして特徴づけられなければならないだろうし、その進歩的で改革者的な側面は、ヘーゲルのたんなる主観的な意図を語るものでしかないことになるだろう。

しかしながら、大学の講壇における講義をあたかも秘密結社における報告のごとく扱い、これがヘーゲルの公刊著作とは基本的に矛盾するものだとするイルティングの評価は、いかがなものであろうか。ちなみに、今日では、公刊された『法の哲学』と講義との比較検討において、ヘーゲルの立憲君主主義には一貫したものがあると確認されており、両者を根本的に対立させる見地を維持することは、ほぼ無理筋だと思われる[122]。

ヘーゲル国家学の進歩性や反動性を論ずるさいの一大根本問題は、その〈君主〉論にあるといえるであろう。ヘーゲルの演繹した「君主」は、その機能が——すでに人口に膾炙しているように——『然り』といい、Iの上の〈点〉を打つ」（V. 764, §280）ことに「制限」される自由主義的で近代的な君主だとしても[123]、まさに問題なのは、この「君主」という「意志の最終的で無根拠な自己」（§281）自体を廃棄するところにまで、ヘーゲルが進みはしないことである。しかも、ヘーゲルが、こうした立憲君主制に定位することこそを、自由の理念の現実態だと考えていることである。

もっとも、ヘーゲルがこのように議論するのは、目前にあった「現実存在する existierend」国家——端的にはプロイセン国家——を進歩的で改革的なものだと片棒を担いだがためだと、通例は主張されるであろう[124]。だが、こうした主張は、『法の哲学』の課題を正当に受けとめたものとはいえないと思われる。なぜなら、国家の理念を概念的に把握することを課題とする『法の哲学』のエレメントにおいては、「国家の理念というとき特殊な国家や特殊な制度を念頭においてはならず」（*VI.* 632, §258）、「ただ事柄の概念のみが問題となる」（*V.* 716, vor §259）からである。

そこで、ヘーゲルが立憲君主制を採用する理由は、歴史状況にもっぱら規定されたものとしてではなく、国家が自由の現実態であるための必然的な論理として解明されてはじめて、真の解決をみることになろう。

ところで、一般に、ヘーゲルの〈君主〉論を検討するさいには、〈それだけで独立した内部国制〉論のみならず〈対外主権〉論をも射程に入れる必要があり（§278 Anm.）、また〈それだけで独立した内部国制〉論でも、一

(121) Vgl. K.-H. Ilting, „Die „Rechtsphilosophie" von 1820 und Hegels Vorlesungen über Rechtsphilosophie", in: *VR.*, Bd. 1, S. 43 ff.

(122) イルティングの説を、ヘーゲルの著述状況に即して否定する見解は、vgl. H.-C. Lucas/U. Rameil, „Furcht vor der Zensur?", in: a. a. O. ヘーゲルの立論に根本的な立場変更がないことを、君主権を中心に論証したものとしては、vgl. H. Ottmann, „Hegels Rechtsphilosophie und das Problem der Akkomodation, Zu Iltings Hegelkritik und seiner Edtion der Hegelschen Vorlesungen über Rechtsphilosophie", in: *Zeitschrift für philosophische Forschung*, Meisenheim/Glan 33 (1979), S. 227–43. ルーカスは、『法の哲学』と「自然法と国家学」講義を対立させて理解することが危険であると主張している。Vgl. Lucas, „Wer hat die Verfassung zu machen, das Volk oder wer Anders?", in: *HPZ.* 175.

(123) 君主は「然り」のみならず、「否」と応ずることもある（*L.* 206, §140 Anm.）。この点は、ガンスも追認している。Vgl. „Erwiderung auf Schubarth (Jahrbücher für wissenschaftliche Kritik; 1839)", in: *MHR.* 271. 柴田高好は、ヘーゲルの立憲君主制を、近代法治国家としての性格をもつとしつつも、通例の自由主義的君主ではなく、「ヘーゲル独特の有機的立憲君主」だとする。柴田、前掲書、一三七―五〇頁参照。

(124) 支配的なこの見解を枚挙するに暇がない。だが、『法の哲学』の〈国家〉論が〈君主権〉から叙述されることが、その公刊直後から問題視されたことだけは指摘しておく。しかし、バウムとマイストが言うように、「世襲君主の必然性についてのヘーゲルの説を特殊プロイセン的事情に還元することはできない」と思われる。M・バウム／K・R・マイスト「法・政治・歴史」、O・ペゲラー『ヘーゲルの全体像』、谷嶋喬四郎監訳、以文社、一九八八年、一六四頁参照。

定の「国制 Verfassung」において君主のもつ機能を明確にする作業をゆるがせにはできない。だが、君主権は立法権と統治権が還帰する頂点であること、そして後者の二権力が君主権からその現実態の起点を受けとること（§273, §275）、これこそがヘーゲルのいう立憲君主制の根本論理となっている。そこで、立法権や統治権との交渉関係において「君主」の機能を検討するに先立ち、君主権自体が〈それだけで独立した内部国制〉において頂点ないし起点となる論理を検討することが、緊要の課題となってくる。

われわれは、すでに第一章第三節において、無国家状態から国家状態への移行に関するヘーゲルの論理では、国家理念の現実化が個別的な主観ないし個人（英雄）によって遂行されることを検討しておいた。ところが、国家の理念がこのように個人に内在するとはいっても、とりわけ、フランス革命にとって重大な思想的背景をなした人民主権の思想とそこから演繹される革命権の思想に対し、ルソー批判というかたちでヘーゲルが真っ向から対立しているかにみえる事情が存在している。そして、この事情こそは、依然としてヘーゲル国家学に反動性の刻印をする理由の一半となっているであろう。

前節でみたように、ヘーゲルは、ルソーの一般意志の実体的な内容を、「所有と人格的な自由との安全と保護」という個別的な意志に還元する議論として斥けている[125]（§258 Anm.）。このことは、同時に、こうした一般意志の行使としてのルソー的な主権（souveraineté）（*CS.* 368）の内容を論理的に否認することを意味する。また、この主権の行使者すなわち主権者（souvrain）を集合的な存在（collectif）ととらえることに対しては（*ibid.*）、ヘーゲルは明確に、「大勢の集合体（Aggregat）」を「人民」と呼ぶことは誤りであるという（*EI.* 296, §440）。そして、「君主に現実存在する主権に対立させられた」こうした人民表象に立脚する「人民主権 Volkssouveränität」というものを、ヘーゲルは斥ける（§279 Anm.）。ルソーの議論でいけば、集合的な存在である主権者は、定期的な人民集会において、現行の政府形態の保持の可否、現行の行政担当者の継続的な就任の可否を決することができる（*CS.* 434 ff., §3.18, 一四〇以下）。したがって、こうした議論では、人民が、政治体制の革命的な変化ともいえる変更を遂行することが可能となるであろう。しかし、これに対して、ヘーゲルは、「革命――国制の変化――〔は〕、一般に人民一般にはまったく許されていない、それには疑問の余地がない」としながら、革命を「より高次の自然権」だとする（*EN.* 197）。しかも、ヘーゲルにあっては、結局のところ主権の現実存在は「君主」となるのであって（§279）、この君主は、「人民の最高の代表（Repräsentant）」ではあっても、「最高の国家公務員」でも「人民によって委任され雇用された者」でも「人民と契約関係を結んでいる者」でもないのである（*I.* 204 f., §139 Anm.）。したがって、こうした論理をみれば、ヘーゲルが人民主権およびその革命権を承認しなかったという理解は、きわめて自然である。

しかしながら、以上の議論をさらに拡張して、ヘーゲルが人民主権ないし人民的な革命権を一般的に否認したと理解することが可能であろうか。というのも、ヘーゲルによれば、国家の「現実的な精神」は「人民精神 Volksgeist」（§257 Anm.）であり、国家の実体的な意志の「現実存在 Existenz」は「個人の自己意識のもとに、すなわち個人の知と活動のもとに」成立する以上（§257）、「革命は一般に人民にはまったく許されていない」という言明にもかかわらず、ヘーゲル的な主権ないし革命が人民に深く関係している面もあると思われるからである。「ヘーゲルはどんな場合にもフランス革命を肯定していた[126]」というリッターの主張を踏まえれば、ヘーゲルが人

（125）ルソーによれば、社会契約によって人間が獲得するものは、一般意志によって制約されている「市民的自由」と、法律上の権限によって成立する「所有権」である（*CS.* 364 f.）。そして、一般意志とは、「個々人の利益の一致」・「共通（commun）利害」にほかならない（*CS.* 368）。もっとも、ヘーゲルは、ルソーが一般意志と全体意志の区別を行っていること（*CS.* 371）を熟知している（*E3.* 313, §163 Zu. 1）。したがって、ヘーゲルが、「普遍的意志を個別的意志からでてくる共通的なもの（Gemeinschaftliches）としてとらえたにすぎない」（§258 Anm.）とルソーを批判をするとき、「共通的なもの」ということで全体意志を念頭においているのではない。ルソーは、一般意志と全体意志を区別するさいにも「一般意志は共通利害に関わる」（*CS.* 371）としており、ヘーゲルは、この共通利害性こそが「共通的なもの」であると批判しているのである。したがって、ルソーはかならずしも一般意志と全体意志を区別しなかったとヘーゲルがいうのは（*E3.* §281 Zu. 1）、一般意志を規定するにルソーが全体意志的なものをもってしたという点に向けられているのである。

民主権ないし人民的な革命権を一般的に否認したと理解することのほうがかえって奇異に感ぜられもする。とはいえ、人民と「より高次の自然権」だとされる革命との相互の〈つながり〉は、明確であろうか？　これを探求することが、決定的に重要となるのではなかろうか？

そこで、本節では、ヘーゲル的な国家の頂点ないし起点となる「君主」の意義が、まさに主権の発動としての革命において集約的に試されるという事情に鑑み、ヘーゲルが『法の哲学』とその講義においていかに革命の権利づけをおこなったのかを明確にすることにしたい。「高次の自然権」と呼ばれる革命は、新たな実在的な国制を形成するのであるから、この革命の権利づけを問うことは、「神的な意志」（§273 Anm.）として個人に対して超越的に映る国家という人倫的な理念が実在化する運動をとらえることでもある。そして、この運動をとらえてこそ、ヘーゲル国家学が客観的な論理として反動的であるかいなかが、決せられることになるはずである。

それはそうと、国制の革命ということにわれわれがいかなる「本質的」規定を与えるかが、ヘーゲルの革命観を剔出するさいのわれわれの志向性を決定づけるであろう。そして、こうした「本質的」規定との対比において、ヘーゲルの革命観がよりいっそう鮮明となるはずである。革命権について研究をおこなったベルトラムは、〝国家権力の担い手ならざる大衆が、ある理念にしたがって意識的に、しかも現行法秩序の枠外で暴力的に、現前する国家体制の突発的な転覆を遂行すること〟を、「革命の構成要件的メルクマール」だとしている[127]。これは、革命についてのわれわれの通常の表象と合致する点で、妥当な見解だと思われる。革命をこのように規定する場合には、その主体や理念、暴力を、ヘーゲルがいかに把握し評価していたのかが重要な論点となろう。

二　国制変動の漸次性とその中断

まず議論の前提として、そもそも『法の哲学』の論理構造に国制の突発的な転覆という事態が内在しているのかという疑惑が湧き起こるに違いない。というのも、一見したところ、『法の哲学』は、国制の確固不動性を主張しているようにもみえるからである。すなわち、ヘーゲルは、国制を「作られたもの Gemachtes」とみなさず「神的で恒存的なもの das Götliche und Beharrende」だと把握している（ebd.）。革命というものが人間である大衆によって遂行されるものだとすれば、ヘーゲルの論ずる国制は、これに革命を寄せつけない超越的な性格を持っているようにみえるし、もともと国制が変更されることすらないようにもみえる。

しかし、上述の言明だけをもって、ヘーゲルのいう国制が変革や革命を内包しないものだとわれわれが把握するとすれば、一面的な議論に陥ることになる。なぜなら、国制の神的な恒存性を主張するのとまさに同じ箇所において、国制の現前を前提とした変革について論じ、「変革（Veränderung）はその国制に適合的な（verfassungsmäßig）やり方でのみおこなうことができる」（ebd.）としているからである。ヘーゲルは、むしろ、国制が変革を蒙ることのほうが本質であるととらえているのである。というのも、ヘーゲルは、「それ自体でもそれだけで独立しても、国制というものは、妥当する確固たる地盤でなくてはならないし、はじめて作られるものであってはならない。したがって、国制は、存在する（ist）のである。だが、同時に、国制は、本質的には生成してゆく（wird）のであり、教養形成において進展する。したがって、一方では、国制は、前提とされているが、他方では、連綿と教養形成され発展する。この形成と発展によって、国制は、理性的な進展に到達するのである」（V: 788, § 298）と

(126) J. Ritter, *Hegel und die französische Revolution*, Köln/Opladen 1957, S. 17.

(127) Vgl. K. F. Bertram, *Widerstand und Revolution, Ein Beitrag zur Unterscheidung der Tatbestände und ihrer Rechtsfolgen*, Berlin 1964, S. 66 ff.

しているからである。ヘーゲルは、〈世界史〉論において、国家様態の段階的な変化を歴史的な過程として語り、こうした変化には「規定された特殊な原理」（§344）が要請されるというのであるが、こうした「特殊な原理」に支配された変化がヘーゲルのいう国制に生ずることは、疑いを容れない。

してみると、ヘーゲルのいう国制の神性ないし恒存性とは、いかなる謂であるのか、はたと困惑するであろう。『法の哲学』の序文で主張する「理性的であるものこそ現実的であり、現実的であるものこそ理性的である」という命題に関連して、ヘーゲルは、「理性的なものは、現実的に存在しないほど脆弱なものではない」、「非理性的なものは、現存在することもあるし、現実存在することもあるが、現実的なものではない」としたうえで、「理性的なものこそが、理性的ならざる（Anderes）あらゆるものに対して威力的なものとしてある『神的な威力』である」と言明する（VI. 654, §272）。したがって、国制がもつ神性とは、国制が理性的であることにほかならない。この〈神性＝理性態〉は、ヘーゲルによると、国家が、「各権力自身がみずからのうちで総体性（Totalität）であるように」、「みずからの活動を、概念の自然〔＝自由〕にしたがってみずからのうちで区別し規定すること」によって生ずるとされる（§272）。そして、こうした国家の区別が教養形成の過程によってもたらされる以上は（§270）、国制の恒存性とは、この教養形成の過程の恒存性、ないしは国制の進展と発展の永遠性を意味しているのである。[128]

だが、ヘーゲルのいう国制に変動的な性格を認めることは容易だとしても、ただちに、この変動はあくまで漸次的な変化であって、従来の実定的な国制を断絶するがごとき革命的な変化ではありえないという反論もありえよう。なぜなら、さきに引用した、国制が本質的に生成発展すると論ずる講義に続いて、ヘーゲルは、「変革は目立たぬ変革であり、変革の形式をもたない変革である」（V. 788, §298）と論ずるからである。したがって、われわれの革命表象とした、現前する国制の突発的な転覆は、ヘーゲルの議論の射程にはないかのようである。しかしながら、「一般に国制は、すくなくとも主観的な自由の存在するヨーロッパにおいては、停滞することなく、不断に変革され、不断に革命される（revolutionirt）」（VI. 660, §272）と議論されており、この「革命」という概念にこだわるかぎり、すくなくとも、ヘーゲルの議論において国制の変革の突発性を無視することは困難である。むしろ、ヘーゲルのいう国制変動の漸次性とその突発性とを関連させて考察する必要があると思われる。

ヘーゲルが主張する国制変動の漸次性には、二つの様相がある。その一つの様相は、国制内の法律の形成によって異なる国制へとこれ自身が漸次的に進展することである（V. 788, §298）。もう一つの様相は、一定の人民の国制が、当該人民の自己意識の状態と教養形成とに依存することに由来し（§274）、この自己意識の変動が漸次的であることである。後者について詳論すれば、理性的な国制が〈ある者〉によって構想されているとしても、大衆全体の自己意識がそれを権利として把握するためには長い時間を要するという意味で、国制の変革は漸次的なのである。ヘーゲルは、次のような例を挙げる（V. 752 f., §274）。ナポレオンは、スペイン人民に、以前よりは理性的な国制を与えた[129]。しかし、スペイン人民は、その理性態にまで教養形成されていなかったために、理性的な国制を疎遠なものとして拒絶した。「国制というものは、数百年の労作であり、人民において展開されたかぎりでの理性的なものの意識なのである」（ebd.）。このように、人民の自己意識が、ある理性的な段階、すなわち「みずからの権利の感情を持たざるをえない」（V. 754, §274）段階へと到達するために要する長時間性という意味で、ヘーゲルは、国制変動の漸次性を主張してもいるわけである。この点において、「人民の意識が変化し、新たなより高次な意識が発生するということが、突発的に（plötzlich）形成されることなどありえない」（*Hr.* 229, §269）のである。

ところが、人民の自己意識が理性的に高次の段階へと到達し、これが慣習となるほどにまで成熟するにいたった場合、法律が形成されることとなる。すなわち、「次第に忍び込み慣習となったものは、あとになって法律と

（128）国制の進展と発展の永続性こそが、その永遠性である点については、第二章第一節、本書一〇三頁参照。
（129）一八〇八年にナポレオンが兄ジョセフをスペイン王にし、封建制の解体を進めたことを指す。

され、他の法律は失効し廃棄される」（ebd.）のである。したがって、この法律形成の時点で、人民的な自己意識の教養形成の漸次性が中断するとみるべきである。だが、こうした漸次性の中断を認めるとしても、法律形成は、一定の国制の枠内で合法的に平穏裡に進められるとき、たかだか当の国制の改良以上の意味はもちえないとも評価されるであろう。そして、こうした評価が下されるのは、たんなる法律の形成という点で人民的な自己意識の漸次性が中断するだけでは足りず、新たな法律の形成が一定の国制とは矛盾を来して後者を非合法的に廃棄すること、これをとくに革命の本質的で決定的なメルクマールとするときであろう。いちおう、このことを現時点では容認するとしても、新たな法律の形成ないしは国制の改良を漸次的に継続することによって、当の国制自体にも変革が生ずることを否認することはできない。そして、こうした漸次的な変革によって、国制が当初のものとはまったく異なったものとなることもありうるわけである。だからこそ、ヘーゲルは、「ある状態の継続的な教養形成（Forbildung）は、外見上は平穏裡に気付かれずに進むものである。このように、国制は、長い期間を経て気付かれずに、以前とはまったく異なった状態となって成立することとなる」（V. 790, §298）というのである。

さしあたり、国制の変革の平穏性ないしは没意識性が革命とは相容れないという懸念がありつつも、国制の漸次的な変革によってまったく異なった国制が成立することは、やはり、その漸次性の中断ともみなければならない。ヘーゲルは、こうした事態について、「教養形成の形式によって、静かな変革が、古い外被（Schale）の蝉蛻（Ablegung）が、国制の新生が生ずる」（*I*. 191, §134 Anm.）といっている。ここでいう「古い外被の蝉蛻」ないしは「国制の新生」こそは、漸次性の中断であり突発性なのである。もともと、『法の哲学』で国家が「人倫的な理念の現実態」（§257）だとされる場合のカテゴリーである「現実態」は、こうした漸次性の中断を内包させた概念であった。[130] ヘーゲルは、一八二一年夏学期の「論理学」講義において、次のようにいっている。「直接的に現実的なものは、割れている（gebrochen）ものである。こうした現実的なものは、存在してはいるが、みずからのうちに〈他のもの〉というものを持っていて、可能態なのである。したがって、こうした現実的なものは、みずからのうちで割れているものであり、革命などとなるのであり、〔このようにして〕直接的な現実態なのである。この直接的な現実態が他の状態になるためには、諸条件が現前していなければならない。以上のように、現在とは、割れているものであり、みずからのうちに〈他のもの〉を具えているのである」（*VL*. 161）。

三　人民的な自己意識と国制との矛盾——革命

ヘーゲルは、国制変動の漸次性の中断が、たんなる没意識的で平穏なものだとばかり考察しているのではない。ヘーゲルは、「諸制度の釣合いのとれた継続的な形成がないのに、精神が継続的に教養形成されると、精神は諸制度と矛盾するようになり、これは、不満の源泉であるばかりか、革命の源泉にもなる」（*I*. 219, §146）という。たしかに、人民的な自己意識の高次の教養に合致して制度のがわが平穏裡に変革されるかぎり、国制変動の漸次性の中断は、革命という形態をとることはない。だが、一定の国制がもつ制度が、人民的な自己意識の高次の教養形成に合致せずに硬直化するときには、こうした硬直的な国制の革命が課題となることを、ヘーゲルは見据えているのである。ヘーゲルは、『エンツュクロペディー』初版本自筆ノートにおいて、「反乱・騒擾・国事犯・不敬罪」・「全人民が抽象という変革を欲した革命」とは区別して、「習俗（Sitte）と硬直化した（verknöchert）国制との矛盾が内部権力や外部権力として現象する」ものを「革命」だとしている（*EN*. 197, 199, §440）。この論理か

（130）マルクスは、ヘーゲルの論ずる国制の漸進的側面だけをとらえて、それに革命を対置すれば批判たりえていると考えている（*KHS*. 259）。だが、そもそも人倫的実体の「実体」カテゴリーをヘーゲル『論理学』のレベルで深く摑んでいたならば、こうした結論は生じなかったであろう。ヘーゲルは、「本質論」の「実体性の相関」において、実体は、「可能的なものを現実態に移植する」点で「創造的威力」であり、「現実的なものを可能態に還帰させる」点で「破壊的威力」であるとしている。Vgl. *LII*. 220 f.

ら窺われるように、国制は、人民的な自己意識の継続的な教養形成に合致しなければならないものであるために、逆に国制が硬直化して継続的な教養形成を怠るとき、革命されなくてはならないこととなる。国制の変革が平穏裡に成就するかいなか――したがって革命的な事件にまで発展しないかどうか――は、じつに、国制のがわが継続的な教養形成をおこなうかいなかにかかっているのである。

精神の継続的な教養形成と、制度のがわの継続的な教養形成との矛盾が出来した時点では、「自己の真価を意識した概念のなかに、現実態にあるものとは別の制度が存在する」（*L.* 220, §146 Anm.）ことになる。だが、この制度は、自己の真価を意識した概念のなかにあるばかりで、その実在態を獲得していないかぎりは、さしあたり、なお主観態の規定にとどまるものでしかない。しかし、ここで、制度が当面もたざるをえない主観態は、たんなる恣意や思いつきなのではない。むしろ、自己意識のがわは、より高次の――主観態に属するがゆえになお「超越的」にも映る――人倫的な理念を知りかつ意志するようになっており、「国家」の現実存在を形成する主観態を形成しているのである(131)（§257）。そこで、精神のがわの継続的な教養形成がたんなる主観態にとどまりえない「自由な精神の絶対的な規定」や「絶対的な衝動」（§27）であるならば、ここでは、「みずからの目的を主観態の規定から客観態の規定へと移しこみ、客観態のなかで同時にみずからのもとにとどまる」（§28）という意志の活動というのものが成立することになる。ヘーゲルのいう革命とは、このように、進展する人民的な自己意識と実在的な国制との矛盾を、前者に合致するかたちで解消することなのである。

では、ヘーゲルのいうこのような制度上の革命的な変化は、どの程度遂行されることになるのか。すなわち、新生の国制をもたらす革命は、旧来の国制を全面的に廃棄することであるのかいなか。旧来の憲法の改正という形式では事態の変化を望むことができないという事情から革命が起こる以上、通常の革命表象では、旧来の憲法をいっさい無効とし、新たな憲法を制定することが革命だと考えられよう。したがって、革命は、国制の全面的な廃棄刷新をなすものだと考えられよう。形式的には、このようにとらえてもよいかもしれない。しかし、内容的には、革命的な変化といえども、自己意識の進展と実在的な制度との間に生ずるある一定の矛盾を解消する以上のことはなしえない。なぜなら、その矛盾を解消する以上には、人民的な自己意識の進展がみられてはいないからである。「人民は、国制の全面的な転覆（Umsturz）によって生ずるようなこと、すなわち、みずからの精神の全意識を一挙に変革するようなことはなしえない」（*I.* 191, §134 Anm.）。こうした認識から、ヘーゲルは、「自己意識に提起されたものは、除去の必要な個別的な困窮である」（*III.* 229, §269）というのである。したがって、革命は、たしかに形式的にみて国制の全面的な刷新のごとくに映るのであるが、その課題は、あくまで個別的な困窮を除去することに尽きるわけである。

ヘーゲルがフランス革命を批判的に総括するのは、この点についてである。すなわち、フランス革命は、たしかに、『歴史哲学』講義で論ぜられるように、思考枠組が現実世界を支配するという認識に高まった点で重大な意義を有するのではあるが（*HW12.* 529）、しかしながら、「いっさいの現前のものや、所与のものを転覆し」、「たんに勝手に理性的だと信じ込んでいるもの」すなわち「理念を欠いた抽象的な諸観念」だけを「新しい国制の土台にしようと欲した」点で、批判されるべきものなのである（§258 Anm.）。さきに示した『エンツュクロペディー』の自筆ノートの規定でいえば、フランス革命は、「全人民が抽象という変革を欲した革命」でしかない。これは、フランス革命が、抽象的な諸観念の一つである抽象的な人格の承認にしか到達しなかったことの批判であるとともに、既存の政治制度の持つ理性態を見失い、コルポラツィオンないし職業身分による国家の有機的な編成を果たさなかったことに対する批判でもある（*VI.* 691, §287）。これを逆に肯定的にいえば、フランス革命は、封建的な特権の廃棄という「個別的な困窮」の除去を果たしつつ、従来の政治制度の理性的な純化を目指すべきであったということである。[132]

（131）本章第一節参照。

ところで、『エンツュクロペディー』初版本自筆ノートでは、「習俗と硬直化した国制との矛盾」というヘーゲルが把握した真の革命が、「反乱・騒擾・国事犯・不敬罪」とは区別されていることから、ヘーゲルのいう革命がまったく非暴力的な性格のものであると評価する向きもあるかもしれない。しかし、これは誤解である。ヘーゲルは、国家の成立が暴力の形態によってなされるかいなかについては、きわめて冷淡な態度を採っていることに注意しなければならない。たとえば、ヘーゲルは、「国家が暴力や不法に基礎づけられることもありうるが、このことは理念にとってはどうでもよいことである」(*III*. 211, §258) という。革命がある国家の新たな成立を期するものである以上、こうした革命にとっても暴力は無関心だというべきであろう。だが、むしろ、国家の起源の一部をなす暴力行使──すなわち革命的な暴力は、国家の創建者である英雄に固有な権利として正当化されるものだというべきである (§97 Anm., §102 Anm., §350)。ヘーゲルは、国家の現実的な承認をめぐる闘争に言及して、「国家は、自然のうちで自由であり続けようと欲する個人に対し、強制する権利を持っている」(*I*. 174, §124 Anm.) と言い切っている。国家創建にさいして出来する暴力行使が、不法廃棄として正当な権力行使であるからには、国制の革命が要請される時点で発動される暴力を、ヘーゲルは正当なものとみているのである。(133)

以上のように、『法の哲学』には、人民的な自己意識の継続的な教養形成と、国制の継続的な教養形成との矛盾によって、この「一定」の矛盾を解消するために革命が出来するという論理が存在している。しかも、この革命は、たしかに平穏裡に遂行されることがありうるとしても、国家創建の事業としては、強制力ないしは暴力を正当なものとして担保してもいるのである。したがって、変革の平穏性という一面的な規定をとらえて、ヘーゲルのいう国制の変革をたんなる改良的なものとみなすことはできない。むしろ、この変革が平穏裡に遂行されるかいなかは、当の国制が柔軟性をもつかいなかにかかっており、これが硬直しているときには、革命は必然的だというべきなのである。

四　革命の主体としての国制

ヘーゲルは、国制を革命する主体をいかにとらえているのであろうか。もっとも、ヘーゲルは、「だれが国制を作るのか」という問いが無意味であると明言しているため（§273 Anm.）、国制の革命主体を確定しようとするわれわれの試みは、すでにして無効のようにみえる。しかし、国制の形成主体を問うことが無意味であるのは、こうした問いが、いかなる国制も存在しないこと、したがって「諸個人の原子論的な群れ」しか存在しないことを前提として（ebd.）、国制を作る特定の個人を探索するかたちで提起されているからである。学問というものがこうした預言めいたことに従事するものではない以上、ヘーゲルの主張通り、諸個人の原子論的な群れという前提状況には概念がかかわる必要がないのも当然である（ebd.）。しかしながら、だからといって、ヘーゲルは、国制の革命主体の要件を確定することを回避しているのではなく、むしろこれに積極的な解答を与えている。すなわち、ヘーゲルの論理のうちには、「国制がみずから自身を作る」（*L.* 190, §134 Anm.）というものがあるのである。

こうした把握では、革命の主体が国制であるという、表面的な見方には奇妙に映る循環が生じているかのようである。ところが、「国制の絶対的な原因は、歴史において展開する人民精神の原理である」（*L.* 189 §134）とされるように、人民の普遍的な自己意識としての人民精神が国制の形成者であることは明白である。そして、この人民精神には、個別的な自己意識である人民それぞれの精神が接続することになるのである。

個別的な自己意識と普遍的な自己意識とのこうした接続関係は、すでに本章第一節で詳しく議論しているの

(132)　リッターにしたがえば、フランス革命と復古の双方が歴史の断絶を主張するのに対し、ヘーゲルは世界史の連続性も主張するわけである。Vgl. Ritter, a. a. O., 30 f.
(133)　本書第一章第一節、一〇四頁参照。

で割愛すべきだが[134]、行論上これを端的に示しておけば、次のようになる。個別的な自己意識は、自分の思いつきを超越して思考によって人倫的な実体である普遍的な自己意識を認識するにいたったとき、この実体と「完全に調和」(V. 482, §142)するという関係が、両者の自己意識のあいだに存在している。「人格は、思考する知性(Intelligenz)であるから、実体をみずから独自の本質として認識し、こうした心情によって実体の偶有態であることをやめる」(EL. 292, §431)。そして、一般的に、人倫的な理念は、「主観的な意志と意志の本質や概念との統一」(RN. 161)であり、しかも、「意志一般に関して主観的なものとは、意志の自己意識の面を、意志にそれ自体で存在する概念とは区別された個別態の面を意味する」(§25)のであるから、人倫的な理念という「生命ある(lebendig)善」は、「自己意識のうちにみずからの知ることと意志することを具え、自己意識の行為によってみずからの現実態を具える」(§142)ものとして把握されている。このように、ヘーゲルによれば、個別的な人格という自己意識が、思考によって人倫的な実体そのものとなり、これを産出してゆくことになる。したがって、「国制がみずから自身を作る」さいの産出主体は、実体の側面からみれば「国制」ということができるが、その主体性はあくまで個別的な自己意識に属しているといわなければならない。

しかし、個別的な自己意識が思考によって同一となる人倫的な実体そのものを、自己意識と区別したかたちでとらえるといかなるものとなるのであろうか。ヘーゲルによれば、人倫的な実体とは、「家族および人民という現実的な精神」(§156)のことである。ところで、ヘーゲルは「結婚・国家——が唯一の偉大な人倫的な全体である、それらは実体である」(RN. 545)ともいっており、われわれが問題とすべき人倫的な実体には、人民と国家の二相が存在していることになる。〈世界史〉論における国家状態への移行の議論を踏まえれば[135](§349)、人倫的な実体がなお形式性や客観態を欠如してそれ自体の段階に留まっている人民が、形式性や客観性を獲得してそれだけで独立した段階である国家へと移行する、こういう関係で、これら二相が繋がれていることがわかる。そこで、人倫的な実体とは、根柢的にみて、形式性や客観態を獲得すべき人民ということになる。

ところで、この人民をいかに把握するかが、近代的社会契約論に立脚した人民主権論とヘーゲルの主権論とを決定的に区別することになる。本節冒頭で示したように、ヘーゲルは、人民を「大勢の集合体」としてとらえることに反対している。人民がこうした集合体として表象された場合、その要素（原子）とは、個別的な人格にほかならないであろう。ところが、この人格は、それ自体としては「実体の否定態が現実存在へと抽象的に分解した」「偶有態」（*El.* 292, §431）でしかない。こうした要素は、たんに要素であって総体性ではない以上、われわれは、人民それ自体という総体性の把握を、要素である個別的な人格の指摘に解消させるわけにはいかない。また、総体性としての人民は、個別的な人格とは無関与に存立するものである以上、「大勢の集合体」として表象されれば、概念的に把握されえない（*LIL.* 411 f.）。したがって、ヘーゲルは、このような人民表象を、「偽りの名」（*El.* 296, §440）だという。人格という実体の偶有態をとらえているとき、人民という実体は、真実には「内的な威力（Macht）」、「内的な必然態」となっているのだが（*El.* 292, §431）、「大勢の集合体」という人民表象は、こうした内面態の把握にいたる道を閉ざすこととなるのである。

当然、ルソーにみられるように、人民をこうした「大勢の集合体」として理解するところに、社会契約論を根柢に据える人民主権論が成立する。だが、社会契約という形式は、人民という実体をそれ自体として把握できない表象の方便にすぎず、人民のなんたるかを真実に言い表すものではない。なぜなら、社会契約は、契約の本性からいって（§75 Anm.）、国家意志というものを、恣意としての個別意志に還元する道を拓いているからである（§258 Anm.）。国制を形成するものは、こうした恣意ではなく、人倫的な実体という普遍的な自己意識であるから、社会契約論は人民をとらえそこなっているわけである。ヘーゲルの認識によれば、「単純で至純な大群衆として

（134）本書九七頁参以下照。
（135）本書第一章第三節、とくに八二頁以下参照。

の人民は、まだなんら理性態を持っていない」(*L*. 177, §127 Anm.)。そして、そのかぎり、人民はみずからが欲することをそれ自体として意識することがないため、「本来人民と呼ばれているものに国制の教養形成を委ねることは、誤りである」(*L*. 190, §134 Anm.) というほかはない。ヘーゲルは、こうした認識に基づいて、本節冒頭に述べたように、「革命」は「一般に人民にはまったく許されていない」といい、革命を「より高次の自然権」だとするのである。

では、ヘーゲルは、人民というものをまったく欠如した革命を主張するものであるのか。しかし、人民に革命が許されていないとヘーゲルが言明するのは、あくまで、社会契約論の抽象的な把握に基づく偽りの名である「人民」、すなわち「大勢の集合体」には革命が不可能であるという趣旨からすることである。むしろ、ヘーゲルが主張するのは、人民を「実体的で絶対的な〈つながり Zusammenhang〉」(*El*. 296, §440) として真に把握すること、そして、なお思考のエレメントで実体とは同一的となるにいたらない偶有態でしかないような個別的な人格にはかかわりなく、人民という人倫的な実体が、国制を形成するということなのである。「国制とは、むしろ、実体がみずから自身を概念的に把握することと、実体の活動確証 (Bethätigung) とが、恣意から脱却していることなのである」(ebd.)。

したがって、人民というものを、「大勢の集合体」ではなく、厳密に、「実体的で絶対的な〈つながり〉」、普遍的な自己意識としての人民精神と理解して、こうした人民精神が国制を形成することが確認できれば、ヘーゲルは、真の意味で人民主権論者であると評価することができよう[136]。そして、人民の恣意的な意志ではなく、まさに人民の理性的な意志こそが国制に表現されるものだとすれば、人民主権の真の理解は、こうしたヘーゲル的理解以外にはありえないはずである。ベルトラムが、革命によって発効する憲法規範は超実定法的な規範、すなわち絶対的な価値や人倫的な理念に基礎づけられるといい[137]、否定形の表現としては芦部信喜が、「人間人格の自由と尊厳の原則」を否定したときは憲法制定権力の発動ではないというとき[138]、これらの表現は——なお近代自然法思想の枠組に囚われている制限があるとはいえ――、自由意志としての人民精神が国制を形成するという理解をもってはじめて正当な意義を有することになるであろう。だが、通例は、人民を集合体としてとらえることによって人民主権が語られるため、こうした誤解によって、ヘーゲルの人民主権論は、なお理解されないままに放置されているのである。

もっとも、ヘーゲルのいう人民主権は、国家主権と本質的に同義である。というのも、「国家にこそ主権が属するということが明確になっていれば、主権は人民に存するといってよい」（§279 Anm.）というからである。ここで、国家に主権が属するということの意味は、国家の諸機能が「単一の自己としての国家の統一のうちに究極の根柢を持つ」（§278）ということである。[139] 人民主権というものが、人民の分離や分裂を意味するものではなくまさにその統一において理解されなければならないとすれば、また、この主権が国家という形式性や客観態をもってはじめて現実的な妥当性を有するものだとすれば、これは、人民精神の現実態である国家主権と同義であるといわなければなるまい。

だが、この点を承認するとしても、一般に立憲君主制を唱えるヘーゲルは、国家主権を〈君主権〉論で展開し（§278）、主権の現実存在を君主という「ひとり」だとするため（§279）、ヘーゲルのいう国家主権をにわかに人民

（136）たしかに、ヘーゲル的な主権は、「国民の一人一人が国家の主人公であり神聖な主権者であるとする自然法的、人権的な国民主権説的なもの」ではない。柴田、前掲書、一三八頁参照。しかし、こうした表象での国民主権なるものは、ヘーゲル的にいえば、個別的人格主権であり、専制でしかありえない。

（137）Vgl. Bertram, a. a. O., S. 89 f.

（138）芦部信喜『憲法制定権力』、東京大学出版会、一九八三年、一一三頁参照。

（139）ヘーゲルは、「主権は分割できない」というルソーの議論に立脚する（CS. 369）。他方、ヘーゲルは、分割可能な「集合体」としての「人民」を斥ける。したがって、主権は、分割不能な「単一の自己」という規定をもつのである。

主権として受け入れることは、容易なことではないであろう。ここで難点となっているのは、「実体的で絶対的な〈つながり〉」が、普遍的な自己意識としての人民精神が、本来の人民主権であるはずなのに、実際には、現実存在する主権がたんなる一人格と成りさがっていることである。[140] こうした議論では、人民的な自己意識の新たな教養形成がみられたとしても、それに合致する新たな国制の形成（変革ないし革命）が、実定的に現実存在する君主に帰属するとみられることとなる。実際、ヘーゲルは、「国制の内的な欠陥が頭角を現す場合」、「主権が断固たる態度にでなければならない」としている（*III*. 251, §278）。ヘーゲルにしたがうかぎり、国制の変革であれ、主権によってこれを遂行するのは、あくまで君主なのであって、依然として、「革命は、人民一般にまったく許されてはいない」のである。

しかし、ヘーゲルは、「革命は君主から始まるか人民から始まるかする」（*L*. 220, §146 Anm.）といい、上からの革命を排除するものではないが、さりとて人民による革命遂行を議論の射程に収めていないわけでもない。しかも、ヘーゲルは、「より善きものの洞察は、下から〔＝人民から〕やって来なければならない」（*L*. 221, §146 Anm.）とし、さらに、「善は、それにまだ適さない〔＝人民の教養形成がなされていない〕地盤に根づかされると、まったく逆に破滅的に作用する」（ebd.）ともいう。もっとも、「人民」という概念で「大勢の集合体」を表象する皮相な見解をすでに廃棄しているとすれば、革命の直接的な実行者が君主であるのか、あるいは人民であるのかは、さほど重要な問題とはなりえない。むしろ、決定的な観点は、革命を招来し権利づけるものが、あくまですでに述べたとおり人民の普遍的な自己意識だということである。いいかえれば、革命は、人民の要求に応えるものであるかぎり、これがだれによって遂行されようとも、人民の普遍的な自己意識である実体的な要求によって遂行されたに等しいのである。

五　君主主権の理念的な正統性

革命の直接的な実行者が問題なのではなく、あくまで人民の要求こそが問題なのだとしても、主権を君主に帰属させることには、なお本質的な難点が残るともいわれるであろう。すなわち、この難点とは、君主の主権が人民的な自己意識の教養形成に反する方向で——したがって反革命的に——発動される可能態を排除しないことである。もちろん、ヘーゲルは、「君主の尊厳性（Majestät）」とは「恣意によって動かされないこと」だと主張し（§281）、こうした恣意が発動された事態を「専制」だと評価するのであるから（§278 Anm.）、君主の主権発動が反革命的になされることを是認するものではありえない。だが、しかし、概念的にこうはいえても、現実存在する一定の人格に主権を帰属させる以上、この人格の恣意が主権発動を事実上左右する事態をも見据えておかなければならないともいいうる。こうした観点からすれば、主権をヘーゲル的に理解することは、やはり、一人格の恣意に対してなんの防壁も設けない議論と目されることとなろう（*KHS*. 227）。

しかしながら、主権の恣意性は、君主に主権を帰属させる点からのみ出来するばかりではない。人民に主権を帰属させるとしても、当の人民が「大勢の集合体」ないしは大衆的な形態で把握されるならば、その恣意性を

（140）ここでは、本文中に示す実践的な難点ばかりではなく、論理的な難点も語りうる。つとにこの箇所を神秘主義であると批判するのは、マルクスである（*KHS*. 224 f.）。今日でも、これが矛盾であるとされている。Vgl. V. Hösle, *Hegels System, Der Idealismus der Subjektivität und das Problem der Intersubjektivität*, Bd. 2, Hamburg 1987, S. 570. ヘスレは、ヘーゲルが一人格を主権者とするのは、その「主観態の論理」に由来するとする。これは、われわれ一人格も国家的主観態に高揚しうる論理を潜在的に指摘している点で重要である。だが、一人格がとくに君主となるのは、「主観態の論理」では足りない。この論理の要は、国家理念が、たんなる主観的表象にとどまりえず（§279 Anm.）、実在化されなくてはならない点にある。理念の現実態を、主観態から客観態への移行運動としてみる場合、ヘーゲルの論理には、いかなる神秘性も存在しない。本書第一章第一節参照。

排除することはないであろう（*L*. 179, §129 Anm.）。君主ではなく人民であれば、その恣意性が是認されると主張することは没論理的である。人民であっても、その恣意性を法律とすることは、やはり「専制」なのである（§278 Anm.）。したがって、むしろ、問題の焦点となるのは、革命を招来し権利づける人民の実体的な要求が、いかにして君主のものとなりうるのかということである。つまり、こうした人民の実体的な要求を知りかつ意志するあり方こそが問題なのである。

まず、人民の実体的な要求の把握の側面についてみてみよう。人民の実体的な要求というべき「それ自体でもそれだけで独立しても普遍的なもの」や「実体的にして真なるもの」は、大勢の「思いつき Meinung」という「それ自体おのおのの固有のものや特殊なもの」に結合する「世論 öffentliche Meinung」の形態で見かけられることになる（§316）。もちろん、世論それ自体は、「現象としての認識」（ebd.）であるから、実体や真理ではない。だが、大衆や群れとしての人民は、こうした世論の形態で、実体や真理の〈見かけ〉を表現しており、誤謬を伴ってはいるものの真理もまた言い表している（§317 Anm.）。そこで、世論に内在する不動の実体的なものを、世論に従属しないかたちで――したがってこれを超越して――「実体自身から」認識する必要が生ずる（§317 Anm., §318）。ヘーゲルは、こうした認識をおこなう者を、「偉大で理性的な者」（§318）だとする。[141] このことから、実体的なものや人倫的な理念の認識は、世論と接続しながら超越することになる。そして、こうした理念がさしあたり認識行為や理論的行為によってもたらされるかぎりでは、現実世界に現前していないという意味で実在的なものではないのである。だが、この認識された理念は、たんに超越的であるのみならず、「世論のがわがこれを承認する」（ebd.）ことによって世論へと還帰し、その実在態を獲得する前提を形成することになる。以上を総括すれば、「世論」と実体的な認識との相互作用によって、人民の実体的な要求がそれだけで独立して自覚され、人民的な自己意識の教養形成が完成することになるのである。

こうした人民的な自己意識の教養完成の時点においては、「現実態が外面的なものとしては、精神と同一的でない」（VI. 660, §272）という事態が出来し、このとき、こうした外面的な現実態は、「空虚な現実存在」（ebd.）にすぎなくなる。そして、「教養形成が完成し新たな段階に到達すれば、死んだ腐朽せる無力な外的状態は崩壊する」（VI. 660 f. §272）ことになる。これこそが、主権が断固とした態度に出なければならないとされる、国制の内的な欠陥が露呈した事態である。ここにおいて、君主は、人民的な自己意識の教養形成にしたがってのみ、主権を発動して国制の変革に乗り出さなければならないであろう。そして、君主のおこなった国制変革がこうした教養形成に合致するならば、目的は達成されており、大衆としての人民が革命を惹き起こすまでもない。だが、逆に、君主が、この事態に臨んで恣意的に振る舞ったらどうであろうか。しかし、君主が、人民的な自己意識の教養形成にしたがわず、事態の看過ないしは反革命をなすことは、ヘーゲルの議論に照らすかぎり、主権が形式的に君主に存することをもって正当化されるものではない。むしろ、ここでは専制が生じており、こうした専制的な実定的な君主も、「死んだ腐朽せる無力な外的状態」に属することとなるのである。

　そもそも、ヘーゲルは、主権が国制内のモメントとして存在する場合には、これを君主権だとするのだが、こうしたモメント化に先立つ状態では主権を君主権そのものではないとしている。すなわち、ヘーゲルは、「人民は国家を形成する。国家は主権者である。ここから出発しなければならない」といい、「主権こそが〈最初のも

（141）ここで、ヘーゲルが「偉大で理性的な者」をただちに君主とはしていないことに留意すべきである。なお、「ヘーゲルは、革命家なしに現実の変革を求める」、ヘーゲルの論理では「歴史における理性とその実現の現状とを認識する哲学者と、政治的に行動する主体たちの間のコミュニケーションは、絶対に存在しえない」という謬論をハーバーマスが主張している。Vgl. J. Habermas, *Theorie und Praxis, Sozialphilosophische Studien*, Frankfurt am Main 1974, S. 144. ハーバーマスの意向に合致するかいなかは別として、ヘーゲルによれば、「実体的意志と同一となった主観態」が主権を構成するのであるから（§320）、こうした実体的な意志をもつ「偉大で理性的な者」こそが、革命家ないしは哲学者なのである。もっとも、ヘーゲルは、論争が「大事な事柄を識別する基準とはならない」とするから（§317 Anm.）、コミュニケーションが絶対的に——存在しないのではなく——基準となると考えてはいはない。

の das Erste〉であり、端的に〈最初のもの〉なのである」という（VI. 664, §275）。そのうえで、「主権はなお君主権そのものではない。あるのは全体である。そこで、主権自身がみずからをたんなるモメントとすることによってのみ、主権はみずからをみずからそれ自身のうちで区別し、みずからを全体のモメントとなすのである。こうして、主権は、統治権と立法権とは区別された君主権となるのである」（ebd.）という。したがって、当の国制のがわが主権によって革命されなくてはならないものであるとき、実定的な君主と「最初のもの」としての主権が分離することを可能とする論理をヘーゲルは提示している。したがって、実定的な君主が人民的な自己意識の進展に合致した革命を遂行しないとき、君主権の概念とそのいわば肉体性とは当然にして分離し、当の実定的な君主は、主権を有せず、死を宣告されたに等しくなる。こうした認識に立つからこそ、ヘーゲルは、フランス革命におけるルイ十六世の処刑を、教養形成された精神への不適合によるものだと評価するのである（III. 250, §286）。

しかしながら、ヘーゲルは、君主の生得権（Geburtsrecht）や世襲権（Erbrecht）を主張し、これを実定法上のみならず理念上の根拠としての正統性（Legitimität）だとするから（§281）、王位継承を断絶させることに反対しているにすぎないのではないか、したがって、いったん実定的な君主が存在するならば、これを廃位することが不可能な論理を展開しているのではないかという疑問も生ずるはずである。しかし、ここで見逃してはならないことは、ヘーゲルは、ある家系が君主に位置づけられる実定法上の正統性と、哲学的な観点からする理念上の正統性とを区別して議論していることであり（III. 246, §281; VI. 671, §279）、公然と「哲学だけが君主の尊厳性を思考において考察することが許されている」（§281 Anm.）と言明していることである。もともと、『法の哲学』全体は、実定法それ自体を権利づける哲学的な法学の見地に基づいており（§3 Anm.）、法が「妥当してきたから妥当する」という実定法の立場を超える高みに成り立っている。そして、この君主の正統性に関しても、ヘーゲルは、「実定的な根拠は、もっとも身近な根拠である。だが、生得権や世襲権がこうした正統なものであるという〈正統性を正統化する die Legitimität der Legitimität〉より高次の根拠は、理念のうちに存する」（VI. 682, §281）と主張している。

そして、「鏡映視的な考察にとっては、実定的なもの自身が本質的に理念によって現前している」(ebd.) という。このように、君主の実定性といえども、理念によって正統化されなくてはならないものだ、とヘーゲルは考えているのである。

とはいえ、こうした議論は、現前する実定的な君主に理念の冠をかぶせたにすぎないとの非難も存在するであろう。[142] だが、ヘーゲルのいう正統性とは、「具体的な規定にしたがってみれば」、「教養形成された理念、理性、政治的な理性との本質的な〈つながり〉において存在しているもの」(ebd.) にほかならない。そして、ここでいう〈つながり〉とは、端的にいえば国家の「理性的で有機的な組織」(§286) のことである (*VI*. 682 f., §281)。したがって、ヘーゲルがその〈国家〉論で展開を試みている国家の有機的な編成こそが君主を権利づけるのであって、君主が前時代の遺産として実定的にあるからではない (*II*. 331, §122)。してみれば、国制の変革を迫る当の「教養形成された理念」こそが君主を権利づけるのであって、こうした理念に反する君主に正統性などは付与されないことになるのである。ヘーゲルは、トルコからのギリシア独立[143]を正統化する議論として、征服地での蜂起は国事犯とはならないと主張するが (*VI*. 683, §281)、むしろ注目すべきであるのはその論拠である。その蜂起が国事犯とならないのは、人民が、「君主との間に理念上の〈つながり〉を持たず、国制の内的な必然態のうちにない」からである (ebd.)。この議論を、たんに征服地での論理として片付けてはならないだろう。なぜなら、この例示は、君主を正統化する理念と実定的な君主との関係を説明するものとして提出されているからである。つまり、征服

(142)「無批判的に経験的現実存在が理念の現実的真理性と解される」とマルクスは評価する (*KHS*. 241)。だが、ヘーゲルは、こうした主張をしていない。あくまで、理念が経験的現実存在を権利づけるのである。マルクスは、「人民主権は君主によって存在するのではなく、かえって逆に後者が前者によって存在する」(*KHS*. 229) として、ヘーゲルを批判しえていると思っているが、ヘーゲルこそがこうした見地を有している。

(143) 一八二二年に独立宣言。

地ならずとも、理念なき実定的な君主は正統性を欠如している。かくして、理念に背く実定的な君主は、その首が刎ねられる。

六　人民主権の発動による君主産出

君主が主権の概念に適合せず、みずから国制を変革する可能態を閉ざしている場合、現実的な君主は存在せず、むしろ「人民の統一」に主権が存在することになる。だが、しかし、こうした主権は、「表象」や「それ自体の理念」にすぎず、「それだけで独立して現実存在する」ものなのではない（*Vl.* 672, §279）。したがって、こうした主権をそれだけで独立させる行為が必要となる。ヘーゲルは、この行為を革命権として明示的に指摘するものではないが、その実体的な内容からいって、主権をそれだけで独立させて現実存在とする権利は、革命権であるということができよう。ところで、この主権の現実存在化は、あくまで人民的な自己意識の教養形成によって権利づけられるのであって、逆に、これ対して人民の行為が要請されるとしても、こうした人民の行為一般がその主権を権利づけるのではないことに留意すべきである。つまり、人民の革命的な行為といえども、現実存在となるべき理念が主体となって統一を形成し、その理念の質料的な自己意識として個々の人民が行為しているときにかぎり、主権の発動となるのである。人民は、革命的な行為のなかで理念に基づきみずから自身を有機的に編成することによって理性態を実現するように定められているのであって、たんに恣意的に行為することが革命的なのではない。このように人民は革命的な行為において質料でしかないことから、人民が主権を発動するとはいっても、すでに述べたように、それはあくまで「人民の普遍的な自己意識としての理念」という主権を発動するという真実態において理解しなければならないことはいうまでもない。

そして、主権発動において、こうした理念の主体的な性格をもつ事情と、その理念を担う質料的な自己意識という自然的な素材が要請される事情から、理念の自然化、いわばその受肉化が生ずることになる。なぜなら、「いっさいの行為と現実的な事柄は、一人の指導者の決定的な統一においてこそ、着手され遂行される」(§279 Anm.)からである。人民はこうした指導者の統制に従って革命を遂行するが、しかしこのとき、こうした指導者は革命の理念の体現者であることによって君主へと移行することとなる。なぜなら、一方で、「実体的な意志と同一である主観態」が君主権の概念となり(§320)、他方、革命の指導者は、こうした実体的な意志を持ちあわせてこそはじめて指導者たりうるからである。ヘーゲルが、フランス革命のさまざまな革命家をこうした観点で考察していたことは、ロベスピエールやボナパルトを君主権を構成する頂点性になぞらえていることからも知られるであろう(*I.* 188, §133 Anm.)。もっとも、かれらの頂点性は、国家の有機的な編成がなされていないという事情において成立した点で、限界のあるものではあるが(ebd.)。

したがって、「君主の自然的な出生」という事態は(§280)、ヘーゲルが、注意深く「意志の純粋な自己規定」がなんの特殊な内容に媒介されることなく「一個の〈このもの〉という自然的な現存在に直接転化すること」であるとしているように、現実の君主が現実存在しないときに革命を惹き起こす理念が、直接、ある君主的な人間に転化するという謂である。そして、こうしたなりたちは、実際に革命においてだれが指導的な頂点となるかが直接的である以上、きわめて真実を剔ったものだといえよう。(144) もちろん、この議論は、革命を遂行しない実定的

(144) マルクスが「現実的主体となるのは神秘的実体である」(*KHS.* 224)とするのに対しては、革命が理念によって遂行されるかぎり、このように語ることがそもそも無意味であると答えるべきである。普遍的自己意識の実現が、一人格を頂点とする集団的行為によってのみ可能である以上、こうした頂点＝君主の存在をもって、「爾余のすべての人びとは、この主権・人格態・国家意識から排斥されている」(*KHS.* 227)と評価することも、同断である。むしろ、君主的人格と爾余の諸人格は、普遍的自己意識において一体化しているといわなければならない。

な君主の死というさきの議論とあいまって、世襲君主の絶対的な不可侵を意味するものでも、正統性の名の下に死せる君主の親族を君主とするものでもない。そうではなく、主権が現実存在化しなければならないという国制のもつ論理必然性に促されて、いかなる革命が遂行されようとも、君主を設定せざるをえないことを闡明しているのである。もっとも、哲学的な観点からすれば、君主は、たんに理念の骨化・石化、没理性化・自然化したものとして位置づけられるだけのことである（*VI*. 679, §280）。だが、しかし、君主は、自然態であるとはいえ理念を物語る点では、「時代の子」・「人民の子」・「人民の精神」ということができるのである[145]（*III*. 246, §281）。

七　まとめ――人倫的理念の実在化としての革命

本節冒頭で示した「革命の構成要件的メルクマール」との比較において、以上のヘーゲルの議論を総括しておけば、次のようになる。ヘーゲルが革命として把握したのは、人民的な自己意識の継続的な教養形成と矛盾を来した国制の突発的な転覆であり、積極的には、人倫的な理念の実在化である。この革命の主体は、新たな国制と同一的となった個別的な自己意識であり、「実体的で絶対的な〈つながり〉」として厳密に考えられた人民であって、「群」としての大衆なのではない。そして、ヘーゲルは、暴力を革命の本質としてとらえない立場を採るが、革命を推進するに必要な暴力を留保してもいる。もっとも、ヘーゲルにしたがうかぎり、国家権力の担い手である君主が革命を遂行することもありうるが、この実定的な君主の廃棄をも含めた人民的な主権発動を排除するものでもない。しかし、いずれにせよ、理念こそが主権発動を権利づけるのであって、こうした理念に基づかない行為は、実定的な君主であれ人民であれ是認されるものではない。したがって、「革命の構成要件的メルクマール」とは、ヘーゲル的にいえば、人倫的な理念の実在化に尽きるわけである。

社会契約論的な脈絡で「大勢の集合体」である人民が発動する主権こそを人民主権だとするならば、ヘーゲルは、明らかに、こうした人民主権説を採用するものではない。しかしながら、革命による変革の内容自体が問題であるとき、人民の普遍的な自己意識である人倫的な理念が革命を要請しかつ権利づけるとする以外に、すなわち人民精神に主権が存すると理解する以外に、革命の合理的な把握は不可能となるだろう。人民を「大勢の集合体」という抽象において理解することに甘んずるのか、それともより具体性をもってその精神を把握する学問的な営為へと向かうのかという選択が、ヘーゲルの革命理論に対する評価を基本的に決することになるに違いない。そして、理念なき大衆が反動をもたらすこともありうるという認識に立てば、いずれの立場が真の革命を把握しているのかはおのずから明らかであると思われる。

ヘーゲルが、国制の頂点性として君主を設定する議論は、つねに革命の論理と密着している。そして、革命というものが、人民的な自己意識の継続的な教養形成によって出来する以上、ヘーゲルの〈君主〉論を反動的だとすることは不可能であろう。ヘーゲルのいう君主は、あくまで、人民的な自己意識との関係において考察されなくてはならないからである。それでもなお、君主の反動性を語りうるとしたら、ここで問題となっているのは、むしろ、それを許している人民的な自己意識の反動性なのではないか。

(145) 君主の自然性の問題は、ヘーゲルに対する一大批判点となっている。しかし、ヘーゲルは、ヘスレの指摘するようなシステム的矛盾——自然を没理念とするために世襲君主制を導入した矛盾——を犯しているのではない。Vgl. Hösle, a. a. O., 571 f. そうではなく、国制において必然的に要請されざるをえない君主が、じつは肉体性としては没理念的であることを見据え、ここからいっさいの恣意を剥奪することを可能とする論理として、ヘーゲルは君主の自然性を語るのである。こうした論理が明確となってはじめて、「堂々たる華麗さをもってたち現れる元首にあらゆる権力を委譲し、あらゆることが元首に従属していると信ずる」(*I*. 206, §140 Anm.) 庶民的な態度、君主という「自然神的なもの」(*I*. 204, §139 Anm.) を崇める態度、これらを廃棄することができる。では、こうした君主ならば不要ではないかというと、そうではない。ことの問題は、国家において「最終決定」を廃棄することができるのかということである。

第三章　国家システム

ヘーゲルがとらえた「国家システム」を理解しようとすれば、当然ながら、まずは〈国家〉論の進行どおりに受けとめるのが素直な考え方である。すなわち、議論の進行としては、目次どおり「君主権」から「統治権」、さらに「立法権」へと進む、ということである。〝こんな当たり前のことをなぜあえて申し立てるのか？〟と叱られそうだ。しかし、これが案外に大問題なのである。

国家の権力構造をどこから始めるかは、一般に国家論の根本問題である。人民主権の立場に立てば、〈人民〉から〈国家〉システムの成り立ちを説明しなければならない、のであろう。悪いことに、『法の哲学』には、それを期待させる説明を施している箇所がある。ヘーゲルは、「政治的国家」の「実体的な区別項」を並べるさいに、「立法権」から「統治権」、さらに「君主権」へ、という進行を示しているのである（§273）。しかし、あにはからんや、実際の議論は、さきに示したとおり、「君主権」から進行した。このやり方は、当時のヘーゲルの友人たちのあいだでも、非難轟々たるところであった。

ヘーゲルの議論が〝現実主義的だから——すなわちプロイセン追従だから——そうなる〟というのは、当時でもなされた一つの解釈のありようだし、今日でも思想史的眼鏡でみればそうしたところに落ち着く可能性もなきにしもあらずだが、ヘーゲルの『論理学』「概念論－主観的論理学」に照らせば、なんの奇異なものもありはしない。周知のように、その〈概念〉論では〈普遍態〉からの議論進行がなされるが、〈理念〉論冒頭の〈生命〉では〈生命ある個体〉の議論から出発するのだから（*LIII.* 437）、『法の哲学』の〈国家〉論が〈理念〉論であることを考えると、〈生命ある個体〉である〈君主〉から始めるのは、むしろ論理の自然というものなのである。

もっとも、そのようなヘーゲル流の『論理学』によって、人民主権という〈普遍態〉から始める議論を封殺するいわれはない、と抗弁することもできるだろう。しかし、それこそ〈普遍態〉であるがゆえに、人民主権は、それだけで独立して取り出せば、〈観念態〉としてしか存在しえない。おそらく、これを〈観念態〉としてではなく理解するのが人民主権からの出発を求める議論の前提なのであろうが、かならずやそれは失敗する。〈観念態〉ではない人民主権なるものは、人民ならざる「群衆」の主権でしかないからである。

しかし、それでも、人民主権の〈観念態〉は、そのままではなんの現実味も帯びず、まさしく〈観念〉でしかないことになるだろう。こうした〈観念態〉を具現し実在化する〈人間〉抜きには、人民主権は空語である。では、それはだれか？　本当のところはだれでもよいのである。しかし、その〈人間〉は、特定の個人ではなく〈人民〉そのものなのだから、選ぶことができない！　ここに自然が介入する根拠がある。

しかし、人民主権を体現すると称する〈君主〉といえども、一個体の〈人間〉である以上は、〈普遍態〉そのものとしての〈人民〉ならざる特殊なあり方も持ちあわせざるをえない。これが悪さをする。

ヘーゲルの〈国家〉論は、〈国家〉を構成するモメントからいかにして恣意的なものを排除できるかという論理に衝き動かされて進行する。〈君主〉だけでだめなら、〈政府〉に任せればいいのか？　いや、〈政府〉とて、公務員も人間である以上、勝手をし始める。ならば、〈議会〉を開き、これを国権の最高機関にすれば落ち着くのではないか？　しかし、ヘーゲルは、組織のやり方次第では〈議会〉も悪さをする、と喝破する。

そして、こうして苦労して練り上げた普遍的な国制も、一つの国家として、特殊態を持ちあわせ、他国との間でみずからが正当だと意地を張り、挙句の果てに戦争に訴えるという究極の悪さをしでかすことになる。

第一節　君主の無意味性――「君主」の使命

一　はじめに

ヘーゲルが『法の哲学』において国制の頂点に「君主 Fürst」を設定する理由の一つに、国家創建ないしは革命に君主が密接にかかわっていることがある。われわれは、すでに第一章第三節と第二章第三節で次のことを明らかにした。かれのいう君主は、たとえ自由主義的で近代的だと評価されたとしても、たんなる飾り物として頂点に鎮座するのではなく、国家の現実態を産みだす生々しい機能もはたすのである。[146] だが、こうした「君主」観は、通例、たかだかある時期の歴史を弁護する論理としてだけ容認されるにとどまり、ヘーゲルが理解を求めるような国家の現実的な〈理念〉論[147]として是認されるとは思われない。なぜなら、かれが国家成立後の「君主」を、理念の「骨化・石化」、「没理性化・自然化」(*VI*. 679, §280) などと性格づけ、その重要性を減殺したとしても、その真意があくまで君主を主権者にすることにあるとすれば、これは、近代革命を重要な成果とみなす者のとうてい容認しうるところではないからである。君主ではなく人民 (Volk) という「大勢の集合体」にこそ主権が存するという近代の社会契約論的な理解からすれば[148]、かれの立憲君主制に情状酌量の余地はない。

(146) Cf. B. Bourgeois, "Le prince hégélien", in: E. Weil, K.-H. Ilting, et al., *Hegel et la philosophie du Droit*, Paris 1979, p. 86.

(147) 「国家の理念」を考察する学問は、「事柄の概念」を問題とするのであって (*V*. 716, Der Staat)、特殊な国家や制度を念頭におくべきでない (*VI*. 632, §258)。ヘーゲルの議論を「政治の論理」と解する妥当な視点は、cf. D. Rosenfeld, *Politique et liberté, Une étude sur la structure logique de la Philosophie du droit de Hegel*, Paris 1984, p. 277.

(148) 社会契約論は「人民」を「大勢の集合体」として理解しているとヘーゲルは批判する (*El*. 296, §440)。

もっとも、主権者をだれにするのかが国制の根本問題であるならば、ヘーゲルの議論では次のことに注意を払う必要がある。ヘーゲルの場合、人倫的な実体としての人民が、みずからに形式を与えて国家を形成する（*VI.* 664, §349）。こうした形式性を具えた人民が国家だが、これがまだ未分化な全体にとどまる始原では、この国家にこそ主権があるとし、「主権はなお君主権ではない」（ebd.）とされる。したがって、国家の究極的な主権がどこにあるかあえて問われるなら、ヘーゲルの論理としても、人倫的な実体である人民に――より正確には人民の普遍的な意志にこそ――主権が存するといわなければならないのである[149]。

だが、国家の創建時ではなく、これが有機的に編成されると君主権が主権としてたち現れること、ここにヘーゲル〈国家〉論の反動性があるともいえよう。「立法権こそが人民の代表であり類意志の代表である」（*KHS.* 260）はずなのに、ヘーゲルの議論では、立法権に君主権と統治権が加わり[150]、あまつさえ議会の洞察は「添え物 Zutat」（§301 Anm.）だとされる。だから、議会は、「国政の最低機関」のようにみえる。このような国家構造は、近代民主主義にまったく逆行するものであろう。

もっとも、「立法権は、当然ながら、枢密院、内閣諸官庁、立法的な統治委員会に委ねられない。立法権における主要モメントは、議会的なモメントである[151]」（*L.* 221, §147）と明言され、議会は「自然にしたがって必然的なもの」（*EN.* 195）だとされる以上、「ヘーゲルにとって議会は本質的にあってもなくてもよい[152]」などとはけっしていいえないはずである。しかしながら、議会がそれだけで立法機能を果たしえないからには、ヘーゲルは「議会の地位をできるだけ低くし、その独自な機能を実質的に空洞化[153]」しているのではないかという疑惑が依然として残るであろう。たとえ議会が立法したとしても、ここにかならず関与する君主権のほうが、主権という決定的に優越した地位を占めるとすればなおさらである。

したがって、君主主権とのかかわりで、ヘーゲルが議会に託した役割を解明しようとすれば、どうしても、君主権が国制で占める地位をあらかじめ明確にしておかなければならない。そのために、本節は、国家が有機的に編成されたときの君主の地位と意味性に焦点を絞り検討することにする。

二　始原――人民の実体的な統一

ヘーゲルが〈それだけで独立した内的な国制〉論を具体的に展開するやり方は、政治的な国家がみずからを区分することで生じた実体的な区別項の配置の順序とまったく正反対の恰好になっている。すなわち、ヘーゲルは、この区別項を立法権、統治権、君主権の順序で配置するのに対し（§273）、実際の叙述では、これを逆転させ君主権から出発する。この逆転をとらえてヘーゲルの君主主義的な政治信条を穿つ向きもでてくる[154]。そうした叙述に対して、「特殊プロイセン的な事情」に迎合して君主主義的な展開をおこなったと紋切り型の批判をするのではないとしても、それはヘーゲルの方法原理からの「逸脱」でしかないと評価されたままにとどまっているであろう。つまり、ヘーゲルは、迎合主義によるものではないにしても、君主権から国家権力を論ずるという「取り違

---

(149) 第二章第三節参照。『法の哲学』第二七六―八節の議論を「国家の法人格（juristische Person）の承認」と評価するのは、P. Becchi, „Im Schatten der Entscheidung, Hegels unterschiedliche Ansätze in seiner Lehre zur fürstlichen Gewalt", in: *Archiv für Rechts- und Sozialphilosophie*（abgk. *ARSP.*）, Stuttgart 72（1986）, S. 232. だが、ヘーゲルは、国家を moralische Person の例としない（§279 Anm.）。

(150) 柴田高好、前掲書、一六五頁。

(151) ジープも指摘のごとく、最初の「自然法と国家学」講義（一八一七・一八年）での議会重視をとらえて「法哲学の根本構想の変化」があったとはいえない。Vgl. L. Siep, „Hegels Theorie der Gewaltenteilung", in: *HPZ*. 404.

(152) 粂康弘『システムと方法――哲学的理論構成と弁証法』、世界書院、一九八四年、六一頁。

(153) 前掲書、六〇頁。

(154) Vgl. K.-H. Ilting, „Die Struktur der Hegelschen Rechtsphilosophie", in: *MHR*. 69.

え」を犯しているとされるのである。[155]

ところで、君主権から議論を展開する理由を、ヘーゲル自身は明白に述べている。すなわち、君主権自身が、(一)「国制と法律という普遍態」と、(二)「特殊を普遍に関係させる審議」、(三)「自己規定という最終決定のモメント」という国制がもつ「総体性」(Totalität)の三つのモメント」をすべて含んでおり、最終決定という最後のモメントこそが「現実態の起点」となるからだという(§275)。じつは、政治的な国家の実体的な区別項が配置されるさいにも、「君主権が全体の頂点であり起点である」(§273)ことは明確にされていた。[156] だから、ヘーゲルとしては、一貫して君主権から論ずる意図をもっており、たかだか数節で自分の方法原理を破棄したというのには無理がある。だが、ヘーゲルの意図はどうあれ、国家が普遍的な「実体的な意志の現実態」(§258)だとされるにもかかわらず、その個別態とみられる君主権から論じ起こされるところに、われわれとしては違和感を覚えるわけである。

しかし、われわれのいだく感情でこれを批判するよりは、ヘーゲルの挙げた理由を検討するほうが生産的であろう。このとき問題となるのは、君主権に国制の三つのモメントが含まれるとされること、そしてとくに、君主権をほかの権力とは区別する「絶対的な自己規定のはたらき」(§275)こそが「現実態の起点」だとされることである。

「区別された諸権力が君主権において個体的な一体性へと総括されている」(§273)事情に関して、ヘーゲルは、〈それだけで独立した内的な国制〉論冒頭(§272)を参照するよう求めている(§275)。ここでは、国制の理性態が、「国家がみずからの活動を概念の自然にしたがってみずからのうちで区別し規定する」点にあるとされる。[157] これは、「国家の有機的な組織は、理念が、みずからの諸区別項へと、そしてこの諸区別項の客観的な現実態へと展開したものである」(§269)という論理と同一のものである。こうした国家理念の区別、規定、展開のはたらきによって、各権力は、他の権力をみずからのうちで活動させてそれ自身総体性となりながら、あくまで観念的なモメントにとどまって、そのすべてで「一個の個体的な全体」を形成する。[158] したがって、君主権も、国制の理性的なモメントであるかぎりにおいては、爾余の権力をみずからのうちで活動させる総体性だとされるわけである。ヘーゲルのこうした議論の根幹をなすものは、「国家が……区別し規定する」あるいは「理念が……展開する」という悪名たかい国家理念主体化の論理である。これに対するマルクスの批判は、ヘーゲルが「現実的な諸主体」（すなわち「現実的な人間」）から出発したならば、「国家がみずから主体化する」ような「神秘的な方法」をとる必要がなかったというものであった（*KHS.* 224）。

この批判に対して、われわれはすでに第一章第三節で次のように指摘しておいた。ヘーゲルは、まさに「現実的な人間」がもつ特殊な意志の論理をみすえるからこそ、これを超出して実体的な意志を必然的に顕現させるため、国家理念の立場の先行性を明確にしたのである。しかも、ヘーゲルによれば、国家理念というものは、けっして個人から完全に遊離したところでは成立せず、その主体性は、つねに「現実的な人間」がもつ自己意識にある。[159]

(155) M・バウム／K・R・マイスト「法・政治・歴史」、前掲書、一六四頁参照。君主権の位置が「理論的立場から正当化される」とするのは、vgl. C. Cesa, „Entscheidung und Schicksal: die fürstliche Gewalt“, in: *HPR.*, S. 199.

(156)「個別態によって概念は自分の外のものとなり、現実態へと歩みでる」（*LII.* 299）。『法の哲学』第二七三節が『論理学』の「概念」そのものの議論だとすれば、「君主権」以降はその「判断」・「推論」の議論にかかわると思われる。Vgl. §272 Anm.

(157)「概念の自然」を「抽象的思考の妖げな動因」（*KHS.* 217）だと評するとき、ヘーゲルでは、これが自由意志の自然を意味し、その展開には市民社会における教養形成の必要なことが（§256 Anm., §270）、失念されている。Cf. Rosenfeld. *op. cit.*, p. 278.

(158)「立法権についてだけ有機的一体性をもちだす」のではない。粂、前掲書、六〇頁参照。

(159) 本書第二章第一節、とくに一〇〇頁以下参照。ヘーゲルでは、「人間的本質」が「抽象的な思考する本質」、「自己意識」となるため、人間の自己産出行為が「形式的行為」となるとの批判は、vgl. Marx, „Ökonomish-philosophische Manuskripte（Erste Wiedergabe）“, in: *K. Marx, F. Engels Gesamtausgabe*, I. Abt. Bd. 2, Berlin 1982, S. 301 f.

しかしながら、ヘーゲルが「自己意識」のかたちであれ個人を理念の主体とするのであれば、これを「ひとり」に帰属させるのは非合理ではないかという問題が残る。すなわち、「国家の主権性や観念論が、人格として、『主体』として現実存在するということは、多くの人格、多くの主体として〔現実存在する〕と理解される」（*KHS*. 225）からである。ここで、主権とは、「国家の特殊な職務と権力」が「それらの単純な自己（Selbst）としての国家の統一のうちに究極の根柢をもつ」ということであり（§278）、この所在がただちには「君主」とならないことは、第一項で示しておいた。では、国家形成後でも「人民」に主権があると議論できないものなのであろうか。

そこで、かりに「人民」を「多くの人格、主体」と考えるとしよう。そして、こうした「人民」に主権があるとするのだから、さまざまに区別されうる国家権力や職務は「多くの人格、主体」において「解消されながら維持されている」（§276）ことになる。これを単純な表象に訴えれば、ある一人の君主に全権が集約される状態（君主権）ではなく、集合的な「全人民」が全権掌握している状態を始原とするということである。

こうした集合体としての「人民」はある政治的な決定をおこなうだろうが、この要素である個別的な人格に着目すると、かれは、（一）決定を自己目的とするか、（二）決定への賛否とは別にみずからの特殊利益をも目的とするか、いずれかの態度をとるだろう。ヘーゲルは、モンテスキューにしたがって、人民が主権を掌握する民主制では、万人が第一の態度のような「徳 Tugend」のある心情をもたなければならないと考える[160]（*L*. 194, §135）。もし徳がなくなるならば、すなわち第二の態度がとられるとすれば、能力あるものには功名心が、万人には物欲が宿り、国庫が食い物にされるだろう[161]（ebd.）。なぜなら、「特殊態の原理は、民主制のうちに含まれていない」（ebd.）からである。つまり、もともと民主制は、人民がすべて普遍的な意志を希求すると予定してはじめて成り立ち、おのおのの特殊な意志を法とするものではないからである[162]。だから、特殊態の「原理が登場すれば、民主制に破滅的に作用する」（ebd.）と考えざるをえない。特殊態を追求する人民はそれを普遍態だと詐称するからである。

こうした古典古代的な民主制は、ヘーゲルの考察によると、「いまだ分割されていない実体的な統一」を基礎としている」（§273 Anm.）ものである。人民に主権が存すると考えるときには、今日においても、人民に実体的な統一のあることが前提とされなければならないだろう。さもなくんば、人民は部分的な社会ないし孤立的な個人に分散し、集合的な人民に主権が存すると語る意味すらなくなるからである。ところが、こうした統一が集合体として実現されるには、個人は、「『一人は万人のごとくに』という古代的な徳」（*L*. 185, §132 Anm.）をつねに保持し、自分の特殊態を無化して普遍的な利益を自己目的としなければならない。しかしながら、このような個人の位置づけには、「個人がみずからのうちで無限で自立的な人格態であるという原理、すなわち主体的な自由の原理」（§185 Anm.）が欠如している。個人が自立的であるには、どうしても欲求主体としての特殊態を要求するからである。

したがって、個別的な人格の特殊態を解放した段階においては、個々人の特殊な意志とはさしあたり無関心に、人民の実体的な統一が存立しなければならない。ところが、こうした無関心から重大な帰結が現われる。人民の実体的な統一が個別的な人格を捨象しながら存立しうる唯一の場面とは、じつは観念や思考枠組のエレメントだったということである。もちろん、このエレメントは、個人の自己意識においてこそ現実態をもち、個人の特殊態を解放する点でその普遍的な利害関心となっている。だが、しかし、同時にそれは、個人の形式的なモメントでしかないため、自己意識とは相対的に分離しうる――すなわちその特殊態とは対立しうる――ものなのである。ひるがえって考えるに、人民の集合体がそのままその実体的な統一を単純に表現しているとみられた場合でも、これは、その実体的な統一が観念や思考枠組として個々人と一体化して、万人に徳が成立したからこそだったの

(160) Cf. Montesquieu, De l'esprit des lois, Livre III, chap. 3, *Œuvres complètes*, tome II, Paris 1951, p. 252.
(161) こうした光景は、今日の政治においてありふれてみられるものであろう。
(162) 民主制では、おのおのが、「直接にみずからを普遍だと知り」、「特殊態を断念する」ので、その特殊態をみずからの「本質としては知らない」（Vgl. *JSIII*. 239）。

である。

とすれば、人民に主権が存すると真剣に構想するとき、必然的に、その実体的な統一という観念や思考枠組にこそ主権が存するといわざるをえなくなる。つまり、かりに「多くの人格、主体」として「国家の主権性」が現実存在するとしても、その多数態の真理は実体的な統一という「ひとり」なのである。したがって、「人民のみが具体物」(KHS. 229) などといってみても、その正体はじつに「無規定の抽象物」(§279 Anm.) でしかなくなってしまう。なにも、人民が「無定形の大衆、たんなる一般的な表象にすぎなくなる」のは、「人民が君主制として編成されている」(KHS. 230) からではない。いかなる国制であれ、人民が実体的な統一をなさなければならないという必然により、こうした帰結が生じてくる。たとえ民主制において「多くの人格、主体」が主権者として振る舞っているかにみえても、真実には、その人格がもつ人民としての実体的な統一が主権を行使しているのである。

このような事情から、国家において区別されるべき諸権力や諸職務は、「多くの人格、主体」ではなく、そうした実体性に凝縮されることになった。ヘーゲルが、国家概念の未展開の始原を、「普遍的な利害関心」という「国家の抽象的な現実態すなわち実体性」(§270) におくゆえんである。そして、こうした国家概念は、「絶対的な自己規定」をおこなうことによって、諸権力や諸職務を産出しみずから展開してゆくのである。

三　実体実現者の必然的な恣意性

しかし、以上のことが確認できたとしても、なお、人民の実体的な統一の担い手を「ひとり」の個人である君主とするいわれはないともいえよう。もともと、こうした統一としての主権が観念や思考枠組でしかないとすれば、それは「国家的な諸主体の対象化された精神にほかならず」したがって「自立的な本質」ではないであろう（*KHS.* 225）。つまり、依然として「多くの人格、主体」が人民の実体的な統一を担っているともいえそうである。

ここで、個別的な人格の自立態や特殊態が容認される国家を想定してみる。課題となるのは、こうした自立態や特殊態が、人民の実体的な統一を滅ぼさず、相互促進的であるような論理的な関係を見出すことである。[163] これに対するヘーゲルの解答は、特殊態は、容認されると同時に〈みずからの内へと折れ返ること Reflexion in sich〉により、国制という普遍態へと高揚するときにはじめて権利を有するととらえることである。すなわち、「特殊化の原理は、全体にとって特殊化を保証する法律と、同時に特殊化を普遍的なものに還帰させる法律を要請する」（*L.* 199 f., §137 Anm.）のである。

ところで、こうした〈みずからの内へと折れ返ること〉は、いかなる場面で現実的に生じるだろうか。そこで、このように〈折れ返る〉関係が、ある個別的な人格と集合的な人民とのあいだに成立するとせよ。しかるに、単一の意志をもつ集合的な人民は、たんに個人の観念や思考枠組においてのみ現実的である。ゆえに、〈みずからの内へと折れ返ること〉は当の個別的な人格において現実的に発生するほかはない。この〈折れ返り〉が複数の人間の実際の協議によって遂行されると想定してみても、結論は同じである。こうした協議による〈折れ返り〉も、当の個人自身の〈みずからの内へと折れ返ること〉にならないかぎり、たとえ客観的に通用したとしても、かれの主観態において現実的なものにならないからである。[164] まさに、「特殊態がこのように〈みずからの内へと折れ返ること〉は、現実的な個別態がもつモメント」（*L.* 199, §137）にほかならないのである。[165]

（163）この詳細な議論は「市民社会」において普遍態の顕現を論証することである。
（164）集合的決定が「妄想」となるとの批判は、cf. M. Maidan, "Réconcilation et Conflit, Les Limites de la Philosophie Politique de Hegel", in: *ARSP.*, Stuttgart 73（1987）, p. 335.

だが、ここから帰結することは、人民のおのおのが特殊化すると同時に普遍的でもある状態となればよいということだけである。つまり、人民の実体的な統一を保持する〈みずからの内へと折れ返ること〉の担い手は、「公民たちの現実的な自己意識」（*KHS.* 225）すなわち人民のおのおのと考えればよい。したがって、そのかぎり、「国家意志の個体性」を「すべての個体とは区別された一個の特殊な個体」（*KHS.* 226）に割り当てる必要もない。もちろん、ヘーゲルに即しても、「諸個人の知」は「みずからの媒介を直接的な実体に具える」（*L.* 179）とされるから、この担い手を人民のおのおのと考えてもよい。しかしながら、このさいに同時に考慮せざるをえないのは、まさに特殊が〈みずからの内へと折れ返ること〉により普遍へと高揚するときに、おのおのの個別態に孕まれた悪が頭角を現すことなのである。

すなわち、ヘーゲルによれば、特殊態をもつ主観態が普遍態へと〈折れ返る〉場合、こうした主観態は「絶対的な自己確信」としての〈良識 Gewissen〉となる（§136）。ところが、この良識には、（一）「それ自体でもそれだけで独立しても善であるものを意志する心情」である「真実の良識」と、（二）こうしたそれ自体でもそれだけで独立しても「内容」を欠いた「形式的な良識」の二種類がある（§137, u. Anm.）。個人がもつ良識は、一般に、その内容が「真実であるかいなかという判断に服せしめられており」（§137 Anm.）、こうした判断には自分自身だけで通用させることはできない。なぜなら、もしみずからの良識だけに絶対的な権限を与えるとすれば、これは、他者の異なりうる良識との通用性を拒否するものである以上、すでに「理性的でそれ自体でもそれだけで独立しても通用する普遍的な行動様式という規則に反している」（ebd.）からである。もっとも、良識の内容に着目すれば、それがそれ自体でもそれだけで独立しても善となる可能性もある。が、しかし同時に、「普遍的なもの以上にみずから自身の特殊態を原理として、それを行為によって実現する恣意――すなわち悪」（§139）である可能性も排除できない。

したがって、人民のおのおのが特殊を普遍に〈折れ返らせる〉としても、つねに、それ自体でもそれだけで独立してもいる自分とは別の判断者を要求することにならざるをえない。しかも、国家としては、この判断を、普遍的に通用するものとし、究極的には実体的な統一において保持しなければならない。判断者ごとに法律が異なるという事態は、けっして放置できない。ある統一的な最終決定が下されなくてはならない。もともと、熟慮から決断にいたるはたらきは個体的な意志においてのみ現実的なのだから、国家的な個体の「自己規定」こそが最終決定者とならなくてはならない[166]。一般に、国家活動が、統一的な普遍的な意志をめぐって営まれ、これに逆らう者を絶対的に服従させるものだとすれば、この意志は、たんに人びとの表象の一致では満足できず、現実的な単一の意志として決断され遂行され貫徹されなくてはならないのである。

だからこそ、ある個別的な人格が、人民の実体的な統一を保持しながら、それ自体でもそれだけで独立しても通用する普遍態を設定する単一の主権者として、すなわち「ひとり」の君主としてたち現れざるをえない。君主の存在意義は、ここにこそある[167]。

しかし、だからといって、ある特定の個人が、こうした主権者として固定化される必要もないし、ましてや世襲的な君主となる必然性もないとも考えられよう。というのも、人民のおのおのの良識がそれだけで通用するものではないにせよ、諸個人も「実体に即した媒介」をもつ以上は、すべての人民が可能態としては国家の主権者となるはずだからである[168]。しかも、ある特定の個人の良識といえども、恣意性を免れうるとはいえず、かならず

(165)「全体がみずからの内へと折れ返ること」が、「最終決定」としての「個体的意志」となる（*L*. 182, §131）。これは、〈有機体〉論的には「再生産 Reproduction」（ebd.; *El*. 206, §276）にあたる。Vgl. Siep. a. a. O., S. 409.

(166) ここには、権力の三重人格（trias politica）性を主張するカントへの批判がある（*L*. 182）。Vgl. I. Kant, Die Metaphysik der Sitten, *Kants Werke*, Akademie-Textausgabe, Bd. 6, Berlin 1968, S. 313. Vgl. Siep. a. a. O., S. 416.

(167) したがって、「君主は国家の中心でも主要な歯車でもない」とはいえない。Cf. E. Weil, *Hegel et l'etat*, Paris 1950, p. 62. なお、君主も人格としては市民と差がないため、これが理由となって、国家の頂点が個体的となるとするのは、vgl. Cesa, a. a. O., S. 200.

しも普遍的に通用するものではないであろう。

ところが、以上の反論のなかで唯一本質的な部分とは、人民の実体的な統一を担う個人がだれになろうとも、これを恣意的にしか表現できず、かれはたんに可能的な主権者でしかないという結論である。こうなるのも、われわれのこれまでの考察が、次のように、有機的な分肢組織化のない国家しか念頭においてこなかったからだと思われる。

ヘーゲルによれば、「国家の概念」には、「普遍的で至純な（gediegen）精神」と「この精神の活動によって生み出される現実的な精神」という二つのモメントがはたらいている（*L.* 178, §129）。前者の精神は、「万人の実体であり、万人の目的、万人の自己意識」だとされるから（ebd.）、人民の実体的な統一を核としたものだといえよう。ところが、この精神は、「国家の概念」の一モメントでしかないから、同時に「現実態および活動」（ebd.）という後者の精神としても現れなくてはならない。

この「現実態および活動」こそが問題である。われわれがみてきた「現実態および活動」は、人民を「多くの人格、主体」としてとらえるものである以上、「みずからのうちで分肢組織化されていない大群衆として振る舞う」（*L.* 178 f., §129）普遍的な精神でしかなかったのである。この場合、予定調和的な立場で考察しないかぎり、「普遍的なものの個体的な意志は、恣意と偶然態であり、全体は、たんに直接的な現実態でしかない」（*L.* 179, §129）といわざるをえないだろう。こうした「直接的な現実態」は、『論理学』の規定を引くまでもなく、「偶然的であって、現実的であることも、またそうでないこともありうる可能的なもの」（*L.* 179 f., §129 Anm.）にすぎない。だから、こうした事情のもとで個人に主権が委ねられると、かれが発動する「個体的な意志」も、大衆的なものとして「恣意と偶然態」を免れえないのである。

もっとも、人民のおのおのはきっとこうした理念を表現すると希望もいだきたくなろうが、しかし、これはあくまで道徳的な要請以上のものではない。『『人びとは共同精神を持つべきだ』と激励したり命令したりしても、共同精神は、出来しはしない」(*L*. 180, §129 Anm.)。この道徳的な要請の立場も、実現はあくまで偶然態に委ねられているのである。

では、いったいどうすればよいのだろうか。これまでの議論ではっきりしたことは、次の二つのことである。(一) まず、人民の実体的な統一を保持しながら、それ自体でもそれだけで独立しても通用する普遍態を設定する主権者が、ある「ひとり」の個人として現実的であるという必然態がある。(二) ところが、この個人がいだく良識の内容がそれ自体でもそれだけで独立してもいる普遍態である保証がない。したがって、問題の核心は、個人として現れる君主の意志において、恣意性の発生しない次元、あるいはそれ自体でもそれだけで独立している普遍態が成立する次元がどこにあるかということになる。

四　君主的な意志の無内容性

周知のとおり、ヘーゲルによれば、〈わたし〉の意志は、(一) いっさいの内容を度外視する「絶対的な抽象」という普遍態を一方のモメントとし (§5)、(二) みずからを「ある規定された内容として設定する」ことによる特殊化を他方のモメントとし (§6)、(三) この双方が統一している個別態において自由となる (§7)。この意志の自由においては、〈わたし〉は、なるほどみずからを特殊化しているが、この規定された内容がたんなる可能態であると無関心な態度をとることができる (ebd.)。意志の自由が「恣意」となるのは、内容がこのように可能的なものにすぎないからである (§15)。そこで、意志は、恣意を超えるために、「普遍態を、つまり無限な形式と

(168) 君主は「主要権力」だからこそ、「だれでもよい」とするのは、cf. Bourgeois. *op. cit.*, p. 128.

してのみずから自身を、みずからの内容や対象、目的とする」（§21）必要がある。こうなれば、意志は「それ自体でもそれだけで独立しても存在する意志」（§22）となる。ここで「みずから自身」を「内容」とするとは、自然態や特殊態を廃棄して（ebd.）、「意志すること」をメタレベルで「意志する」ということである。

　ところで、君主的な個人の恣意性は、意志の内容面から、したがって意志の特殊態から出来したのであった。ということは、意志の内容的な決定をこの君主的な個人に委ねなければ、当面する君主の恣意性は除去されるはずである。だからこそ、ヘーゲルは、君主の「尊厳性 Majestät」を、君主が「恣意によって動かされない」という理念によって構成されるとし（§281）、実際の君主権の機能もこの理念に沿って叙述することになるのである。[169]

　ところで、君主が恣意的でないことは、その（一）「意志の最終的で無根拠な自己（Selbst）」の側面と、自然に委ねられた規定としての（二）「自己という無根拠な現存在」の側面とが統一されていることだとヘーゲルはいう（ebd.）。

　まず、なにゆえ前者の側面から君主が恣意的でないと帰結するのだろうか。むしろ、「意志」が「無根拠」であるとされると、通常これは、端的に恣意的な意志を意味すると考えられるであろう。

　君主の意志の最終的な無根拠性とは、君主が、たんに最終決定という自己規定の抽象的なはたらきのみをなして（§279）、内容面の、客観的な要素の決定はおこなわないことをいう（§284）。すなわち、君主は、『然り』と言いIの上の〈点〉を打つ」（V. 764, §280）ことしかしないということである。[170] 決定内容に関しては、君主とは別の審議機関——君主権の構成部分としては内閣（VI. 685, §283）——が取り扱うことになる（§283）。さきに述べたように、君主の決定に恣意が出来するとすれば、決定内容という「特殊なもの」（ebd.）においてであろうが、ヘーゲル的な立憲君主制では、こうした内容にかかわることがそもそも君主自身から排除される。ヘーゲルは、君主が内容までも総攬する「君主の自己統治」を「きわめて危険なもの」として斥ける（III. 253, §283）。したがって、君主の決定が無根拠で無内容であることによって、かえってはじめて、君主の恣意的に振る舞う余地がなくなる。

「最終の自己規定は、それだけ分離されて、いっさいの特殊化や制約を超越したところに高められた頂点の地位を占めるかぎりでのみ、人間的な自由の圏内に入りうる」（§279 Anm.）のである。

もちろん、君主の決定には、ほかの機関がすでに仕上げた内容が伴うから、これを「特定の決定」（*KHS.* 225）といえないこともない。だが、しかし、まさにそれゆえに、君主が内容に関与すれば恣意が発生すると喝破し、ここから君主を遠ざける点にヘーゲルの議論の核心があった。したがって、マルクスのいうように、君主の決定が「特定の決定であるがゆえに恣意的」（ebd.）だとはけっしていいえないのである。ところが、他方でこの論拠とは逆に、マルクスは、内容にかかわらないことがかえって君主の恣意性を生むと考えて混乱する。つまり、君主の最終決定が「内容の『普遍態』および審議の特殊態と分離しているかぎり、それは恣意としての現実的な意志である」（*KHS.* 221）といい、ヘーゲルのいう君主を恣意的な君主として描きだす。(171) たしかに、君主権は、普遍態を設定する立法権と、特殊態を普遍態に包摂する統治権とは、相対的に「分離している」。しかし、すでに指摘したように、理性的な国制においては、君主権といえども、総体性であり、立法権や統治権の作用を受けるのである。

もっとも、最終決定という形式自体に恣意性の混入する疑惑もなきにしもあらずであろう。実際、「君主が決定することもしないこともありうる」（*L.* 206, §140）とヘーゲルもいうからには、なおさらである。しかしながら、「君主権はほかのモメントを前提とする」（§285）といい、「国制と法律が君主権の基礎をなしており、この基礎に

---

(169) 君主の空虚性はすでに『イエナ・体系構想III』（一八〇五・六年）にあるから（*JSIII.* 240）、フランス王政復古（一八一四年）後の憲法論議がヘーゲルに影響を与えたとする指摘（Becchi, a. a. O., S. 242; Cesa, a. a. O., S. 196）は、本質的とは思われない。

(170) 君主が内容を決定するのは（Bourgeois, *op. cit.*, p. 110; Becchi, a. a. O., S. 232）、国制の未熟さゆえである。『法の哲学』でも君主決定の無内容性は明白だから（§279, §281, §283）、『法の哲学』と講義録を対立的に扱うことはできない。

(171) この論理が当時のプロイセン批判の意義をもつことは、当面の議論とは別次元である。

したがって君主は統治しなければならない」（*L.* 200, §138 Anm.）のだから、君主権の決定形式自体がそもそも国制と法律によって規制されているわけである。[172] だからこそ、ヘーゲルは、決定のさいに君主の特異性が介入する国家を「ほとんど組織されていない」と評価する（V. 765, §280）。「君主は、理性的な国制を欠いた国家の頂点に立つと、全体をみずからの恣意に委ね、あらゆるものを破壊するだろう」（*L.* 206, §140 Anm.）。つまり、なお決定形式に君主の恣意性が残存するならば、これは、むしろそれを規制しえない国制と法律に由来するのであって、君主の最終決定そのものによるのではないわけである。[173]

したがって、君主が決定の内容面で責任を負わないということは（§284）、君主の恣意性を是認するものではありえない。「統治行為に対するいっさいの責任を超越したところに高められている」がごとき「君主固有の尊厳性」とは（ebd.）、あくまで「恣意によって動かされない」という理念のことなのである。だから、恣意的な決定を排除する『国制の全体』や『法律』を君主が犯すとき、その無責任性がなくなる。なぜなら、国制に合致する君主の現存在がなくなるからだ」（*KHS.* 239）というマルクスの理解は、それ自体はヘーゲルにとっても正当なのである。もっとも、マルクスは、ヘーゲルのいう「法律」と「国制」が「君主を無責任にしている」と不当な告発をしたのではあるが（ebd.）。

しかし、なお、最高審議職の選任や解任は明白に君主の「恣意」に委ねられるのだから（§283）、君主は、こうした人事をつうじて間接的に、内容面で恣意性を発揮しうるといわれるであろう。だが、こうした人事には「議会に対する大臣の責任」（*L.* 208, §140 Anm.）――君主に対する責任ではない！――を考慮する強制が働かなければならない。したがって、「よく編成された君主制では、大臣の選任が元首のたんなる恣意の事柄とはならない」（*L.* 209, §140 Anm.）のである。[174] だから、ヘーゲルによれば、君主は人事をつうじて恣意性を発揮することもできない。むしろ、君主は、最高審議職の選任や解任に関し、議会に対する道義的な責任を負うというべきなのである。

五　君主の無意味性

そこで、次のような疑問が湧きあがる。もし、ヘーゲルのいうように「元首の人格」が「無意味であること（Unbedeutendheit）にこそ国制の力と理性態が存する」（*I.* 202, §138 Anm.）のだとすれば、この無意味性を徹底して自然的な君主など廃棄すればよいのではなかろうか。最高審議職の人事も議会の責任追及に従属するのであれば、もともと議会がこれを選任すればよい。いずれの疑問も、国家理念を体現する主体がある個人として現実的であるという論理を踏まえてのことであれば、国家の頂点に立つ者の選択をどうするかの問題に帰着するであろう。これが、前節で残しておいた（二）の側面、すなわち、自然に委ねられた規定としての「自己という無根拠な現存在」を君主がもつことの評価にかかわる。

手始めに、君主が最高審議職を選任したり解任したりすべきだとする理由から考えよう。ヘーゲルは、その理由として、これが君主の人格態に直接交渉することを挙げている（§283）。人格的な交渉が重視されるのは、君主とこの職務に対立を惹き起こさせないためである（*I.* 207 f., §140 Anm.）。最高審議職は、君主の選任によらなければ、人民ないし議会という別の正統性根拠によって、君主の頂点性とは無関係・無統制に行動することが可能である。このときには、国家の実体的な統一を保持する君主の機能自体が無効になる。したがって、君主が頂点に

(172) 無規制との評価は、cf. Bourgeois, *op. cit.*, p. 111. だが、みずから決した国制と法律によって君主が自己規制する点に「法の支配」が生ずると思われる。ヘーゲル的国家を「法治国家」でないとする評価は、vgl. Siep, „Intersubjektivität, Recht und Staat in Hegels ‚Grundlinien der Philosophie des Rechts'", in: *HPR.*, S. 273.

(173) Cf. Rosenfeld, *op. cit.*, pp. 284 f.

(174) このテキストを『法の哲学』に対立させる主張は、vgl. Becchi, a. a. O., S. 244. だが、*I.* 205 でも人事に関する君主の恣意が明言されている。

立つのであれば、最高審議職はこれに従属すべきであって、この従属が君主による選任と解任の形式によって表現されなくてはならない。とくに、官職への国家反逆的な固執を主権的に排除するためにも、「正式な判断」(*V.* 215, §144)によってこれは罷免されうるとしなければならないのである(君主による不信任の宣告は「反逆罪」の判決を意味する[175](*VI.* 686, §283))。

だが、君主と最高審議職とのあいだの対立はあくまで君主が存在するからだとして、君主抜きに複数の最高審議職が国家の頂点に立つとすれば事なきをえようか。しかし、これは、決定内容に関与するから、最終決定権をもつと恣意的な決定を下す危険性がきわめて高い。しかも、ヘーゲルによれば、このとき、「連合協議 Regimentsrat」につきものの「派閥 Faktion」が形成され、「国家権力の最高のものが特殊態や派閥にひき下げられてしまう」ことになる(*I.* 208, §140 Anm.)。ここで出来するのは、国家意志の最終決定(最高頂点)という形式をめぐる権力闘争であり、国制としてみれば、一部の特権保持者による「貴族制」(ebd.)なのである。君主の恣意を排斥しようとしてその首を落としてはみたものの、決定の内容と形式とともに恣意性が充満し、しかもこの恣意性を排除する絶対的な権力が不在となる。つまり、この試みは、特殊な意志を露骨に国家意志にしてしまうものなのである。

では、君主に対する最高審議職の従属性を承認するとしても、なお、自然的な君主にこれが服するとするのには納得できないと反論されるであろう。「君主の配慮すべきは人民の大事と利益だから、だれにその幸せの配慮を託そうとするかは、あくまで人民の選挙に委ねられる必要がある」(§281 Anm.)というわけである。これに対して、ヘーゲルは、元首を選挙することによって「諸個人の特殊な意志を最終決定者とする」ことになり、「個人の特殊な意志がなす裁量への国家権力の屈服」が生じ、よって「国家の特殊な諸権力の私有物への転化」や「国家主権の衰微と崩壊」が出来すると論ずる(ebd.)。もちろん、大統領制などの今日的な実績を念頭において、これは杞憂にすぎない、ヘーゲルはドイツやポーランドの歴史的な事例に強く規定されて評価を下しているといわれよう。だが、個々人の投票が恣意的で特殊であることを否定すべくもないとすれば、元首を選挙する国制にしても――主権が衰微しているかいないかはともかく――、ある一定の特殊な意志によって国家意志が牛耳られていることだけは、すくなくとも肯定されてよいはずである。

つまり、君主を廃棄するにせよ人民がこれを選ぶにせよ、いずれにしても、当初の目的とは異なって、国家の最終決定を恣意的なものとしてしまうとヘーゲルはみた。そこで、君主たるものは自然によって選任された「自己という無根拠な現存在」でなければならないのである。[176]

もちろん、君主の自然態を容認する議論に対して批判のあることに、ヘーゲルが無自覚なわけではない。こうした批判の論拠を、ヘーゲルは二点とりあげ検討している（*VI.* 678 f., §280）。

第一に、人格的な平等の見地から、だれもが王となりうると主張する批判である。これに対して、ヘーゲルは、そうだとしても、まさに大勢を排斥して「ひとり」のみが王たりうるのだから、人為ではなく自然に委ねなくてはならないとする（ebd.）。なぜなら、人間がこうした「ひとり」を選任するとすれば、個人の才能や卓越性が較量されるだろうが、こうした斟酌が無根拠であるべき君主の最終決定を根拠づけてしまうからである（ebd.）。すなわち、この決定が、最終的には個人の才能や卓越性に由来することになるからである。[177] これでは、「元首の人格が無意味である」という理性的な国制の要請に応えることができない。

もっとも、このように個人の才能や卓越性の較量を要求する背景には、一定の論拠がある。すなわち、ほかの国家公務員に関しては尊敬に値する者が選任されるのに、もっとも重要な「国家公務員」――ヘーゲル自身は

---

(175) 公務員が君主に従属することで官僚支配が阻止される。Cf. Bourgeois, *op. cit.*, p. 105, p. 129. 公務員の恣意性をいかに防遏するかについては次節で議論する。

(176) 君主の正統性が、最初の「自然法と国家学」講義（一八一七・一八年）では本質的だが、『法の哲学』では形式的だとする区別は（Becchi, a. a. O., S. 239）、この講義でも君主の自然性が言及される以上（*I.* 200）成り立たない。

君主を人民の「代表 Repräsentant」だとはみても「国家公務員」ないしは「人民に委任され雇用されたもの」だとは考えない(*I*. 203, §139)——であるはずの君主を自然が偶然に決定するのは、非理性的であると考える論理である(*VI*. 678 f., §280)。これが第二の批判点である。だが、この議論は、君主の使命が、「無根拠な決定」をする「抽象的で空虚な〈わたし〉」であり、個人の内面態がこの点に制限されていることを忘れてしまっている(*VI*. 679, §280)。もし君主という個人の内面態を考慮する必要があるのだとすれば、かえって逆に、君主の恣意的な決定を切望する議論に転倒してしまう。「大統領」制では、「恣意と人格態が非常に強くあらわれてしまう」(*I*. 214, §143 Anm.)のである。国家において理性的なものとは、君主の内面態に依存するものではない。そうではなく、「理性態は、人民のもつ諸制度という教養形成されたシステムとして存立すべき」(*III*. 245, §281)ものなのである。

しかし、君主の存在自体が無根拠であるならば、無根拠に君主を選択すること——たとえば抽選によるとか当番制にするとか——も可能なのであって、それに比して君主の生得権や世襲権を主張することは、あまりに無批判的な実証主義なのではないか、とくにウィーン体制下にあってこれを正統性だと主張することは反動への寄与ともいうべきなのではないか、という疑念もありえよう。これについては、すで第二章第三節で指摘したところであるが(本書一六二—七頁)、要点を述べればこうである。ヘーゲルは、「哲学だけが君主の尊厳性を思考して考察することが許されている」(§281 Anm.)と明言し、ある家系を君主に就ける実定的な権利ではなく、高次の哲学的な理念のみが君主の尊厳性や生得権、世襲権を権利づけると主張する。実定的な君主を廃棄しうる論理をこのように公然と表明することが、反動への賛美といえるだろうか。むしろ、反問しなければならない。なぜ、かくも、だれが君主になるかにこだわるのか? それは、じつは、君主を崇めていることの裏返しではないのか? それとも〈わたし〉が……

六　まとめ——無意味の尊厳性

ヘーゲルが〈君主〉論において展開したかったのは次の一事である。国家が実体的な統一を確保するためには、最終決定というモメントが人格として必然的に現れざるをえないし、とりわけ「危急存亡」のときには、「平時において権限の許されているものを犠牲にする」(§273 Anm.) 権力集中が絶対不可欠である (*I*. 214, §143 Anm.)。だから、たとえ大統領などと名前を変えてみても、君主の概念はなきものにできない。しかしながら、このことで君主の存在を無条件に賛美できるかといえばそうではなく、理性的な国制としては、君主に潜む恣意性を徹底的に剝奪して「元首の人格が無意味」となる方策を練りあげなくてはならないのである。そこで、ヘーゲルは、理念がみずからの〈他のもの〉である非理性的なモメントに——つまり自然に——移行せざるをえないという『論理学』的な考察に依拠して (§280 Anm.; *VI*. 679, §280)、国家理念の一モメントとして君主の身分確定をおこなった。国家創建の当初、自然かつ偶然に全権力を集中してしまった君主が、これを自分とは別の権力機関として設定してゆき、最終的にはたんなる「我意志ス」(§279 Anm.) という無内容な——しかし絶対的に不可欠な——「尊厳性」へといたること、これが「元首の人格が無意味」となる唯一の方策なのである。[178]

悟性は、このようにしてはじめて理解できる君主の真の地位を把握し損うため、かえって君主に卓越性や意味性を与えるような「君主に対する不自由な態度」(*III*. 243, §280) に陥っている。君主の存在を批判するにせよ賛美するにせよ、この存在に重大な意味があると思い込み囚われるからである。そうではなく、「君主を概念的

(177) フランスを揶揄して、選挙は「将軍 Feldherr」を元首に求める粗暴な人民で起こるとされる (*I*. 203, §138 Anm.)。この「将軍」とは、もちろんナポレオンである。

(178) 「国家が不動の法律と確固たる組織をもつと、君主の独裁に委ねられるものが、実質的にみてほとんどないとみなされる」(*HW*12. 539)。

に把握することでつくられた、君主に対する自由な態度」すなわち「哲学が持する態度」が必要であろう（ebd.）。この態度によってこそ、「元首にあらゆる威力を委譲し、あらゆることが元首に従属していると信ずる」（*I.* 206, §140 Anm.）通俗的な態度、君主という「自然神的なもの」（*I.* 204, §139 Anm.）を崇める態度を廃棄することができる。

理性的な国制における君主の地位とは、無意味であることの尊厳性なのである。

第二節　統治と市民社会の差異の意義――統治権の恣意性排斥をめぐって

一　はじめに

ヘーゲルの『法の哲学』における〈統治権 Regierungsgewalt〉論をマルクスが官僚制の経験的な叙述だとして批判したとき（*KHS.* 247）、その狙いは、市民社会と国家の対立を解消し、この対立に根をもつ官僚制そのものを廃棄することにあったといえるであろう。こうしたマルクス的な問題関心にかぎらず、市民社会と国家との媒介は、ヘーゲルの国家論を評価するさいにつねに「アポリア」として問題とされてきたが、リーデルの指摘にしたがうかぎり、こうした「アポリア」の発生する根本的な理由は次の点に求められることになる。すなわち、ヘーゲルの議論によると、市民社会における諸身分やコルポラツィオン、自治体などの媒介要素が、「国家と市民社会との差異（Differenz）の非廃棄性を表現している」からだとされる。[179]

ところで、こうした理解が正当なものだとしても、国家と市民社会との差異そのものを廃棄することがヘーゲルの発想のうちにないとすれば、「アポリア」自身はむしろ、差異の廃棄にこだわりつづける解釈者のがわが勝手に生み出しているといえなくもない。もちろん、ヘーゲルは、市民社会を人倫的な理念の分裂態として理解し、ここにおける普遍態と特殊態の差異を同一化してゆくことに重大な関心を寄せている。だが、このことがただちにこうした差異そのものの廃棄でないことは、『法の哲学』の〈市民社会〉序論において明確に示されているところであり（§185 Anm.）、ましてやこれが国家と市民社会との差異の廃棄という課題を提起するものでもないことは、家族や市民社会との関係において国家が議論される（§263）ことからも容易にみてとれよう。[179]

もっとも、市民社会と国家の差異の廃棄をめぐる議論が、これまで、ヘーゲル哲学と現前する政治との関係を考えるうえで生々しい実践的な意義を有してきたとはいえるかもしれない。しかしながら、あたかもこれがヘーゲル解釈の根本問題だとみなされると、ヘーゲル自身としては両者に差異を認めつつ議論を進めたことの意義が曖昧にされつづけると思われる。

そこで、われわれとしては、この差異の意義を〈国家〉論レベルで検討したいのだが、これが強く意識されるのは、『法の哲学』ではとりわけその〈統治権〉論においてだと思われる。ちなみに、その近代国家論的な意義は、すでにアヴィネリによって指摘されている。すなわち、ヘーゲルの官僚制的な統治権は、「公共政策が市民社会のもろもろの利害の直接的反映にな」らないことの「保証」であり、コルポラツィオンや自発的な団体の存在は、「行政機関の威力に対する効果的な抑制と均衡の装置」として意義をもつとされる。[180] ヘーゲルの近代性についての評価はさておき、こうした意義づけをわれわれも妥当なものだと考える。だが、しかし、こうした有意

（179）Vgl. M. Riedel, a. a. O., S. 74. 邦訳、一〇〇頁参照。
（180）Vgl. S. Avineri, *op. cit.*, p. 160. 邦訳、二五一頁参照。

義な差異も、市民社会における利害対立や階級分裂を廃棄するなかで不必要になる、というマルクス的な議論も論理的にはなお可能であろう。

もちろん、ヘーゲルの〈市民社会〉論において差異の同一化が十分なされているかいなかは、それ自体大きな論点となりうる。[181] ただ、われわれがさしあたり正面から受けとめるべきは、同一化が果たされたとヘーゲル自身が判断した段階にあってもなお、国家が市民社会を越えた領域において存立しなければならないという理解がなされたことの深刻さである。マルクスに対する反問のかたちで述べるならば、よしんば階級対立が廃棄されたとしても、そこに成立する無矛盾的な市民社会がみずからを超えた領域に国家を構想せずにすむのか、という問題となろう。あるいは、逆にいえば、ヘーゲルの望む評価基準、すなわち論理の問題として（Vorrede. V）、市民社会と国家の差異を解消すると仮定するときに、いかなる事態が発生することになるのか、ということでもある。

また、このときには同時に市民社会と国家は、差異をもちながらも同一態も有しているので、いかなる媒介関係によってこれが成立することになるのか、明らかにする必要もある。ただ、統治権と市民社会の関係を、マルクスが着目した人事や給与面での同一態で考えるだけでは不十分だと思われる（*KHS.* 251 ff.）。こうした同一態は、官僚の現存在形態を静的に理解するには役立つとしても、市民社会と統治権の形態を過程的に明らかにするものではないからである。

さらに、これを考える場合、とくに、「政治的な国家」内部における統治権の恣意性が、ヘーゲルを評価するうえで問題となるであろう。というのも、われわれがすでに前節で指摘したように、ヘーゲルが、君主の恣意性を除去するために決定内容という「特殊なもの」（*Vl.* 685）を統治権に委ねるとすると、つぎには、こうした特殊態に由来する恣意性が問題となってこざるをえないからである。とりわけ、統治権の存立を前提とする場合、この処理を誤るならば、君主権と統治権の共同謀議によって、人民に対する恣意的な支配――すなわちヘーゲルの概念からしても専制支配（§278 Anm.）――が出来することになろう。ここからいかにしてヘーゲルは脱出しようとしたのか。

本節では、以上のような問題を、『法の哲学』の〈統治権〉論を中心に検討することにしたい。

二　市民的な自治と統治権による包摂

ヘーゲルによると、国家は、市民社会の法律や利益を従属させるより高次の威力（Macht）、すなわち「外面的な必然態」でありながら、他方、市民社会の特殊利益と統一される普遍的な目的、すなわち「内在的な目的」だとされる（§261）。この「外面的な必然態」について、マルクスは、家族や市民社会の「自立的な本質を狭め」、「事柄の内的な本質を侵してくる」ものだと評価し（*KHS*. 204）、また、その普遍態については——とくに官僚制をめぐる議論の箇所で——、「国家利益が一つの特殊な私的な目的となって」いると批判した（*KHS*. 250）。これは、総じて、国家が、家族や市民社会を超えた領域に「普遍態」として「詐称的」に自立化して、これらを権力的に抑圧しうる性格をもつにいたることに対する批判といってよいであろう。マルクスは、官僚制がこうした性格をもたざるをえないとみて、これを廃止するために、とりわけ、「特殊な利益が現実的に普遍的な利益になること」の必要性を説く（ebd.）。

もっとも、特殊態の普遍態への転化についていえば、これはヘーゲル自身も課題としており、〈市民社会〉論

(181) 条は、『特殊的利益と普遍的利益とが合致する中間集団』を自明の前提とするなら、問題はなにもなくなってしまう」と批判する。条、前掲書、一一頁参照。哲学的議論を歴史的事情から評価しようとすれば、こうした自明性が問題となることは当然であるが、本論では、ヘーゲルの主張にしたがい（*VI*. 632, §258）、理念論としての妥当性を吟味する。

における「理念の利害関心」は、普遍態が諸個人の特殊態に即して顕現してくる過程を概念的に把握することにあった（§187）。

たしかに、市民社会における諸個人は、みずからの利益を目的とし、普遍的なものを手段としかみなさない。しかし、ヘーゲルは、これが利益達成の媒介に必要なため、「みずからの知と意志のはたらきと行動とを普遍的な仕方で規定」（ebd.）せざるをえなくなると考える。市民社会的な活動のなかに、「見かけとしての scheinend」（§263）形態であるにせよ普遍的な性格が含まれるのは、こうした事情による。とくに、（一）「司法 Rechtspflege」から（二）「ポリツァイ Polizei」をへて（三）「コルポラツィオン Korporation」にいたる行程は、普遍的なものと主体的な特殊態との統一（Einheit）がそれぞれ、（一）個々の事件において、（二）特殊態の全範囲において相対的な合一（Vereinigung）として、（三）——産業の特殊部門という制約はあるものの——具体的な総体性（Totalität）のかたちで、実現してゆく過程だとされる（§229）。このように、ヘーゲルは、それなりに、特殊態が普遍化する行程を構想したわけである。

ヘーゲルの〈市民社会〉論では、市民自身の参加によって構成されるコルポラツィオンをもって特殊態と普遍態との統一の完成をみると考えられるが、ただし、ここで顕現するはずの普遍態も、統治権とのかかわりではあくまで特殊態にとどまらざるをえないとされる（§256）。したがって、その完成度からすれば、コルポラツィオンは、あくまで「ゲゼルシャフト的な疎外そのものを克服していない」のであって、「ゲマイシャフト」的な共同性を実現することができていないとみられるであろう。[182] さきのマルクス的な要請とのかかわりでいえば、特殊な利益が普遍的な利益に転化する展望が、ヘーゲルでは切り開けないということになろう。

これは、別言すれば、コルポラツィオンという市民社会の「各分肢がみずからを全体的な普遍態の場にまで高める」ことができないということだが、粂康弘は、これを次のように経済学的な観点で意味づける。すなわち、「市民社会における商品生産の分業組織」であるコルポラツィオンは、「市場価格の決定」を乗り越えず、「私的な商品生産、その社会的な分業」についての「意識的なコントロールを可能とする有機性」――簡潔にいえば「自覚的な有機性」――をもちえていないとみられる。こうした意味づけは、ヘーゲルがいうそれぞれのコルポラツィオンが、国民経済という普遍的なものを意識的に責任をもって運営するものとなっていないことへの批判といってよいであろう。しかも、コルポラツィオンが自治的な性格をもつために、統治権自体にもこうした意識性がないとされ、この点にも批判が加えられている。[183]

ここで、相対立する評価が明確になってきたと思われる。一方では、統治権が市民社会の「内的な本質」を侵害する性格をもつとみられ、この場合、市民社会的な諸組織は国家に対してきわめて従属的な位置を占めることになる。他方、市民社会的な諸組織があくまで特殊態に関して自治的な性格を有する以上、統治権はこの活動に介入することができないと考えられる。ここにみられるような評価の対立は――賛美となるか批判となるかは別として――、序論で示したようにヘーゲル解釈史において繰り返されてきたパターンであるが、真実のところはどうか。まずは、統治権の機能に重点をおいて検討してみよう。

ヘーゲルの基本的な発想は、市民社会の諸団体[184]（Korporationen）、すなわち地方公共団体（Gemeinde）や営業団体（Gewerbe）、職業身分団体（Stände）などを「自主管理 Selbstverwaltung」（*I.* 211, §141 Anm.）団体とみなし、統治権のがわの活動をこれらに対する「監督、助言、形式的な決定に制限」（*I.* 217, §145）することである。とくに、市民社会のこうした自治ないしは「共同統治 mitregieren」（*I.* 211, §141 Anm.）が、ヘーゲルによって「君主制における民

(182) 同、前掲書、一二頁参照。
(183) 同、前掲書、六一―一二頁参照。
(184) 第二八八節では、統治権に接続する地方公共団体や職業身分団体もKorporationとされ、〈コルポラツィオン〉論の参照が求められる。したがって、これらの機能もコルポラツィオンのものに準拠すると考えうる。以下、煩瑣となるため、一般にコルポラツィオンについてのみ議論する。

主制の原理」（ebd.）として位置づけられていることは、注目に値しよう[185]。

市民社会と統治権とがこうした関係をもつとすれば、粂が主張するように、ヘーゲル的な統治権は、諸団体本来の活動の内部に干渉することができず、市民社会において自然成長をとげる経済的な分業の結果をたんに「追認[186]」することしかできないようにみえる。すなわち、国民経済の意識的な統制ができないようにみえる。しかし、ヘーゲルの議論に即して、『法の哲学』全体に目配りしながら、統治権の権能を全面的にとらえる場合、こうした見方には無理がある。

おそらく、貧富の蓄積に対して市民社会が資産力能（Vermögen）を具えていないという有名な議論から等閑視されるのだと思われるが、統治権の重要な権能であるポリツァイ権は、生産者と消費者のあいだの利益衝突を回避し、均衡状態を達成するために、必要な規制を意識的におこなう権利を保持している（§235）。また、諸団体の自治が公認されるのは、あくまでこれらが「公の威力（öffentliche Macht）の監督」（§252）に服するかぎりでのことであり、「特殊な部分が普遍的なものに反抗する態度をとらない」（I. 210, §141 Anm.）かぎりでのことである。分業体制のヘーゲル的な承認には、このように、たんなる「追認」以上のものが含まれている。

まさに、「欲求や特殊態のシステム」の「目的」と「国家の目的」とが矛盾をきたす」（I. 177, §128）ときには、「外面的な必然態」が出来するわけだが、ここでいう「国家の目的」が市民社会にはじつは内在しているはずの普遍的な目的であるからには、「外面的な必然態」とは、みずからの本質としての普遍を——みずからなしえないがゆえに——統治権をかりて外在化せざるをえないということなのである。もしも、ここにマルクスの主張するような市民社会の「内的な本質」の侵害があるとすれば、「部分的なものがたんに特殊な諸目的のために国家を利用しようとする」（I. 178, §128）がごとき市民社会の「本質」を撤廃するという以外にない。「国家が権力（Gewalt）として現象する」（ebd.）とは、アヴィネリの指摘を俟つまでもなく、国家が特殊な利益に従属する事態を回避しようとする反発のことなのである。

しかも、ここで留意すべきは、これが、あくまでコルポラツィオンの自治を前提としたとき必然的に要請される事態だと考えられることである。市民的な自治の条件のもとで国民経済を意識的に統制しようとすれば、つねに市民社会を超えた領域に国家を要請せざるをえないであろう。ただし、ヘーゲルが統治権による統制や介入によって狙ったものは、統治権みずからが市民社会的な欲求や特殊態に手を染めること——たとえば国営企業を営むこと——ではない。むしろ、ヘーゲルは、統治権のがわに市民生活に対する権限拡張の性向があることを問題視し（*I*. 211, §141 Anm.）、これを防止すべく市民領域の確保に努めようとする。

統治権の一般的な規定は、市民社会の特殊な目的に関係しながら、「普遍的な国家利益と法律的な事柄を、これらの特殊な諸権利のなかでしっかりと維持し、後者を前者に連れ戻す」（§289）機能、すなわち「包摂（Subsumtion）の職務」（§287）を果たすことである。こうした規定にしたがうかぎり、統治権による統制や介入は、先行的に決定されている国家利益や法の貫徹の形態で進めることしか是認されないであろう。だが、これに対しては、本節の冒頭で示した国家の普遍態をめぐる異論、すなわち、国家利益や法はむしろ特殊利益でしかないとする異論が起こると思われる。また、こうした普遍態が容認されたとしても、その包摂のあり方は恣意的であると主張されるかもしれない。

まず、前者の普遍態に対する疑義は、国制上の問題となるならば、ヘーゲルの『法の哲学』の議論の文脈でも「革命」の議論に直結せざるをえないことは、すでに第二章第三節で指摘しておいた。普遍を詐称し、高次の人

(185) もっとも、「近ごろ、君主制のなかの民主制的・貴族制的要素についていろいろ語られたが、これもまた適切でない」（§273 Anm.）としている。
(186) 粂、前掲書、一二一頁。

民的な自己意識に背くがごとき国制は革命的に転覆されざるをえないであろう（*I*. 219, §146）。このレベルの議論は、統治権をめぐる議論とは別次元のものであるから、本節では割愛してもよいと思われる。

他方、後者の包摂のあり方をめぐっては、次のことを考える必要がある。すなわち、統治権は、市民社会的な特殊の直轄統治をなさないことにより、——すくなくとも「建て前」としては——特殊な目的をみずからの利益として独自に追求できず、公務員の利得算段のためにその権力を活用できなくなるということである。つまり、形式的には、統治権は、すくなくとも市民社会的な特殊の場においてその恣意性を発揮することが正当化できなくなる。普遍態の担当者（国家）と特殊態の担当者（市民社会）が、それぞれ独自の領域で機能を特化することには、統治権の恣意性の一端を除去する意味が含まれているのである。統治権の恣意性は、なお実際の包摂機能の点で発揮される可能態なきにしもあらずだが、われわれは、ここで、国家と市民社会のあいだに、政治的な国家における権力分立に比すべき一種の機能分割があることに気づかされるであろう[187]。

もちろん、ここから必然的に、市民社会には、特殊な活動の自由な領野が確保され続けるということにもなる。したがって経済の面からすると、一度達成された社会的な分業の均衡も破れる可能態があり、こうした事態に統治権は不断の意識的な統制をなさざるをえないであろう。もちろん、ここでの統制が「事前の配慮 Vorsorge」（§249）を含むことはいうまでもない。統治権の職務とは、いわば悪無限的に、特殊の圏域を確保し、さらにこれを普遍の立場に還帰させる過程的な運動というものなのである。

三　国家機能の団体への還帰とその限界

こうした市民社会的な活動にある自然発生性やアナーキー性の残滓をいかに評価するかは、本論の課題ではない。ただ、ここで留意すべきは、市民社会に階級対立などのなんらかの「疎外」が認められるときに、これらの特殊な個別的事象を国家利益や法という普遍態によって規定的に廃棄する方法と、その背景にある自然発生性の息の根を止める方法とでは、原理的に決定的な差異があることである。前者の方法には、「市民白身の認識と決断と実行、ならびに小さな情熱と空想が思うままに駆けめぐる」(§289 Anm.) 余地——すなわち市民の形式的な自由が認められる余地がある。これに対して、後者の方法は、自然発生性の芽である市民的な自由そのものを廃棄せずにはおかない。なぜなら、自然発生性というものが市民の恣意を基礎としている以上、前記目的のためにはこれを廃棄しなければならないだろうが、こうした恣意性こそは、ヘーゲルの理解によれば市民的な自由そのものだからである (§185)。

おそらく、こうした議論には、市民ないしは市民的な諸領域自身が自発的に普遍態の担い手となるならば市民的な自由を確保しながら「疎外」も根絶しうるし、あるいは前節で問題となった「外面的な必然態」も出来しなくなるという主張もあるであろう。前項では、統治権の面に議論が集中したが、もともと、「有機的な一体性の自覚」は、こちらではなくコルポラツィオンに要請されているものであった。

もちろん、ヘーゲル自身も、市民自身に普遍態の自覚が芽生えることを重大な関心事としている。ただ、この問題に対するヘーゲルの思考方法の特色は、たんに市民自身の主観的で道徳的な良識のレベルだけではなく、それを客観的な諸制度や政治組織として確立する点にみられる。このように考えるのも、前者においては、普遍態の自覚が、個人の恣意性に委ねられ、偶然態に解消してしまうのに対し、後者においては、たとえ個人における逸脱はあるとしても、普遍態の自覚を全体として形成する客観的な保証がえられるとみるからである[188]。

(187) もちろん、形式的に機能分割があることと、それが有効に機能しているかいなかは別次元の問題といえる。ヘーゲルの意図を敷衍するかたちでいえば、これを実質的に機能させる力は、人民の精神の進展に求められるであろう。

ところで、その客観的な諸制度こそが、前項で示したごとく、市民社会では司法やポリツァイ、コルポラツィオンなのだが、司法とポリツァイとが統治権に包摂される段階と、コルポラツィオンが統治権に包摂される段階とでは、その客観のあり方に応じて市民的な意識にかなりの差異が生ずるのである。

まず、客観のあり方からみていこう。前者の場合、統治権という普遍的なものが、「公の威力」(§219, §235 etc.) として、直接的に市民社会の特殊な面と接触するのに対し (§287)、後者の場合、特殊な領域としてのコルポラツィオンがみずから自身の内部的な普遍態を自己統治し、国家という「それ自体でもそれだけで独立しても存在する普遍的なもの」との自治的な媒介環となる点で、性格が異なっている。つまり、権力の作用が、個人にとって直接的で統制的であるか、媒介的で自治的であるかというかたちで、区別されるのである。

また、これは同時に、人的な配置の相違でもある。司法とポリツァイの場合、特殊態を担う具体的な個人がその特殊態に内在する普遍態をみずから合一させるのではなく、あくまでこうした個人とは異なる「普遍的な身分」が担当することになる。したがって、特殊な身分にとっては、普遍的なものは、一般的に外的に与えられるものにすぎず、みずからの特殊態に即する(「自業自得」)といわれてもピンとこないし、なお剝き出しの超越性を有する可能性がある。なぜなら、司法とポリツァイのがわが特殊態に内在する普遍態を追求したとしても、市民自身がこの目的化を遂行することはかならずしも要しないからである。

これに対し、コルポラツィオンは、自分の特殊態を追求しようとすればするほど、普遍態それ自身を内在的に目的とせざるをえなくなる。なぜなら、みずから普遍態を体現しなければ、利得をうることができないという自己責任性があるからである (*L.* 186, §132 Anm.)。普遍を求めない個人は没落するのだ。もちろん、だからといって、個人は無限定にコルポラツィオンに信従しなければならないわけではない。「個人は、コルポラツィオンを通じて権利を持つかぎりでのみ、コルポラツィオンに与してこれに関心をいだく義務を持つ」(*L.* 211, §141 Anm.)。個人の権利が保証されるコルポラツィオンの場合、普遍的なものは、超越的であることをやめ、みずからの特殊態に即するかたちで自覚されることとなる。

以上のことから、普遍に対する個人の意識や意志の態様にも差異が生じていることがわかるであろう。司法やポリツァイにおいては、個人が「みずからの特殊な利害関係のうちにそれ自体で存在している普遍的なものとしての諸制度に、みずからの自己意識をもつ」ことによってしか「普遍態の権利」を獲得することができないのに対し、コルポラツィオンにおいては、こうした自己意識をもつばかりでなく、「普遍的な目的に向けられた職務と活動」とが授けられることとなる（§264）。もちろん、前者においても、制度は客観態のエレメントにあるのだが、市民個人の意識や意志の局面では、たんに自己意識の主観態のエレメントにおいて、すなわちたんに個人の徳のレベルでしか、普遍態の自覚が保証されない。これに対し、コルポラツィオンの場合、普遍態を自覚する実践的な活動がみずからのものとならざるをえなくなる。もっとも、この場合でも、個人の主観態次第では、みずからの属する団体自身に疎遠な超越性を感ずる可能態もあるだろうが、みずからに即して普遍態を客観的に確証できる場が現実的にあるかどうかは、決定的な差異となろう。

こうした普遍態の自覚の差異は、市民社会と国家の同一態のレベルの差異でもある。たしかに、司法やポリツァイの段階にとどまるかぎりでは、市民社会と統治権は、相対的に独白の圏となるから、双方の対立面が強く意識されることになろう。ただ、この場合でも、普遍態が「真」なるもので、市民がこれにみずからの本質的な自己意識をもつかぎりでは、両者の区別は無意味化してしまう[189]。このとき、対立を固定化しているのは、むしろ「否定的な悟性」や「賤民」[190]の立場にある者でしかないとされる（§272 Anm.）。つまり、

（188）「おのおのが、みずからの善き意志であらゆることがなされていると信じ、特殊な職務はなんら必要でないと信じているため、普遍的なものが、偶然的なものになってしまう」（*I.* 186）。だが、良識ないしは政治的心情も、ヘーゲルの国家にとっては重要なモメントであることはいうまでもない（§§267 f.）。教育の問題とのかかわりでは、vgl. V. Hösle, "Der Staat", in: *AL* 190–5.

（189）「階級国家」なるものを被抑圧階級が支持するとすれば、こうした国家に被抑圧階級の本質的な自己意識があるからである。

国家利益や法にみずからの特殊な活動が背かないかぎり、国家は、「外面的な必然態」ではなく、「内在的な目的」として確証されることになる。こうした事態を観念的だとも屈従的だとも批判することもできようが、そもそもこの段階では、市民社会と国家とが直接的に対立する以上、両者の同一態を確証する次元は観念のレベルにしかないのである。

他方、この関係は、コルポラツィオンの段階にいたると重大な変化を蒙ることになる。もちろん、市民社会の特殊な利益と国家の普遍的な利益とのあいだに区別の存する事情には変化がみられない。しかしながら、みずからの特殊態にかかわる普遍態ですら統治権に委ねられていたさきの事態は変更され、これらが市民的な自治のがわに還帰させられている。つまり、市民社会のがわは、以前に国家の占有するところであった機能を自分のものとしているのである。[191] 観念論だと批判されることがつねである国家理念の分肢組織化というヘーゲル的な論理は、国家の有機的な編成を前提とした国家権力の下方委譲の論理でもあったのである。

以上、ようするに、官僚制が独自の権力となったとしても、普遍態の回復をおこなう市民のがわの機構が、レベルの相違はあるとしても、ヘーゲルの議論には存在している。

だとするならば、さらに進んで、市民社会と国家との区別を撤廃することも可能ではないか、という主張もでてこよう。しかし、コルポラツィオンの場合、内部で普遍態が実現できたとしても、それはいうまでもなくみずからの特殊態を追求する限界内のものでしかない。コルポラツィオンは、特殊な領域として、「あまり密接でない諸条件の〈つながり〉や普遍的な見地については不完全にしか知っていない」（*J*. 211, §141 Anm.）という限界を有しているのである。もっとも、ヘーゲルがこうした限界を固守するのに対し、これを超えたほうが理性的だという批判も可能かもしれない。「有機的な一体性の自覚」の要請を一貫させれば、コルポラツィオンが、こうした限界を突破して、統治権抜きに全体的な普遍態へと高揚すべきだということになろう。あるいは、別言すれば、統治権の全機能を市民社会的な諸団体へと吸収すべきだということになろう。

だが、残念ながら、この要請は、コルポラツィオンの特殊としての概念的な自然に反することによって、実現不可能な課題を設定するだけでなく、分肢にすぎぬコルポラツィオンに、過重な負担をかけるものだといえる。つまり、コルポラツィオンに客観的に存在する限界をここで突破するためには、唯一、これを主観的に意識的に捨象するほかはないであろう。そのうえで、全体的な普遍態への高揚が追求されるとすれば、コルポラツィオンは、みずからの特殊な自立態を日常的に放棄するよう求められる事態となる。[192] これは、戦時体制でのみ通用する議論である（§324）。しかも、全体的な普遍態への高揚により美しい国制づくりを目指したにもかかわらず、実際は必然的に恣意的な国制を生みださざるをえなくなる。その事情はこうである。

個人や団体が普遍態にまで高揚したとしても、みずからを超えた領域に普遍態が提示されない場合は、唯一みずからの主観態の領域において普遍的な内容を設定せざるをえないはずである（このことはもちろん可能ではある）。ところで、コルポラツィオンは、まずなによりも特殊態である欲求にかかわる場である。ここで、ヘーゲル的には、特殊態に関する意志は恣意的であることに注意しよう。すると、「各分肢がみずからを全体的な普遍態の場に高める」ことが要請されるとき、一方でみずからの欲求である特殊態を死活の目的とする者は、これを普遍態だといいくるめることにならざるをえないはずである。したがって、ここから国家全体のあり方が、一定の有力な諸団体の主観態によって左右される事態を招くことになろう。あるいは、普遍態をめぐる諸団体の抗争状態を惹起せざるをえないであろう。これは、みずからの特殊態に関する普遍態を自治的に目的化するさいに起こりう

（190）ヘーゲルのいう「賤民 Pöbel」は、ただちに貧民のことではない。この概念は、一般に権利感情や労働意欲を失ったものを意味し、富裕者もその例にもれない（*VI*. 608, §244）。

（191）個人が普遍的なものを完遂することで自己のために尽力することになるとき、普遍態と特殊態との「実在的な一体化 reale Vereinigung」（*I*. 184, §132 Anm.）がなされるとされる。

（192）「個体のそれだけで独立した存在は、民主制では悪徳として現象する」（*I*. 199, §137 Anm.）。

る衝突以上の深刻な事態を生みだすことになる。ことは、国家における内乱であり、しかもこれを収拾する権力を欠いた事態なのである。

四　万人の統治参加と統治権からの超出

したがって、欲求に手を染めるコルポラツィオンは、あくまでその特殊態の限界内で独自の普遍態を顕現させることのほうが、理性的なのである。だが、このような統治権と市民社会の相対的な独立性、および前者に対する後者の従属という論理的な事態を容認するとしても、なおその両者の媒介のあり方に異議を呈することもできよう。とくにここで問題となるのは、依然として閉鎖的な領域とみられる統治権のがわが、国家の威力をもつ以上、コルポラツィオンの意向を無視して一方的に「国家意志」なるものを押しつける可能態があることである。

マルクスは、統治権がコルポラツィオンを要請することを「官僚制の物質主義」（*KHS*. 249）とみなし、国家が官僚制的な国家であらんがためにこうした要請がなされていると評価した。もちろん、ヘーゲルによるコルポラツィオンの導入がこうしたものでしかないとすれば、さきに触れた自治などは、空文句にすぎないこととなろう。したがって、このとき、コルポラツィオンの長が国家的な意識をもつとすれば（§289 Anm.）、かれは、上意下達式の小官僚的な性格――「お上的センスの鼻持ちならなさ」や「奴隷根性」（*KHS*. 330）――を帯びることになろう。

たしかに、さきにも指摘したように、コルポラツィオンを有機的に編成しようとするヘーゲルの構想は、国家理念の分肢組織化の一環として「国家機能の分与」(193) の一面をもつので、統治権が「特殊なサークル（Kreise）の存立」（*L*. 210, §141 Anm.）を要請することになるのは当然である。また、団体成員によって民主的に選挙される団体執行部は、統治権に従属するために、その認証を受ける必要があり、団体成員の意向に従属しないことも必要とされる（*L.* 212, §142 Anm.）。こうしてみると、コルポラツィオンが国家に接続することによって万人の闘争状態からの脱却を目論むヘーゲルは、官僚制的な統制の全般化によって、これを達成しようとしているかのごとくである。

しかしながら、コルポラツィオンの執行部が統治権に従属するのはあくまでも事柄の一面であって、逆に、執行部は協議組織をつうじてコルポラツィオンに統制されるものでもある（*L.* 186, §132 Anm.）。かくして、統治権とコルポラツィオンは、それぞれ自立的な項であるから、これが接続されたからといって、「特殊な専門家身分が決定する国家的な施策を、各分肢が自治的に」「うけとめる」ことが、あるいは「各コルポラツィオンが自主的に官僚主導の国家利益に順応する」[194]ことが概念上自動的に成立するものではないのである。

もちろん、普遍が特殊を「包摂」する関係においては、普遍態を掌握した統治権のがわが特殊の市民的な諸官庁を抑圧し、その管理権を剥奪しようとする傾向をもつことになろう。とりわけ、コルポラツィオン相互の干渉を調停し克服するには、統治権が主導権を発揮しなければならないであろう。したがって、統治権は、いきおい分を忘れて「みずからの自惚れと特殊態」を丸出しにして「市民官庁に介入する」傾向（*L.* 213, §143 Anm.）があることは否めない。こうした「衝突 Kollision」の想定もしながら、ヘーゲルは両者の結合を図ろうとする。その方策は、あくまで、コルポラツィオンの指導機関が「本質的なことを処理し」、公務員は「みずからの欲することを直接的には貫徹することができない」（*L.* 218, §145 Anm.）という条件を設定することである。

こうした困難な条件のもとで統治権とコルポラツィオンを結合するあり方には、それぞれの自然というものにう。

(193) 粂、前掲書、一二頁。粂はこれを外面的だとしているが、ヘーゲルの意図は、内在的目的を市民社会に還帰させることであろう。

(194) 粂、前掲書、一六―七頁。

迫る必要がある。

ここでの問題は、統治権のがわにすれば、みずからの下した――普遍に特殊を包摂する――判断がいかにしてコルポラツィオンのものとなるのか、ということであろう。他方、コルポラツィオンにとっては、統治権の抑圧的な性格を排除し特殊な部分として自由な活動領域を拡げることが関心事となろう。

ヘーゲルは、団体精神の国家精神への転化という過程のうちに、この問題の解決をみる。これは、特殊な諸領域の権限が国家によって認められることによって団体精神が生じ、さらに特殊な諸領域が目的追求の手段を国家にもつことによって、団体精神が国家精神に転化する過程のことである(§289 Anm.)。国家による団体の公認を「簡単な橋渡し」[195]だと軽視すれば、ヘーゲルがここにこめた重大な意味、すなわち、団体は国家によって承認されることを死活の利益としているということを見落とすことになる。というのも、この承認の形式が存在しないとき、団体は、無権利の状態にあり、最悪の場合――「国家に対立する固有の私権」として「権力を占有する」(*I*. 174, §125) 場合はとくに――、反国家的な存在として廃棄されかねないからである。逆に、団体の存立が認証されるならば、すでにみたとおり、みずからの利益と普遍態を確証する場が確立することになる。

だが、このようにして国家に承認されたとしても、たんに「行政機構の末端」[196]にとどまって、みずからの特殊な目的の実現が不可能であるならば、団体は、もはや自立的な存在ではないし、したがって当然、自発性をもって国家的な活動に関与しようとはしないであろう。この点で、ヘーゲルは、自立的な存在としての個人を承認する立場にあるかぎり、「人間は、普遍的なものでみずからの利己心(Eigennutz)を満たせなければ、それに関与しようとしない」(*I*. 183, §132 Anm.) という洞察を踏まえている。特殊な諸領域が国家において目的追求の手段をもつとは、国家において「個人が生計(Existenz)と名誉を持つ業務」(*I*. 184, §132 Anm.) に割り当てられることである。こうして、「特殊な諸領域は、ただ国家によってのみ存続する」(*I*. 211, §141 Anm.) という意識、すなわち国家精神が発生することとなるのである。[197]

統治権と団体とのこうした有機的な結合の提起は、ヘーゲルにとり、近代的な統治関係の批判でもあった。すでに〈コルポラツィオン〉論において、個々人の投票によって代議士を選出する代表制民主主義という「通常の国家表象」が、「国家から個別的な市民へと跳躍する（Sprung）」もの、あるいは逆に、「個人の利害関心や個人の恣意から跳躍して、普遍的な利害関心への参加という他極にいたる」ものだと特色づけられていた（VI. 620, §251）。ヘーゲルは、近代において、国家的な普遍態と個人的な特殊態とが、こうした「跳躍」によって切断され無関係にされているというのである。「最高の具体的な普遍態」という政治の場を構想するさいに、仲間集団という共同体を諸個人に解体する考えは、ヘーゲルによれば、「市民生活と政治生活とを別々に切り離したままにし、後者をいわば宙に浮かす」ものでしかない（§303 Anm.）。このことによって出来するものは、端的にいって、一方では、少数者による国家意志の私物化ないしは恣意的な行使であり、他方では、露骨な権力に依拠することを本質とする政治なのである。

第一に、国家意志が少数者の恣意によって支配されるというのは、本質的には、国家意志の表明の基礎が個人による選挙（Wahl）すなわち恣意におかれることによって、[198]「国家意志」即「個人の恣意」ということが「整合的」なものとして承認されるからである（§303 Anm.）。しかも、投票行為が「大勢のなかのたんなる一票」という没意味性を帯びることによって、普遍的なものへの「跳躍」それ自体すら、個人によって果たされることがなくなる（§311 Anm.）。リーデルのいうごとくにヘーゲルにおいて「公民 Staatsvolk」がいないとすれば、[199]ヘーゲルと

(195) 粂、前掲書、九頁。
(196) 粂、前掲書、一二頁。
(197) ヘーゲルにおいては、これ以外に「愛国心」の生ずる理由がない。
(198) 選挙とは選択であり、これは、〈わたし〉が意志の特殊な内容を偶然的・恣意的に規定することにほかならない（§§14 f.）。
(199) Vgl. Riedel, a. a. O., S. 76. 前掲訳書、一〇四頁参照。

しては、有権者としてしか存在しない個人などで「公民」が成立したとは認めないということである。

第二に、権力を本質とするというのは、次のような事情があるからである。ヘーゲルは、市民社会における団体の政治的な意志を無化してたんなる個別的な人格を基礎とする政治体制を、「抽象的な諸観念」、「原子論的な表象」（§308 Anm., §311）、「機械論」（*II.* 326, §118）だと評価する。もっとも、ヘーゲルは、「国制は心情（Gesinnung）と機械論の統一である」（*II.* 327, §118 Anm.）とし、法律や習俗などの精神的なものが「伝達 Mitteilung」可能なものとして機械論に服することを主張するから（*LII.* 416）、単純に機械論の役割を否認するものではない。しかしながら、「実在的な機械的な過程」を純粋に取り出した場合、普遍態の威力――ここでは「外面的な必然態」としての国家――が、客観――ここでは個人――固有の〈みずからの内への折れ返り〉ではないときには、疎遠なもの（Fremdes）となり暴力（Gewalt）となる（*LII.* 420 f.）。

ヘーゲル的な有機的な国制といえども、国家がこうした権力的な性格を露呈する可能態は、取り除くことができない。だが、機械論的な国家は、個々人が普遍態へと還帰する制度的な保証を欠如し、しかも個人の恣意を放任しているのであるから、普遍態への抵抗には剝き出しの権力によって応ずるほかはない。これはいかなる国制であろうか。恣意が権力的に「普遍」と称されている事態、すなわち専制である（§278 Anm.）。

これに対し、ヘーゲルは、コルポラツィオンが市民生活と政治生活との統合を可能とする基礎だと考えた。「政治的な関係」をもつのが「公民 citoyen」であるならば（*VI.* 472, vor §182）、この場においてこそ「公民」が想定され、そのうえに統治権が構想されるべきなのである。そして、コルポラツィオンという媒介をつうじて、万人が統治権に参加する構造が築かれることになる。

とはいえ、統治権そのものは、なお、メリット・システムとして閉鎖的な領域を形成し、しかもその包摂機能における恣意性を完全には排除できず、諸団体に対しても最終的には威力的に振る舞うのであるから、近代的な統治関係における個人の恣意にかわって統治権の恣意が登場したにすぎないということもできる。だが、まさにこの点を問題化するところに、ヘーゲルの議論の転換点があるのである。

もっとも、最終決定権が、主権者である君主に帰属することによって、統治権から奪われていることをまずは指摘しておかなければならない（§297）。だが、これは、君主権と統治権による共同謀議性を排除する決定打とはならないであろう。したがって、統治権の恣意性を排除するために、コルポラツィオンの権限を承認すること以上の保証を求めようとすれば、さしあたり、統治権の内部に目が向かざるをえないと思われる。もちろん、ヘーゲルは、官僚制内部での位階制と責任制とが、恣意性を排除する一つの保証であると考える（§295）。

だが、重要なことは、ヘーゲル自身、官僚制内部の自浄能力がかなり曖昧であることを認め、ここから、統治権の恣意を抑止する本質的な機能を統治権の外部に求めていることである。

公務員は、たんに給料にしか自分と家族の「生計」をもたないから、市民に対する義務意識が希薄となり、みずからを昇進させてくれる上司に対する義務しかもたないと信ずる危険性を孕んでいる（*L.* 218, §145 Anm.）。こうした公務員の充満せる官僚機構とは、ヘーゲルにとって「市民の抑圧のために市民めがけて投げつけられた投網（Netz）」（ebd.）でしかない。もっとも、統治権の権威を保持するため、公務員の恣意的な行動を抑止することに官僚機構が意を注ぐことはありうる。しかし、こうした「保証は、あまりに不確実である」（*L.* 217, §145 Anm.）。なぜなら、「上級の公務員と下級の公務員は、市民に対して同類の利害関心をいだいているからである」（ebd.）。

このためヘーゲルは、統治権の内部的な自浄能力にはかならずしも期待しない。むしろ、「市民は、内密に裁かれる公務員を〔他の〕公務員に対して告訴すべきなのである」（*L.* 218, §145 Anm.）。しかしながら、こうした告訴が闇から闇へと葬られるものであってはならない。したがって、ヘーゲルは、「この手のことへの保証は、そうした〔公務員〕グループのそのものの外になければならず、〔厳密にいえば〕国会（Ständeversammlung）になければならない」（ebd.）という。つまり、統治権の恣意を抑止する本質的な保証を求めて、議会の不可欠性が主張され、これを「主要なモメント」（*L.* 221, §147）とする立法権への移行が果たされることになるのである。

五　まとめ——議会による検閲

官僚制的な統治権が、政治的な国家にとって必要不可欠であるという認識をもちつつも、同時に、こうした統治権が恣意に陥ることもヘーゲルは明確に自覚していた。したがって、ヘーゲルは、こうした恣意から統治権が脱却しうる保証を、一方では、自治的な団体を統治権に接続して統治権の機能を形式性へと切り縮めることによって、他方では、こうした団体を議会に編成することによって確立しようとしたのである。こうした打開策がヘーゲルにとりいかに決定的なものであったかは、次の言葉で知られよう。統治権がはらむ「現代の害悪は、有機組織によって下から上に向かって除去されなければならない。そして、ほかのあらゆる計画は、有用でも役に立つものでもない」(*I.* 218, §145 Anm.)。統治権と団体との関係は、各自が独自の論理をもって相対的に自立するとともに、究極的には後者が前者に包摂される関係ではあるが、こうした関係が正常に機能するためには、統治権を超えた議会の高みにその保証が存在しなければならないのである。

もっとも、ヘーゲル的な議会の機能が、この任に堪えないという批判もあるであろう。これについては、節を改めて論ずることにするが、とりあえず、統治権の恣意性に対して議会が「検閲 Zensur」(§301 Anm.) 機関として振る舞うことを指摘しておきたい。すなわち、統治権という「投網」は、議会によって破られる構成になっているのである。

第三節　習俗の顕現場としての議会——その有能性発揮の場面

一　はじめに

ヘーゲルが『法の哲学』で展開した立法権（gesetzgebende Gewalt）は、この議論に先行する君主権や統治権を不可欠の要素としている（§300）。立法権がこのように理解されるのも、国家活動が概念の自然にしたがって区別され、諸権力のおのおのがそれ自身で総体性（Totalität）となる点に国制の理性態が認められるからである。こうした総体性は、それぞれの権力が、ほかの権力のモメントを自分のうちで活動させ、自分のうちに含みこむことによって形成されるとみられるから（§272）、君主権や統治権も立法権の要素となるわけである。[200] ヘーゲルが、いわゆるモンテスキュー型の三権分立論を採用しないのも、各権力が最終決定権を持ってほかの権力には従属しない場合、あるいはおのおのが純粋に自立的に決定行為をする場合、国家全体の有機性が形成されないとみるからである。[201]

三権分立を棄却することは、近代の国家表象によって反動の烙印を押されるものであろうが、国家を有機的に編成すること自体は、マルクスによっても意義が認められている（*KHS*. 210）。しかしながら、この場合でも重要なのは、こうした有機性のあり方であろう。というのも、マルクスによれば、ヘーゲル的に理念を展開するあり方では、そもそもこうした有機性が表現されないと考えられるからである。

ヘーゲルの〈立法権〉論に対するマルクスの批判は多岐に及ぶが、国家の有機性をめぐる解釈の中心的な論点

（200）この論理学的基礎については、*LII*. 479.
（201）カントの三権分立論はこのように批判される（*L*. 182, §131 Anm.）。

は次の諸点だと思われる。第一に、〈国家〉論全体における位置づけからする議会（Stände）の権能である。とくに、ヘーゲルは、君主権の主権性と統治権の優秀性を主張しており、立法権にのみ属する議会がわれわれには無用なもののように映るため、こうした議論は人民主権的な感性には容認しがたいものとなるであろう（*KHS*. 266 f.）。第二に、立法権の本質規定をめぐる一貫性の有無である。マルクスは、ヘーゲルの議会論が市民社会の「実経験的な普遍態」を廃棄するものと理解したうえで、ふたたび議会が「実経験的な普遍態」に陥ることに「矛盾」を見咎め、この議論に首尾一貫性がないとした（*KHS*. 291）。第三に、議会の編成上の反動性である。ヘーゲルは、君主と議会を媒介するため、二院制を採用し、上院を「貴族 Adel」によって編成するのだが、マルクスは、この点にヘーゲル的な国家の最高の総合があると批判した[202]（*KHS*. 297）。くわえて、団体的に編成された下院の議員に「国家的な感受性」を要求することが議会の本質規定に反するとも批判する（*KHS*. 331）。総じて、ヘーゲルの議会は、辻褄のあわない反人民的で無能な機関だととらえられるわけである。

このような評価については、『法の哲学』——マルクスはこれしか触れえなかった——の真義を明確にするために、ヘーゲルの講義録も精査して再吟味すべきだと考える。ただ、〈立法権〉論では、君主権や統治権の作用が無視できないため、これらに関するヘーゲルの議論を理解する仕方によっては、立法権の議論以前にその評価の基本方向を定めてしまいかねない。そこで、この場では、われわれがこれまで解明してきたことを基本的な前提とすることが許されよう。

それを簡単に確認しておくと、国家に求められる普遍的な精神から恣意性を除去しようとするヘーゲルの論理は、『法の哲学』において顕著であるにもかかわらず、従来まったく看過されてきたものだということである。国制の有機的な編成を追求すること自体が、こうした論理に貫かれている。君主の権限を形式性に切り縮めるのも（本章第一節）、また、民主制の原理をもつコルポラツィオンを統治権に接続して市民社会の自己統治能力を拡充しようとするのも（本章第二節）、この一環としてとらえられる。したがって、君主権や統治権を恣意的な存在として描き出したうえでヘーゲルの〈立法権〉論を批判することは、公平な評価の仕方だとは思われない。このような臆説についてはこの場で縷々駁論せず、さきに示した論点に即しながら議論を進めることにしたい。

二　議会の実質的な審議

まず第一の論点から考えていくことにしよう。ヘーゲルのいう立法権では、君主権や統治権のモメントが「主要な担い手」で、議会は「国制の最低機関」であると理解するのが、従来は支配的な見解であったといってよい[(203)]。こうした理解にたてば、ヘーゲルの立法権論は、基本的に君主権や統治権に吸収されてしまう性格をもつことになり、〈国家〉論全体での意義は、無に等しいものとなる。はたして、こうした理解は妥当なものだろうか。ここでは、君主権や統治権との関係において、議会の権能がどの点にあるのか検討したい。

ヘーゲルの議論では、ある権力におけるほかの権力の作用は、モメントとなる権力の国制上の本質的な位置づけによって規定される。一般的な規定では、「普遍的なものを規定し確定する権力」(§273)である立法権に君主権と統治権が関与する場合、前者は「最高決定」として、後者は「助言するモメント」として機能することになる(§300)。これをより詳細にみてみよう。

第一に、君主権は、「法律の形式的な提案」――「君主権は本質的に法律の発議権(Initiative)をもつ」とされる――と「ほかのモメントがおこなった決議の追認」をする(*I*. 225, §149)。これは、法律形成の始点と終点が君主

(202)この系として、ヘーゲルは「自由の王国の主体を土地貴族とした」との評価が生まれてくる。鷲田、前掲書、一八六頁参照。
(203)たとえば、柴田、前掲書、一六五頁参照。

権にあるということだが、留意すべきは、君主権のなす決定が、提案にせよ追認にせよ、形式的なものにすぎないことである。だが、このため反面で、議会による法律の「単独提案 für sich vorschlagen」は斥けられ、議会にはその請願権だけが認められることになる（*I*. 225 f., §149 Anm.）。

議会の「単独提案」による自己立法が斥けられるのは、これにより国家権力の有機性、とりわけその実体的な統一が破壊されるとみるためである。というのも、こうした権限の認められた議会は、「君主権に対して独立性の側面」をもち、「統治組織や行政機関をさしおいて立法する」ことができるため、「国家権力を困惑させうる」からだとされる（*I*. 225, §149 Anm.）。だが、こうしたヘーゲルの主張に対しては、君主権や統治権に対する議会の独立性ないしは超然性が、ただちに国家権力の有機性を破壊するものではないとも考えられよう。とりわけ、議会を「国権の最高機関」とみなし、君主権や統治権をこれに従属させる方策をとれば、こうした事態は回避しうると思われよう。にもかかわらず、ヘーゲルが議会を最高権力とすることによって事態の収拾を図らないのは、フランス革命における権力混乱の総括に裏打ちされた、権力相互間の論理的な関係をめぐる洞察があるからである。

そもそも、君主権と統治権が国制において分肢組織化されたのは、人民が表現すると主張される共同精神（Gemeingeist）なるものが、たんに直接的な現実としては「全体的なままの無区別の意志」であり、「恣意」とならざるをえないため（*I*. 179, §129 Anm.）、これを除去しようとしてのことだった。ところが、議会がふたたび最高権力と自称すれば、こうした分肢組織化を破壊してしまう。なぜなら、議会が最高権力である以上、君主権は不要であり、議会が提案までなしうる以上、統治権も不要である。だが、このような議会は、無区別の万能な意志であるため、理性態を欠如し（*I*. 223, §148 Anm.; 177, §127 u. Anm.）、その意志は恣意と偶然態にすぎなくなってしまうのである（*I*. 179, §129）。それは、君主を絶対としたときのありようとまったく同等である。このことは、十分に理解しておかなければならない。

君主権や統治権よりも議会が優位に立とうとして革命をおこなったとしても、ヘーゲルの認識としては、「統治権を掌握する人びとだけは革命によって変化もするだろう。しかし、それでも概念的に必然的なもの〔=君主権・統治権・議会の論理的な位置〕が還帰する」(*L*. 222, §147 Anm.) ことになる。国制の不断の動揺とは、このことなのである。[204]

こうした認識に立った場合、議会を最高権力とする悪無限的な動揺を克服する唯一の道は、議会のがわが、君主権や統治権に実体的に対立することをやめること、すなわちこれらの概念的な地位を認め、議会の職分（規定）を明確にして保持することである。すなわち、議会のがわは、国家の実体的な統一（君主権）と普遍的なものの それ自体の審議（統治権）とがあくまでみずからとは別の領域に実在化されざるをえないという必然態を承認しなければならないということである。このとき、形式性に切り縮められた君主権による提案と認証は、国家の実体的な統一を実在的に確保する究極的な「点」というべきものになる。

ところで、第二に、統治権の頂点となる内閣や枢密院（Staatrat）は、法案の内容を形成する任にあたり、形式にしたがってその提案を君主に帰する（*L*. 225, §149 Anm.）。そして、これらは、提案説明をおこなうため議会に出席しなければならないが、このさい法律を決する投票権は有しない（*L*. 226, §149 Anm.）。統治権が議会に加わる必要があるのは、これが阻まれると、両者のあいだで認識や意志の一致が確認できないため、議会のがわが提案をおこなう一方で、統治権がそれを認可しない関係も生ずるからだとされる（ebd.）。また、統治権の参加は、議会が内閣を「コントロール」するために必要なものとしても位置づけられる（*L*. 227, §149 Anm.）。そして、こうした監督は、「大臣の適格性と実直性（rechtliche Gesinnung）に対する最大の保証」（ebd.）でもあるという。

(204) 実定憲法で議会を最高権力としても不都合がないという反論には、こうした安定性こそが他権力を承認していることの証左だといっておく。

こうした議論に対しては、ヘーゲルの真意は、人民に悪意を想定して（*KHS.* 331）、官僚制を理念化し議会の意義を貶めることにあると主張されるかもしれない（*KHS.* 263 f.）。なぜなら、人民のがわが「自分の欲することを知らず」、国家の最高官僚のがわが、「国家の諸機構の要求の本性に対するいっそう深くて包括的な洞察」と、「この職務についてのいっそう優れた技能と習慣」を「必然的に具えている」というヘーゲルの評価が想起されるからである（§301 Anm.）。

しかし、市民的な自由、すなわち個々人の主観的な恣意の自由を承認し、かれらのいだく――特殊態に向かう――目的意識の差異と独自性を容認したときには、ヘーゲルのような判断が生じてこざるをえないだろう。もともと、国家における公共の重要事項を見極めるのに深い認識と洞察が必要となるという主張自体に問題を見咎めることも可能だが（*KHS.* 253）、すくなくともそれをみずからの関心事とするかいなかが個々人の恣意に委ねられる以上、また、教養形成が市民みずからの利害関心と密接にかかわっている以上（§187）、普遍的なもののために働く能力は、人民一般にあるとするより、これをみずからの目的とし教養をつむ者にあると判断せざるをえない。「理性の欲するものを知ることは、深い認識と洞察の結実であって、こうした認識と洞察はかならずしも人民のあずかり知ることではない」（§301 Anm.）とは、市民的な自由を承認するときにはさらに必然的となる帰結だと思われる。[205]

ともあれ、ここで重要なことは、国家公務員が普遍的なものを目的とするにしても、これは、あくまで「それ自体」、すなわち素質や能力、可能態にすぎないとヘーゲルが理解することである。つまり、これが「それだけで独立して」、すなわち現実のものとなるかどうかは、このままでは不確実でしかない。[206]このため、ヘーゲルは、「政府（統治）によって普遍的なものが生ずることは偶然的なもの」（*J.* 222, §147 Anm.）でしかないという。ここでは、議会が最高権力たらんとすることを否としたさきほどと同様の論理が、統治権にもあてはまる。もし、議会にとって政府が対抗するものとして規定されるならば、政府は「支配権力の抽象的個体性であり、偶然態、恣意である」（ebd.）ことになる。

このため、統治権が普遍態を現実的に追求する必然的な保証は統治権そのものにはなく、本来これは議会に求めなければならない。もっとも、ここで議会の単独提案権が欠如する以上、議会は統治権によって仕上り済みの議題を論議するにすぎない受動的なものともみられよう（*KHS.* 265）。また、こうした理解にたてば、ヘーゲル的な議会は翼賛的なものにすぎないことにもなろう。しかしながら、議会の知性と意志は、ヘーゲルにとって余計なものでも、論理のために求められたたんなる付属品や「奢侈品（Luxus）」（*KHS.* 266 f.）でもない。ヘーゲルは、「国会が一致して政府に賛成するならば、国会はその使命と目標をまだ達成していない」とし、与党・野党・中間派の対立が存在することをもって、議会の「現実的な活動」があると考える（*L.* 240, §156 Anm.）。つまり、議会の翼賛性や挙国一致性こそは、ヘーゲルにとって議会の死をもたらすものなのである。

むしろ、議会がわの単独提案権の欠如は、統治権に対し最善の熟慮を強制するものとしてとらえかえすことができる。統治権は最善をなすことが「できる」（§301 Anm.）にすぎない。議会は、統治権に対して「検閲[207] Zensur」（ebd.）をおこなって、こうした可能態を必然態に転化させる存在として必要不可欠なのである。立法権における「主要なモメント」は、あくまで「議会のモメント」であって（*L.* 221, §147 Anm.）、内閣や枢密院に立法権そのものは委ねえない（ebd.）。このように、ヘーゲルは、統治権の機能を「法案の提出」に限定することによって、まさ

（205）こうした事態を政治的国家と市民社会の分離の表現として批判することも可能だが（*KHS.* 324f.）、両者の分離にはそれなりの意義がある。本章前節参照。

（206）an sich, für sich の意味は、vgl. Hegel, Vorlesungen über die Geschichte der Philosophie I, *HW*, Bd. 18, Frankfurt am Main 1971, S. 39 ff. この議論にしたがうかぎり、議会によってそれだけで独立したかたちにならない統治権のそれ自体の見解は、真の普遍態を顕わにしていないことになる。

（207）これはたんなる言葉の綾ではない。こうした検閲は、「重要で正しいモメント」（*III.* 261, §301）なのである。

にその偶然態や恣意性を除去しようとするのである。

以上のように、ヘーゲルは、立法権に不可欠のモメントとして君主権や統治権を関与させはするものの、これらの権能を法案の提出と説明に限定する。総じて、従来の一般的な理解とは異なり、ヘーゲルにとって、法律の実質的な審議決定の権能をもつものは議会だといってよい[208]。「国会」は、「それ自体でもそれだけで独立しても理性的な意志」という「普遍的な意志のモメントを含んでいる」(*I.* 223, §148 Anm.) わけである。

三 実経験的な普遍態

ところで、立法権において普遍的な意志を顕現させるに議会が不可欠だとされる場合でも、ヘーゲルにとって、議会という要素の本質規定は、「それ自体で最善を審議し決議すること」にはない(§314)。そうではなく、「普遍的重要事項 (allgemeine Angelegenheit)」が、たんにそれ自体でのみならずそれだけで独立してもまた現実存在 (Existenz) にいたること」(§301) にある。ここで、「普遍的重要事項」が「それだけで独立して」「現実存在」するというのは、「主観的な形式的な自由のモメント、すなわち大勢 (Viele) の見解や思考枠組という実経験的な普遍態としての公共意識 (öffentliches Bewußtsein)」が、現実存在にいたること」だとされている (ebd.)。ところで、こうした「公共意識」の顕現とは、「主観的な形式的な自由」を発揮すること、すなわち個々人が普遍的重要事項に関してみずから自身の判断や思いつき、提言を発表することである (§316)。つまり、議会は、普遍的重要事項をめぐる多くの人びとの見解を明らかにする審議をつうじて、国家が必要とする普遍態を自覚的で現実的なものとすることを使命としている。

このような議会の本質規定に関して、マルクスは、普遍的なものを知らず私的な利益を本来の内容とする議会が普遍的重要事項の形式を獲得することに問題を見咎め、「普遍的重要事項の意識的な現実態、真の現実態は形式的であるにすぎない」（*KHS*. 266）と断じた。ここから、周知のごとく、ヘーゲルの議会を論理のための「奢侈品」として評価することになる。すなわち、「ヘーゲルは、『普遍的重要事項のそれだけで独立した存在』の適切な実現を求めず、この論理的な範疇へ解消されうるような経験的な存在をみいだすことで満足」（*KHS*. 266 f.）したとされるのである。

だが、マルクスの立論には、大きな欠陥がある。議会は普遍的なものを知らず、私的な利益を本来の内容とするとマルクスが理解したとき、これはヘーゲルが単純な人民主義ないしは代表制民主主義を批判した文脈で言及した議論を根拠としている。むしろ、ヘーゲルは、これらが無規定的であるがために没理性的とならざるをえない事情を解明したうえで、議会がいかなるあり方をすれば「普遍的重要事項のそれだけで独立した存在」を顕現させ実現することができるのかを問題としたのである。したがって、マルクスの議論は論点の根本的な誤解に基づいているわけである。代表制を「進歩」として是とする観点から（*KHS*. 279）、ヘーゲルが批判する代表制の議論をその国会に転嫁するのだから、もともとマルクスの議論は検討に堪えないともいいうるであろう。

とはいえ、ヘーゲル的な議会の要がその形式性や経験性にあることを見抜いたのは、マルクスの慧眼である。問題は、これをいかに理解すればよいのかということである。

まず、「実経験的な普遍態」の意義である。マルクスは、これをまず市民社会一般と理解し、ヘーゲルの議論では、議会の編成によって市民社会が実経験的な普遍態であることをやめるはずだと考えた。しかしながら、ヘーゲルのいう実経験的な普遍態の意義に照らした場合、こうした理解を斥けなければならなくなる。こうした誤った理解のうえに立つと、議会が組織化されたあとでふたたびこれが実経験的な普遍態となることに驚いてしま

(208)『エンツュクロペディー』初版では、法律形成は私的自治か議会によるとされる（*EL*. §437）。

うことになる（*KHS*. 291）。

ヘーゲルは、「大勢」という表現が「万人 Alle」という表現よりも「実経験的な普遍態」のことを言い表わしているという（§301 Anm.）。また、講義によれば、「議会のエレメントでは、大勢も協議する。すなわち、実経験的な普遍態が自分の権利を協議するにいたる」（*VI*. 706, §301）とされるから、文脈的に「大勢」と「実経験的な普遍態」を互換的なものとして理解することができる。したがって、このかぎりでは、実経験的な普遍態ということで諸個人の集合体をイメージすればこと足りるように思われる。だが、「大勢」による協議をヘーゲルはなにゆえあえて「実経験的な普遍態」と規定したのだろうか。

ここで『論理学』における「実経験的な普遍態」の意味を参考にすると、これは、「本来的な概念規定」（*LII*. 516）とは異なり、「時間のなかにあるもの」、「共通性（Gemeinschaftlichkeit）以上にでないもの」、「変化的な状態のなかにある持続」という性格をもつことがわかる（*LII*. 515 f.）。ここから、普遍的な意志を確定する立法を敷衍するなら、普遍的な意志が、ある時代において、人びとにある共通性のかたちで、変化を予定した持続として存在することが、実経験的な普遍態だといってよいだろう。また、こうした実経験的な普遍態としての普遍的な意志は、本来的な普遍的な意志から必然的にずれる性格のものなのである。

さらに、ヘーゲルの自筆ノートでは、実経験的な普遍態が「習俗 Sitte」の規定としてとらえられており、さらにこれが「大勢の諸個人の〈関わり〉」（*RN*. 549）だとされている。また、「多くの個人の」「習俗」は、別に、「主体の主体に対する〈関わり〉」（*RN*. 565）だとされている。ここで、習俗とは、「人倫的なものの習慣（Gewohnheit）」（§151）のことであり、〈国家〉論では国家が顕現する直接的なあり方を意味する（§257）。そして、精神が時間において教養形成するのと同様に、習俗もまた時間において変化してゆく。

したがって、議会をめぐる「実経験的な普遍態」とは、議会が多くの人びとによって編成されることを示すばかりではない。「実経験的な普遍態としての公共意識が現実存在にいたる」とされて、「実経験的な普遍態」と

「公共意識」が等価であるとされることでただちに理解できるように、実経験的な普遍態として重要なものはその意識の面である。それゆえ、実経験的な普遍態が現実存在するということの核心的な意義は、多くの人びとの協議によって、諸個人ないしは主体の〈関わり〉が意識として顕わになること、国家のうちにある諸個人がいかなる習俗を帯びているのかが意識として明らかになることにほかならない。だから、議会の場では実経験的な普遍態がそのものとして存在しなければならず、マルクスのいうように議会が実経験的な普遍態をやめるならば、それは議会みずからの使命を果たすことができなくなるといわなければならない。もちろん、本来的な概念規定との対比では、実経験的な普遍態が見劣りすることは否めないかもしれない。しかし、ここには、それなりの肯定的な意味あいが含まれている。

その意味は、ヘーゲルの法律観が解き明かしてくれる。それによると、法律となるものは、慣習や習俗にまで高められた理性的なものであり（*III.* 229, §269）、議会が法律とするのは、こうした習俗なのである（*EL.* §437）。この発想が、理屈によって法律を作為するという規約主義的な考え方を超えていることはいうまでもない。統治権のがわは、普遍的なものを目的とする立場から、理論的に最善となるような法律や社会計画を立案できるかもしれない。しかし、これらも、一定の時代の多くの人びとの習俗として承認されないようでは、有効性をもたないということである。マルクスは、統治権によって作成された普遍的重要事項を議会が普遍的なものとして審議することによって、あたかも統治権の重要事項が国民の重要事項であるかのような「幻想」を与えるとしたが（*KHS.* 264 f.）、ヘーゲルの議論ではここに承認の関係が差し挟まっており、統治権の重要事項が習俗であるかどうかがむしろ問われる構造となっている。すなわち、統治権が人民の重要事項ではないかと「幻想」したことが、現実の習俗によって醒まされる構図があるわけである。

こうした実経験的な普遍態は、「主観的な形式的な自由」とのかかわりでいうと、より包括的には「世論 öffentliche Meinung」（§316）として現象する。「世論」においては、「それ自体でもそれだけで独立してもいる普遍的なもの」や「実体的にして真なるもの」が、多くの人びとの「思いつき（意見）Meinung」という「それ自体おのおのの固有なものや特殊なもの」に結合している（ebd.）。したがって、現実存在する「世論」は、実体的なものに関する「現象としての認識」でしかない（ebd.）。ところで、「議会は、全人民の思いつきをみずからの後ろ盾とする」（*I*. 237, §154 Anm.）。だから、議会は、「公共意識」の顕現である以上、さしあたりこうした「現象としての認識」の水準にあるといってよいだろう。つまり、議会において実質的に法律を審議決定する場合、もちろん人びとの習俗が顕現するのであるが、現象的な認識によってこれがなされるということである。議会に形式性があるとすれば、これは、統治権の洞察に普遍態の看板を与えるという意味ではなく、実体的な内容を度外視しうる認識構造に由来するということができるだろう。

もちろん、世論に関与するのはひとり議会ばかりではなく、君主および政府（統治）もこの「世論」のうちに立っている（*III*. 271, §316）。また、他方で、議会が世論と同義の存在ではないこともいうまでもない。だとすると、世論と君主・政府、世論と議会とは、それぞれ、区別されながらのある種の〈つながり〉を有するわけである。それ自体で最善を認識することができるとされる政府のがわは、世論に含まれる核心としての「実体的なもの」を、世論とは独立して「それ自身から」認識し（§317 Anm.）、議会に対して提案する使命をもつ。すなわち、政府は、実体に対していわば概念的に把握する関係で臨むわけである。これに対して、議会は、「国家的で政府的な感性（Sinn）と心情（Gesinnung）」（§302）をもつ議員によって組織される点では単純に世論そのものではないが、実経験的な普遍態としては世論という「現象としての認識」の水準で討議をおこなう。すなわち、議会は、実体に対して現象知の関係をもつわけである。したがって、ついでにいっておけば、政府と議会との〈関わり〉は、概念的な把握と現象知との〈関わり〉となっているといってよい。

議会の場では、こうした〈関わり〉が現実に顕現することによって、政府のがわの概念的な把握と議会のがわの現象知が相互浸透することになる。この過程で、一方では、確定されるべき普遍的な意志がより習俗に合致したものとなり、また他方では、議会の公開により世論が教養形成され「真実の思考枠組」に到達することになる（§315）。いずれにせよ、議会によって確定した普遍的な意志は、あくまで実経験的なものに即するため、理性的でありながら実定的なものでしかないということにもなる。ヘーゲルのとらえた議会の本質規定は、法律がいくら理性的であろうとも実定的であらざるをえない事情を論理化したものだといえよう。

四　議員の保証

議会が実経験的な普遍態を顕現させるとはいっても、それは、あくまでヘーゲル的な職業身分制を採るかぎりのことであって、単純に議会でありさえすればいかなるものでも構わないわけではない。とくに、近代の代表制民主主義の発想に対してヘーゲルが自覚的に強く反対することは、周知のことである。この点が議会の編成という第三の問題にかかわる。

ヘーゲルによれば、代表制民主主義は、〈サークル（仲間集団）Kreis〉という共同体を解体して、人民を「抽象的に」「大衆」（*I*. 222, §148）の形態で表現し、多数の諸個人に還元してしまうものである。そして、この場合の市民は、みずからの特殊態の立場に縮み込んでおり、「個別態や私的な立場、特殊な利益」を選出母体とする議会が、この立場から普遍態を食い物とする可能性がでてくる。それゆえ、代表制民主主義は、市民生活と政治生活を分断したうえ、政治生活をたんなる恣意や思いつきに基礎づけるものだと評価されるわけである（§303 Anm.）。したがって、議会が実経験的な普遍態を顕現するには、市民生活と政治生活とを連結するのみならず、議員が恣意や思いつきに基づかないよう保証することが必要となる。

まず、市民生活と政治生活を連結媒介することが、ヘーゲル的な議会編成にとって重要な要請となる。というのも、「議会という要素が有機的であることの実を示すのは、ただ媒介の機能によってである」（§302 Anm.）とされるからである。ところで、議会が媒介機関となるあり方には、二重の段階がある。まず第一に、議会は、君主ないしは政府（統治）と「特殊な諸圏と諸個人とに解体した人民」とのあいだの媒介機関とされる（§302）。ここで対立する両項は、〈君主・政府〉と〈人民〉である。だが第二に、議会そのものにも媒介機関が存在しなければならないとされ、ここから二院制が妥当なものだとされる。ここで対立する両項は、〈君主・政府〉と——〈人民〉ではなく——〈議会〉である。

手始めに、〈君主・政府〉と〈人民〉との媒介から考えていくことにしよう。ここで「特殊な諸圏と諸個人とに解体した人民」と呼ばれるものは、ヘーゲルにとって本来の意味での人民ではないことに注意しなくてはならない。というのも、ヘーゲルは、「大勢の集合体」を「人民」と呼ぶことが誤りだと明確に指摘するからである（*EL.* §440）。そこで、このときの対立を論理的な規定を交えてより正確にいうと、〈君主・政府〉という「個体的な現実態のかたちでの普遍的なもの」の極と、「大勢の集合体」として存在している「個別態の極」（抽象的に解体した諸人格）との対立ということになる（ebd., vgl. *EL.* §438）。つまり、〈議会〉はまず、〈君主・政府〉と〈大勢〉とを媒介するのであって、それと〈人民〉とを媒介するものではない[209]。

ところで、〈議会〉に求められるのは実経験的な普遍態の顕現であるから、多くの人びとからなる市民社会で教養形成された普遍態（§187）が顕現すべきである。こうした普遍態を担うものが職業身分（Stand）である。市民社会では、「理論的でも実践的でもある教養形成の特殊な諸システム」（§201）が基礎となって職業身分の区別が形成されるが、これは、じつは実体そのものの動きでもある。「実体そのものである普遍的な仕事（Werk）は、みずからを特殊化し、みずからの労働をもろもろの職業身分（Stände）という区別へと特殊化する」（*EL.* §433）。個々人のレベルでは、こうした職業身分に所属することがみずからの利益であると同時に普遍態に対する関与ともなる。個人は、「普遍的な仕事への特殊な共働労働者として承認され、そこで現実的に労働するかぎりにおいてのみ、現実的に一廉のものとなる」(EL. §434)。

議会がこうした職業身分制を採用して媒介機関となるとき、職業身分には〈大勢〉が関与しすでに包摂されているので、代表制の場合とは異なり、〈大勢〉はただちに極性を失ってしまう。もっとも、ヘーゲルの〈議会〉も、その議員集団だけとりだせば、命令的な委任を斥ける以上(§309)、〈大勢〉とは区別されるには違いない。また、かれらは、職業身分制に基づいたとしてもその自然からして、「特殊な諸圏の利害関心と個々人の利害関心とに対する感性と心情」(§302)を持たざるをえない。否、持つべきである。というのも、国会は「特殊態や個別態の観点と利害関心とを維持する」(I. 225. §149)立場にあるからである。しかしながら、これだけでは、議員は、みずからの特殊態にのみ固執して、他方の要件である実経験的な普遍態の顕現をないがしろにする可能態が残る。

そこで、議会が真に普遍態を顕現させようとするのであれば、必要となってくるのは、議員が「個別態や私的な立場、特殊な利益」とともに「国家的で政府的な感性と心情」をもつにいたる保証である。議会は統治権の恣意を抑止する使命を帯びているが、ここで求められるのは当の議会自身が恣意に陥らないためのそれ自体の保証である。もっとも、マルクスは、「議会の存在のための保証は、立憲国家では法である」として、「議会がなんらかの保障を必要とする場合、議会は〔中略〕一つの虚構的な国家存在にすぎない」(KHS. 320)と批判した。だが、ヘーゲルは、より規定的に議員資格を検討するなかで、まさにそうした法を洞察しようとする。ヘーゲル的な議会は、実体的な職業身分からなる上院と、〈振り返り〉をする職業身分からなる下院という二院制を採用するが、問題の焦点はその議員の資格にある。

まず、上院では、実体的な職業身分である「自然的な人倫の職業身分」のうち長子相続権(Majorat)で世襲化

(209) 人民は、人倫的実体としての精神だから、君主や政府と大勢とを議会が媒介すること自体が人民となる。

した特定の土地所有者に対して議員資格が与えられる（§§ 305 ff.）。土地所有者の職業身分は、「教養形成された職業身分」と「本来の農民身分」とに分かれるが（V. 807, § 305）、上院は前者の「貴族」によって編成される。このときおうおうにして、土地貴族の優勢な遅れたドイツの現実にヘーゲルが妥協したために、こうした議院編成がおこなわれたという単純な評価も生まれうる。[210]だが、ヘーゲルは、議員資格以外の市民的政治的な特権を上院議員に設定しないことによって（*I*. 232, § 152）、むしろ土地貴族の実定的な特権が排除されるという認識をもつ（*III*. 269, § 312）。ヘーゲルは、みずからが語る貴族のことを「所有の観点で特殊な権利を有した封建貴族のことではない」、「これを貴族と呼ぼうが非貴族と呼ぼうがどちらでもまったくかまわない」（*VI*. 713, § 306）という。[211]

ヘーゲルは、「自然的な人倫の職業身分」を「農業に頼らざるをえぬ職業身分」とするが（*III*. 266, § 305）、この職業身分のなかでも教養形成された層を議員として求めている。なぜ、こうした限定が必要となるのか。それは実体的な職業身分一般の性格に由来する。実体的な職業身分は、公共の重要事項の協議に要する洞察や技能を直接的に具えるものではなく、これらは偶然的なものでしかない（ebd.）。国家の場面では、それなりの媒介的な思考が要請されるのに、実体的な職業身分は、〈振り返り〉をしないことがその自然的な規定となっている。[212]そこで、ヘーゲルは、家族を基本とし土地に座を占めるという「根源的な規定」が政治的な目的に適合するよう――すなわち教養形成が成立するよう――、いくつかの規定が付け加えられなければならないといい（ebd.）、長子相続権を設定するのである。

したがって、長子相続権を要請する根本は、一般に議会からくる要請、すなわち実体的な職業身分が議会で表現すべき習俗である実体的な性格を保持することにある。すなわち、この職業身分がもつ「家族関係と信頼とに基づく直接的な人倫態という実体的な心情」（§ 203）を議会で現実存在させることである。

つぎに、下院は、〈振り返り〉をする職業身分である「営業身分」によって編成され、コルポラツィオン等を単位として選挙される。この場合、団体構成員はだれでも「能動的な市民」として選挙権をもち（*I*. 236, § 153

Anm.）、これには資産条件がからまない[213]（*L.* 234, §153）。ただ、この場合でも、団体運営とは無関与に代議士の一般選挙がおこなわれると想定してはならないだろう。というのも、すでに団体内民主主義によってその役員が選出されており、ヘーゲルは、この役員をもって代議士とすればよいという認識をもつからである[214]（*VL.* 720, §310）。こうした選出方法を採用するのは、この職業身分がとくに特殊利益にかかわるため、団体における管理職などを経験して政治的な訓練を受けた者こそが、「国家的で政府的な感性と心情」を身につけることができると考えられるからである（§310）。

このように、あり方の差異はあるものの、ヘーゲルは両院で「国家的で政府的な感性と心情」を保証しようとするのだが、同時にこうした議員資格を設定する根柢には、議員を国家資産や営業資産から独立させようと

（210）ヘーゲルの上院論が歴史的な観点で保守系の潮流に属するとの指摘は、vgl. G. Lübbe-Wolff, „Hegels Staatsrecht als Stellungnahme im ersten preußischen Verfassungskampf", in: *Zeitschrift für philosophische Forschung*, Meisenheim/Gran 35（1981）, S. 492. ここでは、ヘーゲルの長子相続権は、類例はあるものの、実際にあった議論と完全に一致することがないとされる。

（211）もっとも、ヘーゲル自身、『領邦議会論文』で、非選出議員の存在を一面では「実定的な国法に由来する〔中略〕貴族政治の制度がもつ特権」と性格づける。だが、この場合でも、非選出議員の特権は「以前の封建的諸権利とはまったく無縁なものにされている」とする。Hegel, „Verhandlungen in der Versammlung der Landstände des Königreichs Württemberg im Jahr 1815 und 1816", in: *HW.*, Bd. 4, Frankfurt am Main 1970, S. 472.

（212）『イエナ・体系構想Ⅲ』では、この職業身分は、「直接的な信頼と粗削りで具体的な労働の職業身分」、「意識のない個体性」だとされる。政治的にこれは、「みずからが事柄を洞察すること」を求めず、「みずからが行なうべきことや、みずからに命じられていることが語りかけられ告げられることだけ」を求める。Vgl. *JSIII.* 243 f.

（213）日々雇用者は排除されるが（*L.* 236, §153 Anm.）、これは基本形態ではない。人民はすべてコルポラツィオンの構成員でなければならないからである（*L.* 235, §153 Anm.）。

（214）一八一七・一八年の講義では、団体役員経歴などを条件とせずに選挙がおこなわれるとするが、この選挙を当局職（obrigkeitliche Stelle）の選挙と同一視しており（ebd.）、のちの講義録との連続性を保っている。

する狙いも含まれている（*I.* 227 f., §150）。ヘーゲルの説く議員資格で重要なことは、議員がその地位を利用して利益や情実を引き出すこと、つまり議員の地位が特殊利益となることを断固排除することである（ebd.; *I.* 235, §153 Anm.）。これを貫徹するためには、「自分と家族を維持するために国務に就く」（*I.* 228, §150 Anm.）ような事態を回避しなければならない。つまり、みずからの特殊利益を追求する議員の動機を絶たなければならない。このためには、議員には、「国家資産や統治権の愛顧に左右されず、営業にも左右されない資産」（*I.* 227, §150）をもつ者がならなければならないとされる。ヘーゲルの議会では、議員報酬は支払われない。そもそも、団体役員の職務自体が無報酬でなされなければならないのである（*I.* 229, §150 Anm.）。「人民代表が給与やサラリーを受けるならば、その地位はまったく変質する。代議員というこの職務はいかなる利益も提供してはならない」（*I.* 235, §153 Anm.）。

実体的な職業身分で長子相続権が設定されなければならないのも、この点に深くかかわる。議会は、市民社会のがわから出来する以上、君主権ないしは統治権によって形成されてはならないのは当然である。議員が給与を受けたり[215]、議員配分が統治権によって左右されたりするならば、上院を統治権の従属下に置くこととなる（*II.* 336, §127 Anm.; *III.* 267, §307）。したがって、実体的な職業身分が国家資産や統治権から独立する規定が必要となる。また、所有の自由を原理とする国制では実体的な職業身分もみずからの土地を譲渡して利得追求することが可能となっており、しかも、産業化によってこの職業身分自身が工業身分（Fabrikenstand）へと進展する状況が一般的となっている[216]（*V.* 626）。だが、これに手を染めると、実体的な職業身分は、営業がもつ恣意性に翻弄され、みずからの実体的な性格を表明する資質を失うにいたる。むしろ、利得追求する農業経営者は、〈振り返り〉をする職業身分が構成する議院に属すべきであり、実際ヘーゲルは、小土地所有農民は下院に属するという[217]（*V.* 811, §308）。かくして、実体的な職業身分は、営業資産からも独立しなければならない。

ところで、実体的な職業身分の二重の独立性を確保する保証は、たんにその「心情」に求めることができない（*V.* 809, §306; *VI.* 711, §305）。というのも、国家資産から独立し利得追求おこなわずに自立するだけの資産がなければ、こうした独立性の確保は困難だからである。そこで、こうした資産を確保するために、所得の自由を犠牲とする制度が必要となる。そして、「営業や商業、一定部分の土地財産の適法な自由処分さえこの身分に対し法律上禁じられていなければならない」[218]（I. 233, §152）。こうした禁則こそが、上院議員の資格としての長子相続権の設定なのである。[219] ヘーゲルは、「そこに存在しているものをすべてたいらげてしまう古代貴族的な心情」（V. 626, §203）こそが実体的な職業身分が示すべき普遍態だと考えた。

さて、こうした職業身分制を採って普遍態を顕現させるときは、各院には「理論的・実践的な教養」の区別があるため、これに由来して意識様態の区別が発生する。自然的な人倫の職業身分は振り返ることがない事情から、これによって編成される上院は、「恒存的なもの Beharrliches」や「存在」（III. 268, §312）を表現し、利得追求に超然たる態度をとることになる。これに対して、営業身分は〈振り返り〉をするため、下院は「市民社会の動的で変動的な部分」（§310）を表現することになる。[220]

このように意識様態の異なる職業身分団体が議会に組織化されることによって、さきには「大勢の集合体」で

（215）この評価の背景には、ボナパルトが元老院議員に給与を支払いこれをみずからの政治的道具としたというヘーゲルの認識が控えている（II. 336, §127 Anm.）。
（216）これにより農民の自由が失われる（VI. 517）。
（217）リュッベ＝ヴォルフは、ヘーゲル的編成では、第二院に小農民が帰属しないとするが、そうではない。Vg. Lübbe-Wolff, a. a. O., S. 488.
（218）ヘーゲルの現状評価として、「貴族は土地取引（Güterhandel）によって大儲けしようと考えているが、土地取引はこの職業身分の原理に反する」（VI. 517, §203）というのがある。これと営業活動の禁止をあわせると、ヘーゲルは農民身分の原理の保存を目指したと考えうる。
（219）同時に、家族を犠牲にするため、国家を実体とせざるをえなくなる。
（220）上院は産業の状態の性急さを抑制する役割ももつ。Cf. D. Rosenfeld, *op. cit.*, p. 299.

あったものが、いまやより具体的に議会という形態をとるにいたる。したがって、〈君主・政府〉と〈大勢〉との媒介は、多くの人びとが国会へと形態化しそこに内包されることによる媒介であるかぎり、〈大勢〉が形態変化をしたにとどまって、〈君主・政府〉と〈議会〉との媒介は、なお未解決のままとなっている。この点から、〈議会〉そのものに媒介機関がなければならないという第二の媒介が必要になるのである。

ヘーゲルの議院編成の議論は、君主権から統治権を発出するのに対応して、議会のがわからも中間項を発出するかたちでおこなわれる。『法の哲学』では、この中間項についてまずは君主権と同質なものをもつ上院から叙述されるため、あたかもたんに上院のみが〈君主・政府〉と〈議会〉との媒介をおこなうかにみえる。また、もちろん講義録においても「民主制の原理」が支配的な下院と統治が対立する場合、「媒介するエレメント」として上院が想定されている（*I.* 230, §151）。

しかしながら、『法の哲学』では明確に、下院も、「国家的で政府的な感性と心情」を持ちあわせることによって普遍態を担保し（§312）、中間項となりうるとされている（§313）。したがって、マルクスのいうように、上院が最高の国家統一なのではない（*KHS.* 297）。もし、上院を〈君主・政府〉と〈議会〉との仲介者としてばかり理解すると（*KHS.* 292）、二院制の議論では両院がともに統治に反対することも予定されることが看過されることになる。ヘーゲルは、こうした事態を国家有機体の危機としてとらえるどころか、このとき「決定が二重の重みをもつ」（*I.* 232, §151 Anm.）とし、むしろ政府に対してその提案を有無もいわさず断念させるものとしてこれを描き出している。このように、ヘーゲル的な二院制の構想は、君主と上院によって下院を圧倒しようとするものではないのである。

以上のように、ヘーゲルの議会編成は、有機的なものとなるために市民社会の職業身分に立脚し、さらにそれ自身にふさわしい普遍態を顕現させるべく保証をかけたものと考えることができる。その保証は、教養ある実体的な職業身分や団体の役職者を構成員とすることであり、これによって議会の本質規定にふさわしい実経験的な普遍態が顕現するのである。もっとも、こうした編成は、「原子論的な表象」（§311）に馴染んだわれわれにとっては容易に承認しがたいものかもしれない。

五　まとめ――平等の抽象か有産者の犠牲か

ヘーゲルが国家の概念を展開する論理の骨格に恣意性の除去があることは、冒頭に指摘しておいた。この論理が魂となっているために、議会に対してもその恣意性が除去されるような保証を求めることになるのである。ヘーゲルは、法律の実質的な審議の権能を議会に認めるからこそ、これが習俗を顕現する場として妥当性をもつよう組織されるべきだと考える。もっとも、議会における実経験的な普遍態を保証するために長子相続制や団体的な編成を主張することは、とりわけそこに資産の観点が関与するため、現代の理解としては原理的に斥けられるであろう。おそらくこの拒否感情は、人格的な平等の観点がヘーゲルの議会で損なわれていると感ずることに由来する。だが、むしろ、こうした平等の抽象によってこそ、議会が特殊利益の追求の場になり下がり、「賎民Pöbel」の巣窟となってしまうとヘーゲルは喝破した。だから、議会にも縛りが必要なのである。そして、その縛りは、同時に、有産者を政治的な犠牲に祭りあげる論理でもある。直截にいえば、一廉の有産者たるものは、自前の資産で政治を切り盛りすべきなのである。こうして公共性に献身できない者は、政治の舞台から退場しなければならない。

第四節　戦争を必然とみることの意味——相互承認の積み重ねとしての国際関係

一　はじめに

ヘーゲルが『法の哲学』の〈対外主権〉論や〈対外国法〉論などで展開した戦争論に関する一般的な理解は、その〈世界史〉の議論と絡められ、民族精神なるものの自己実現過程においてただ一つの国家が世界制覇を達成するために国家間の戦争が当然視される、といったものであろう。たとえば、ある国際政治学者は、次のように言う。「ヘーゲルは、歴史はそれぞれの国家がその民族精神（Volksgeist）の自己実現を図っていく過程であり——したがって国家間のイデオロギー的な対立から戦争は必然的に起こる——、それぞれの歴史的な段階においてその時代の精神を代表する国家はただ一つである、と主張した」[221]。こうした理解では、「民族精神の自己実現」なるものが東西冷戦期的な文脈で「イデオロギー」と読み替えられ、イデオロギー対立によって戦争が必然的に起こるとヘーゲルが主張しているかのように説明される[222]。

このようなヘーゲル理解——それが妥当であるかどうかについてはまさに本節をつうじて明らかにしなければならないことだが——を前提として、こうした戦争論を内包する「ヘーゲル的な国家観や歴史観」は、「われわれがいま置かれている〔一九八〇年台の〕国際政治の状況と歴史発展の方向性」に照らせば、「いちじるしく妥当性を欠いたものになりつつある」とされ、その無効性が宣言される。このさい、「国際政治の状況と歴史発展の方向性」として重要視されるのがイデオロギー対立の終焉なるものであり、くわえて国家主権の絶対性の喪失、「国家に凝集していた国民的な抱負」の崩壊などがそれとして挙げられる[223]。このような状況認識の当否についてはわれわれの主題ではないのでさておき、むしろ注目したいのは、カント的な構想に依拠して、主権国家の黄昏

によって剝き出しになった個人を「人間共同体」として直接的に統合することの現実味が語られることである。(224)

「現状追認」的なヘーゲルと「理想追求」的なカントという俗説的な対比が、このような国際政治学者の評価を延長すると——「好戦」的なヘーゲルと「平和」的なカントという図式は維持されながら——今日的にはまったく逆転されることになるわけだが、もちろんそれは、状況依存の社会学的な認識がたんにソフィストケートされただけのことで、もとより思想史的な理解として——まして哲学的な理解として——提示されているわけではない。しかしながら、まさに後者の点にこそわれわれの関心がある。とりわけ、ヘーゲルがカントの議論を意識しつつ戦争論を展開し、また国際政治学者が両者を対比している以上、両者の議論の間にある同一態と差異を見極めることは不可欠であると思われる。おそらく、このような作業をつうじてこそ、戦争と平和をめぐり対極とみなされる論理の構造的な理解が果たされることになるだろう。

そこで、われわれとしては、なにゆえヘーゲルが国際関係において戦争の必然性を語ったのか、また国際連合によらない平和保障をいかにして提示したのか、『法の哲学』の〈対外主権〉論と〈外部国家法〉論を中心に、適宜『エンツュクロペディー』初版や「自然法と国家学（法）」講義録なども参看しながら検討することにしたい。

(221) 馬場伸也「ヘーゲル的国家・歴史観からカント的共同体論へ」、日本平和学会編集委員会編『平和の思想——講座平和学II』、早稲田大学出版部、一九八四年、一一八—九頁。
(222) 馬場は、「経済的な搾取や侵略、あるいは他国民および領土の軍事的・政治的支配は、イデオロギー的に『正当化』されようとする」事態の思想的例示としてヘーゲルの議論を提示している。馬場、前掲箇所参照。なお、金子武蔵は、ヘーゲルの『法の哲学』の国家像を「マイトはライトであるといふ立場より主権の特殊的意志を維持伸張せんとする権力国家」だとする（金子、三七〇）。
(223) 馬場、前掲論文、一二四—五頁参照。
(224) 馬場、前掲論文、一三二—三頁参照。

二　国家並存状況では戦争が必然的とみなされる

戦争の必然態を考えるさい、実際の戦闘行為が連綿と続いているという意味でこれを語ることは直観的な事実に反するから、その準備段階をも包括するものとして考えるのが当然とも思える。たとえば、カントにしたがって、「たとえ敵対行為がつねに生じている状態でないにしても、敵対行為によってたえず脅かされている状態」のことを「戦争状態」と考えるのも（*EF.* 384, 二六）、一つの考え方であろう。

これに対し、ヘーゲルは、戦争ということで、一般的な敵対行為、安全の不在と考えるよりは、より限定的に暴力が実際に行使される〈関わり〉と考えていると思われる。たとえば、『エンツュクロペディー』初版では、国家の「独立態」は、国家という「人格間の抗争を、暴力の〈関わり〉すなわち戦争状態にする」（*El.* 297, §444）と議論する。ここでは、一般的な抗争関係から暴力行使の関係への明確な区別と移行が指摘されている。また、一八二二・二三年の「自然法と国家法」講義では、「諸国家は平和の状態と戦争の状態のあいだをたえず動揺している」（*V.* 829, §324）と指摘する。ヘーゲルは、国際関係を単純に戦争一色で塗りかためたりしないのである。したがって、ヘーゲルを取り上げて考える場合、戦争の必然態とは、とくに暴力行使にいたらざるをえない必然態としてより限定的に考えなければならない。

ヘーゲルが戦争の必然態をどうとらえたかを端的にいえば、〝国家は、その独立態や自立態を保守せざるをえないがゆえに、戦争にいたらざるをえない〟ということになる。一八一七・一八年の「自然法と国家学」講義においても、ヘーゲルは、「戦争は、自立した諸国民が並存して現実存在しているがゆえに、必然的なものとみられなければならない」（*I.* 249, §160 Anm.）という。この講義での言及箇所は、〈国家〉論の〈外部国家法〉の議論に属し、のちの『法の哲学』でも対応する箇所に戦争の必然態に関する言及がある。

このさい、『法の哲学』で議論される戦争の必然態は、かならずしも諸国民の独立態や自立態に由来するとストレートに説かれるものではなく、「占有や生命といった有限なものが偶然的なものとしての運命に定めおかれるのは、必然である」(§324 Anm.)というかたちで語られる。したがって、「必然」という言葉にこだわるかぎり、ここでは、「必然」とされる対象がずれているといわざるをえない。国民の独立態や自立態を考えるときには国民全体が問題になるのに対し、占有や生命の偶然態を考えるときには個々の国民が問題となっているからである。

もっとも、『エンツュクロペディー』初版でも、一八一七・一八年の講義録でも、直後に、国家の自立態や人倫的な実体を維持する献身について語られるから、全体的に問題の立て方については大きな変動がないというべきだろう。「占有や生命」への言及は、「国家の自立と主権を維持するという義務」(§324)にかかわることだから、ここでも国家の独立態や自立態に起因する戦争の必然態に触れているわけである。ただ、すくなくとも確認できることは、戦争の必然態を考えるさいに、国家の個体性(独立態や自立態)レベルで説く論理と、国家に属する個体(個人)レベルで説く論理の二層があること、そしてこれらがたがいに媒介しあっていることである。ただ、以前には国家の個体性レベルで必然態を説いていたものが、『法の哲学』ではそれが背景に退いたという力点移動を考えることもありうるかもしれない。

いずれにせよ、「占有や生命」の偶然態に戦争の必然態を求める個人レベルの論理は、ヘーゲルによって「哲学的な理念」、「摂理の弁護」にすぎないといわれていること、そしてまた「現実の戦争はなお別の弁護を必要とする」とされていることに注意する必要がある(§324 Anm.)。つまり、ヘーゲルは、「占有や生命」が偶然的だから現実の戦争が起こらざるをえないなどと主張しているわけではない、ということである。個人レベルに戦争の必然態を求める議論は、戦争の原因論ではなく、その結果論であることが、ヘーゲルによって明白に自覚されている。この点をつかむことは、ヘーゲルを誤解しないためにも決定的に重要だと思われる。[225]

(225) 「占有や生命」の偶然態の指摘が「戦争の美化につながらない」ことについては、アヴィネリ、前掲訳書、三〇五頁参照。

このため、原因論としての戦争の必然態は、ヘーゲルの場合、あくまで国家の個体性レベルで検討しなければならない。このさい、ヘーゲルの議論を〝国家があるから戦争がある〟と平板化して理解することが可能であれば、これには、〝国家があっても戦争はなくせる〟という理想主義が対置されるかもしれないし、あるいは〝戦争をなくすため個別国家をなくそう〟という世界国家論もしくは世界市民主義が主張されるかもしれない。そして、この問題を議論するときには、冒頭にも紹介したようなカントを持ち上げるやり方があるから、そのような思想的な対置に意味があるのか問う必要が出てくるだろう。

カントは、『永遠平和のために』において、国際法の理念が分離独立した多くの国家の存在を前提としており、諸国家の「連合的な合一」がそれらの敵対行為を予防しないかぎり、諸国家の独立並存状態は「それ自体としてはすでに戦争の状態」だと評価している（EF. 367, 六九）。もちろん、カントには、このように議論することによって、むしろ諸国家の「連合的な合一」の形成をつうじて戦争の防止を目指す積極的な意図がある。したがって、国家の独立態と戦争状態が踝を接している事態は、カントによって明白に否定的にとらえられている。

しかしながら、カントがこうした戦争状態を――あくまで次善のものであるとしても――肯定的に評価する面があることも見落としてはならないだろう。すなわち、国家間にそれ自体としてある戦争状態は、「他を制圧して世界王国を築こうとする一強大国によって諸国家が溶解してしまうよりまし」（ebd.）だとされている。カントによれば、「一大強国」による「魂のない専制主義」は、善を根絶やしにし無政府主義に陥るものだから（ebd.）、そうであるよりは、戦争状態にありながらも善をなす国家のあるほうが優れていると評価されるわけである。

もっとも、カントは、平和状態を義務とする「連合制度が次第にすべての国家の上に拡がる」（EF. 356, 四三）ことを構想するから、当然ながら戦争状態をそれ自体として是認するわけではない。しかしながら、「諸民族合一国家」もしくは「世界共和国」については、諸国家は「一般命題として（in thesi）正しいことを具体的な適用面では（in hypothesi）斥ける」（EF. 357, 四五）から現実味がないと評価し、結局のところ諸国家の連合的な合一のレベルで諸国家の平和状態を構想することになる。いずれにせよ、カントの平和主義は、複数ある個別国家を完全に廃絶したうえに構想されるものではありえない。

ここでぜひとも注目しておきたいことは、カントにしてもヘーゲルにしても、等しく、個別国家の独立態それ自体を積極的に評価し、また、そのことと諸国家間の戦争状態とが必然的に関連しあうと認識している点である。ヘーゲルは、これらの諸点に関するかぎり、カントの敷いた論理の道を踏み外していないことは銘記しておきたい。このことは、諸国家を一国家に統合する展望を積極的に主張するフィヒテの議論と対比するとより鮮明になってくる。

たとえば、フィヒテは、『自然法の基礎』において、「地表に住むあらゆる人間は、次第に唯一つの国家内で合一するようになるだろう」（GN. 369, 四三六）と述べ、「この同盟が普及し、次第に地上の全体を覆うようになると、永遠平和が訪れる。これは国家間に唯一権利にかなった関係である」（GN. 382, 四五二）と主張し、カントの提唱した諸国家の連合的な合一を踏まえて、さらにはカントが現実的には不可能とみた世界の一国家的な統合（世界国家）へ進むことを展望する。

カントの議論を世界国家への前段階的なものとみなすフィヒテの立場は、みずから自覚的に採られたもので、その自覚のほどは、フィヒテの「カントの『永遠平和のために』論評」に窺われる。「諸国家にとって、相互の関係において戦争という無法状態から抜け出すための方法は、諸個人が戦争状態から抜け出すための方法と同じものしかありえない。すなわち、諸個人が一つの公民国家へと結合するように、諸国家が多民族から構成される一つの国家に統合することである。〔中略〕カントによって提起された平和の維持のための諸民族の同盟は、ただ中間的な状態であり、人類はこの状態を通過してあのすばらしい目標に向かって進んでいかなければならない[226]」。冒頭に紹介したような主権国家の黄昏によって剝き出しになった個人を人間共同体として統合する試みは、カントのものというよりはむしろフィヒテのものというべきだろう。

ようするに、カントは、諸国家が平和状態にいたる道を、理性的には世界国家に認めるとしても、現実的には諸国家の連合的な合一にあるとした。これに対して、フィヒテは、現実態に対する評価を抜きに世界国家を展望したわけである。ヘーゲルはといえば、現実的とならない「理性的なもの」は理性的ではないから、世界国家を展望する議論は没理性的で論外ということになる。現実的に理性的であろうとすれば、諸国家の並存状況を前提として議論をせざるをえないが、カントとヘーゲルは、すくなくとも形態的にはこの点において同一の理解に立っている、ということである。つまり、両者は、「戦争をなくすため個別国家をなくそう」という主張を採らないわけである。[227] しかも、平和状態の形成と称して強引に世界王国を形成する動きがあるとすれば、カントは、むしろ諸国家の並存という戦争状態を容認することになる。ヘーゲルの議論は、カントによるこうした戦争状態容認論を継承しているのである。

諸国家の並存を基礎としてこれに「平和状態は創設されなければならない」（*EF.* 384, 二六）という方向性を加味することで、カントの諸国家の連合的な合一の議論が構築されている。したがって、「国家があっても戦争はなくせる」というのがカントの立場だが、こうした平和状態の創設がありうるとしても、それが戦争状態「より後の」ことであるかぎり、諸国家の並存という戦争状態をまずは見咎めなければならないであろう。そして、「より後の」こととしては、平和状態の創設に向けた方向性がそれ自体、別に評価されなければならないし、まして や平和状態の創設が諸国家の連合的な合一となるのかどうかは、諸国家の並存の状況では未決のままである、という論脈を理解しておかなければならない。いいかえれば、諸国家の戦争状態、平和状態への方向性、国際連合の提唱という三モメントは、さしあたりばらばらのモメントであって、それらの間に緊密な必然的な〈つながり〉があるとあらかじめ決めつけるわけにはいかない、ということである。そうした目でみたとき、まずなによりも焦点を当てなければならないのは、諸国家の並存状況において必然的とみなされる戦争状態の演繹のあり方である。

三　国家は自由な精神として戦争にいたる

諸国家の並存状況において戦争が必然的だとみなされるのは、もちろん国家に独立態と自立態があるからだが、しかし、国家が平和愛好的な自然を具えるのであれば、国家の独立態と自立態から戦争の必然態を語る必要もないと思われる。ところで、このさい、歴史のなかで個々の国家が平和愛好的な実績を持たなかったことをたんに指摘するのでは、〝国家は平和愛好的な自然を具えていない。だから、戦争が必然的である〟とするに十分ではないだろう。というのも、こうした経験主義は、〝われわれが戦争の災禍を痛感しているからには、今後平和愛好的な実績を築いていけばよい〟と決意を語る立場に対抗することができず、たんなる現状追随の議論として最悪の「現実主義」に堕することにもなるからである。

したがって、戦争の必然態を語りうるとすれば、国家の独立態と自立態からいかにして戦争の必然態が推論されるのかという点に答えなければならない。もっとも、単純に国家と戦争が不可分のものととらえられるとすれば、これらは直接的に結びついているのであって、その媒介項を摘出することは不可能だとみられるかもしれない。しかし、他方で国家と平和の結合も主張されうるとすれば、優先的に平和との結合を斥けるだけの理由が示されなければならないはずである。

このことを考えるさいに、まずはカントの論理をみておこう。カントは、諸国家間の戦争状態を個々人も身をおくことのあるとみられる自然状態として指摘する。この戦争状態は、さきにも引用したように、「たとえ敵対

(226) J. G. Fichte, „Zum ewigen Frieden. Ein philosophischer Entwurf von Immanuel Kant. Königsberg, bei Nicolovius. 1795. 104 S. 8°.“, in: *FW.*, Bd. 8, Berlin 1971, S. 434. 杉田孝夫・渡辺壮一訳「カントの『永遠平和のために』論評」、『フィヒテ全集』第六巻、哲書房、一九九五年、四六六頁。

(227) したがって、「主権国家の黄昏」をもってカントの議論を引き合いに出すことはできないはずである。

行為がつねに生じている状態ではないにしても、敵対行為によってたえず脅かされている状態」としてとらえられ、他者が「平和状態の保障」を与えないかぎりは、他者を「敵として取り扱う」ことを可能にする、と主張される（ebd.）。そして、みやすい議論だが、このような「平和状態の保障」の組織化が「国際連合 Völkerbund」ということになる。「各民族は自分たちの安全のために、それぞれの権利が保障される場として、市民的な体制と類似した体制に一緒に入ることを他に対しても要求でき、また要求すべきなのである」（EF. 354, 三八）。

近代自然法論を準用して、ホッブズ的な〈自然状態＝戦争状態〉にある個々人が国家を要求するように、諸国家も国際連合を要求する。これが、国際連合を演繹してゆくカント的な論理の核心だが、国家と戦争の媒介項は、この場合、自然ということしかないから、むしろ国家と戦争は直接的に一体化している、といったほうがふさわしい。「国家は自然として戦争にいたる」。カント的には、こういわざるをえないだろう。

もちろん、個々の国家が国際関係で自然状態におかれているという認識は、ヘーゲルとしても共有するものである。人民は、「それだけで独立して同様の別の個体に対立しており、この別の個体に対する自然状態の関係のなかで絶対的に自立的なものとして存在する」（*L*. 247, §159）。これは、〈外部国家法〉論の議論だが、『法の哲学』で対応する議論でも、「諸国家間の関係は、相互に自然状態のうちにある」（§333）とされている。

もっとも、ヘーゲルが国際関係を自然状態として認めるかどうかは、重要な問題ではない。周知のように、ヘーゲルは、自然状態に依拠する近代自然法的な国家導出の論理を認めていない。近代自然法論では、「自然法が妥当すべきであるとされる自然状態というものが案出されるとともに、それに対して社会と国家の状態はむしろ自由の制限、自然的な権利の犠牲を要求するとされる」（*El*. 286, §415 Anm.）。ヘーゲルが国際関係を特色づけるさいの自然状態は、このような意味での案出物、フィクションではなく、あくまで現認できるものとして考えられている。逆に、これを近代自然法論で語られる自然状態として認知することができたなら、ヘーゲルは、カントと同様に、平和状態を保障する国際連合を構想することができたかもしれない。ヘーゲルがそのようにできない理由の一端は、国際関係の自然状態がフィクションではないがゆえに、こうしたフィクションに依拠する論理で国際連合を構想することができなかったこともあると思われる。

いずれにせよ、ヘーゲルが国際関係を自然状態と特色づけるにもかかわらず、国家と戦争の関係は、自然によって媒介されているのではない。きわめて平凡なことであるが、ヘーゲル的には、国家の独立態や自立態そのものに国家と戦争を結びつけるものが含まれている。しかし、この場合の国家の独立態や自立態をヘーゲルの論理を介さずに物理的な存在のそれと同列に理解するのでは、戦争状態もホッブズ的な理解にとどまり、ビリヤードモデル的に国際関係を考えるしかなくなるだろう。

そこで、国家の独立態や自立態をヘーゲルに即して考えるには、その内的な構造もあわせて理解する必要がある。ヘーゲルの論理によれば、国家が独立態や自立態をもちうるのは、端的にいって国家が自由の精神だからである。「精神は自由においてはみずからに対する無限に否定的な関係だから、精神は同じくまた本質的に、存立している区別をみずからのうちへ吸収してしまっている〈それだけで独立した存在 Für-sich-sein〉、したがって排他的な存在である。国家はこの規定のかたちで個体性をもつ」(§321)。

〈対外主権〉論冒頭のこの規定は、国家が独立しうるためには、国内体制への否定的な関係を有していなければならないことを指示している。くわえて、こうした自己否定的な関係は、現存在のかたちでは他者関係として現象するとされるから(§323)、国家の独立とは、他の国家との否定的な関係において自己否定をも遂行し、そのことによってかろうじてそれだけで独立した存在に現存在を与えるかたちで成り立っている。そして、まさに、自己否定を不可分に含むこうした否定的な関係こそ戦争の内在的な原因となるものであり、国家の独立態や自立態が戦争を必然とするとは、それがこうした否定的な関係に呪われている、ということにほかならない。そうであるがゆえに、国家は、第一義的に、平和には結びつかず、戦争と結びつくのである。

国家が相互に主権的に独立するのは、「国家としての人民が、実体的に理性的であるとともに直接的に現実的である精神であり、したがって地上における絶対的な威力である」(§331) からだが、他国との否定的な関係が免れないがゆえに、主権は他国と無関係に樹立することができない。このように「他の国家として(にとって)存在することと」は、「他の国家によって承認されている」ということであり(ebd.)、国家が主権的に独立するため他国との間で承認闘争に入り込むことが、国家と戦争が連結する基礎ということになる。ようするに、ヘーゲル的には、〝国家は自由な精神として戦争にいたる〟のであり、実際の戦争は、国家が自由な精神として独立態や自立態であることとの本質を露呈した事態ということになる。

国家と戦争を媒介するものが近代自然法的な自然とみるかヘーゲル的な自由な精神とみるかに有意味な違いを認めることはできないかもしれないが、カントとヘーゲルの間にあるこうした差異は、個別的な国家が国際関係に登場するさいのあり方に決定的な違いをもたらさざるをえない。

国際関係の戦争状態を近代自然法的な自然状態として考えれば、平和への志向性があるかぎり、国際関係の総体をくくる平和の保障によって——つまりたとえば国際連合によって——戦争を克服しなければならないと想定せざるをえなくなる。ところが他方で、このような平和の保障がないかぎりでは、戦争に訴えることが当然の自然な権利として主張されることになる。ホッブズの自然法は、まさにこういう性格を持っていたが、自然状態下で他者を「敵として扱う」ことの正当性を原理的に主張する点で、カントの議論も同列の論理を内包している。

国際関係の戦争状態を自然状態だとみても、これを近代自然法論的に把握せず、むしろヘーゲル的な自由の精神だととらえるならば、こうした精神の具現である国家の独立態は、他国との関係においてはじめて成り立つものだから、すでにそこには他者関係が存在している。他者関係という否定的な関係は、それ自体は戦争の必然態の根幹をなすものだが、それはつねに一律に戦争を引き起こすものではなく、むしろ実際の関係では承認の実現という平和の可能態も含んでいる。ここには「振る舞い方の内的な一般性」である「習俗」もはたらいている(§339)。もちろん、この程度のことならば、戦争状態を自然としてとらえた場合にも、同様のことがいえるかもしれない。しかしながら、きわめて重要なことは、戦争状態を精神の関係としてとらえた場合、平和の保証がないことを盾にとって相手がわを〝ならず者国家〟と一方的に断定し攻撃するほどの自然的で必当然的な〝権利〟なるものを当該国家に賦与することがない、ということである。すくなくとも相手がわは、相応の人倫態を実現している国家であり、そうしたものとして同等の権利を主張する存在だから、ときに戦争によって紛争に決着をみなければならないとしても、当事国間の主張を超えた高みでおのが主張を権利づけることができない[228]。

もっとも、自然として戦争状態をとらえることの真意は、自然の戦争権を高唱することにはなく、むしろそれを放棄しうる平和の保障を求めることにあるだろうから、こうした平和への方向性こそが評価されなければならない、といわれるだろう。そのことは当然である。しかし、同時に忘れられてはならないことは、平和への方向性は、自然として戦争状態をとらえることの独占物ではない、ということである。「戦争の状態をつうじて、自由な人民諸個体の相互承認が生ぜしめられる。〔中略〕この場合、和解による平和——これは永遠に持続すべきだとされる」（*EL.* 298, §446）。ヘーゲル的に、自由の精神がもつ否定態の顕現として戦争をとらえる場合でも、国家の独立の承認ということにはそれ自体として平和共存の含意があることを考えておく必要がある[229]。

もちろん、カントの立場からすれば、ヘーゲル的なこうした平和共存は、ある特定の戦争を終結させておくだけのもので、「すべての戦争が永遠に終結する」のを目指すものではないから（*EF.* 356, 四三）、不十分にすぎることになるだろう。しかしながら、「平和連合」（*EF.* 356, 四二）とても国家承認が基礎となっていることは疑いがな

（228）権利と不正が抗争しているのであれば、権利のがわに単純に軍配を上げることもできようが、権利と権利の抗争ゆえ「真正の権利」を決めえない。アヴィネリ、前掲訳書、三一二頁参照。
（229）承認は平和状態にだけあると限定できないことにも注意すべきである。「国家が国家として承認しあうことのうちには、戦時においてさえ、すなわち違法、暴力、偶然の状態においてさえ、一つの絆が失われることなく存続するということが含まれている」（§338）。

い。むしろ、平和連合が国家承認の全般化であるとすれば、カントもいうように個々の国家はその下で「国家そのもののための自由」（*EF.* 356, 四三）を享受する以上、平和連合はそれ自体としての使命を失う可能態となっている。なぜなら、平和のためにはヘーゲル的に実質的な国家承認を全般的に積み重ねていけばそれでよいともいえるからである。

ともあれ、国家の独立承認が平和への方向性を持つものだとしても、国家に対して独立の承認が与えられるべきだ、という当為として語られるものでもない点は注意を要する。ヘーゲルは言う。「国家が国家であるというだけの理由で、国家のこうした承認を要求することは抽象的である」（§331）。したがって、国家の独立の承認による平和共存とはいっても、その平和の現実態は別次元だともいえよう。では、国家が承認される条件をヘーゲルはどうとらえているのか。

四　国家承認の相対性

国家の独立の承認をより具体的なかたちで与えるのになにが必要かといえば、承認を求めるがわの「国家の内容である国制と実態」（ebd.）の評価である。このさい、それが承認に値するのかいなかを評価するのは、承認するがわの権限に属する（ebd.）。それをネガティブに評価するなら、次のようなことが起こりうる。「ある国家が、他の国家の自立態にとって脅威的なものとなり、いかなる平和状態も想定させないような国制を持つならば、他の国家は、その国家を承認しないこともあるし、その国制を変更するよう要求する場合がありうる。だが、後者の直接の意味でこうした要求がなされてはならない。というのも、その国家にみずからの国制をやめろと要求することになるからである。しかし、こうした要求は、間接的にはなされてよい」（*I.* 251, §161）。

他国の国制を評価して、場合によってはその変更要求まで間接的になしうるとするのは、きわめて内政干渉的で容認できない議論と思われよう。しかも、たんなる干渉にとどまらず、場合によっては戦争に訴えることもありうるとみなされる。戦争によって国家間の相互承認がえられるというのは、さきにもみたように、ヘーゲルの議論では基本的な主張と考えてよい。

もちろん、国家承認は、「国制と実態」にかかわるわけだから、実際の戦争にいたらずとも達成される場合がある。「独立した人民としてのたがいの現存在は、一方では、自由をめぐる抽象的な闘争によって、他方では、みずからが秩序ある教養形成された国家であり、それゆえ対外的な相互関係を正しく執りおこなう可能態を示すことによって、承認にいたる」（*JJ*. 339, §131）。とはいえ、実際には事情にしたがうとはいっても、内政干渉と戦争を担保したヘーゲルの論理は、平和の保証を確保するにふさわしくないものと評価されるだろう。しかし、戦争に訴える論理こそが問題だとされるなら、すくなくともカントとの対比において、ヘーゲルの議論が容認できるレベルにあることは指摘しておかなければならない。

カントは、「永遠平和のための第一確定条項」として「各国家における市民的な体制は、共和的でなければならない」とする（*EF*. 349, 二八）。その理由は、共和的な体制の場合、戦争に対して慎重になるが、非共和的な体制の場合、そうした慎重さが欠けるからだとされる（ebd.）。こうした体制評価の当否はここの主題ではないのでさておくが、平和を保障するためになんらかの体制が予定されるということがカントの議論の根幹にある。このさい、カントには、永遠平和の達成を自然の意志に還元し（*EF*. 365, 六五）、この自然に戦争を含める議論があることを想起すべきである（*EF*. 363, 五九）。「ある民族が、その内部の不和によって、公法の強制の下に入るように強いられていないとしても、戦争が外からそれを強いるであろう」（*EF*. 365, 六六）。

ヘーゲルにしてもカントにしても結局は戦争によって国家承認をめぐる紛争の決着がみられると考えてしまえば、両者のあいだに有意味な差異はみられないとすべきかもしれない。また、ヘーゲルのいう「秩序ある教養形成された国家」というものとカントの共和的な体制をほぼ無差別に考えることが許されれば、さらにその念が強くなろう。しかしながら、すくなくともヘーゲルの議論でとくに自覚的に語られているものとして、内政干渉をあけすけに直接的におこなうことを否認する点に注目しておきたい。このような緩和によって戦争に訴えることがさらに抑止されることはいうまでもないが、直接的な内政干渉の否認は、たんに附帯的な条件づけによるものではなく、ヘーゲルの国家観にあるかなり本質的なところに触れているからである。すなわち、ヘーゲルによれば、一国の国制は、当の人民の自己意識がどの程度教養形成されているかに応じ編成されるものであって、よしんばある国制プランが理性的なものとみなされても、外挿的に人民に対して押し付けることのできないものだと考えられている（§274 u. Anm.）。直接的な内政干渉の否認は、この主張の系なのである。

もっとも、ヘーゲルは、「たとえば遊牧民族のように、総じて教養形成の程度の低い人民の場合には、どの程度までこれが国家とみなされうるかという問題さえ生じる」（§331 Anm.）としたり、「思考された諸規定としての法律」を具えることのない人民は承認されないとしたりするから（§349）、実際の国際関係では「教養形成の程度の低い人民」に国家承認を与えないことを当然視する——場合によっては植民地主義というべき——立場にあるとみられる可能性もある。しかし、こうしたヘーゲルの議論には、かえって教養形成の程度をみずから高く見積もる人民を冷静に評価する観点があることも見逃してはならないだろう。文化を持つと自認する人民は、ほとんど国制を持たない未教養の人民を信用できず、そのことが脅威であるとき、「この粗削りな人民をして確固とした国家体制を受け入れるよう強要しようとする」わけだが、そのことは基本的に「思い上がり」なのである（*L*. 251, §161）。このことは、フィヒテの議論への批判ともいえる。フィヒテは、「いかなる行政府ももたず、それゆえ国家を欠いているような人民に対しては、その隣国は、その人民を服従させるか、または、その人民がみずからの国制を作るように強いるか、それとも、隣地から立ち退かせるか、という権利をもっている」（*GN*. 373, 四四一）という。ヘーゲルがこのようなあからさまな征服権を主張することがないことに、注意すべきである。

とはいえ、そうした強要が「思い上がり」であるとしても、国家承認のための要求水準がある種の教養形成の程度に置かれるとすれば、そこに達していると自負する人民がそれを他の人民に実際に強要するとヘーゲルが理解していることも確かである。[230] このさいとくに焦点となるのは、冒頭で指摘した「民族精神の自己実現」なるものにかかわる〈世界史〉論の議論であろう。ヘーゲルは、たしかに〈世界史〉論で、「世界精神の現在の発展段階の担い手」という「絶対的な権利」を世界史における支配的な人民に対して認め、他の諸人民の精神はこれに対しては無権利だと言い切る（§347）。おそらく、この支配的な人民の振る舞いには戦争行為が含まれるだろうから、短絡的には、支配的な人民と自認する者がみずから惹き起こした戦争を権利として正当化できる論理をヘーゲルが提供したかに思われる。しかしながら、ヘーゲルは、同じ〈世界史〉論で明白に、平等の権利を持たないと決めつけられる国民に対して仕掛けられる戦争を、支配的な人民の権利をもって正当化せず、むしろ「一定の実質的な内容に関する承認を求める闘争」の問題として位置づける（§351 u. Anm.）。

一般にヘーゲルのいう「承認を求める闘争」では、そこに肯定的な成果がある場合、普遍的な自己意識がもたらされるから、ヘーゲルの主要な関心事は、この普遍的な自己意識にこそあって、支配的な人民を自負する者の権利主張にはない。もちろん、このことは、そうした自負者に普遍的な自己意識が担保されることを否定するものでもなく、実際にそうであれば、真に支配的な人民として幸いにも評価されることになるだろう。しかしながら、決定的に重要なことは、〈世界史〉論において「もろもろの国家、人民、個人」は、「世界精神の内的な仕事の無意識の道具であり分肢である」（§344）以上、ヘーゲルの議論を盾にとって「われは世界精神なり」と意識的に主張することは、まったくの詐称にすぎないということである。[231] 世界制覇のイデオロギー的な対立がなされるとすれば、ヘーゲル的にはそれは詐称の対立にすぎない。〈世界史〉において「権利」が認められるのは、つね

(230) この点については、第四章第四節、本書三五二頁参照。

に「審判」（§341）のかたちをとるのであって、けっして当事者が主張しうる性格のものではないのである。

いずれにせよ、ヘーゲルの議論できわめて特徴的なのは、承認を求める国家関係の一方の当事者に対して戦争を正当化しうる特定の事由を提示しないことである。この点、フィヒテの議論と好対照といえよう。フィヒテは、たとえば、承認の拒絶がおこなわれる場合、征服権や戦争権が与えられるとしたり、国家をもたない人民に対して、その人民を服従させるか、国制を作るよう強いるか、立ち退かせるかの権利があるとしたりする（GN. 372 f., 四四〇以下）。はなはだしくは、「侵略された国家は、不正を働いた国家に対し、その国家を独立国家としては抹殺し、その臣民を自国に併呑してしまうまで戦争をしかける、という完全な権利を有している」（GN. 339, 四四八）とさえいう。報復による殲滅戦を権利づけるこうしたフィヒテの主張と対比したとき、ヘーゲルの議論の穏健さが際立ってくる。戦争には「戦闘中といえども平和の可能態を失わざること」という「国際法上の規定」が含まれている（§338）。「戦争は、諸国家どうしが平和状態に移行しうることが可能となるように遂行されなければならない」（VI. 748, §338）。

ともあれ、戦争の正当化事由を明示しないのは、ヘーゲル自身が性分としてカテキズムを嫌うことからくるというよりは、国家相互間がおこなう権利主張や侵害主張の無限定性、またそれ自体としての解決不能性の洞察に基づいているとみられる。「国家間の争いは、それぞれの国家の特殊な意志が合意を見出さないかぎり、ただ戦争によってのみ解決される」のだが、「侵害のうちのどれが、明確な条約違反、あるいは承認や名誉の侵害とみなされなければならないかということは、どこまでも、それ自体においては決定しがたいことである」（§334）。また、現実の侵害のみならず、「迫りくる危険」について憶測することが紛争原因にもなり（§335）、国家の権利主張や侵害主張は無際限といわざるをえない。

五　グローバル・スタンダードは特殊である

国家相互の権利主張や侵害主張が無限定でありそれ自体として解決不能であるとしても、実際にはなんらかのかたちで解決しなければならない。その解決として戦争が持ち出されるとすれば、これに対抗して、戦争によらない解決である国際連合が提起されることもありうる。もちろん、カント的な国際連合は、平和保障をおこなうから、この任に堪えるかもしれないが、他方で、国家はそのなかで自由に振る舞うことができるわけだから、国家の独立態という紛争の種はそのまま放置されているといってもよい。しかも、国際連合によって紛争調停が強制できるかといえば、それはあくまでそこに参加する国家の主権的な判断によるしかない。

ヘーゲルは、国際連合それ自体を評価するさい、その目的もさることながら組織体としてのあり方をとくに重視する。「平和を目的とする国家連合は、こうした連合のうちにあるかどうかの偶然態を孕んでいる。他の諸国家は、この連合を暴力で維持すべきであるが、他の諸国家にあっても、同様に自立的なのである」(*EN*. 203, §447)。ここでは、組織体を構成するものの自由と組織体の個体性の維持が語られており、諸国家が自由に行動すれば組織体が崩壊するし、組織体を暴力的に維持しようとすれば自由な諸国家のあり方に反することになる。

したがって、実際に国際連合が出来上がっても、その結束は現実的なものではなく、当為とならざるをえないとヘーゲルは評価する。「諸国家すべてからなるこうした連盟のなかでは、たんなる当為が個々の国家を束ねており、連盟全体は恣意のうえに建てられている」(*L*. 253, §162 Anm.)。また、国際連合それ自体の個体性は、これに加盟しないものとの対立関係を生み出す。「国家だけが個体であり、この個体性には否定が本質的に含まれる。

(231) 金子武蔵はこのことを詐称と考えない。「主権は〔中略〕深く世界精神に根ざしたものでなくては絶対権ではない。世界精神を宿した国家精神がその承認を要求するところに戦争は『世界史に対する意義』をもつのである」(金子、三七一)。

したがって、一定の国家が一つの家族をなしたとしても、こうした連合は、個体性として対立物を創出し、対立物、敵を生み出す。そして、神聖同盟の対立物は、トルコ人やアメリカ人になるだろう」(*VI*. 734 f., §324)。

このような評価は、当然ながらカントの主観的な意図をまったく超えているだろうが、国際連合が真剣な意味で組織体たりうるとすれば、国家と同列の論理に巻き込まれ、論理的には個別国家のあり方を考えれば足りることになる、とヘーゲルは考える。「永遠平和のための一般的な国際連合なるものは、一国民の支配であるいは、諸国民の個体性を抹殺する一国民のみが、普遍的な君主国のみが存在することになろう」(*JSIII*. 250)。

ヘーゲルのとらえ方を紹介するまでもなく、個別国家は、国際関係において主として特殊態の局面でたち現れるほかはない。ヘーゲルは、このことを考えるに、二つのレベルの議論を提示していると思われる。すなわち、個別国家それ自体の自然的・精神的な規定態のレベルと、個別国家の対外行動論理のレベルである。

まず、第一の個別国家それ自体の自然的・精神的な規定態のレベルについてみると、たとえば、『エンツュクロペディー』初版では、「人倫的な精神は、それ自身、特殊に規定された人民において現実態をもつ」(*EI*. 297, §442)とされている。ここでは、こうした特殊態を国家の「直接的な自然態」だとし、より具体的に「地理学的、気候学的な規定態」だとするが、そもそも人倫的な精神は「精神的な生活の特殊な発展段階にある」(ebd.)とするから、人民ないし国家は、主要には精神の点で特殊な規定態を具えていると考えられている。こうした国家の特殊態のとらえ方は、『法の哲学』では、「特殊な国民的な性格」として挙げられる「人民の歴史的な発展段階と、自然必然態に属するすべての諸関係の〈つながり〉」(§3)として定式化される。この規定では、「人民の歴史的な発展段階」が「精神生活の特殊な発展段階」ということである。

自然には抵抗できず、歴史ではすべてが特殊化されるから、このレベルで考えず、現前するあり方において相対的であるにせよ個別国家が特殊態を乗り越える展望はないのだろうか。この問題にかかわるのが、第二の個別国家の対外行動論理のレベルである。

個別国家そのものは、ヘーゲルに即して考えても、総体として、特殊態をもちながらも普遍的な共同性があってはじめて成り立つ理念だから、特殊態だけを際立ててあげつらうのは、一面的な理解だということができれば、個別国家が特殊態を超える展望がつけられそうである。だが、このように普遍態と特殊態を統一する無限態を具えた個別の共同体が、対他関係においてつねに特殊となるという論理は、すくなくともヘーゲルの『法の哲学』では一般性の高いもので、たとえば、家族が市民社会に移行するさいの家族的な共同性の位置づけは、まさにそのようなかたちになっていた（第二章第一節参照）。共同体は、内向きには普遍態であるとしても、外向きには必然的に特殊態とならざるをえないのである。

もし国家が対外的に普遍態を帯びることができるならば、諸国家は、たがいにその点で同一態を確保し、相互に衝突しあわない仕組みを発明することができるといったものだろう。おそらく、国家の独立態や自立態は、もっとも形式的で抽象的なレベルの諸国家の普遍態であり、同一態になるかもしれない。さらに内容的に規定された普遍態や同一態は、「国家間にそれ自体で独立して通用すべき普遍的な法」である「国際法」としてとらえることができるだろうし（§333）、国際関係における「振る舞い方の内的な一般性」である「習俗」としてとらえられるだろう（§339）。しかも、こうした一群の普遍態や同一態は、国際関係に事実上存在しているだろうし、また育てていくこともできるだろう。

しかし、ヘーゲルが根柢的に重要だとみなしていることは、よしんば国際関係に具体的な内容を伴った普遍態や同一態が存在するとしても、それを通用させるものが――国際連合を構想するとしてもそれ自体――個別国家でしかありえない以上、その行動論理に立脚してそれらの意味あいを考えなければならない、ということである。

そうした観点でより基礎的なことを考えると、個別国家は、内向きの普遍態によって内的に支えられている以上、他の国家に対するとき、これを原理として接するしかないことがある。つまり、「国家の幸せ一般」――これは今日的には「国益」と称されるものとみてよい――を「国家の他の諸国家に対する態度を決定する最高の法則」（§336）とするしかないわけである。ところが、こうした国家内で通用する普遍態は、国際関係に置かれれば、「一国全体の特殊な意志」（ebd.）でしかない。個別国家の振る舞い方は、あくまでこうしたものでしかなく、本来的には、国際的な普遍態なるものを最高の法則とするどころか、それを自国の特殊態に従属させるものでしかないのである。重要なことは、国際関係では特殊態とみられることが、国内的には普遍態であり、こうした普遍態に依拠して、みずからの主張の正当性を保障していることである。もちろん、国際的な普遍態なるものがある国によって採用されることもありうる。しかし、それは、その国が真に独立し自立しているかぎり、みずからの特殊態と国際的な普遍態なるものが一致した点でしかなく、この採用にあたって主導性を発揮するのは、あくまで当該国家の特殊態であって、普遍態は、この特殊態に反しないかぎりで容認されるにすぎない。

おそらく、個別国家に対して、みずからの特殊態に反して国際的な普遍態なるものを受容せよというのは、当為であろうが、個別国家の意に反して現実化するやり方としては、独立態や自立態の放棄の要求となる。したがって、諸国家間の平和の可能態を個別国家の主権性の喪失状況に求める議論は、もっぱらこのような意味で「正当」なものになるのである。もっとも、ヘーゲルにいわせれば、「独立において現実的な精神のそれだけで独立した存在が現存在を持つのであるから、独立こそ一国民の第一の自由であり、最高の名誉」（§322）である以上、国民の自由やら名誉などの「自己感情」（§322 Anm.）なるものは、国際平和を前にしては無用の観念だとすることと引き換えなければならない、ということである。

いずれにせよ、おのが国家がグローバル・スタンダードを表現していると称することは、その主張者が当該国家にいだく内向きの普遍態を外向きに反転したにすぎない特殊態で、真実の関係では基本的に通用しない。こうした主張は、すくなくともヘーゲルの論理に照らすかぎり、詐称といわざるをえないだろう。もっとも、すでに言及したように、ヘーゲルには〈世界史〉論として「世界精神の理念」を実現する「支配的な人民」の議論があるから（§347）、おそらくヘーゲルを評価するさいに、一般的には、個別国家の特殊態の議論は霞んで、こうした支配的な人民によるグローバル・スタンダードの実現擁護者としてヘーゲルを誤解する向きもでてくると思われる。しかしながら、こうした支配的な人民にしても「特殊な一定の原理をになって出現する」と考えるのがヘーゲルであり（§344）、よしんば「世界精神の理念」を実現する国家にしても、特殊な存在でしかありえないと考えられるのである。

六　まとめ——自由の重みとしての戦争と平和

戦争が必然であるのは、国家が独立態と自立態を持つからだが、より根柢的には、この独立態と自立態が自由の精神であることから必然的に国家の内外に否定的な関係を呼び覚ますからである。自由の精神を担うということは、つねにこうした戦争状態に身を置くことだともいえるだろう。ヘーゲルは、こうした自由の重みを十分に踏まえたうえで戦争論を展開している。ただ、ぜひとも注意しなければならないのは、こうした自由の弁護によって戦争を賛美したり奨励したりするのがヘーゲルの立場ではない、ということだ。むしろ、ヘーゲルは、国家間相互の承認関係の積み重ねによって、個々具体的な関係性の網として平和の形成がなされることのほうが現実的に理性的な論理だと考える。そして、カントが提唱した国際連合も、実質はこの程度のものと評価せざるをえないであろう。もちろん、ヘーゲル的には、こうした承認関係の網においてもさまざまな紛争は起こりうるし、事情によっては戦争にも発展しうる。しかし、ある特定の国家や国家集団が国際的な普遍態を詐称してみずからの特殊態を強要するようなメカニズムよりは、そのほうがましだ、ということである。この点で、ヘーゲルはカントの判断と基本的にはずれていない。

主権国家が黄昏ていることを祝福し、普遍的な人間共同体への期待を語ることは、それ自体は良識的であるということができるだろう。しかし、そのことで跳梁跋扈する特殊態を束ねるための人倫が原理的に構想できないかぎりでは、それは国際的な普遍態の詐称的な専制状態に身を委ねる議論としてはたらくことになる。もっとも、世界を席巻するこうした国際的な普遍態なるものを受容することが「自己感情」である者にとっては、家族や身の回りの社会関係、さらには人民なるものの特殊態こそは、承認できないものなのかもしれない。

第四章　国家の論理と教養形成

現前する国家がヘーゲルの〈国家〉概念を実際にどの程度展開させているかは、当の人民の自己意識のあり方に依存する。そして、このあり方を決めるのが〈教養形成 Bildung〉である。これは、おもに、〈市民社会〉における個々人の行為のあり方に差異を認めながらいかに普遍的に規定してゆくかという点に深くかかわっている。

ここで十分注意しなければならないのは、この普遍的な規定が「天下り」になるもならないも、人民の自己意識次第だということである。『法の哲学』に対する誤解、それは、現前する国家で示される実際の人民の自己意識の程度を前提として、その立場から、すでに展開されている〈国家〉の概念的な契機の意味を読み解こうとするところからくる。

たとえば、人民が孤立的な人格であることを好み、身近な共同態にすら寄与することを厭うならば、それでも必要な最低限の普遍態をほかのだれかが判断し遂行せざるをえず、こうして、人民にとって普遍態は疎遠な権力としてたち現れてこざるをえない、ということがある。こうした疎遠な権力の論理が『法の哲学』のなかに表現されていることをとらえて、それに違和感を覚える者が〝ヘーゲルは反動だ〟と非を鳴らしてみても、それはそのまま人民にお返しするしかないだろう。ヘーゲルは、そうした疎遠さを解消して普遍態を人民のもとに取り戻す回路を概念的に提示しているからである。しかし、それを実現するには、人民の自己意識がその概念に沿って普遍態をより深めていく以外にない。

こうした普遍態の深まりをもたらすものは自由な意志であるが、普遍的な通用性を形式的にいくら唱え続けても、人民の心にはけっして響かない。そうではなく、個々人の望む特殊なあり方に普遍的なものをみずから見出してゆく必要があるのである。こうした特殊なあり方は個々人の恣意に委ねられているから、この恣意をどう扱っていくのかという点にこそ、教養形成の根本問題が潜んでいる。こうした問題意識を共有しなければ、『法の哲学』の真意を理解できないと思われる。

いずれにせよ、個々人の恣意に応じて現前する市民社会がヘーゲルのいう〈市民社会〉の一面しか示していないとすれば、それに見合ったかたちで、現前する国家もヘーゲルのいう〈国家〉を一部分しか形態化していないことになる。『法の哲学』の〈国家〉概念は、いわばこのように教養形成とともに成長する生命をもっており、展開しきったかたちでのみそれを理解すると、老成した姿しか示さない。ミネルヴァのフクロウたるゆえんである。しかし、われわれは、つねに概念を展開してそれを形態化しようとする〈国家〉の生命こそをつかむべきなのではないか。そして、これでこそ、〈国家〉の動態性を把握したことになるはずである。

じつはヘーゲル自身も、その『法の哲学』で〈国家〉を概念的に把握したとき、みずからの〈現在〉において概念のある種の形態化の課題を認めていた。そして、それは、おそらく、今日のわれわれの課題でもあるのではないか。だとすれば、『法の哲学』は、プロイセン反動の讃美書でないのはもとより近代国家論ですらなくて、近代国家を超克する論理を内包する書だということになる。

『法の哲学』の片言隻句で正当とみなされる近代も、人民の教養形成によってやがて不当なものとなり、それを乗り越える新しい文化が当の『法の哲学』によって正当なものとみなされる。

第一節　国家を動かす自由な意志の論理と、恣意の教養形成的な役割

一　はじめに――物語か、それとも論理か

ヘーゲルが『法の哲学』で展開した〈国家〉論の意義をトータルにとらえようとするとき、かならず問わざるをえない問題がいくつかある。〈国家〉論全体の性格づけにかかわる問題としてもっとも深刻なのは、それが君主を主権者とする立憲君主制論として展開されていることだろう。そして、政府と議会との対抗関係では、最終的に君主が総轄する政府官僚の役割と権限が、議会以上に持ち上げられているかのようにみえることだろう。こうしたことは、今日の議会制民主主義の標準からすると基本的に容認できない議論とみなされる。[232]それゆえ、ヘーゲルの〈国家〉論において、今日の国家にも通用する政治哲学的な論理を探究しようとする試みは、ほぼ成果のないものと見積もられ、ヘーゲルの生きた歴史的な状況との影響関係を思想史的に研究することだけがかろうじて意味あることとして認められることになる。

また、このことと深く関連する問題として、ヘーゲルの哲学全体の性格を考えるときに問わざるをえないのが、ヘーゲルがいだいた歴史（Geschichte）観をどうとらえるかということだろう。こうなるのも、根柢的には、ヘー

(232) たとえば、ヘーゲルのシステム構成を「未解決の問題に対して開かれている」と評価するペゲラーにしても、ヘーゲルは、世襲君主制を強調することによって、「骨董品のなかに巻き込まれる」とする。また、政党政治への進展をヘーゲルが見通せなかったことも、問題としている。Vgl. O. Pöggeler, „Einleitung“, in: *VANM.*, Bd. 1, Hamburg, Meiner, 1983, S. XLVI f.

ゲルが、青年期から晩年にいたるまで一貫して、生きた時代状況に実践的に関与し、また歴史研究を怠らなかった事実によるが、とりわけベルリン時代において「世界史の哲学」を講義し、みずからの歴史認識を十二分に展開してみせたことのもつ意味は大きい。そして、その歴史認識は、ヘーゲル的な近代を歴史の終りとして位置づける発展史観だと理解されるのが一般的だから[233]、ヘーゲルの哲学全体もそのような歴史的な観点で探究され性格づけられることになる。

しかしながら、もっぱら歴史的な観点で国家を論ずることは、すくなくとも『法の哲学』においてヘーゲルが自覚的かつ徹底的に批判していたことである。たとえば、その〈国家〉論冒頭では、国家の「学問的な認識」からすると、国家やその法および諸規定の「物語的な（historisch）起源」は、「国家の理念」に無関係でたんなる「現象」にすぎないとされる。また、「必要や保護要求、勢力、富などといった偶然的なものの外面態」は、「国家の物語的な展開のモメント」ではあっても、「国家の実体」ではないとしている（§258 Anm.）。

もちろん、ヘーゲルにおいて歴史と物語とは異なる概念である。しかし、おそらく、われわれは、一般にこれらを混同し、いやむしろ物語として歴史をとらえているだろうし、いまこの場でもそのように語ってきた[234]。ヘーゲルによれば、世界史（Weltgeschichte）は、もともとが『法の哲学』の概念であって、その「過程」は、国家の「類および絶対的な威力としての普遍的な理念」が現実態となる場として考えられている（§259）。そして、〈世界史〉論において時間の順序により展開されるオリエントやギリシア、ローマ、ゲルマンといった「世界史的な国（Reich）」は、精神が「自然的な直接態の形式」から解放される歩みにおける「自己意識の諸形態の原理」としてとらえられる（§§352 f.）。このような歴史は、経験的で外面的な事実抜きに語りえないものであるとしても、われわれが通常考える物語としての歴史を超えたところに成り立っている。

したがって、ヘーゲルが『法の哲学』で著した〈国家〉論の本質的な意義は、それを成り立たせた歴史的な状況ないし物語の〈つながり〉においてではなく、その論理によって解明されなければならないと思われる。そして、そのこと自身は、ヘーゲルが『法の哲学』を評価する観点として読者に求めてやまないことだった。「全体もその分肢の十分な発達も論理的な精神に基づいていることが、おのずと気づかれるだろう。私も、この面から、この論述が理解され評価されるように、とくに望みたい」（Vorrede. V）。もちろん、このさいの「論理的な精神」とは、一般的な形式論理ではなく、ヘーゲルがみずからの『論理学』で展開した論理のことである。

しかしながら、そうであるがゆえにかえって、ヘーゲルの〈国家〉論は、ヘーゲルの『論理学』のコロラリーにすぎず、国家の仕組みにかかわる固有の論理をとらえたものとはいえない、という理解も生むことになる。実際、マルクスは、ヘーゲルの国法論をそのようにして批判した。[235] とくに、実証主義的な精神をもってするならば、ヘーゲルの学問的な姿勢は、国家のたんなる「思弁的な」構成にすぎず、なんの現実的な射程ももちえないと評価されることになるだろう。したがって、ヘーゲルのとらえた国家の論理は、議会制民主主義と実証主義を重んずる現代的な政治学の世界においては、無意味なものとして打ち捨てられることになる。

だが、このような理解に根本的に欠けているのは、国家と『論理学』における論理が結びつく媒介項についての洞察だと思われる。先取り的にいえば、この媒介項は、自由な意志（freier Wille）である。これがヘーゲル的な論理によって理解されることによって、なにゆえ〈国家〉論が立憲君主制論として展開されざるをえないのか

(233) フランシス・フクヤマによると、「『歴史』をただ一つの一貫した進歩のプロセスと見なすことは、ドイツの偉大な哲学者G・W・F・ヘーゲルの思想と一番密接に結びついている」、「ヘーゲルにとって」「歴史の終り」は、「自由主義国家」だとされる。フランシス・フクヤマ『歴史の終り』上、渡部昇一訳、三笠書房、一九九二年、一四―五頁。

(234) ヘーゲルによれば、「歴史の取り扱い方」には、「根源的な歴史」、「振り返る歴史」、「哲学的な歴史」がある。Vgl. G. W. F. Hegel, *Vorlesungen über die Philosophie der Weltgeschichte*, Berlin 1822/23, *VANM.*, Bd. 12, 1996, S. 3. われわれの通常の歴史観は、ヘーゲル的には、「振り返る歴史」に属している。当然ながら、ヘーゲルのそれは、「哲学的な歴史」である。

(235) 「国家的諸規定の本質は、それらが国家的規定であるということではなくて、それらがそれらのもっとも抽象的なかたちにおいて、論理―形而上学的規定として考察されうるところにある。法哲学ではなくて論理学が真の関心事なのである」（*KHS.* 216）。

か（本節七）、あるいは、なにゆえ政府官僚と議会の関係が政府官僚の優位としてわれわれの目に映るのか（同八）、さらには、なにゆえ哲学として歴史を問題にせざるをえないのかも（同九）、解かれるはずである。

二　自由な意志の論理

ヘーゲルは、〈国家〉論冒頭で、国家を「人倫的な理念の現実態」、「人倫的な精神」だとするが、さらに「明らかでみずから自身にはっきりした実体的な意志」としてとらえる（§257）。こうしたとらえ方は、国家といえば、領土や人民、主権からなる共同社会を考えておしまいにする一般的な理解とかなりかけ離れたものだろう。もっとも、とくに人民と主権との関係をさらに深めて考えていこうとすれば、必然的にこの「実体的な意志」の問題に突き当たらざるをえないはずだが、議会制民主主義による国家理解では、国家を「実体的な意志」としてとらえることをむしろ回避するはずである。なぜなら、意志をもっているのは、実体としての国家ではなく、むしろ集合としての国民であり、その国民も個々の個人レベルでとらえられ、国民の意志なるものは、最終的には投票の集積によって擬制されるからである。

「国家の原理」は、意志である。この考え方を明示したことを、ヘーゲルは、ルソーの功績として最大限に称える。もちろん、ヘーゲルは、ルソー的な意志のとらえ方を個別的な意志に依拠するものとして根本的に批判する。ルソー的に考えれば、国民は集合的なものとしかとらえることができない。しかし、〈国家〉を理解するうえで、「形式上のみならず内容上も思考枠組（Gedanke）であり、思考（Denken）そのものである」意志から出発しなければならないことを明確にした点では、ルソーの功績は称えられてしかるべきなのである（§258 Anm.）。〈国家〉論にこのような定礎を置くことは、実証主義的な方法や、意志以外の感性的なものによって国家を理解する方法を明確に斥けることをつうじてなされたことでもある。

たとえば、ヘーゲルは、フォン・ハラー（Karl Ludwig von Haller 1768–1854）の家産国家論を批判するさいに、国家の実体を「外面的に現象する事象」としてとらえていくことを問題にした（ebd.）。こうした「外面的に現象する事象」こそは、実証主義的な精神が依拠する唯一の「現実的なるもの」である。実証主義には、現象追随しかありえない。しかしながら、ヘーゲルの現実主義は、こうした外面的な現象を踏まえながらもこれを越えたところで、むしろこの現実を生み出す論理を把握するところで成り立つ。

また、ドイツ統一を目指すブルシェンシャフトの一部を思想的に指導したフリース（Jakob Friedrich Fries 1773–1843）に対し、その思想が国家の構成を「心胸や友情、感激」に還元していると、ヘーゲルは公然と批判する（Vorrede. XI f.）。しかし、「心胸や友情、感激」は、むしろ脱国家の原理として、国家を冷徹なものだと描き出して市民的な連帯のすばらしさを説くときに今日的にもかならず持ち出されるだろう。だが、ヘーゲルの批判によれば、「思考」という意志の観点を外してしまうこの立場は、「野蛮と無思考」を原理とし、「人間からいっさいの真理、価値、尊厳を奪う」ことになる（§21 Anm.）。

このような国家のとらえ方をめぐる思想闘争のなかで、『法の哲学』は、意志を原理とすることによって論理展開された。すなわち、『法の哲学』は、「法・権利 Recht」を哲学的な考察の対象とするが、ヘーゲルは、その「法」の出発点を自由な意志に置く（§4）。もちろん、われわれが問題とする国家は、自由な意志の理念の展開における最終段階に位置している（§33）。

ヘーゲルは、「自由」を意志の実体性だととらえるが、「意志の自由」とは、行論上改めて指摘すれば次のようなあり方である。意志は、欲望や衝動といったどんな制限も解消し度外視する純粋な無規定態、絶対的な普遍態、無制限な無限態であるというモメント（§5）と、逆にみずからを規定されたものとして設定して現存在のうちに特殊化し有限化するというモメント（§6）とを統一している個別態であるが（§7）、このことによって、みずからを規定しながら、この規定態を可能態とみなして無関心となる。こういうあり方が、ヘーゲルのいう「意志の自由」である。そして、普遍態と特殊態とを統一するこうした個別態のあり方を、ヘーゲルは、『エンツュクロペディー』の〈論理学〉をみずから明示的に参照し、「概念 Begriff」と呼んでいる（§7 Anm.; *El.* §§112 ff.）。

こうした自由のとらえ方についての賛否はともかく、ここでとくに注目したいのは、ヘーゲルのいう「意志の自由」が、普遍、特殊、個別を順次展開した『論理学』の〈概念〉論の論理にしたがっている事実である。あるいは、ここで、直接態と媒介態、有限態と無限態といった論理的な枠組が活用されていることも注目されてよい。もちろん、こうしたことは、『論理学』が主導性を発揮することによって予定されたものとみることもできる。しかし、意志についてはルソーが一般意志と特殊な意志とを対立的にとらえたことを踏まえて考えれば、着目点をどこに定めるかによってとらえる事態が異なることになるかもしれないが、普遍、特殊、個別といった〈概念〉論的な事態を想定することが本質的なことと思われる[236]。

ヘーゲルは、「意志の自由」を論理によって把握するにあたって、意志の表象から自由を証明してみせたり、意識の事実として自由を信ぜずにはいられないといったとらえ方を批判する（§4 Anm.）。ヘーゲルによれば、表象に依拠する方法は、事柄の必然態や概念の自然をないがしろにするし、意識の事実に依拠する方法は、主観的、偶然的、恣意的なものとならざるをえない（§2 Anm.）。ヘーゲルは、こうした迷い道に踏み込まず「意志の自由」についての必然的な認識をうるためには、これを論理によって把握する以外にないと考えたのである。

したがって、国家の原理を意志だととらえるとき、この意志の実体性である自由を〈概念〉論的に論理的に把握せざるをえない。こうした理解が、ヘーゲル的な『論理学』を前提として、またその論理展開を活用して、「法・権利」の論理を、さらには国家の論理を語ることが当然であるとの認識を生み出してゆく。そして、この論理は、国家の原理である意志に根ざしているものである以上、『論理学』的であると同時に〈国家〉論的でもある。このように、自由な意志こそは、国家と『論理学』が結びつく媒介項になっているのである。

三　個人と国家を媒介する恣意

国家と論理の媒介項は、このように自由な意志であった。しかし、自由な意志をたんに指摘するだけでただちに国家の水準に跳躍できるわけでもない。

よく知られているように、『法の哲学』は、抽象法と道徳とを論じたあと、それらの統一として人倫を語り、その内部においても、「自然的な人倫的な精神」である家族から人倫の「分裂態」である市民社会の議論を経たあとに、ようやく国家を議論することになる（§157）。そして、こうした論理展開で明確になった諸要素が国家の論理を解き明かすからくりにもなってくる。

ところで、こうした論理展開は、自由な意志の観点から考えたとき、同じ自由な意志から同一の結果が出てこない、ということも同時に示している。すなわち、同じ自由な意志から家族なり、市民社会なり、国家なりの差異が現れてこざるをえないと、ヘーゲルは把握しているわけである。なにゆえこうした差異が生み出されるのか。ヘーゲルによれば、こうした差異は、自由な意志そのものが、みずからの直接態や抽象を克服してゆく展開過程

---

(236) ルソーの一般意志および特殊意志（全体意志）の区別は、意志の内容でなされており、この点では、ヘーゲルがとらえた自由な意志の根本にある普遍、特殊、個別の〈概念〉論的事態とは異なっている。ルソーの意志論は、ヘーゲル的に位置づければ、内容の議論として、意志の特殊化の面にかかわり、「それ自体でもそれだけで独立しても自由な意志」における普遍と特殊――市民社会で分裂してみられるがごときそれら――としてある。意志の普遍態を無規定的なものとしてとらえることは、むしろカントの道徳性、フィヒテの自我とかかわりがある。なお、ヘーゲルは、〈概念〉論の展開順序どおりに、政治的〈国家〉を立法権（普遍）、統治権（特殊）、君主権（個別）に区分するが（§273）、実際には、逆順に君主権から展開する。ヘーゲルは、その理由として、「現実態の始点」が「絶対的な自己規定」であることを挙げる。この点で、個別態が出発点となるのである。これは、『論理学』では、〈概念〉が個別態において現実態となること、〈概念〉と実在態との統一としての理念が「生命ある個体」から出発することと関係する。けだし、ヘーゲルは、「国家の理念」を論じている。Vgl. *LII*. 299, u. 474.

としてあり、それ自身はヘーゲルの「鏡映視的（spekulatv）な論理学」によって「前提とされている」ことだとされる（§33 Anm.）。

こうした「前提」は問われるべきではないかもしれない。しかし、すくなくとも明確にされなければならないことは、自由な意志が、直接態から媒介態へ、抽象から具体へと展開すると考えられるとき、このことが自由な意志のいかなるメカニズムにかかわるのかということであろう。そこで、結果としてわれわれの目の前にある家族や市民社会、国家の差異を問い、これがひるがえって自由な意志とどうかかわるのか、考えていくことにしよう。

まず、家族の規定は、「精神の感じられる統一である愛」だとされる。この場合の家族がもつ「心情」は、「人格としてそれだけで独立して（für sich）あるのではなく、構成員としてあること」である（§158）。さしあたり、家族の出発点である結婚だけをみると、これは、二つのモメントからなる。第一のモメントは、「類」およびその過程という「自然的な生命態」であり、これは、「自然的な性の統一」であるが、「それ自体（an sich）」でありそれゆえ現実存在では外面的でしかない統一」とみられるものである。第二のモメントは、自己意識において、こうした統一を「精神的な愛」へと転換することである（§161）。ここで着目しておきたいのは、「それ自体」である「性」という自然的な統一が「愛」という精神的な統一へと転換されて、結婚が成立するという理解である。この精神的な統一は、当然ながら、「自然的で個別的な人格態を統一において放棄して一人格をなす」ことであり、結婚では、このことを両性の一致した意志の内容とする「合意」が客観的な出発点となる（§162）。

市民社会には、二つの原理がある。第一の原理は、「具体的な人格」である。これは、特殊な人格として自己目的となっており、「欲求の全体」、「自然必然態と恣意の混合」である。つまり、みずからの特殊な欲求を追求する市民のことである。第二の原理は、「普遍態の形式」である。市民は、みずからの特殊な欲求を実現するために、他の市民と交渉しなければならないが、このさいにこの形式で媒介しなければならない（§182）。市民社会は、特殊態と普遍態というこれら二つの原理が、独自の現実存在をもつにいたっているあり方である。このことが、人倫が喪失している事態としてとらえられる（§184）。このさい、普遍態は、「欲求のシステム」や「司法」、「ポリツァイとコルポラツィオン」として展開される（§188）。ここでぜひとも着目しておきたいのは、市民は、「独自の利害関心をみずからの目的とする」が、これを達成するには、手段としての「普遍的なもの」に媒介されざるをえないので、みずからの意志をこれに従わせるしかないという構造である（§187）。

家族が自然的な統一を精神的な統一に直接丸ごと転換し高揚させるものだとすれば、市民社会の市民は、自然に基礎をもつ特殊な欲求を目的とし、「精神の外面態」である「普遍態の形式」（§187 Anm.）を手段とすることで、自然的なものを精神的なものへと振り返らせる立場にある。

これに対して、国家は、「人倫的な精神」そのものであり、そのかぎりで自然的なものを脱却している。国家は、「明らかでみずから自身にはっきりした実体的な意志」である。「実体的な意志」とは、人倫的な実体が有する意志ということ、これが「明らかでみずから自身にはっきりした」とは、「人倫的なものの習慣」（§151）としての「習俗」に国家の「直接的な現実存在」があり、「個人の自己意識、その知と活動態」に国家の「媒介された現実存在」があることによって理解されるということである（§257）。

家族と市民社会に関しては、個人の意志のあり方を端的に語りえたが、こと国家に関しては、単純ではない。なぜなら、国家においては、個人の意志ではなく、実体の意志がそのものとして問題となるからである。ここでは、実体の意志とはなにかという問題にただちに入ることを回避して、さしあたり、家族や市民社会でもとらえたようなかたちで、個人が国家にいかに関わるかを明確にしておきたい。

国家の規定でも表現されているように、個人は、「習俗」的な習慣的な意志としては、そのままのかたちで直接的に国家を体現している。しかし、個人は、自覚的な意志のあり方としては、いかにして国家と媒介されているのかを明示しなければ、具体的な姿がみえてこない。その姿をみせてくれるものは、市民社会における「欲求のシステム」をはじめとする媒介の諸相である。このことの詳論は煩瑣にすぎるので、ここでは、その媒介の端的なあり方を個人の意志の観点だけで考えるにとどめておく。

このさい注目すべきなのは、ヘーゲルが、〈市民社会〉論においても、また〈国家〉論においても、国家的なエレメントで成立する普遍的なものへの個人の関与が、あくまで個人の選択（Wahl）や恣意（Willkür）を媒介として成り立つと主張していることである。たとえば、〈市民社会〉論では、その〈職業身分 Stände〉論において、個人がいかなる職業身分に属することになるのかについて、その「究極の本質的な決定を下すものは主観的な思いつきや特殊な恣意である」（§206）としているし、〈国家〉論では、〈それだけで独立した国制〉論において、家族と市民社会に個々人を配当するさい、個々人には、この配当が、「境遇とか恣意とか、みずからの職分の独自な選択とかによって媒介されているように現象する」（§262）とする。

ただし、これと同時に強調しておかなければならないのは、ヘーゲルが、こうした個人の選択や恣意を自由と取り違えることに最大限の警戒を怠らなかったことである。たとえば、「自由のもっともありふれた表象」は、「恣意という表象」であり、「なんでもやりたいことができること」である。しかし、ヘーゲルは、これを、「思考枠組の教養形成を全面的に欠如している」と指弾し、「それ自体でもそれだけで独立しても自由な意志や権利、人倫など」をなにも知らないものとして批判する（§15 Anm.）。

だとすると、国家の実体的な意志は、個人の恣意によって媒介されなければ現実存在しないが、個人の恣意は、そのまま実体的な意志でもないから、自由な意志で実体的な意志でもある国家は、恣意に左右されてはならないなにかを具えていなければならない。しかし、ここで厄介なのは、自由な意志は、恣意とまったく切断されるかたちで考えることができないことである。

四　自由な意志の利害関心

このようなかたちでヘーゲルがとらえた家族や市民社会、国家への個人のかかわり方は、自由な意志を論理的に理解するさいに、いかに位置づけられるのか。

ヘーゲルは、『法の哲学』に連なる最初の「自然法と国家学」講義の〈国家〉論冒頭において、「精神的な〈自然のあり方〉は家族連合にたどりつき、特殊な欲求は市民社会にたどりつくが、絶対的な義務としてそれ自体でもそれだけで独立してもある普遍的なものは、国家にたどりつく」としている（*L*. 170, §122）。この言明を個人の個別的な意志の観点から考えるとき、「精神的な〈自然のあり方〉」や「特殊な欲求」、「絶対的な義務」は、自由な意志の「内容」に属すると考えることができる。というのも、意志の普遍態や個別態が無差別的なものである以上、自由な意志に認められる差異は、意志の特殊態にかかわるとみるしかなく、これは、主観と客観の形式的な対立以上のものと考えざるをえないからである。

ところで、意志の「内容」という場合、これは、自由な意志がみずからを規定するものとしての特殊化であり、意志の「目的」となるものである（§9）。もちろん、この特殊化は、すでにみた意志の特殊態に相当する。ただ、自由な意志は、特殊態を普遍態へと還帰させた個別態であるから、「活動態と手段とを媒介にして主観的な目的を客観態へと翻訳する過程」としてある（§8）。したがって、個別的なものとしての自由な意志は、個人がいかなる点に「主観的な目的」を設定するのか、あるいは別の言い方をすれば、個人がいかなる点に「利害関心[237] Interesse」をいだくのか、こうしたことに応じて、家族や市民社会、国家を「目的」として達成してゆくことになるだろう。

自由な意志は、「現実的な意志」であるかぎり、こうした意志の「内容」や「目的」、「利害関心」にかかわらざるをえない。「現実的な意志」は、「決定する意志」として現れるものであり（§12）、そのことによって「特定の個体の意志」となり、有限な意志となる（§13）。このとき、決定された意志の「内容」は、内面的にせよ外面的にせよ所与の現実に拘束され依存しているという側面と、無規定な〈わたし〉に立ち返って捨象されうる側面を有することになる。このような意志は、決定において〈選択〉をおこなうものであり、この点において偶然的な恣意にほかならないことになる（§14, §15）。

しかしながら、前項でもみたように、「自由」を恣意と取り違えてはならないとするのが、ヘーゲルの他方での要求である。ヘーゲルによれば、恣意は、「たんに自然衝動によって規定されたものである意志と、それ自体でもそれだけで独立しても自由な意志とのあいだを振り返る中間」（§15 Anm.）として位置づけられる。

ここで、「たんに自然衝動によって規定されたものである意志」とは、「直接的な意志」ないし「自然的な意志」であり、そうした意志の規定は、「理性態の形式」「衝動、欲求、傾向」によるものである。この規定は、たしかに「それ自体で理性的」ではあっても、「理性態の形式」が認められない（§11）。この場合の意志は、「それ自体で自由」（§10）であるにすぎないとされる。たとえば、家族は、「それ自体」である「性」という自然的な統一が「愛」という精神的な統一に転換されてはじめて結婚という出発点をもつことになるが、「愛」という精神的な統一が欠落した「それ自体」である「性」が「目的」となる事態は、こうした「自然的な意志」を素直に表現するものだといえるだろう。

これに対し、「それ自体でもそれだけで独立しても自由な意志」とは、「無限な形式としての普遍態」、つまり「意志自身」を「内容とし、対象、目的とする」意志のことだが（§21）、これは、意志のあり方そのものを自己規定してゆくものとしてある。こうした意志を考えるとき、「自然的な意志」としてあった「衝動、欲求、傾向」をこそぎ落として理解してはならない。これらは、「それ自体で理性的」であって、「それ自体で自由な意志」を成り立たせる必要不可欠な部分である。むしろ、それらをこそぎ落として理解するのは、カントの道徳性が念頭に置かれる〈振り返り Reflexion〉の立場である。たとえば、家族において、「性」のみならず「愛」という精神的な統一が意志の「内容」となっている事態は、こうした「それ自体でもそれだけで独立しても自由な意志」を表現するものとなる。

　これら二つの意志のあり方の「中間」にあるとされる〈振り返り〉は、「衝動」をそれ自身相互に「比較する」とともに、これを充足手段や結果、幸福と「比較する」立場でもある（§20）。このようなかたちで、家族や市民社会、国家にかかわる個人は、「現実的な意志」であるかぎり、恣意としてこの〈振り返り〉の立場に置かれざるをえない。そして、おのれの「衝動」を〈振り返る〉なかで、「それ自体でもそれだけで独立しても自由な意志」にみずからの〈利害関心〉を寄せることができたとき、そのときかろうじて、個人は、家族や市民社会、国家がもつ普遍的なものを自分のものとすることができるのである。

　個人が家族や市民社会、国家を「目的」として達成してゆくとき、その自由な意志は、意志の特殊態のレベルで動いている。それぞれに、いかに普遍態としての意義が具わっているにしても、このことに変わりはない。個人がマイホーム主義になるのも、家族を省みず会社で働くのも、国家に献身すると称して公務員や学者になるのも、これらすべては、その個人の勝手な恣意である。

五　教養形成と概念展開

ヘーゲルによれば、意志がおこなう〈振り返り〉は、「衝動」の比較を繰り広げるなかで「形式的な普遍態」、

（237）『法の哲学』の第七節に対するヘーゲルの自筆ノートにおいて、ヘーゲルは、Inhalt, Interesse とこれらを同格的に扱う（*RN*. 125）。

「思考の普遍態」を明らかにすることになるが、こうした普遍態が自覚されることに教養形成の「絶対的な価値」があるとされる（ebd.）。〈振り返り〉による教養形成が主導的におこなわれる典型的な場こそは、特殊態と普遍態とが〈振り返り〉ながらかかわりあう市民社会である（§181）。市民社会では、「自然必然態をつうじて、また同時に欲求の恣意をつうじて、構成員の個別態と自然態とを知って意志する形式的な自由と形式的な普遍態へと高め、構成員の特殊態において主観態を教養形成する過程」（§187）が展開される。

もちろん、家族においても教養形成が無縁なわけではない。たとえば、結婚の出発点自身が、「振り返りの教養形成」に依存しており（§162 Anm.）、まったく〈振り返り〉を欠くがごとき「自然的な意志」によるものではありえない。また、国家にしても、教養形成によってはじめてその「概念的な区別項」である「諸権力」が出来上がるし（§270）、「特定の人民の国制」は、「人民の自己意識のあり方と教養形成」に依存する（§274）。したがって、人倫のいかなる局面でも、〈振り返り〉による教養形成は作用し続けている。

しかし、〈振り返り〉が「衝動、欲求、傾向」にかかわって営まれる以上、教養形成がなされるもっとも典型的な場は、市民社会にある。家族や国家に〈振り返り〉がかかわる場合でも、それぞれ独自に営まれるというよりは、市民社会でおこなわれた〈振り返り〉のなかで獲得された教養形成がそれぞれのあり方を規定しているとみるべきだろう。

とくに、国家の場合は、こういわざるをえない。というのも、国家は、市民社会の展開において、二つのモメントからなる「無限な形式」を獲得するものとみられているからである。すなわち、その一方は、「自己意識がそれだけで独立して存在する〈みずからの内にあること〉にまで達する無限な区別だて」というモメント、つまり人格的な自立態のモメント、他方は、「教養形成のうちにある普遍態の形式、つまり思考枠組の形式」だとされる（§257 Anm.）。ようするに、市民社会で展開される特殊化において個別化と普遍化が深められるのだが、国家は、市民社会でのこうした教養形成抜きに、みずからの普遍態を豊富化しえない構造になっている。

このように議論すると、あたかも市民社会が――あるいはそこにいる個人が――国家で明示される普遍態を形成する主導的な役割を果たしているかに聞こえるかもしれない。しかしながら、市民社会では、普遍態はつねに〈見かけをなす scheinen〉かたちで現れる（§181）。「欲求のシステム」にせよ、「司法」、「ポリツァイ、コルポラツィオン」にせよ、それを成り立たせる普遍的なものの固有の座は、むしろ国家のがわにある。そうであるがゆえに、これらのものは、国家において統治権で接合するよう議論されることになる。

市民社会において、このように普遍態が〈見かけをなす〉ものとして位置づけられる事情は、すでに示したように、個人がみずからの特殊な欲求を実現するために法律などの形式的な普遍態によって媒介される必要があるという論理からきている。つまり、個人にとって目的として本質的なのは欲求という特殊態であり、普遍態のほうはその手段に落ちるという構造からきている。むしろ、この普遍態それ自体を目的とする立場は、市民社会を離れて国家に向かわざるをえないだろう。この関係を曖昧にして市民社会における教養形成だけを持ち上げるだけなら、ヘーゲルの国家は無用の長物になる。

この〈見かけをなす〉形式が物語るものは、市民社会と国家の志向性の違いや役割分担のみならず、国家には、法律などの普遍態が市民社会での特殊な欲求にいわば場当たり的に対応して公然化されざるをえない、こうした本質的な構造がある、ということでもある。つまり、国家そのものは、それだけでは普遍態を公然化できないが、市民社会での教養形成は、国家という普遍態を公然化させ、そこに質的な差異を作り出す、ということである。さらにいえば、国家は、市民社会とのこうした交渉関係において、みずからの法律および制度の諸システムを、つねに不断に、時間と空間で感性的に枠づけられる経験的なものと接触させる、ということでもある。

人民の教養形成によって国制のあり方自身が変わってくるという、さきに紹介した議論は、こうした〈見かけをなす〉論理によってつながっている。ヘーゲルの〈国家〉論を、たんに君主権、統治権、立法権の区分にだけ着目して読むのでは、ヘーゲルが『法の哲学』全体をつうじて意図したことをとらえることができないと思われる。

たとえば、ヘーゲルの議論を単純に観念論として批判するときは、ヘーゲルが概念規定したとおりの経験的な現実がどこにもみられないことを根拠にするだろう。しかしながら、ヘーゲルは、国家の諸規定が人民の自己意識の教養形成に依存することを、隠すことなく明確に主張する。経験的な現実にかかわって国家を論じたいのなら、ヘーゲル的には、〈国家〉論の概念展開と市民社会における教養形成の仕組みとを、両睨みにしなければならない。

六　実体の主体化――国家の現実的な意志としての君主

それにしても、国家自身は人倫的な実体であって、この実体的な意志は市民社会の個々人の意志そのものではありえない。「客観的に人倫的なもの」は、かたちのあるものとしては法律や制度であるが、個人の主観態によって媒介されるにしても、「主観的な思いつきや好みを超えて存立し続けるもの」である（§144）。個人は、主観的で特殊なものであるかぎり、こうした「実体的なものに対する〈関わり Verhältnis〉」のなかにあり、〈偶有的なもの Akzidentelles〉にすぎない[238]（§148, §145 Zu.）。

しかし、同時に、実体と個人との同一態についてもヘーゲルは語っている。すなわち、「人倫的な実体とその法律ならびに制度」は、個人の主体にとって「疎遠なもの」ではなく、むしろそこに「主体の本質」、「自己感情」があるとされる（§147）。こうした同一態の成り立つあり方が「習俗」であり（§151）、これは、国家の「直接的な現実存在」であった。実体と個人との同一態をわがものとする「人倫的な性格」を有する者は、「普遍的なものこそがみずからを動かす目的であると知っている」のである（§152）。

このように、個人には、実体に対して偶有態でしかないあり方と、同一態であるあり方の二様がある。すると、国家が実体として成立する以上、その主体は、実体と同一となっている個人でなければならない、という要請を立てるのは自然だろう。さらに、国家は、自然人からなるとみるとき、個々人のあり方をそれぞれ問わなければならないから、そのおのおのが「人倫的な性格」を有している必要があるかもしれない。

このさい、個人の自由な意志は、国家のそれと内容上一致する以外にない、と安易に予定するとどうなるだろうか。このとき、一方で国家が実体として「無限により固定的で絶対的な権威と威力」（§146）を有し、他方で個人が偶有態であるから、国家の意志内容が定まれば、個人の意志内容も、その自律的な判断抜きに自動的に定まるかたちになるだろう。しかし、こうした国家のあり方がいかに権威主義的[239]であるかは、他言を要すまい。一人の国家的な権威がいさえすればよいのである。

これに対し、啓蒙の路線にしたがって、個人の自律的な判断を解放してゆくならば、人民のおのおのに「人倫的な性格」を予定することが一般的には不可能になるだろう。この事態に直面して、道徳的な発想をとって、「人びとが共同精神をもつべきだ」という「命令」を発しても、「共同精神が、義務として外面的に無理に期待される」だけで、それが生み出されることはない（*L.* 180, §129）。だとすれば、この場合に、国家の意志は、「人倫的な性格」を有する一部の者の自覚的な活動としてはじめて現実的なものとならざるをえない。

このことに深くかかわるのが、国家を実現する英雄の議論である。ヘーゲルは、〈世界史〉論において、「結婚や農業から出発して法律的な諸規定や客観的な諸制度へ踏み込むこと」を「理念の絶対的な権利」とし、これを「国家を創建するための英雄の権利」だとしている（§351）。この議論は、「結婚や農業」という規定に縛られて、人類初の国家の始原にだけ通用し、世界史の一般論としては理解されない面があるかもしれない。

しかし、最初の「自然法と国家学」講義では、これは、もともと〈国家〉論冒頭に位置づけられていた。個人

(238) 第一四五節への補遺は、ホトー筆記録によるもの（V. 485, §145）。

が国家に加わる場合、それは個人の「特殊な意志」による。個人は、「自由な意志でこの国家に加わらないのであれば、自然状態に身を置くことになる」。こうなれば、個人は、「承認された権利」をもたない。他方、国家のがわは、「国家の理念が承認され現実化されている」ことを「国家の権利」とする。国家とその外にいる個人は、おのおの権利のために、「自然的なしかた」の「承認を求める闘争」を開始する。「こうした暴力の〈関わり〉では、神的な権利が国家の創建者のがわにある」[240]（*L*. 174, §124）。

このように、意志の観点では、国家が実体として成立するとき、実体と同一だと主張する個人が、その他の人民に承認されることにより、国家の主体となる。しかし、人民のおのおのは、かならずしもこの必要がなく、国家を強制装置としてとらえ不承不承従うだけでも十分な事情がある。つまり、国家の実体的な意志を単一なものとして現実化する一個人が承認されて存在すること、これが国家を現実態として成り立たせる最低限なのである。このことは、その個人が、君主であろうが、大統領であろうが、同断である。

この個人は、国家の意志として決定する「現実的な意志」を担うことになるが、この意志は、個人のものである以上、本節第四項で指摘したように、内容は普遍的かもしれないが、選択をする偶然的な恣意に陥らざるをえない。もっとも、この個人は、実体と同一だと承認され、「人倫的な性格」をもつはずだった。しかし、この事情は、国家の個体的な「現実的な意志」に孕まれる必然的な論理を廃棄するものではない。もっとも、国家を担う個人が恣意的に振る舞うことそれ自体を実体の振る舞いとして慶賀することもあるかもしれない。しかしながら、実体的な意志は、恣意に左右されないものであるべきならば、一個人の意志が丸ごと国家の意志だとするのは、きわめて矛盾に満ちた事態と言わざるをえない。

ヘーゲルの立憲君主制論は、明白にこの問題の解決としてある。ヘーゲルは、「君主の尊厳性（Majestät）」を「恣意によって動かされないという理念」だとし、そのモメントとして、「意志の最終的で無根拠な自己」と、「無根拠な現実存在」を挙げる（§281）。

「意志の最終的で無根拠な自己」とは、自由な意志の〈概念〉として個別態に相当するものであり、特殊化と有限化から還帰しこれに無関心になっている。個別態として決定する「現実的な意志」は、みずからが特殊化と有限化に携わるならば、そのこと自体で恣意的なものとなる。しかしながら、この特殊化と有限化を自分以外の者に——つまり「最高審議職」（§283）に——させるならば、すくなくとも最終決定としての自己に関してなら、自由な意志の論理からして、恣意に対し超然としていることができる。

「無根拠な現実存在」とは、君主の存在を、人間の恣意によって根拠づけず、「自然的な出生」（§280）によって——つまり「出生世襲権」（§281 Anm.）によって——受け取ることである。[241] ヘーゲルによれば、君主を選挙によって選出する国[242]（Wahlreich）は、人民の幸せを配慮する者を人民の選択に委ねることで統治の権利が成立すると考え

(239) しかし、このことが同時に抑圧的な国制であるかは、別問題である。個々人がこうしたあり方に「自己感情」を有しているのであれば、権威自身が個々人にとって解放的な側面を有するからである。

(240) なお、「世界史の哲学」講義（一八二二・二三年、ベルリン大学）においても、「国家の本性」を一般的に語る冒頭部分で、「個別的な意志が国家という絶対的なものと一体になっている」ことを「理性の利害関心」と呼び、このなかに「国家を設立する英雄の権利」があるとしている。このさい、農業や結婚への言及はない。Vgl. Hegel, *VPW*. 74. したがって、『法の哲学』において英雄の議論が〈世界史〉論にあるとしても、その議論の本質は、国家のそもそもの成立にかかわる一般理論として考えるべきである。

(241)「自然的な出生」には、多義性があると思われる。第一に、君主の家系の創始者は、国家を創建した英雄であるから、その自然態は、経験的な事件としてである。第二に、一般的本来的な意味として、君主の継承根拠としての生命活動という自然態がある。なお、君主の家系が自然に依拠する以上、自然的にその断絶もありうる。このときどうするのか。ヘーゲルは、最初の「自然法と国家学」講義において、次のように議論する。「王家が断絶すれば、帝国議会は、動揺することなく新王家が登場するよう気遣わなければならない。自然が継承を規定するのをやめると、議会での選挙が登場する」（*I*. 244, §157）。この選挙は、議員の恣意によらざるをえないから、君主の自然態というヘーゲルの議論の枠内にとどめようとすれば、第一の自然的な経験的事件としてとらえるしかない。

るものだが、この見方は、「多くの人びとの好みや思いつき、恣意といった意志を起点にする」ものであらざるをえない。ここから必然的に帰結することは、国家権力が個人の特殊な意志に服従し、それによって私物化される事態である[243]（§281 Anm.）。

もちろん、「最高審議職」が客観的な根拠をもって用意した案件を最終決定する、その決定自体が追認的な恣意とならざるをえないのではないか、あるいは、「自然的な出生」自身が自然の偶然として恣意ではないか、こういった疑念は、ただちに湧き上がってくることだろう。自然の恣意という言い方はメタファーにすぎないとしても、とくに、「最高審議職」がむしろ恣意の座であるとすれば、その者たちが自然的な君主を牛耳ることによって、その者たちの恣意にフリーパスを与えるかもしれない。しかし、であればこそ、君主は、「最高審議職」をみずからの恣意によって選び（§283）、「最高審議職」を統制できなければならない。だが、こうした人事決定の恣意性こそが、君主の恣意として猛威を振るうのではないか？　あるいは、それをモメントに、君主と「最高審議職」は結託して恣意的になるのではないか？

七　権力分化の論理——政治的な決定における恣意の除去

国家が君主権そのものだけで成り立っているのであれば、その内部において君主の恣意を排除する努力を論理的にあるいは実践的にしたとしても、それは空しい結果に終わる。ヘーゲルは、このことを十分に洞察していた。君主権は、「総体性（Totalität）の三つのモメント」、すなわち普遍態、特殊態、個別態を含んでいる。ここで、普遍態とは「国制および法律」であり、特殊態とは「最高審議職」であり、個別態とは最終決定する「君主」である（§275）。もちろん、君主権それ自体は、このように総体性として国家の機能をすべて擁する一個完結の存在たりうる。しかし、これは、みずからに含まれる普遍態と特殊態とを概念的に区別することがないかぎり、たんに国家の「抽象的な現実態つまり実体性」（§270）にほかならず、理性的ではありえない。というのも、ヘーゲルにとって「国制が理性的であるのは、国家がみずからの活動を概念の自然にしたがって区別し規定するかぎりでのこと」だからである（§272）。

国家が君主権一個にとどまる非理性的な事態は、君主の恣意を防遏する仕組みをもちきれないところで典型的に現れる。ヘーゲルは、君主権から統治権へと移行する場面において、「君主権の客観的な保証」なるものを提起する（§286）。このさい、「君主の尊厳性」のうち「無根拠な現実存在」という君主世襲制の保証のみが例示として挙げられているが、他方の「意志の最終的で無根拠な自己」についても同様に理解されなければならない。つまり、「君主の尊厳性」を維持するとは、君主の恣意を排除することと同義なのである。

暴君の恣意に非を鳴らしこれを断頭台に送って始末した気になっても、国家が実体として唯一の意志を有しなければならない以上、君主権がふたたび立ち現れることは論理的に必然である[244]。だから、君主の恣意を排除する理性的な方策は、君主権を無化することではありえない。つまり、君主権に含まれる諸モメントを区別するさい

(242) "reich, dessen herrscher gewählt wird". Vgl, *Deutsches Wörterbuch von Jacob Grimm und Wilhelm Grimm*, Bd. 27, Sp. 586. Wahlreich は、君主制（Monarchie）にかかわって、世襲による Erbreich に対する対概念である。"ERBREICH, n. regnum hereditarium, entgegengesetzt dem wahlreich". Vgl. a. a. O., Bd. 3, Leipzig 1862, Sp. 736. ヘーゲルは、Wahlreich を語るとき、選挙人を人民ととらえていることに注意を要する。

(243) したがって、民主的な選挙によって国家を組織する方法では、いずれは国家機構の私物化としての民営化を必然的に将来する。

(244) 「フランス人の憲法のすべては、頂点となる主観的統一が欠如するという欠陥をもっていた。そこで必然的に、この頂点が、皇帝権力として、そしていまや国王権力として生じたのである」。「単純な主観態、単純な頂点（道徳の場合の良識）は、本質的に概念にしたがって必然的である」（*I.* 187 ff., §133 Anm.）。ここで、「皇帝権力」とはナポレオン独裁、「国王権力」とは、一八一四年のブルボン復古王制である。

にも、君主権はそれとして維持しなければならない。そのうえで重要なことは、区別された諸モメントのほうが、「みずからの規定に固有な権利と義務を持つ」ことである（ebd.）。政治的な決定における恣意性の排除、これこそがヘーゲルの『法の哲学』において国家権力の分化が生ずる中核的な論理であった。

国家権力の分化において、君主権に含まれた特殊態である「最高審議職」は統治権として、その普遍態のうち「法律」は立法権として分離される。

統治権は、「君主が決定したことを実施し適用する」という「包摂の職務」にあたり（§ 287）、特殊な利益を展開する市民社会と接触することになる。このさい、統治権にとって主要な任務は、こうした「特殊な諸権利のなかで普遍的な国家利益と法律的な事柄」を維持し、特殊を普遍に連れ戻すことにある（§ 289）。この任にあたる「国家公務員」にあっては、「主観的な目的を自立的に好みによって充足することを犠牲にする」ことが求められ、「みずからの精神的で特殊な現実存在の主要関心が官職への関わりにある」とされる。「国家公務員」は、「価値それ自体それだけで独立のもの」を履行すべきで、その「不履行や積極的な侵害といった不法」は「犯罪」とみなされる（§ 294 Anm.）。

このように理念的に規定されると、統治権は、国家的な自由な意志の特殊態の領域につきものである恣意をそれ自体で脱しているかにみえてくるが、ヘーゲルは、そのような幻想をまったくもちあわせていない。君主権でもそうであったように、ヘーゲルは、まずは統治権論の問題として、公務員の恣意を排除する仕組みを考える。すなわち、その恣意、「権力の濫用」を免れる「保証」として、内部に「位階制と責任制」を設け、外部に「自治団体とコルポラツィオンを認可すること」を挙げる（§ 295, u. Anm.）。

しかし、君主権でもそうであったように、統治権のみに終始するこうした対策は、統治権に本来的な恣意を排除しきる「保証」とならない。このため、ヘーゲルは、「公務員」を貴族化させず、その「教養形成や技能を恣意の手段や主人公にさせない」ものとして、「上から下に向かう主権」（君主権）と、「下から上に向かうコルポラツィオン権」という制度の必要性をいう（§297）。後者こそは、立法権において議会下院をなすものである。

立法権が携わるのは、法律と普遍的な国内事項である（§298）。これらは、個人との関係でいえば、その利益となり享受する面では、「私的な権利に関する法律」、「自治団体やコルポラツィオンの権利」、「普遍的な調整」であり、間接的に「国制」全体にかかわる。その負担となる面では、履行すべき努めを「貨幣」によって規定する、つまり租税を決めることである（§299）。

ところで、ヘーゲルによれば、立法権は、他の権力と同様に総体性としてあるから、君主権と統治権のモメントが作用するので、表面的には、議会は、一モメントに貶められるようにみえるだろう（§300）。しかも、その議会は、長子相続権を設定した教養形成された農民身分（貴族）からなる世襲制の上院と、商工業身分のコルポラツィオンからなる下院からなり、今日の議会制民主主義とは似ても似つかないものであり、その感性からすれば容認しがたいだろう。さらに、統治権の「最高の国家公務員」のほうが「深くて包括的な洞察」や「より偉大な技能と習慣」を必然的に具え、「議会なしでも最善のことをなしうる」とまでいわれる（§301 Anm.）。こうなると、いくら統治権の恣意を排除する「保証」が立法権だといわれても、ヘーゲル的な編成はまがい物だと評価されかねない。ヘーゲルの『法の哲学』を研究する専門家でも、一般的にはこのように評価する。[245]

しかし、まず第一に、議会が立法権の一モメントであることを理由にこれが立法権における無意味な機能しか担わないと理解するなら、ためしに、立法権から議会を排除して考えてみるとよい。しかし、そのように想定すると、ヘーゲルの議論にしたがうかぎり、君主権なり統治権なりがそれぞれ総体性として立法権的なモメントを有しているわけだから、立法権は、それ自体として存立する必要がない。したがって、ひるがえって考えると、それらと区別されて立法権が独自の現実存在をうるためには、あえてヘーゲルの指摘を俟つまでもなく、議会こ

(245) 髙柳、前掲書、五六頁参照。

そが立法権における「主要なモメント」(*L.* 221, §147) となる必要があるのであって、これ抜きにはヘーゲル的にも立法権は無意味である。

第二に、議会を職業身分的に組織せず人民一般の選挙によって組織する方法を、ヘーゲルは、「個人の利害関心、個人の恣意から跳躍して、普遍的な利害関心への参加という他極にいたる」(*VI.* 620, §251) ものとして評価する。このとき、議会の組織のあり方に関してすらも、ヘーゲルは、個人の恣意から脱却しようとしたことに注目したい (§303 Anm.)。はたして、今日的な議会制民主主義の立場は、こうした恣意を免れているだろうか。いや、むしろ、この立場は、国家の意志を恣意によって決めることが「正統」だと主張するだろう。こうした居直りに対しては、ヘーゲルが、「専制」のことを、「君主の意志であるにせよ、人民の意志であるにせよ、特殊な意志そのものが、法律として、あるいはむしろ法律に代わって通用する不法の状態」(§278 Anm.) だととらえていたことを指摘するにとどめておく。

第三に、議会抜きに統治権が最善をなすことに関し、ヘーゲルは、強調してまでも「なしうる können」と可能態だけいうのであり、その現実味を語っていないことに最大限の注意が払われなければならない。議会の使命は、「普遍的な案件がたんにそれ自体 (an sich) ではなくむしろそれだけで独立して (für sich) も議会で現実存在するにいたる」(§301) ことにある。つまり、議会抜きでは、普遍的なものは、「それ自体」にとどまり、統治権内部にある知りえない秘密事項になってしまう。しかし、議会は、統治権を「検閲 Zensur」[246]する。こうした審議活動をつうじて、議会は、普遍的なものを「多くの人びとの見解や思考枠組による実経験的な普遍態という公共的な意識」(§301 Anm.) に転換するのである。

統治権は、意志の特殊態にかかわる点でつねに恣意とならざるをえない面をもつが、そのなすことが人民の「公共的な意識」としての普遍態たりうるかどうか、つまり恣意を脱しているかどうか、この点のチェックにこそ、ヘーゲル的な議会の本質的な意義があった。[247] そして、君主は、みずからの恣意を貫徹しようとして、そうした統治権という厳しい説明責任を負わせる立場に、みずからが寵愛している者を任命したりはしない、とヘーゲルはみるのである[248]（*I*. 208, §140）。

八　教養形成の経験性——歴史的な展開の必然態

ヘーゲルによれば、国制のあり方は、人民の教養形成によって変わってくる（本節第五項）。この教養形成は、人民のおのおのを個別的で自律的な人格として承認するなかで、普遍態の形式が市民社会においてその〈見かけをなす〉ことであるが、同時に、国家に関してその普遍態を規定し区別して、国家の概念を展開することでもある（§270）。概念が十全に展開した状態では、教養形成によってえられた普遍態は、議会によって「実経験的な普

（246）ヘーゲルは、議会のがわに法案を提出する形式的機能を認めない。しかし、「国会は、正式な提案のために君主制の原理に請願しなければならない」（*I*. 225, §149）とも言う。もちろん、この主張の狙いは、君主権に提案権が一元化されることにあるが、議会を君主権（統治権）に対する協賛組織としてとらえてのことではないことに注意すべきである。一般に議院立法においては、その執行の責任を負う君主権（統治権）との間で、実施の妥当性を詰める必要がある。形式的な議院立法の有無をヘーゲル評価の根本にすえることは、現実の政治過程に対する無知でなければ、ヘーゲルの言うように、「国家権力を困惑させる」ことに議会の機能をみる特殊な立場——現代の民主主義においては一般的かもしれない立場——と言わざるをえない。

（247）なお、ヘーゲルは、議会抜きではア・プリオリに政府が恣意的となるとみなす主張を、「デマゴギーに基づく断言」と評価する（*I*. 223, §148）。これは、「議会なしでも最善のことをなしうる」という評価と同根であり、モメントとしての議会の現実化の論理とは別次元の議論である。ヘーゲルは、このとき、政府批判の一面性を問題にしている。同じ節で、ヘーゲルは、「市民だけが理性的なわけではない」し、「政府だけが理性的なわけではない」と明言する（*I*. 224）。

（248）「大臣の選任は、よく編成された君主制においては元首のたんなる恣意の事柄ではない」（*I*. 209, §140）。

遍態という公共的な意識」として承認されている。

こうした教養形成は、当然ながら、国家の形態を変化させる運動の論理でもある。この運動は、国家が有する普遍態の自己規定、自己区別という意味での概念の運動というにとどまらず、教養形成が経験的なものとして現実的である以上、経験的な国家の運動としてもとらえられなければならない。したがって、『法の哲学』における国家は、時間のうちにある。

ヘーゲルが『法の哲学』において〈世界史〉の議論を導くとき、直接的には、国際関係において人民の精神のあり方が特殊で制限され有限であることを根拠に、このことの対として、「普遍的な精神」である「世界の精神」を指示するかたちをとる。ここには、個別国家の特殊態を克服するために、いわば空間的に全世界を包括したカント的な国際連合の構想を斥けて、時間において普遍的な国家の〈類 Gattung〉をとらえようとする脈絡がある。個別国家以上の「より高次の法務官は、それ自体でもそれだけで独立してもある普遍的な精神、すなわち世界精神だけである」[249]（§339 Zu.）。

〈世界史〉論で主題化されるものは、国家の〈類〉だから、一個体としてある国家の歴史的な変遷の論理がそのものとして語られるものではない。ただ、その議論のなかでも、「世界史的な人民の特種な（speziell）歴史」ということで、「子供のような蕾の状態から開花にいたる原理の展開」、「普遍的な歴史への割り込み」、そして「衰退と腐敗」は語られる（§347 Anm.）。一国家のこうした過程に国家の概念の展開は無縁でありえないが、しかし、この場合同時に指摘しておかなければならないのは、一国家にとっては、「原理」的なものの「開花」という点に展開の終着点がある、ということである。つまり、歴史における経験的な国家は、かならずしも国家の概念を隅々まで展開するわけではない。

ここで「原理」とは、歴史展開の段階を示す「直接的な自然的な原理」である。これは、一方で「精神の地理的で人間学的な現実存在」であるが（§346）、他方で「自由で人倫的な自己意識」（§347 Anm.）のあり方でもある。

一国家は、〈国家〉の〈概念〉のある展開の地点まで達成することを「原理」とするが、しかし、それは概念の十分な展開でないから、「世界精神というみずからを展開する自己意識の前進」（§347）のなかで、それとは別の国家が国家の概念のそれ以上の展開を引き受けざるをえない。歴史段階において「支配的な人民」（ebd.）が登場するという議論は、有限な人民が、国家の概念をある原理的な地点まで展開して自己満足する、そうした概念の静止を破ってさらにそれを展開するために不可欠な要素である。

ところで、国家の概念を展開するのは教養形成だから、その展開が「原理」的な地点で止まるということは、教養形成それ自体にも限界があり、そこで静止してしまうということである。

すでにみたように（本節第三項）、ヘーゲルによれば、国家の現実存在は、「個人の自己意識、その知と活動態」にだけあるのではない。それは、「人倫的なものの習慣」としての「習俗」にもある。教養形成は、〈振り返り〉によるものであるかぎり、前者の「個人の自己意識」において成立するとみることができる。「習俗的な意志」は、「自己意識という無限な形式を欠いたもの」であり、「みずからの客観または状態に沈み込んだ意志」である（§26）。だが、「習俗」は習慣だが、「人間は習慣からも死ぬことがある」。なぜなら、人間は、「未達成のものがある」かぎりで「活動的」であり、このとき「みずからを生み出し通用させようとする」。これに対し、「これを完成すると」、「人間は、利害関心も活動態ももたなくなる。主観と客観の対立という生命態が人間から消え、人間はみずからの内でたんなる客観態となり、静止するにいたる。そこで、このような利害関心を欠いた状態が、鈍感であり、精神的にも肉体的にも死である」とされる[250]（VI. 407 f., §151）。

つまり、自己意識の活動は、利害関心を達成してゆくなかで、不断に〈振り返り〉を「習俗」に転化させてい

（249）第三三九節への補遺は、グリースハイム筆記録のもの（Vgl. VI. 744）。
（250）なお、この箇所は、『法の哲学』第一五一節への補遺にもあるが、そこでは、相当改変されている。

く。そのなかで、「支配的な人民」が世界的に権利を主張する「原理」は、他と区別されたより高い価値を有する「自由で人倫的な自己意識」であり、その覇権の確立自体が当の時代においてて世界全体における最高の目的達成とみなされる。そして、ついに、こうした最高の目的達成によって〈振り返り〉はやみ、すべてが「習俗」となって、「支配的な人民」は、死にいたらざるをえないのである。

では、逆に、こうした到達点をさらに乗り越える〈振り返り〉がどこから生ずるのか。一般的に、教養形成は、自由な意志による〈振り返り〉が衝動を比較するなかで普遍態を自覚することによって生ずるから、さしあたり、国家の場合、諸国の普遍態を相互に比較することが考えられるであろう。しかし、こうした外在的な比較は、すでに「支配的な人民」が達成したより高次の「原理」へとみずからを引き上げる教養形成しか説明しない。むしろ、問題の焦点は、すべての国家が横並びの教養形成にいたって均衡状態になったときに、そのときに、さらにそれに自足せずにそれを乗り越えていく教養形成がいかにして可能か、ということにある。

国家における普遍態の展開は、つねに市民社会における教養形成と相即していた。そして、この教養形成がおこなう普遍化は、つねに人格的な個別化の推進との対応関係で要請される以上、「原理」が達成されて当の国家の普遍態が静止した安定にいたっていることは、人格的な個別化の推進も同様になっていることを示している。したがって、もし、これとは逆に、ここで教養形成が生ずべきであるなら、人格的な個別化がさらに深まり、従来の普遍態によって規制されていない個々人の恣意が問題となり、その恣意を克服する普遍態を形成する課題が設定されること以外にない。

ヘーゲルの〈世界史〉論における歴史的な展開の段階は、まさにこの論理によって設定されている（§353）。第一の「オリエントの国」では、「実体的な精神の形態」を「原理」とし、個別態に権限が認められない。その国家体制は、「専制」（*L.* 258, §165）であり、支配者の恣意によって統治される。第二の「ギリシアの国」では、「実体的な精神を知る」ことが「原理」であり、同時に「人格的な個体性の原理」が明らかとなって、これが「理想的な統一」のなかで保持される(§356)。第三の「ローマの国」では、その統一が失われ、「人格的な私的な自己意識」の極と「抽象的な普遍態」の極とに分裂する(§357)。そして、この両者を結びつけるものは、恣意でしかない。第四の「ゲルマンの国」では、これら両極の対立を克服する。「国家は、立憲君主制となり、展開された理性の像、一つの全体となる分肢化した組織となった」(*L*. 265, §170)。ここに、ヘーゲル的な近代の達成がある。

ヘーゲルは、「世界史の哲学」講義において、「哲学的な歴史」の進行図式を次のように総括する。「第一のモメントは、実体的で直接的な人倫、第二のモメントは、主観態と抽象的な普遍態との対立、第三のモメントは、主観的なものと普遍態との統一」(*VANM*., Bd. 12, 120)。ようするに、ヘーゲルの〈世界史〉論は、人格的な個別化を推進しながら、そこに孕まれる恣意を普遍態に連れ戻そうとして、ようやく成り立っている。

九　まとめ——恣意につきあうこと

ヘーゲルの〈国家〉論を論理的に読み切ろうとすると、その出発点となる自由な意志の論理としてそれを考え抜くことが求められる。この読解は、ヘーゲルの国家を思想史的な物語のイメージに解消することではけっしてなされないし、ヘーゲルの『論理学』の例解を知ることでもない。自由な意志は、つねに特殊な内容にかかわって恣意に陥らざるをえない。カントがもっとも回避した感性的な特殊にかかわる問題に、ヘーゲルは自覚的に手を染める。自由な意志の論理は、普遍態を重んじていこうとするなら、当然ながら特殊に傾く恣意を除去しなければならない。

こうした論理の必然が、ヘーゲルが展開してみせた国家のあり方を規定する。国家が一つの意志だけを持つ以上、主権的な君主が必要とならざるをえないだろう。しかし、この君主は、現実的な意志を発動するとき、恣意に陥らざるをえない。それゆえ、君主が意志の特殊態に手を染めず、その任にある統治権も、実経験的な普遍態を明確にする議会によって検閲されなければならない。かくして、ヘーゲル的な国家は、経験的な存在として時間のうちにあるものの理解にたち戻る。

国家をめぐるヘーゲルの論理は、不純である。というのも、それは、恣意を捨象したところに成り立つことができないからである。しかし、その不純な論理は、みずから恣意という不純物を取り除こうとする動きでもある。それゆえ、ヘーゲルの国家は、世界史において、恣意を生み出す個別的な人格を解放しながら、その恣意自身を排除する動きとして権利を主張する。これが、哲学として歴史を問題とする理由である。

しかし、このようにして「近代」に対面したヘーゲルの論理的な国家把握は、われわれの近代の意識に拒絶され続ける運命をたどることだろう。というのも、ヘーゲルの把握とは異なり、自由な意志をもっぱら恣意と取り違えこの恣意を重んずる無教養こそが、われわれの近代における最高の教養だからである。

第二節　国家の形態化の論理——踊る国家

一　はじめに

ヘーゲルが『法の哲学』で展開した国家論を、近代という時代表象によってのみ解読しようとするならば、その意図するところをつかみそこねることは確実だと思われる。

このように主張すると、ヘーゲルの議論する君主や政府、あるいは議会のおのおのは、近代的な要素を含んでいるとか[251]、フランス革命やイギリスの君主制、プロイセンの現実を踏まえて議論されているなどと反論されるのが必至であろう。しかも、こうした思想史的な批判は序の口であって、そもそもヘーゲルの哲学が絶対知のうちにあらゆるものを包摂しようとするものであるかぎり、他者性の同化を引き起こす近代性を背負っていると原理的に批判する向きもあろう[252]。

しかし、『法の哲学』の解釈に解釈者が主観的にいだく近代像を基準として介入させてきたことこそが、ここで展開された議論をめぐり評価の分裂をはてしもなく招いてきた張本人ではなかったか。すでに序論で紹介したように、ヘーゲルの受容史を概観したオットマンにしたがえば、ヘーゲルを論ずる者の観点によって、ヘーゲルは保守反動にも革新派にもなってしまうのである[253]。まずは、解釈者好みのヘーゲル像が仕立てられ、その歪んだ鏡にみずからの立場性を映し出し、悦に入ったり目を背けてみたりという不気味な営みが、ヘーゲル解釈の一般的なあり方だったといってよい。

近代性の表象でヘーゲルの〈国家〉論が縛りあげられることを避けることは、こうした歪みを極小化し、従来の解釈史の不毛を乗り越えるための不可欠な手続きだと思われる。そして、これは同時に、著者に対してもっとも公正な態度でもある。というのも、ヘーゲル自身は、『法の哲学』を『論理学』的な精神によって理解し評価するよう望み[254]（Vorrede. V）、「国家の理念」を考察する学は特殊な国家や制度を念頭におくべきではないと学生に再三注意しているからである（V. 717, § 260; VI. 632, § 258）。

（251）もちろん、前近代的要素の指摘もあるが、これは、今日では中心的問題たりえない。
（252）Cf. W. E. Connolly, *Political Theory and Modernity*, Oxford 1988, p. 87. 邦訳、『政治理論とモダニティー』、金田耕一ほか訳、昭和堂、一九九三年、一六〇頁参照。
（253）Vgl. H. Ottmann, *Individuum und Gemeinschaft bei Hegel*, Bd. 1, Hegel im Spiegel der Interpretation, Berlin/New York 1977, S. 1–32.

しかしながら、『法の哲学』の解釈に近代像を介入させるなといっても、そうしたくなる責任の一半は、ヘーゲル自身にもある。特定の国家や制度はともかく、『法の哲学』が近代国家の理念を追究したと思わせるふしがあるからである。国家論の諸モメントに即していちいちあげつらうこともできるが、決定的なのは、端的にヘーゲル自身が、「国家を立憲君主制へと発達させること（Ausbildung）は、実体的な理念が無限の形式を獲得した近代世界のおこなう骨折り仕事（Werk）である」（§273 Anm.）と明言していることである。この言明は、政治的な国家の実体的な区別項――立法権・統治権・君主権――を概観するさいに註解として付されたものだが、さらにこれに続いて、こうした諸モメントの形態化（Gestaltung）が世界史にほかならないとする。こういわれてしまっては、思考を「健全」に保つためにも、ヘーゲルは、近代を一つの歴史の終局として描いたのだと考えておきたいところだろう。

ここでの近代世界云々の表現は、真理への漸進や冷たい絶望に安住しないヘーゲルの「熱い理性」というべきものが露見したものと考えることができる（Vorrede. XXIII）。だから、この点から、ヘーゲルが近代にいかなる課題をみたかについておおいに語ることはできよう。しかしながら、この場合でも、ヘーゲルの想定した諸モメントの形態化がいかなる論理で進行することになるのかを問うことこそが先決問題であり、しかるのちにはじめて、解釈者の主観的な近代像との「比較」が許されるのだと思われる。もちろん、この場合でも、議論の本筋は、『法の哲学』の論理的な意味の解明になければならない。

そこで、本節では、『法の哲学』が概念の形態化も問題としていることに鑑み（§32）、ここで国家の形態化の論理がいかにとらえられていたのか、その根幹をなす部分について考えることにしたい。

二　国家の姿で教養が知れる

国家の形態化をそれ自体として考えようとするとき、注目すべきなのは、ヘーゲルのいう国家の現実態が、つねに教養形成（Bildung）の形式によって具体化されるという論理である。このことは、『法の哲学』の〈内部国家法〉論での議論を検討すれば、鮮明に浮かび上がってくる。

ヘーゲルによれば、「国家の目的」とは、普遍的な利益そのものと、特殊な利益を普遍的な利益のなかで保持するということなのだが、こうした事柄が、『論理学』でいえば「現実態」の論理にしたがって概念展開する。すなわち、普遍的な利益の保持は、当初「国家の抽象的な現実態ないしは実体性」だが、これが「国家活動の概念的な区別項へとみずからを区分する」ような「国家の必然態」であるとする。そして、こうした区別によって生じた国家の現実態ないしは実体性が、「教養形成の形式を通過したところのものとしてみずからを知りかつ意志する精神」だとされる（§270）。

こうした国家の現実態の運動は、一八一七・一八年の講義録をみることでより明確になる。すなわち、「国家の内的で有機的な規定にしたがった国家の概念」には、「普遍的で至純な（gediegen）精神」と、「この精神の活動によって生み出される現実的な精神」という二つのモメントが含まれるという（*I.* 178, §129）。このうち、前者の「普遍的で至純な精神」は、「万人の知のうちにある精神」、「共同精神 Gemeingeist」とも呼ばれるもので、国家の基礎となるべきものである（*I.* 179, §129 Anm.）。しかし、この状態のままでは、「法律は未決定のままであり思考枠組」にとどまる。「この共同精神は、全体的なもの、実体的なものにとどまるならば、みずからのうちで分肢

(254) ヘーゲルにとっては「法哲学ではなくて論理学が真の関心事なのである」と批判するマルクスは、その論理でも主語と述語の関係にしか着目することができなかったといえる（Vgl. *KHS*. 216 f.）。

組織化されていないものであろうし、その意志は、たんに全体的なままの無区別の意志であって、恣意であろう」(ebd.)。だから、共同精神には、こうした無規定態を脱却するためにみずからを展開しなくてはならないという必然態がある。こうした展開をなすモメントは活動的な意志であって、これによって法律は「生命をもつものとなる」(ebd.) のである。

人びとの普遍態だとか共同性だとかを追求する国家は、そのことを百万遍唱えてみてもなんの現実的な内容ももちはしない。なぜなら、これらは、それだけではあくまで思考枠組でしかないからである。だから、国家は、こうした普遍態や共同性を規定してなんらかの形にしなければならない。こうして規定されたものが、さまざまな権力やら法律やらとなるわけである。普遍態や共同性を追求しようとして国家が活動するかぎり、このようにみずからを規定してゆく運動はやむことがない。ヘーゲルは、さしあたりは抽象的で形をなさない普遍的な精神が、自己分割してゆき、みずからを再生産する具体的で普遍的な精神へと進展すること、このことが国家の運動論理だとしているのである。

普遍的な精神のこうした展開の意義を深めるためには、踏まえておくべきことが二つある。

まず、第一に、抽象的な実体性ないしは現実態にとどまって、分肢組織化がなされていない国家、したがって必然態を欠如した国家の事例として、オリエント的な専制や純粋に民主制的な国家が挙げられることである (Z. 180, §129 Anm.)。事例が適切かどうかはともかく、このことは、国家の概念展開の始点として権力の無区別的な事態が想定されうるということであり、それが体制的に固定化したものが専制ないしは民主制などの形態だと考えうるということである。したがって、〈内部国家法〉論にしてすでに、〈世界史〉において明示的に形態化されるものが、論理的な規定のかたちではあるが、運動する相においてつかまれている。また、国家の有機組織 (Organismus) がみずからを生み出す以上 (§269)、一定の国制は、無区別的なあり方から区別の深まったあり方へとみずからを展開させていくことになる。

この点に関しては、ニュルンベルク時代以降、法哲学と歴史哲学が交差して叙述されることがなくなり、これらの一体性が「意識の経験の歴史」ではなく「思弁的な論理学への一致」に求められるようになったと、ジープは指摘している。[255] このことから、逆に考えれば――もっともジープの同意するところではなかろうが――、『法の哲学』のおのおのの概念は、時間において展開する論理の内包していると考えられるのである。このことは、『法の哲学』の〈国家〉論を読解するさいに念頭におくべきことだと思われる。

第二に、展開されるべき普遍的なものは、人びとがすでに知っているものだと理解されていることである。「個々人は、みずからが属する人民の息子である。個々人が知っていることのすべては、普遍的な実体のなかに含まれている」（*I*. 179, §129 Anm.）。したがって、国家が展開すべき諸権力や法律は、その当の国民がみずから自身の意志であると知っていること以上に出ることがない。別のかたちでいえば、国家は、「習俗 Sitte」、すなわち「諸個人の普遍的な行動様式」であり「習慣」（§151）であるものを飛び越えることができないということである（§274）。このため、ヘーゲル的な国家は、「共同生活のなかの破壊的な要素や異論の余地のある要素を隠蔽[256]」するのではなく、これらをそのものとして放置している。これらの要素は、人びとの普遍的な課題となるまでは、ヘーゲル的な国家の内部になお取り込まれない未承認の要素として、蠢いているのである。

このようにみてくると、〈内部国家法〉論で「教養形成の形式を通過したところのものとしてみずからを知りかつ意志する精神」といわれるものは、ヘーゲルが『法の哲学』で展開した諸モメントを完全に具備した精神としてだけ理解されてはならないことがわかる。この精神が諸モメントをかならずしも十全に分肢組織化しなくとも成り立つ精神だからこそ、ヘーゲルは、明示的に、「一定の人民の国制というものは、一般にその人民の自

（255） Vgl. L. Siep, *Anerkennung als Prinzip der praktischen Philosophie*, Freiburg/München 1979, S. 286.

（256） Cf. Connolly, *op. cit.*, p. 130. 前掲訳書、二三八頁参照。

己意識のあり方と教養形成とに依存する」といい、理性的な国制をア・プリオリに与えることを斥けるのである（§274 u. Anm.）。この言明はすぐれて自己言及的であり、ヘーゲルがみずから展開した〈国家〉論の諸モメントを全体として概念的に必然的かつ理性的とみなしたとしても、その具体的な形態化はつねに国民の教養形成の程度いかんにかかっているのと自覚されているのである。もし、『法の哲学』全体の諸モメントを形態化してみせてくれる国民があるとすれば、それは、ヘーゲルがつんだ教養の程度――この高いか低いかはいまは論じないとしても――にみあった精神を具えた国民なのだといってよい。

ところで、『法の哲学』でいわれる「教養形成」は、一般的に、特殊態がこそぎ落とされて普遍態が培われることを意味している（ただし、このことは、特殊態の滅却を意味しない）。衝動に対する振り返りをおこなうことをつうじて、「思考の普遍態がすくすくと生えてくることが教養形成の絶対的な価値である」といわれる（§20）。そして、ヘーゲルは、人びとのこうした教養形成の進展する場こそが、市民社会だとみた。さしあたりみずからの特殊態を目的とする市民たちが、「知と意志のはたらきの形式的な自由と形式的な普遍態」に高まり、みずからの「特殊態のなかの主観態を教養形成する（bilden）」過程が、理念の利害関心だとされる（§187）。そして、〈市民社会〉論の最終部では、「市民社会の展開（Entwicklung）」において、人倫的な実体はみずからの無限な形式を獲得する」と総括し、ここには、「自己意識というそれだけで独立して存在する〈みずからの内にあること〉にまで達するところの無限の区別」というモメントと、「教養形成において存在する普遍態の形式、すなわち思考枠組の形式」というモメントが含まれているという（§256 Anm.）。

ここでいう「市民社会の展開」は、学問的な論証過程としてだけではなく、現実の形態化の過程としても理解される必要がある。というのも、この部分に先だってヘーゲルは、「学問的な概念の歩み」と「現実態」のあり方を区別し、現実態の進行としては「家族が市民社会に発達する」こと、そして「国家の理念そのもの」が家族と市民社会という「両モメントに分割される」という議論をしているからである。もっとも、市民社会領域にある諸モメントが叙述の順序通りに形態化してゆくかどうかについては、明示的な議論がない。ただ、市民社会で分裂した特殊態と普遍態という両原理の論理関係を念頭においた場合、おおむねそれに肯定的に答えることができる。

「人倫的なものの現象界」（§181）としての市民社会では、あくまで個人の「特殊な諸目的」が「基礎 Grundlage」をなして普遍態に先行し、「ほかの特殊態との関係」は「第二の規定」として「付加される」恰好になる。そして、この関係が普遍態の形式を含むため、こうした「第二の規定」は「普遍態の形式」ということになる（*VI*. 472, §187）。ようするに、「特殊態に即する」ことが普遍態の形成にさいしての必須の要件とされ、これと相即的に普遍態がやってくるわけである。〈国家〉論の議論でいえば、「普遍的なものは、特殊な利害関心と知と意志を抜きにしては、妥当もしないし完遂もされない」（§260）のである。[257] この点は、国家が習俗を越ええないというさきに指摘した議論と一致する。さらに、「特殊態の原理が普遍態へと移行するのは、まさに特殊態が独自に展開して総体性（Totalität）になることによってである」（§186）とされることからすると、特殊態と普遍態の統一の程度は、教養形成の深まりに応じてより高次の段階へと進展するわけである。

ところで、理念の分裂している市民社会は、「司法において、みずからの概念へ、すなわちそれ自体で存在している普遍的なものと主観的な特殊態との統一に連れ戻される」とされており（§229）、統一の形成では、司法が

（257）一八二四・二五年の講義とは若干異なり、『法の哲学』は「普遍態」のがわを「内面的な基礎」としている（§181）。『論理学』の「全体と諸部分の相関」の議論では、全体――『法の哲学』では普遍態の原理にあたる――と諸部分の双方が「基礎」となる。Vgl. *LII*. 167.

（258）ジープは、「普遍的意志」が、「意識的に遂行された『下』からの『意志教養過程』の結果」ではなく、「理性的で『客観的で』学問的な洞察の対象」だとする。Vgl. Siep., a. a. O., S. 290. たしかに、ヘーゲルによれば、普遍的な意志の自覚的な担い手は普遍的な身分となるが、かれらの洞察も市民社会の教養形成の過程に即していなければ有効性をもたない。

始点となる。また、ポリツァイとコルポラツィオンとは、この統一を特殊態の全範囲において実現しようとするが、ポリツァイの統一が「相対的な合一（Vereinigung）」にすぎないのに対し、コルポラツィオンのそれは「具体的な総体性」だとされ（ebd.）、しかも、前者から後者への移行が「人倫的なものが内在的なものとして市民社会に還帰する」（§249）ものとして位置づけられる。したがって、市民社会での教養形成の深まりは、個別態から全面性へ、外面態から内面態へと進行するわけである。

教養形成のこのような進展を形態化の視点から考えれば、市民社会においても、『法の哲学』で展開された諸モメントが特定の時点で完全に展開しているわけではないといえる。しかも、重要なことは、特殊態に即した人びとの教養形成によって普遍態の深化がえられるわけだから、国家領域での諸モメントの形態化が市民社会領域での諸モメントの形態化と対応する関係にあるということである。たとえば、人びとの意識が、市民社会における貧富の拡大に対して外面的な配慮をなす以上の普遍的なものを求めないで足るとすれば、国家は、たかだかポリツァイを具えた統治権力、あるいはコルポラツィオンなき議会という姿以上には形態化をなさない、ということである。

三　人格的な承認だけではつまらない

市民社会における教養形成の進展は、人格相互間の承認関係の進展とみることができる。しかし、承認関係の進展がここにあると語ることは、一見無意味にみえる。なぜなら、ここでは一般に抽象法の契約関係が通用し、〈抽象法〉論にしたがうかぎり、契約においては「締結者が人格および所有者として承認されていることを前提とする」（§71 Anm.）といわれるからである。また、『エンツュクロペディー』の〈承認する自己意識〉論に対する補遺においても、市民社会および国家では、承認のための闘争によって生じた「承認されていることAnerkanntsein」がすでに現前しているとされている。[259] したがって、単純に考えると、市民社会の成立をもってただちに人格相互の承認関係が成立しているかのようにみえる。[260]

しかし、そもそもが、「私が普遍的な人格として理解されるのは、教養形成の賜物」(§209 Anm.)なのである。〈司法〉論冒頭でヘーゲルは、『論理学』でいえば「本質的な相関」の論理を用い、「欲求とそのための労働の相互関係がもつ相関者(Relatives)」――すなわち自立的な個人としての成員と形式的な普遍態(§157)――が「みずからの内に折れ返る」場合、自立的な個人は「無限な人格態」となり、形式的な普遍態は「(抽象)法」になると、これらの現存在の発生を説明する(§209)。法の現存在は、「欲求のシステム」をくぐってはじめて発生するのである。[261] そして、「法に現存在を与えるのものこそは、この相関者の圏域そのものであって、すなわち教養形成である」(ebd.)という。ここで、教養形成は、より具体的には、「個人を普遍態の形式によって意識するという思考」(§209 Anm.)が形成されることであり、このことによって、私を「普遍的な人格」としてとらえることが可能になる。逆にいえば、「諸個人ともろもろの人民は、純粋な思考と、自分についての知にまで、まだ達していないかぎりは、まだどんな人格態ももっていない」のである(§35 Anm.)。

(259) Vgl. *E3*. 221, §432 Zu.

(260) ジープは、〈契約〉論の場面で、すでに他者の人格的承認がはたされていると考える。Vgl. L. Siep, „Intersubjektivität, Recht und Staat in Hegels, Grundlinein der Philosophie des Rechts“, in: *HPR*., 266. ジープは、〈不法〉論において承認の実質が破壊されることを問題視していない。

(261) 〈市民社会〉論での最初の承認は、〈欲求のシステム〉論にある。ここでの承認は、欲求やその手段の普遍態に関するもので、「商品所有者として承認されていること」という意味はない。「法の哲学」、『世界の名著　ヘーゲル』、藤野渉・赤沢正敏訳、訳注(4)、中央公論社、一九七八年、四二五頁参照。

だが、教養形成によって人格態の承認が成立すれば、市民社会では必要十分な承認がえられたのではないかと考える向きもあろう。はたして承認の運動は、人格的な承認をもってぱたりと止まってしまうものなのだろうか。契約関係で人格態の承認が前提とされる真意が問題である。〈抽象法〉論でヘーゲルがたんなる所有の立場を越えて契約関係を導くのは、「意志と意志との関係」という「自由が現存在をもつための固有かつ真なる地盤」を明らかにしようとしてのことであった（§71）。私がある物件を所有する意志をもって一人で得々としていたとしても、「所有は、意志の現存在としてみれば、他の人格の意志に対してのみ存在する」（ebd.）という論理がその背景に控えている。だから、もし、「意志と意志との関係」が存在しなければ、所有には、他者の意志の貫徹を許しかねない「脆弱性 Sprödigkeit」がある。このため、ヘーゲルは、「私の所有におけるこうした私の現存在は、他の人格に対する〈関わり〉であり、ここから相互の承認が成立する」（*I*. 35, §31 Anm.）としたり、「承認することの概念、厳密には所有としてのそれは、みずからの実在態を契約のかたちでもつ」（*II*. 265, §37 Anm.）とするわけである。

こうして導出される契約関係については、次の二点が問題となってくる。

第一に、ここでの強調点が、承認の実在態におかれているということである。「他人の所有の承認は、表象のなかのものにとどまってはならず、契約において実在態を獲得し［なくてはならない］」（*II*. 266, §37 Anm.）という。したがって、市民社会においてこうした契約関係を位置づけるとき、承認の実在態があるのかどうかがなによりも問われなければならない。

第二に、こうした契約関係は、抽象的で形式的なものにとどまるということである。ヘーゲルは、『法の哲学』の自筆ノートで、承認を「おたがいに自由な者として承認しあう二人のあいだの統一」としてとらえ、こうした承認を「抽象的な統一」とし、また「それだけでは形式的だ」としている（*RN*. 301）。すると、こうした抽象性や形式性を越えたより高い承認がいかなる水準で成立することになるのか、はっきりさせるべきだろう。

まず、承認の実在態から考えると、人格態の観念は、実在的には市民社会における教養形成の賜物であったから、その欲求と労働のあり方いかんでは、承認関係が実在しない事態がありうることになる。こうした事態として、一つには、そもそも承認の前提を欠いて、契約関係以前的な状態となっていることが考えられる。しかし、それもさることながら、よしんば契約が締結されていたとしても、それが不法であることによって、承認関係の実在態が掘り崩されるという事態も想定される。じつは、この後者は、契約関係においてむしろ必然的なのである。

ヘーゲルによれば、契約においてその当事者が締結する意志は、たんに「設定された意志」、「共通的な（gemeinsam）意志」にすぎず、「それ自体でもそれだけで独立しても普遍的な意志」ではない（§75）。しかも、このとき、契約は、みずからの特殊態を貫徹しようとする人格の目的に従属するため、ここでは、普遍的な意志としてのそれ自体の法と、意志の特殊態としての現実存在としての法とが、「それだけで独立して差異あるものとして設定されざるをえない」（§81）。契約には、こうした「論理的な必然態」がある。たとえ、契約関係で普遍態の形式による媒介を成立させたとしても、これは、特殊な意志と普遍的な意志とをたまたま偶然的に直接一致させているという「現象」（§82）以上のものではない。このように、普遍と特殊に差異があるという必然態がある以上、不正が出来しうるのであり、したがって、契約というものは、相互承認の実現されるべき場でありながら、その実在態をかならずしも担保するものではないのである。

このため、『法の哲学』では、〈契約〉論は必然的に〈不法〉論に移行することになり、不法を廃棄する「刑罰による正義」がここで要請されることになる（§103）。最初の講義録は、この「刑罰による正義」を執行する者を「裁判官 Richter」として直截に指摘しており（*I*. 46, §40）、〈市民社会〉論ないしは〈国家〉論の「裁判官」とこれを重ねあわせれば、市民社会領域で司法が不正を裁いてくれるという単純な表象を結ぶことも可能である。このようにみれば、相互承認は、水平的ではないとしても、垂直的に成立しているかのようにみえる。

しかし、このように理解すると、「刑罰による正義」の確立自体が、『法の哲学』においては教養形成の一つの成果であることが忘れ去られる虞がある。まずなによりも、〈不法〉論そのものは、「まだ国家のかたちをしていない人民、自然の境遇のうちにある人民、つまり自然の強制の状態にある人民は、国家へと進展し、みずからに国制を与えるよう強いられることがあるが、それはどうしてか」(*V.* 49, §43 Anm.) ということについて論理を提供するものでもある。また、「裁判官もなければ法律もない社会状態では、刑罰はつねに復讐の形式をもつ」(*V.* 323, §102) とされてに、正義は復讐である」(*VI.* 294, §102) とされており、一般に国家が存立するもとでも、犯罪を親告罪として処理すること見咎めている (§102 Anm.; *I.* 58, §48 Anm.)。つまり、司法が未確立の場合はいわずもがな、たとえ形式的にこれが存在していたとしても、復讐を脱した高みで犯罪が処理されるかいなかは、国民の教養形成に従属しているのである。刑罰が下されるよう被害者が要求しなくてはならない事態——自力救済が認められるならみずからこれを執行しなければならない事態——は、相互承認の実在態が欠如しこれを求める闘争がなお存続していることを意味するといえよう。

もちろん、市民社会での教養形成が進展するにつれて相互承認の実在態が形づくられるわけだから、とりわけ、人格態の否認というもっとも抽象的かつ形式的なレベルでの紛争は漸次問題とならなくなり、万一これが生じた場合でも、それは個別的な事件にすぎなくなるとみてよいだろう。こうした状態が保証されるのは、法が人びとに「知られ」、かつ法が「現実の威力 (Macht)」として妥当するようになる場合である (§210)。このときには、個々人の個別的な権利は、「承認されているという意味」を有することになり (§217)、「所有と人格態」は「法的な承認 (Anerkennung) をもつ」ことになる (§218)。したがって、市民社会でなお承認の欠如が問題とされるとしても、それは人格的な承認のうえにたった実質的な問題をめぐってのことだと理解しておきたいところである。

しかし、この場合でも、正確な理解を期するためには、人格態の承認が形式的に存在してもそれが毀損される事態を市民社会が内包していることに注目しておく必要がある。市民社会の発展に伴って必然的に発生する「放埒な享楽と悲惨な貧困」（§185）をめぐる問題がそれである。

これについては、ヘーゲルの議論が棄民政策や帝国主義に陥っているという評価がなされがちだが[262]、これらは、一八一九・二〇年の講義録でヘーゲルが貧富の蓄積問題を承認の不在問題として扱っていることを知りえなかった議論であり、もはや通用しないと思われる。この講義録によれば、貧民は、その人格態が一般的に形式的に承認され自由だとみなされていても、あらゆるものから排除され侮辱されているという事態が生じている。このとき貧民は、「もはや自己意識が権利をもたず、自由が現存在をもたない先端に駆り立てられている」（*III*. 195, §244）のである。ヘーゲルは、こうした事態を、「個人の自由がなんの現存在ももたないため、普遍的な自由の承認が消失している」（ebd.）と指弾する。しかも、こうした承認の不在は、主奴関係として考えられている。「主人が他者の自由を支配する威力であると自分を知ることによって、心情（Gesinnung）の実体的なものが消失してしまっている」（*III*. 196, §244）。

貧困を自由の不在として、したがって承認の不在として位置づけることが、この講義録に特殊なものだと片づけるのは、当をえないであろう。というのも、この講義ののちに公刊された『法の哲学』では、〈抽象法〉論の「所有の放棄」の箇所において、人格と自己意識の普遍的な本質となるもの――具体的には自由意志や人倫、宗教など――は譲渡されえないとされ、とくに人格態が放棄されている事例として「奴隷や農奴の身分、所有の占有不能、所有の不自由」などが挙げられているからである（§66 u. Anm.）。講義でいわれる自由の不在は、『法の哲

（262）こうした議論については、すでに第一章第二節で批判しておいた。コノリーの議論は、講義録公刊以降のものだが、なおも「ヘーゲルは貧窮に対する救済策を考案できなかった」と主張している。Cf. Connoly, *op. cit.*, pp. 126 f. 前掲訳書、二三二頁以下参照。この種の議論は、ヘーゲルの〈コルポラツィオン〉論がもつ意義を、意図的に捨象している。テキストを踏まえずにヘーゲルを論ずる非学問的手法のおのずからの限界というべきものである。

学』の概念システムにおいて正当な位置を占めていると考えるべきである。

これに対して、〈主観的精神〉の〈自己意識〉論に属する主奴関係の議論をここに適用するのはためらわれるかもしれない。なぜなら、さきに紹介した承認の現前の指摘もあるし、〈抽象法〉論ですでに、「自由意志の立場は」「人間が奴隷制をおこないうるような非真なる立場を越えている」とされ、「承認の闘争と主人と奴隷の関係」は「意識の立場」に属すると釘が刺されているからである（§57 Anm.）。だが、この場合でも、それ自体の自由と現存在としての自由とのあいだに区別があるとされている（ebd.）。また、市民社会では道徳が固有の立場を占めるが（§207）、この道徳の立場は、「意識の立場」であり、「意志の有限性と現象の立場」だとされる（§108）。したがって、主奴関係は、市民社会において、極端な形態としてそれだけ独立しては登場しないが、自由の実在態がとくに問題とされるときには、モメントとして登場しうるものなのである。ヘーゲルが「自由意志の立場」をとくに強調する場合は、主観的な精神にたちかえって「それだけで独立に考察しない」（§8）ということを語っているにすぎない。

いずれにせよ、こうした所有の不自由や主奴関係などの抽象的な概念レベルでの問題は、より高次の――いまの場合市民社会という――概念レベルにおいて作用し続けるとみるべきなのである。

ところで、〈ポリツァイ〉論の段階での承認は、〈司法〉論の段階と同様、人格を自立的なものとして承認する以上には出ない（§238）。また、ここでは貧富の格差や承認の不在を解消する手だてがないわけだが（§245）、これは、ポリツァイが――そして人びとの教養形成が――、個々人の自立や自助だけを重んじて、外面的な秩序を形成する以上のことをなしえないからである。だとすれば、貧富をめぐる問題を解消しつつ相互承認をもたらすよりいっそうの教養形成は、人格的な自立という名の孤立性を、この自立態が自主的に廃棄するものでなくてはならず、たんなる人格的な承認という抽象的で形式的な承認のレベルを越えるものでなければならないであろう。ヘーゲルは、こうしたことが成り立つ場をコルポラツィオンにみてとった。

コルポラツィオンは、人びとの特殊態に含まれる共同的なものや普遍的なものを配慮するものとしてある。したがって、もちろん、その成員のだれもが、共同性や普遍態を配慮することをつうじてみずから自身のことも配慮する。ただ、とくにそのなかでも富裕者は、それ相応の責務をもつことになる。「この〈つながり〉〔＝コルポラツィオン〕では、富裕者は、もはやそれだけで独立した（für sich）個人なのではない。同時に、かれは、このサークル（Kreis）で義務を負っている。この外にいるときは、かれは、合法性というまったく一般的な義務を負うにすぎない。〔これに対し、〕ここで富裕者が『一廉のもの etwas』であるのは、かれが自分の富を同輩（Genossenschaft）のために使用するというあり方をすることによってである」（*III*. 207, §250）。このように、ヘーゲルは、富裕者がみずからの富を共同的に使用する制度としてコルポラツィオンを考えることによって、貧富の問題を解決しようとした。「コルポラツィオンにおいては、富の腐敗が除去される」（ebd.）のである。(263)

そして、こうしたコルポラツィオンにおいて生じた承認は、それ以前の相互承認、すなわちたんに抽象的・形式的で人格的な承認を越えた次元のものとなる。さきの第二の問題としてあったより高い承認は、この水準で成り立つものである。もともと、「人間は、端的に私的人格であることなどできない」（*III*. 206, §250）のであって、じつは「富の腐敗」も、「みずからの特殊な活動において他人から承認されたいという努力」（ebd.）が「営業上の成功」（§253 Anm.）をひけらかす方向に向かった悪しき結末なのである。これに対して、コルポラツィオンでは、こうした業績主義、競争論理を廃棄する。ヘーゲルによれば、ここでは、コルポラツィオンの成員になっているということだけで、「みずからの有能性とちゃんとした暮らし向きがある」ということ、すなわち成員

(263)「ヘーゲルは、市民社会のうちに傾向的に孕まれている危機を解決するのは、人倫的な制度を形成することだと考える」とするプリッダートの見解には妥当性がある。Vgl. B. P. Priddat, *Hegel als Ökonom*, Berlin 1990, S. 208. ビルガー・P・プリッダート『経済学者ヘーゲル』、髙柳良治・滝口清榮・早瀬明・神山伸弘訳、御茶の水書房、一九九九年、二八〇頁。

が「一廉のもの」であることが承認されるようになる。しかも、コルポラツィオンという「一つの全体」に所属して「この全体の非利己的な目的に関心を寄せ尽力している」ことが承認されるようになる[264]（§253）。つまり、抽象法的に形式的な承認のもとでは、個人がたんに利己的な存在としてだけ承認されるにすぎないが、コルポラツィオンでの承認では、個人が普遍的な存在であることが承認されるわけである。「人間は、普遍的な目的をもつことによって、みずからが実体的で本質的なものだと表現する」（*III*. 206, §250）。ヘーゲルは、市民社会での承認がこのレベルにおいて真の承認に達すると考える。「コルポラツィオンにおいて、個人は、真なる意識をもつ。個人は、ここで、名誉を獲得する高貴で真なる機会をもつ」（*III*. 206 f., §250）。コルポラツィオンにおける「誠実（Rechtschaffenheit）が、真なる承認と名誉を具えるようになる[265]」（§253 Anm.）。

四　行きつくところは革命

こうして人びとの教養形成が高まり、『法の哲学』で展開された市民社会と国家の諸モメントを仮にすべて実在化したとしても、そこで構築される国制が立憲君主制なのだとしたら、今日のわれわれはおそらく失望の念を隠さないだろう。なぜなら、われわれの教養形成は、絶対主義と闘った近代初期の状況とはかなり離れたところにあり、立憲君主制はむしろ旧時代の名残として位置づけるのが適当だと思われるからである。だから、ヘーゲルの立憲君主制論は、さすがに今日ではプロイセン反動の美化論ではないとしても、たんに「近代性」のレッテルが貼られるだけでおしまいになる。

立憲君主制論が不人気である理由のなかでおそらく本質的なものは、君主を主権者とみなす思考枠組が国民主権的な発想とは相容れないということであろう。しかし、ヘーゲルはにわかに君主を主権者とみなしているわけではないといえば、おそらく奇異に感じられると思われる。だが、悪名高いいわゆる理念の主体化の論理がここに介在していることを忘れなければ、これは察しがつくはずである。すなわち、ヘーゲルは、『政治的な国家の根本規定』として、「国家の諸モメントの観念態としての実体的な統一」を挙げ（§276）、こうした統一を端的に「国家の主権」という（§278）。そして、次の点が重要なのだが、こうした主権は、さしあたりは「観念態という一般的な思考枠組にすぎない」のであり、これが「現実に顕現」したものが君主となるかたちがとられる（§279）。つまり、国家の組織化の開始点は、本当は、君主権ではなくて、主権という一般的な思考枠組なのである。これは、講義録での次の言明とあわせて理解される必要がある。「人民は国家を形成する。国家は主権者である。ここから出発しなければならない」（Vl. 664, §275）。「主権はなお君主権そのものではない。あるのは全体である。そこで、主権自身がみずから自身をたんなるモメントとすることによってのみ、主権はみずからをみずからの内で区別し、みずからを全体のモメントとなすのである」（ebd.）。

単純化していえば、君主権に先立つ主権は、なお分肢組織化されていない全体的なもので、これは、ばらばらの人民ではなくそれを統一体としてとらえたものである。また、誤解を恐れずいえば、「無定形の塊」（§279 Anm.）ではあっても統一体をなしている人民全体——一人ひとりではなくあくまで全体である——は、みずからの持つ諸モメントを分肢組織化して国家を形成し、その統一を君主権として表現する。[266] ところで、こうした最初

（264）〈職業身分〉論でも同様の「承認」がいわれる（§207）。個人は、「みずからの活動や勤勉や技能によって市民社会の諸モメントのどれか一つの成員となり」、「普遍的なものと媒介することでみずからに配慮する」。このことによって、個人は、「自他の表象において承認されている（anerkannt）」とされる（§207）。

（265）『法の哲学』における「承認」は、普遍態と特殊態の分裂があるかぎりでは、ジープのいうように、基本的に非対称的なものと考えられてよい。Vgl. Siep, *Anerkennung als Prinzip der praktischen Philosophie*, S. 278 f. しかしながら、「真なる承認」の場合、普遍態が人びとに還帰している側面があり、にわかに非対称的とはいいがたい。

の全体的な統一体は、第二項ですでに指摘しておいた「共同精神」と同等のものである。これが、分肢組織化を欠如したとき「全体的なままの無区別の意志」であって、「恣意」であったことを想起されたい。全体的な人民は、それ自体としては、恣意である。だから、これを排除するために、ヘーゲルは、君主権を主権として設定するのである。

君主権を設定することによって国家意志が恣意的でなくなるとは、おそらく常識に反する見解であろう。たとえば、ヘーゲルが、「いっさいの特殊化されたものや制約に超然たる頂点」に君主を立たせることによって、国家の最終決定を「人間的な自由の圏内」におくとき(§279 Anm.)、ひとはおそらく君主の恣意性を嗅ぎつけるであろう。(267) だが、ヘーゲルによれば、まさにこうした君主の据え方こそが、国家意志から恣意性を抜き取ることになる。そして、逆に共和主義的な思考のほうは、必然的に恣意的な政治支配を待望することになってしまうのである。これは、たんなる決めつけではない。ここには、意志論的な基礎がある。

すでにいくどか言及していることだが、ヘーゲルによれば、〈わたし〉の意志は、いっさいの内容を度外視する「絶対的な抽象」という普遍態を一方のモメントとし、自分を「ある規定された内容として設定する」ことによる特殊化を他方のモメントとし、この双方が統一している個別態において自由となる(§§5 ff.)。こうした意志は、みずからが規定した内容をたんなる可能態とみなすことができるため、恣意(Willkür)となる(§15)。したがって、特殊な内容の意志決定の面で、国家意志はつねに恣意に晒されている。だから、君主は、こうした特殊態に関与してはならず、これを統治権に委ねて、形式的な最終決定をするにとどめるべきなのである。しかも、ヘーゲルのいう君主は、国制と法律にしたがって(*I.* 200, §138)形式的な決定をおこなう。君主は、このようにしてはじめて「恣意によって動かされない」ことになり、ひいては「尊厳性 Majestät」をもつことができるわけである(§281)。

これに対し、君主を立ててその恣意性を除去するという回り道ではなく、ストレートに人民全体が——事情によっては選挙によって——意志を表明すれば、国家意志の恣意性はなくなるとの見解もあるかもしれない。しかし、このように人民全体を国権の最高機関とする見解がまじめなものであれば、その機能は、形式的な裁可ではなく、実質的な意志決定にあるはずである。だとすれば、それは、意志論的には内容決定という恣意的なものを抱えこまざるをえない。もちろん、人民の決定は、内容がどんなものであれ聖なるものであると正統性を宣言してあぐらをかくことも可能かもしれないが、ヘーゲルは、こうした特殊な意志による政治を端的に「専制」(§278 Anm.)と呼ぶのである。[268]

とはいえ、君主的な最終決定の要素が国制に必要だとしても、その決定者を世襲にする必要はないともみられる。現代的な大統領制をとることによって、共和主義的な要素と最終決定の要素に折り合いをつければよいのではないか。しかし、こうした議論は、その本質についての自覚が欠如している。というのも、選挙は、意志の特殊態を自然的に発露させるものだから(§§14 f.)、「個人の特殊な意志がなす裁量への国家権力の屈伏」(§281 Anm.)をもたらすことになる。また、選挙の目的の一つに、国家の頂点に立つ重要な役職者の才能と卓越性をチェックするということがあろうが、これこそ、国家意志の最終決定にあたって、決定者の特殊な能力に期待を寄せる議論にほかならない。こうした事情から、「大統領」制では、「恣意と人格態が非常に強く現われてしまう」(*L.* 214, §143 Anm.)のである。だから、ヘーゲルにいわせれば、君主を立てるためには、自然的出生という無根拠なもの

(266) 君主は人民の代表である。ただし、人民に委任された公務員ではない(*L.* 204, §139 Anm.)。
(267) Vgl. *KHS*. 221.
(268) ヘーゲル的観点からすれば、非団体的選挙という特殊意志の回路をつうじて、人民の特殊な意志を表明する現代議会政治は、専制政治である。フランシス・フクヤマがいう「リベラルな民主主義」が、現代政治を表象し、しかもこれがヘーゲルの議論を特色づけると主張されるなら、こうしたコンセプトは「専制」に一括置換されなければならない。フランシス・フクヤマ『歴史の終り』(上・下)、渡部昇一訳、三笠書房、一九九二年、参照。

によらなければならない（§281）。

ヘーゲルは、このように、人民主権論では隠蔽される恣意的な国家意志をえぐりだす。主権に潜む恣意、これは、君主権を主権として独自に設定し、その権能を形式的な最終決定の枠内にはめ込むことによってはじめて除去することが可能になる。もちろん、ヘーゲルのいう君主権は、「危急存亡」のときの権力集中を可能とするような性格をもっている（§278 Anm.）。だが、こうした非常事態にあたっては、いかなる国制であっても、実定的な憲法律がほとんど無意味になることを考えれば、この一事をもってヘーゲルの〈君主権〉論の意義を判断するのは不公平であろう。むしろ、ヘーゲルの議論の特質は、君主権のみならず、統治権や立法権における恣意をも除去してゆくところにあるのである。

特殊態を委ねられた統治権は、まさしく意志論的には恣意性の巣窟となる。したがって、統治権が、特殊態の実質に触れることができず、あくまで特殊態をめぐる普遍的な形式にのみ携わるような方策をとる必要がある。そのために、ヘーゲルは、市民社会におけるコルポラツィオンを「自主管理 Selbstverwaltung」（*I*. 211, §141 Anm.）団体とみなし、統治権のがわの活動をこれらに対する「監督や審議、形式的決定に制限」（*I*. 217, §145）しようとする。もっとも、こうした方策は、統治権そのものの恣意性を根本的に除去するものではない。ヘーゲルは、公務員自体が上も下も「市民に対して同類の利害関心をいだいている」ため、官僚制内部における自浄能力を曖昧なものだと評価する（*I*. 217, §145 Anm.）。そこで、統治権は、議会によって検閲されなくてはならないという（§301 Anm.）。議会を「主要なモメント」（*I*. 221, §147）とする立法権への移行が、統治権の恣意を抑止する本質的な保証を求める論理に衝き動かされているのである。

ところが、こうした検閲機関であるはずの議会も、独自の保証がなければ、恣意性に陥ると考えるのがヘーゲルである。とくに、こうした恣意は、人民を原子論的に解体して議員を選出するときに、もっとも強く発揮される。これは、市民生活と政治生活とを分断する手法であり、このときの議会の見解は、「恣意と私見との抽象的な個別態、したがって偶然態」に落ち込むことになる（§303 Anm.）。というのも、市民社会は、一般に特殊利益の追求の場であるから、政治で求められる普遍態へと高揚するモメントがなければ、議員の選出が特殊利益の誘導によってなされることが避けられないからである。したがって、ヘーゲルの議会は、理性的には、市民社会においてそれなりに普遍態を顕現している職業身分ないしはコルポラツィオンによって編成される恰好になる。

もちろん、ヘーゲルの議会編成は、とくに農業身分において世襲議員の制度をもつため、一般性のある議論としてにわかに支持されないかもしれない。また、営業身分における団体選出議員の場合でも、特殊態が介在しうると指摘することもできよう。これらの点については第三章第三節で論じておいたが、行論上われわれがとくに注目しておきたいのは、その制度的な発想と議会の自然に対する洞察である。

まず、ヘーゲルは、議員に求められる普遍的な資質を、たんに個人の主観的な心情にのみ求めるのではなく、制度的な保証でこれを支えるという発想をもつ。これに対し、マルクスは、「議会の存在がなんらかの保証を必要とする場合、議会はいかなる現実的な国家存在でもなくて、一つの虚構的な国家存在にすぎない」（*KHS*. 320）とこれを批判したが、制度的な保証を取り払って議会の普遍態を構想する場合、特殊態と普遍態の媒介項がない以上、特殊態の領域にいる人びとに対して普遍的なものを「義務として外面的に無理に期待」（*L*. 180, §129 Anm.）することにならざるをえない。こうした国制が、外的な強制の体制となることは論を俟たない。制度的な保証の欠如は、議会を、恣意の場とするか、あるいは翼賛の場としてしまうのである。

また、議員の特殊態を考えるさいに注目しなければならないのは、ヘーゲルが、「主観的な形式的な自由のモメント」である「実経験的な普遍態としての公衆の意識」、すなわち習俗を顕現させることに、議会の本質的な規定をおいていることである（§301）。ヘーゲルは、議会を団体的に構成することによって、国家意志の恣意性の除去を〈国家〉論的には完成するのであるが、しかし、これは同時に、〈市民社会〉論的な教養形成に接する場を設定することでもある。したがって、議会は、市民社会の教養形成の程度を明確にする計測器であり、こうした教養形成によって是認される普遍態だけが国家意志として確認されることになる。つまり、議員の特殊態は、市民社会の教養形成程度の特殊態、すなわち人びとがもつ「特殊な国民的な性格」（§3）のことであり、その「実定的な」要素だということである。

ヘーゲルは、それゆえ〈立法権〉論においてとくに、人びとの教養形成の進展とのかかわりで、国制の進展的な性格を語ることになる。「それ自体でもそれだけで独立しても、国制というものは、通用する確固たる地盤でなくてはならないし、はじめて作られるもの（Gemachtes）であってはならない。したがって、国制は、存在するのである。だが、同時に、国制は、本質的には生成してゆくのであり、教養形成において進展する。したがって、一方では、国制は、前提とされているが、他方では、連綿と教養形成され発展する。この形成と発展によって、国制は、理性的な進展に到達するのである」（V. 788, §298）。

だが、ここからさらに踏み込んで、国家が進展するというヘーゲルの議論の背後には革命が控えていると主張するとすれば、おそらく次のように反問されるだろう。すなわち、さきの引用でも国制は「作られたもの」だとはみなされていないし、ヘーゲルはこれを「神的で恒存的なもの[269]（Beharrendes）」（§273 Anm.）だと明言してなかったか、と。しかし、この言明は、勝手に「理性的なるもの」をデザインして、それに基づいて国家を構想することに対する批判以外のなにものではない（§258 Anm.）。ヘーゲルは、フランス革命の一面を、「いっさいの現前のものや、所与のものを転覆し」、「たんに勝手に理性的だと信じ込んでいるもの」すなわち「理性を欠いた抽象的な諸観念」だけを「新しい国制の土台にしようと欲した」点で批判する（ebd.）。これは、主要には、国家の有機的な分肢組織化をもたらさない革命に対する批判だが、国民の教養形成を踏みはずして「内容の面で多かれ少なかれ理性的な国制をア・プリオリに与える」（§274 Anm.）ことへの批判にも通じるものである。

したがって、要は、国制が人民の教養形成と合致していなければならないということである。だから、この双方にずれが生じたときには、国制の刷新が要請されざるをえない[270]。このため、ヘーゲルは、講義録では明示的に、

「諸制度の釣合いのとれた継続的な形成がないのに精神が継続的に教養形成されると、精神は諸制度と矛盾するようになり、これは、不満の源泉であるばかりか、革命の源泉にもなる」(*I.* 219, §146) という。ここで教養形成の到達点は、当該人民の習俗で測られる。『エンツュクロペディー』自筆ノートでは、「革命」とは、「習俗と硬直化した国制との矛盾が内部権力・外部権力として現象する」ことだとされている (*EN.* 199)。

ところで、通常のイメージでは、旧来の憲法をいっさい無効とし、新たな憲法を制定することが革命になるのだろうが、ヘーゲルにしたがえば、人びとの教養形成の進展と国制の実在的な制度とのあいだに生ずる一定の矛盾を解消する以上のことは、革命のなしうるものではない。なぜなら、それ以外の諸点では、人びとの教養形成や自己意識、習俗の進展がみられていないからである。そして、「人民は、みずからの精神の意識全体を国制の全面的転覆 (Umsturz) によって生ずるかのように一挙に変革することができない」(*I.* 191, §134 Anm.) のである。あくまで、「意識に提起されたものは、除去の必要な個別的な困窮である」(*III.* 229, §269)。だから、革命は、国制のなかでの一定の「困窮」をめぐってのみ発生する。これを乗り越えようとするとき、その革命自体が、習俗と

(269) この部分や、「国家が存在するということが世界における神の歩みである」(*VI.* 632, §258) という言明をとらえて、国家を神秘的な存在とする向きもあろう。しかし、「理性的なものこそが、理性的ならざるあらゆるものに対して威力的なものとしてある『神的な威力』である」(*VI.* 654, §272) とされる。つまり、国制の神性とは、国制の理性態にほかならない。

(270) それゆえ、市民社会の教養形成の深化に規定されて国家の内部編成に変革が要請されるとき——たとえばコルポラツィオンの形成に応じて国会の編成が要請されるとき——、もし国制がこれに応ええなければ、ヘーゲルの議論において革命が問題となる。このさい、重要なことは、革命は、一方的に「市民社会の構造を転換させる」のではなく、国家の編成を転換させ、さらにそれを普遍態として市民社会に現象させるということである。革命が教養形成によって生ずる以上、革命以前に市民社会の構造はすでに意識上では転換済みだといってもよい。コノリーは、ヘーゲルのうちに革命の論理があることを知らず、そのうえで、マルクスの議論にならって「市民社会の構造を転換させる革命」を対置してヘーゲル批判になると考えている。Cf. Connolly, *op. cit.*, p. 127. 前掲訳書、二三三頁参照。

の矛盾を来たしふたたび革命されざるをえなくなる。

国家は、自己意識に媒介されながらも、つねに人びとの習俗に即して顕現しようとするために（§257）、ときには革命という手法もとりながら、その形態を変化させていくのである。

五　まとめ――モメント実在化の踊り

『法の哲学』において、ある概念を証明するために動員された諸概念が、その概念の誕生と同時に形態化しているわけではないということは、その概念のあり方を理解しようとするときの基本となるものである（§32 u. Anm.）。ところが、この基本が守られていない。とくに、これは、その〈国家〉論を読解するときにはなはだしい。市民社会の諸モメントがすでに十全に形態化されていることを前提とし、しかも、国家の概念の構造をそのたんなる鏡像のごとくみなして、その姿が、近代なのかどうなのかと判定して終わりにする。このことによって、ヘーゲル的な国家が概念の諸モメントを実在化しようとして踊り狂うありさまをみえなくしてしまう。こうした静態的な『法の哲学』解釈には、そろそろ別れを告げるべきである。

ヘーゲルの議論を動態的に理解するとき、ヘーゲルは市民社会での矛盾を解決できず挫折と諦観に陥ったという通俗的なイメージは支えを失う。ヘーゲルが市民社会の矛盾をいかに解消したかについての議論は、そのコルポラツィオンの議論までも射程に入れてなされるべきであり、これまでその意義を評価できなかったわれわれのがわが挫折していたにすぎない。また、精神が進展すれば新たな掟が求められ、革命が発生するという論理は、初期ではすでに『キリスト教の精神』において表明され[271]、またベルリン時代でも繰り返し主張されるもので、ヘーゲルの思想に終始一貫しているものである。「教養形成が完成し新たな段階に到達すれば、死んだ、腐朽せる、無力な外的な状態は崩壊する」(VI. 660 f., §272)。これでもなお、ヘーゲルに挫折と諦観のレッテルを貼りたいのだとすれば、ヘーゲルは、その読解以前に、あくまで乗り越えられるべきものとして予定されているからである。われわれの教養形成の程度、これが『法の哲学』の読解に現われる。われわれの教養形成の低さを慙愧する。

第三節　教養形成の鏡としての国家——国家の正当性について

一　はじめに

われわれが「国家の正当性」を問題とするとき、吟味しようとする対象は、通常、おおよそ存在するかぎりの国家すべてについてではなく、ある特定の歴史状況のなかにある特異な類型の国家についてであろう。ヘーゲルの『法の哲学』の議論は、このような特殊な国家に関して——プロイセン国家との関連などがあげつらわれるにもかかわらず——きわめて冷淡であると思われる。その理由はある意味ではきわめて単純であって、こうした特殊態に拘泥しては国家の理念を見失ってしまうと考えるからである。「国家の理念ということで、特殊な国家、特殊な制度を思い浮かべてはならない。理念、こうした現実的な神をそれだけで考察しなければならない」(VI. 632, §257) とヘーゲルが学生に再三注意するのは、そのためである。したがって、『法の哲学』の圏内で「国家の

(271) Vgl. Hegel, „Grundkonzept zum Geist des Christentums", in: *HW*., Bd. 1, 1971, S. 297.

正当性」を考えようとすれば、自由の理念という本丸を攻める以外にないのかもしれない。しかし、こうした原理的な観点に固執すれば、ヘーゲルの『法の哲学』を全体として展開してみせる作業をおこなわざるをえなくなり、これはこれで特殊態とは別の事柄だとすれば、特殊な国家の正当性を判断する規準を見失うことにもなりかねない。

国家の現状分析と表裏一体をなすような国家の正当性の議論についてヘーゲルがなにか理論を提供してくれると考えるほうが土台無理なのだといえば、それまでのことであろう。しかしながら、そう言い捨ててしまっては、ヘーゲル的な理念がもっている自己展開力という重要な一面を見損なうことになる。「理念が現実となる」という場合の現実が現存在（Dasein）そのものではないとしても、現存在なき現実はないのであるから、理念の現実化には現存在としての特殊態が伴わざるをえないはずである。そして、このことは、ヘーゲル自身自覚していたことでもあった。ヘーゲルは、『法の哲学』の序論において、「法は、一つの国家において通用性を持っているという形式によって、総じて実定的である」（§3）とし、「法の内容」が国家の国民性、事件性、末端規定の点で実定的な要素を含むという。もちろん、ここで力点がおかれているのは、実定性に棹さした歴史的な正当化（Rechtfertigung）に反対して、「それ自体でもそれだけで独立しても通用する正当化」、すなわち哲学的な自由論からする正当化の必要性を主張することにある（§3 Anm.）。だが、歴史的な正当化をこのように斥けたとしても、現前する国家をヘーゲル的な哲学的な自由論がいかに正当化することになるのかという問題は残るであろう。

国家一般の正当性をめぐる問題がヘーゲルの自由論の原理的な領域に属するのだとすれば、本節で考えてみたいのは、歴史のなかで現前する特殊な国家がヘーゲル的な自由論のレベルでいかに正当化されるのか、ということである。もちろん、このとき、歴史のなかの国家とはいっても、プロイセン国家などの実際の国家を想定するよりは、あくまで哲学として、カテゴリー上の特殊国家――現前する国家――という意味で考えなければならないだろう。現前する特殊な国家が実定的な国家である以上は、『法の哲学』がどのようにして実定性に接してゆくことになるのかということを考えることでもある。

以下、まずは特定の制度が正当化される問題領域を検討するなかでその規定原理として「教養形成」を剔出し、さらにこの「教養形成」により国家がいかに正当化されるのか、検討することにしたい。

二　無教養な国家

現前する特殊な国家のことを考えるときにまず注目すべきなのは、ヘーゲル自身が公刊したテキストのなかにある、「一定の人民（Volk）の国制というものは、ようするにその人民の自己意識の状態と教養形成（Bildung）とに依存する」（§274）という箇所であろう。ここでは、国家は、つねに人民の自己意識の実現形態としかないということがいわれている。これは、なにも〈国家〉論序論の末尾に位置する註解的な一節と考えてはならないと思われる。というのも、〈国家〉論の冒頭でも、「国家は習俗（Sitte）において直接的なかたちで顕現し、個々人の自己意識、個々人の知と活動において媒介されたかたちで顕現するが、他方、個々人の自己意識もまた、心情（Gesinnung）をつうじてみずからの実体的な自由を、みずからの本質であるとともに活動の目的と所産であるところの国家のうちにもっている」（§257）といわれるように、ヘーゲルにおいて、国家の根本規定はあくまで自己意識との相関で成り立つからである。このことは、同時に次のようなことも意味するであろう。哲学的には自由はそれ自体として正当であるとはいえ、この自由というものを人民のがわがいかにとらえているのかということに国家体制のあり方のすべてが懸かっている、ということである。すなわち、ヘーゲルは、〈国家はその当の人民の教養形成によってしか正当化されない〉という考え方を根本にすえていたわけである。

国家と教養形成とのこのようなかかわりは、『法の哲学』ないしは「自然法と国家学（法）」講義の多くの箇所で議論されており枚挙に暇がないが、とくに重要なテキストとしては、国家活動の概念的な区別項に関して述べられたものがある。そこでは、「国家の目的」は「普遍的な利益」であり、「特殊な利益」を「普遍的な利益のなかで保持する」ことだとされ、これが、「国家の抽象的な現実態ないし実体性」だとされる。他方で、こうした「抽象的な現実態ないし実体性」は、「国家活動の概念的な区別項へとみずからを区分し」、「諸権力」となるような「必然態」だとされ、このように権力分割の成り立つ「実体性」は、「教養形成の形式を通過したところのものとしてみずからを知りかつ意志する精神」（§270）だとされる。簡単にいえば、権力機構の内容充実などを出来させるものこそが、「教養形成」だと考えられているのである。

教養形成によるこうした国家機構の充実は、たんに近代の地点から懐古的に語られたものとばかり考えてはならないと思われる。というのも、近代以前的な制度に関して、ヘーゲルはやはり教養形成について言及しているからである。「国家は、みずからの国制（Verfassung）においてあらゆる関係を貫いている。ナポレオンは、スペイン人に、ある国制をア・プリオリに与えようとしたが、これはとにかくうまくいかなかった。というのも、国制はたんに作りものではないからであり、国制はいく世紀にもわたる労作（Arbeit）だからであり、これは、ある人民において展開しているかぎりでの理念であり、理性的なものの意識なのだからである。だから、こうした意識は単純には作られえない。だから、どんな国制もたんに主観によっては作られない」（V. 752 f., §274. 本書三二七頁）。

ここで問題にしたいのは、ヘーゲルの『法の哲学』自筆ノートにある奴隷制に関するテキストである。若干長くなるが、われわれの解釈も入れながら引用しておく。

「奴隷制はそれ自体でもそれだけで独立しても不正であるといわれるとき、これはまったく正しい。国家の必然態〔がここにある〕。――だが同時に、客観的な権利は、本質的にいって、それだけで独立して主観的なものでもある。すなわち、これは、石ころや外面的なもの、たんに固定的なものではなく、精神の意志――普遍的な精神の意志であり、普遍的な教養形成の意志なのである。――したがって、不正は、それ自体でもあればそれだけで独立してもある。つまり、奴隷となろうとすることではなくて——主人となろうとすることが、独特の普遍的な自己意識なのである。主人がいなければ奴隷もいない。——だが同様に、奴隷がいなければ主人もいない。——あれこれの人が奴隷であることの責任をあれこれの個人に求めることは、問題外である。そうではなく、これは、万人の、全体の責任なのである。西インドではたびたび黒人が反乱を起こした。島々ではいまでも、毎年、年に何度も、謀反が起こっていることを読まされているが、かれらは、一般的な状態（allgemeiner Zustand）の犠牲となっているのである。——とはいえ、かれらは、自由なものとして死ぬことができる。個人の状態は、普遍的なものによって制約されている。——謀反そのものは、たんなる部分的な心情の証明にすぎない。あれこれの人が主人であることの責任をかれらに求めることは、問題とならない。一般的な状態の変化は、この点に左右される」（*RN.* 241 f., §57）。

ようするに、〝奴隷制はそれ自体でもそれだけで独立しても不正である。だが、このことがそれだけで独立して主観的でもなければならず、このような状態に一般的にならないかぎり、あるいは普遍的な自己意識にならないかぎりは、こうしたものは維持される。このとき、奴隷制への謀反は、部分的な心情を表わしているにすぎない〟と、ヘーゲルは主張しているわけである。この箇所は、所有の自由に関する公刊されたテキストの議論（§57 Anm.）に対応しているものであり、議論の骨格としてはヘーゲルに一貫しているものといえる。ただ、ここで注目しておきたいのは、奴隷制の容認に関して「一般的な状態」であるとか「普遍的な自己意識」であるとかを問題視していることである。さらに付け加えておけば、対応する講義では、「人間が奴隷になるとすれば、それはその人の意志である。というのも、それが嫌ならば、自殺することができるからである」（V. 226, §57）などといって、いわば被害者責任のごときものを主張してもいる。「もし、人民が従属させられ、あるいは、人間が奴隷となるとすれば、その人間がみずから不正を働いているのである」（ebd.）とまで言い切る。端的にいえば、当該人民ないしは個人は、普遍的な自己意識の状態として、奴隷に値したのであり、そうであることによって、みずからがみずからに不正を働いているというのである。

単純に受け取れば、これは、強者ないしは征服者を弁護する強力な論理を提供しているもののようにも思われよう。しかし、ヘーゲルの議論の本筋は、あくまで奴隷は不正であるという立場からなされていることに留意しておかなければならない。「奴隷は、みずからを解放する絶対的な権利を持っている。これが事柄の自然というものである」[272]（*V.* 251, §66）。ヘーゲルは、〝奴隷制の維持されることが正当だ〟などとは考えていないのである。また、「主人となろうとすることが、独特の普遍的な自己意識」だとされ、奴隷の自己責任を問う場合でも、それにもまして人びとが支配欲に侵されていることのほうが問題だとされている。すなわち、主人と奴隷との間では、主人であることが共通の価値観となっているのであり、これが奴隷制をかたちづくっている精神的な骨格なのである。

しかし、では奴隷制がどんな場合でも絶対に不正だとヘーゲルが言い切るのかというと、『法の哲学』でまったく明白に、奴隷制を絶対的な不正とみなすのは「精神としての、それ自体で自由なものとしての人間の概念」に固執する一面的な立場だと批判されている。こうした人間の概念に対する固執がなにゆえ一面的なのかといえば、「人間の理念ではなくて概念そのものを、その直接態において真なるものと解する」（§57 Anm.）からである。ここで重要なことは、それ自体の概念と理念との落差である。ヘーゲルは、この件に対する自筆ノートとして「それ自体の概念は理念ではなく、自己意識というものをそれ自体でもそれだけで独立しても含むものではない」（*RN.* 245, §57）としている。こうした自己意識――これは個別的な自己意識ではなく普遍的な自己意識でなければならない――がないかぎりは、概念は理念たりえないのであり、そのかぎりにおいて概念的に不正なものが大手を振って「正当なもの」として通用してしまうのである。概念的にみれば不正とみえる奴隷制という事態でも、当の人民の意識段階ではあくまで「法」として通用することになる。「奴隷制は、人間の自然態から現実に人倫的な状態への移行に属する。それは、不法がまだ法であるような状態、法がまだ絶対的に現実化されていない状態に属する。ここでは不法が通用し、またその所を得てもいる」（V. 226 f., §57）。もちろん、ヘーゲルは、事実性のレベルでこうした事態そのものの正当性を述べているわけではない。そうではなく、自己意識の立場が未展開であるからには、この立場ではこうした不正を「正当化」せざるをえなくなるという自由論からする必然態を語っているのだと思われる。

ヘーゲルが、〝自由意志の立場は奴隷制をおこないうるようなそれ自体の概念の立場を超えている〟としながらも（§57 Anm.）、奴隷制に関して素通りせずに詳細な議論を展開せざるをえないのは、さまざまな制度があるなかでも、奴隷制がとくに基礎的なところで自己意識と自由に深くかかわる制度だからである。この議論は、奴隷制との対比において自由を享受する近代人がいかに高みに立っているのかという陳腐なことをいわんがためのものではない。さきにみたように国家がすぐれて自己意識との相関で成り立つ以上は、奴隷制において出来したような概念と自己意識との乖離——すなわち概念の蹂躙、理念の不在——が国家的な制度のあらゆる応用的な局面において問題とならざるをえないということを闡明したものなのである。端的にいえば、普遍的な自己意識が未熟な状態にある国家は、概念的には不正な国家であるにもかかわらず、その自己意識ゆえにまた「正当化」されざるをえないという論理構造が、奴隷制の議論をつうじて浮かび上がってくるわけである。

概念と自己意識の乖離が起こりうる論理を把握しないかぎりは、「国家の実体性」が「教養形成の形式を通過した」ものとしてとらえられているさきほどの箇所を理解することもできなくなるであろう。というのも、この規定の仕方は、半面で、国家における無教養を想定しているからである。こうした想定は、最初の「自然法と国家学」講義でほぼ対応するところをみるとさらにいっそう鮮明になる。すなわち、国家が無教養であるというこ

（272）『法の哲学』へのガンスの補遺として、ポリツァイ論では「奴隷の解放が主人に対して最大の利益になると判明する」（§248 Zu.）という箇所があるが、対応するヘーゲルの講義録にはこうした文言はない。

とはそれに対応して国家の分肢組織化が不全の状態――これは権力機構の未分化のみならず法律などの未決定状態も含めて考えられるべきである――だということだが、こうした「分肢組織化されていない大衆（Masse）」がもつ「個体的な意志」は、「恣意と偶然態」だとされ（*J.* 178 f., §129）、明確に国家の無教養性が想定されているのである。[273]

三　無内容な市民社会

ヘーゲルの議論では人民の教養形成いかんによって国家の分肢組織化のあり方が決まる以上、われわれが『法の哲学』の〈国家〉論を読むとき、その概念規定がすべて出そろった状態でだけ読んでいると、〈国家〉論がもつ動態性というものをつかみそこねることになる。そして、市民社会との関係で国家をみるとき、このことは重大な影響を及ぼすことになる。ヘーゲルは、明確に、「現実の世界においては、国家こそ総じてむしろ最初のものであり、国家の内部ではじめて家族が市民社会へと発達するのであって、国家の理念そのものがこれら両モメントへみずからを区分するのである。そして市民社会の発展において、人倫的な実体はみずからの無限な形式を獲得する」（§256 Anm.）としている。したがって、ヘーゲルの議論によると国家の始原では市民社会はじつは空っぽな存在でしかない。その内容充実は、あげて市民社会の教養形成に俟つべきものである。しかしながら、国家がもつ概念規定をすべて現実存在するものとみなしてヘーゲルに接するとなると、こうした事態を見落とすことになりかねない。ヘーゲルの議論から必然的なことは、あくまで、国家は、市民社会における教養形成によってはじめて普遍態を獲得する以上、ひるがえってこれが無教養であれば、国家の普遍態など物の数ではないということである。他方、市民社会が国家の〈見かけ〉である以上、国家の普遍態が貧弱なときには、市民社会においいて普遍的なものもほとんど見あたらず、人格的自由すら承認されていないこともありうるということである。

おそらく、こうした理解に対して異を唱える向きもあるかと思う。この場合、市民社会の一つの中核となる欲求のシステムが、国家とは無関係にある種の——たとえば人格的な承認などの——普遍態を表現しているのではないかと考えられるであろう。しかしながら、〈司法〉論の論理に忠実であるかぎり、最初から人格的な承認を前提として市民社会を眺めることが許されなくなる。ここでは、次のようにいわれている。

「もろもろの欲求もそれを満たす労働も、いずれも相互依存関係にあるという相関的なもの（das Relative der Wechselbeziehung der Bedürfnisse und der Arbeit für sie）が、ひるがえってみずからの内へと折れ返ると（seine Reflexion in sich）、さしあたりこの相関的なものはまず、総じて無限な人格態というかたち、〔抽象的な〕法というかたちをとる。ところでこの抽象的な法に現存在を与えるものこそ、この相関的なものの圏、教養形成の圏そのものなのである。こうして抽象的な法は、普遍的に承認され（allgemeines Anerkanntes）、知られ、意志されたものとして存在し、このように知られ意志されているということによって媒介されて、効力（Gelten）と客観的な現実態をもつのである」（§209）。

なによりも確認しておきたいことは、人格態をはじめとする「抽象的な法に現存在を与えるもの」が「教養形成の圏」だということである。もちろん、ここで、教養形成が労働過程で十全に与えられていると前提すれば、なんの問題もなく欲求のシステムにおいて普遍態が実現していると解釈しうるかもしれない。しかしながら、ヘーゲルは、市民社会において当初から教養形成が高い水準にあるとは考えていない。というのも、ヘーゲルによ

（273）また、概念と自己意識の乖離を把握しなければ、ヘーゲルの世界史哲学を自由の展開論として読解することができない。たとえば、歴史の始原では個体性が展開されないわけだが（§353）、概念と自己意識の乖離を考えないかぎり、なにゆえこれが自由の始原となるのか理解できない。

れば、諸個人はかならずしも普遍態を意識しておらず、こうした普遍態は教養形成より後に登場するからである。市民社会において、諸個人は、みずからの利益を目的とするとしても、これは普遍的なものによって媒介されているため、みずからの知と意志と行為とを普遍的な仕方で規定しなければならないとされるとき、これはあくまで「理念の利害関心 Interesse der Idee」であって、市民社会の「成員たちの意識のなかにはない」ことだとされている（§187）。そして、自然必然態と個人がもつ恣意性とによって「成員の個別態と自然態」とを「知と意志のはたらきの形式的な自由と形式的な普遍態へと高め」ることが、市民社会における教養の「過程 Prozeß」だとされているのである（ebd.）。教養形成によってえられるべきものが、教養形成以前に——それ自体でならいざしらずそれだけで独立しても——存在するとするのは、論理的に破綻しているであろう。

ヘーゲルは、普遍態を所与、前提のごとくみなさず、個人レベルにおける普遍態の自覚にはじまり、それが広範な人びとに承認されるという自覚の拡大というものを考えている。たとえば、「より高次の意識が人間のなかで現われるのは、まずは個人においてであり、全大衆がこうした考え方で貫かれるのは、まったく別のことであって、これはもっとあとになってはじめて起こることである。内面態というソクラテスの道徳原理はその当時に必然的に生み出されたが、これが普遍的な自己意識になるまでには時間がかかったのであった」（V. 663, §274）という。

このように普遍態へと高まる教養形成が漸次的なものである以上、ヘーゲルは、市民社会の労働過程でなにかしらの普遍態がそれ自体で発生していたとしても、それがみずからの内面に折れ返らないかぎり、つまり自己意識的な自由によって把握されないかぎり、すくなくともその権利の現存在化にまではいたらないと考えたわけである。このように高次の概念からみるとき低次の概念がいまだ形態化していないというのは、ヘーゲルの叙述としてはむしろ当然のことといえる。「一つのもっと規定された形式を成果として生み出すもろもろのモメントは、理念の学問的な発展においては、もろもろの概念規定として、概念に先行するが、時間的な発展においては、もろもろの形態化されたあり方として、概念に先行しない」（§32 Anm.）のである。

じつに、このような概念の現存在化、形態化の論理は、前項でのべた奴隷制の議論と同様の論理構造となっている。これを市民社会論にあてはめてイメージを喚起すれば次のごとくであろう。市民社会の労働過程にそれ自体で自由というものが含まれていても、なお無反省のままではそれが踏みにじられる事態そのものが「正当なもの」とみなされる。個々の自由の戦士が命を賭けてみても、その自由が普遍的な自己意識にまでならないかぎり、敗北の歴史が続く……。

このように、無教養の事態では法律が形態として存在しないため、国家による権力行使も当然恣意的とならざるをえない。よしんば市民的な人格的な自由が教養形成として獲得されていても、さらに法律規定が進展しなければ、同様のことが起こりうる。市民的な自由のみを確保して国家サイズを小さくしようとする試みは、国家に要請される「普遍態」の決裁をおこなわないか、あるいは普遍的な規定を抜きにある支配者の判断でおこなうようにすることだから、意志論的に内容的には支配者の特殊、恣意による支配を求めることにほかならない。つまり、教養形成も形式的な自由のレベルでとどまるかぎり、その反射として国家の恣意性が正当化されることになる。

しかし、こうした恣意性の理解はまだまだ表層的なものであろう。というのも、もっと度しがたいところで恣意性が発生しうるからである。それは、近代の代表制民主主義おいて現われる。「国家に関する通常の表象は、国家から個別の市民へと跳躍する。そこで、代表制においても、個人は個々の個人としてみずからの投票をおこなうか、選挙によって代表として投票をおこなうということが、通常なされている。だから、個人の利害関心、恣意から普遍的な利害関心への参加という他極への跳躍が起きている」（VI. 620, §251）。このように、ヘーゲルは、代表制民主主義によって、個人の恣意性から国家的な普遍態への跳躍が発生し、国家的な普遍態は個人の恣意によって規定されていると評価する。ところで、「専制政治というのは一般に法律のない状態のことをいうのであって、この状態においては、君主の意志であるにせよ人民の意志であるにせよ、特殊な意志としての特殊な意志が、法律として、あるいはむしろ法律のかわりとなって通用する」(§278 Anm.) ことにほかならない。このように、国家が特殊な意志に左右され恣意的となるとき、国家は専制状態になる。あたかも普遍的な法律が作られているかにみえても、それがじつは特殊な意志の発現でしかないとすれば、当の国家は専制国家でしかない。しかも、ここでは、国家的な普遍態の僭称が「真の国家的な普遍態」なるものとして承認されているのである。これもまた前項の奴隷制と同様の議論である。専制が自由として承認される。いわくいいがたい転倒が出来する。

四　継続的教養形成と革命

前項では、おもに市民社会における始原の状態での無教養について考えてみたが、今度は、教養形成が市民のものとなった場合にはどうなるのかを考えてみたい。つまり、ある種の普遍的な掟――たとえば企業献金の廃止でもいいし環境権の設定でもいい――が、それ自体で掟であるばかりでなくそれだけで独立するようにもなり、人びとの普遍的な自己意識となった場合はどうなのかということである。

国制上の継続的教養形成に関しては、いずれの講義録でもなにかしら同様の議論がなされている。たとえば、一八一九・二〇年の講義録では、「国制」を作為的なものとしてとらえる考え方を斥け、「人民は精神的なものであって自然的なものでない」とし、自然の無進展性に対比して精神の進展性を主張することで、「世界史に属する人民は、自分の国制を継続的に教養形成する」としている (*III*. 229, §269)。ただ、この場合、「人民の意識に変化が起こり、より高い新しい意識が生成することは、そうそう突然作りあげることのできるものではない」とされ、人びとの相当に長い期間の教養形成が必要だとされる。しかも、それは人びとの「習慣」にまで高まる必要があるといわれている（ebd.）。これとの関連で、ナポレオンによるフランス革命的な憲法の輸出が人民の意識に合致しないということで、外発的に国制の刷新をしてしまうことが無意味であるとする。「人民の生活のなかに新しい概念を導入し、いってみれば国制がア・プリオリに与えられるとすれば、こんなことはまったく皮相な考えである。ナポレオンは、スペイン人に国制をア・プリオリに与えようとしたとみずから言っている。人民が新しい憲法（Konstitution）に耐えうるためには、人民はすでにこの憲法に適合した教養形成の立場にあることが必要である」[274]（*III.* 229 f., § 269. 本書三一九頁参照）。要は、人民の教養形成が普遍態をもって内発的に生み出されているのかどうかなのである。

では、こうした教養形成がなされた場合はどうなるのか。この場合に必要となることは、教養形成の高みと合致しない国制上の個々の規定を刷新することであって、その全般的な刷新ではない。このさい、課題となるのは「しだいに忍び込み習慣（Gewohnheit）になったものが、後になって法律に仕立て上げられ、他のものは腐朽して廃棄される」（ebd.）ことだという。

こうしたヘーゲルの議論は、まず第一に、国制の変更がおこなわれることを明示しているといってよいであろう。そして、第二に、この変更があくまで普遍的な自己意識となった、習慣的になったものを追認するものでしかないことも銘記されるべきだろう。つまり、人民意識からかけ離れた政治改革などは――それがよしんば人民意識を教養形成しようとするものであっても――、ほとんど実効性がない絵空事なのである。

ところで、国制のこうした変更は、このかぎりでは、たんに構造改革的なもので、革命的な変更ではないとい

(274) ヘーゲルは当時、ドイツの統一の機が大衆レベルで熟していないと判断していた。「国制の概念の表面的で空虚な見解や把握は、現代において数多くの災いを惹き起こした。〝市民や農民はみんな一つのドイツに属したいと思っているのか〟とドイツの個々のラントで問いかけるならば、ほとんどの人がこの問いをまったく理解しないであろう」（*III.* 230, § 269）。

える。しかし、ヘーゲルの議論によれば、普遍的な自己意識の権利が特権的な権利を有する以上、もしこれが実現しないとなると、実現せずんばあらずという事態にならざるをえない。最初の「自然法と国家学」講義では、そのことがはっきり打ち出されている。たとえば、「諸制度の釣合いのとれた継続的な形成がないのに精神が継続的に教養形成されると、精神は諸制度と矛盾するようになり、これは、不満の源泉であるばかりか、革命の源泉にもなる」(*L*. 219, §146)。「精神がそれだけで独立して前進し、そしてみずから継続的に教養形成する精神とともに諸制度が変革されない場合には、本物の不満がたち現われる。そして、この不満が除去されなければ、自己の真価を意識した概念のうちに、現実にあるのとは別の諸制度が存在するようになり、平和が妨げられる」(*L*. 220, §146)。

たとえば、市民社会の教養形成として、たんに司法的な裁きを求めるだけではなく、将来に配慮する福祉国家的なものを求めるようになれば、そうした制度が国制に必要となってくるが、こうしたヘーゲル的にはポリツァイのレベルでの制度が国制に存在しないとなると、これを国制に設定する課題が必須になってくる。そして、こうした要請に国制のがわが応えないとなると、革命が必至の状況とならざるをえない。そして、ヘーゲルが、市民の教養形成として、司法的な個別態からポリツァイ的な全面性へ、ポリツァイ的な外面態からコルポラツィオン的な内面態へと叙述をしていることをみれば、こうした普遍態の程度の高まりに応じて、国制の深化発展がなされなくてはならないと考えられていたわけである。

つまり、ヘーゲルによれば、普遍的な自己意識に合致した国制、別言すれば「人民が、みずからの権利を感じ、みずからの実態(Zustand)を感じる」(*V*. 753 f. §274)ような国制こそが正当化されるのであって、国制がただそこに存在するからといってそれが正当化されるのではない。国制は、普遍的な自己意識に合致しなくなれば、改革されるか、革命されざるをえない。とくに、革命の事態は、国家創建の事態となるが、このときに承認闘争が起こるとヘーゲルはみている。

ヘーゲルは、最初の「自然法と国家学」講義の〈国家〉論の序論部分に、自然状態を克服するものとしての「国家の権利」を主題的に議論する節を設けている。そこでは次のようにいわれる。「国家の権利」とは、「国家の理念が承認され現実化されていること」だとされ、個人のがわが「自由意志でこの国家に加わらない」場合、「個々人は自然状態に身を置くことになる」という。そして、こうした「自然状態」では、その「個々人の権利は、承認された権利ではなく」、ここに暴力を伴った「承認を求める闘争」が出来することとなる。そして、「こうした暴力の〈関わり〉では、神的な権利が国家の創建者のがわにある」(*L*. 173, §124)とされる。

もっとも、この節は、のちの講義や公刊された『法の哲学』では、それとしてはこの位置に存在しなくなる。しかし、議論の内容がまったく消失したわけではないことには注意が必要である。たとえば、『法の哲学』では、これと類似の議論が、「世界史」のなかに組み込まれている。「結婚と農業から出発して法律的な諸規定および客観的な諸制度へと歩み出ることは、理念の絶対的な権利である。理念のこの現実化の形式が、神による立法や恩恵として現われようと、暴力や不法として現われようと、そうである。――この権利が国家創建のための英雄の権利である」(§350)。

おそらく、これを解釈するにあたって、こうした国家の権利や英雄の権利を、人類史の最初の時点にのみ通用するものと考える向きもあるかもしれない。しかしながら、われわれとしては、そのような狭い限定的な解釈をおこなうべきではないと考える。なぜなら、次のようなテキストがあるからである。「諸国家のこのような創建には、同時に次のことが必要である。すなわち、市民社会のコルポラツィオンや結びつきは、さしあたり特殊な目的の共同的の利害関心に立脚しているが、これらが、概念にしたがえば国家に属するはずの権力を占有し、しかもこの占有が、国家から流出したものではなく、国家に対立する固有の私権となっている場合、国家は、普遍的統一として、こうした特殊な占有を廃棄する絶対的な権利を持つことが必要である」(*L*. 174, §125)。このように、国家の創建の議論は、最初の「自然法と国家学」講義において、コルポラツィオンなどの市民社会的な組織が前提とされるものとしてもなされており、ヘーゲルは、市民社会の空虚な段階からある程度教養形成した段階までいずれにも通用する論理を提示していると考えなければならないのである。もっとも、こうした資料の処理をおこなう場合、革命的なヘーゲルから反動的なヘーゲルへの移行などという俗説的な処理の仕方もあるかもしれないが、これはたんにシステム的な整合性が図られただけのこととみなすのが自然だと思われる。

五　国民精神としての君主

革命なども敢行しながら国制のいわば理性化が図られるとしても、しかし、こうした革命も、結局はヘーゲルの場合、立憲君主制の形態で落ち着かざるをえない。これはあまり人気がある議論とはいえない。ここでは、君主権の機能について立ち入った議論をすることはできないが、すくなくともその正統性[275]（Legitimität）にかかわることだけは論ずる必要があるだろう。おそらく、ヘーゲルのいう君主がたんに「画竜点睛の点を打つ」形式的な存在であることに異を唱える者は今日ではいないと思われるが、さらに進んで、主権と君主権はかならずしも一致するわけではないと主張すると物議を醸すかもしれない。しかし、ヘーゲルの論理構成では、どうしてもこうならざるをえない。

まず、ヘーゲルによれば、主権（Souveränität）とは「単一の自己としての国家の一体性（Einheit）」のことにほかならない（§278）。ところで、ここにつとにマルクスが〝国家理念論の怪しげな議論〟として批判した箇所が現れる（*KHS*. 224）。「さしあたりこの観念態という一般的な思考枠組（der allgemeine Gedanke dieser Idealität）にすぎない主権が、つぎに現実に顕現するにいたるのは、もっぱらみずから自身を確信している主観態としてだけであり、意志の抽象的な、そのかぎりで無根拠な、自己規定としてだけであるこれが国家の個体的な面としての個体的な面であり、国家はそれ自身、このことにおいてのみ〈一つ〉なのである。ところが主観態はその真のあり方においてはただ主体としてのみ存在し、人格態はただ人格としてのみ存在するのであり、そして実在的に理性的となった国家体制においては、概念の三モメントはそれぞれ、それ自身だけで現実的な、分離された形態を具える。だからして絶対的な決定をおこなうところの全体のこのモメントは、個体性一般ではなくて一個の個体、すなわち君主である」(§279)。主権は、まずは「観念態という一般的な思考枠組」にすぎないのだが、それが主観態とならざるをえないという要請から、君主となるというわけである。この議論は、従来は、たんに実定的な君主の追認美化論としてのみ評価されてきたものである。

もっとも、このようなイデオロギー的な批判をおこなわなくとも、ここでおこなわれた議論の歩みを、一つの実在的な過程として読解するのではなく、あくまで論述上のものにすぎないと片づけることもできるであろうが、講義録をみるかぎりそのようにならない。というのも、「主権の概念は全体だとみなされなくてはならない。ある人民は、一つの国家を形成する。国家が主権的である。この点から出発しなければならない」(VI. 664, §275)とされ、「主権はまだ君主権そのものではない。あるのは全体であり、主権がみずから自身をたんにモメントにすることによって、主権は、みずから自身のなかでみずからを区別するのであり、全体のモメントにするのであり、このようにして、主権は、統治権や立法権とは区別された君主権となるのである」(ebd.)とされるからである。

主権と君主権との間に実在的な移行関係があることがなぜ問題なのかといえば、主権のがわが、全体として高い位置にあって、君主権ないしは君主を規定する立場にあるという論理がここから明確に出てくるからである。別な言い方をすれば、こうした論理構成だと、実定的な主権者としての君主が、主権とは乖離してしまう事態が

(275) 君主の家系を主要問題と考えれば、Legitimitätは「嫡出性」とでもすべきかもしれないが、本論で明らかなように、君主は理念によって正当化されるというヘーゲルの考えに沿えば、これは端的に「正統性」として理解すべきものと考える。

想定されることになるからである。そして、このような事態に君主が陥ったとき、あくまで主権が上位の規定者であるわけであるから、その主権によって君主の首が刎ねられるのは必至となる。これは、ヘーゲル自身意識していたことであった。たとえば、ヘーゲルは、ルイ十六世に関して、「悪い制度によって、すなわちそれが教養形成された精神に適合しないことによって、ルイ十六世は命を失った」(*III*. 250, §286) としている。これは、ヘーゲルが、実定的な特定の君主の存立にはなんの関心もないことの証左でもある。

もっとも、ヘーゲルは、君主の生得権と世襲権を認めるから、この点では君主の実定法的な基礎を容認している (§281 Anm.)。しかし、その力点は、実定的であることにあるのではなく、君主がもつ理念性にほかならない。その理念性を理解するためには、次のことを念頭におく必要がある。すなわち、講義録では、「正統性は、教養形成された (ausgebildet) 理念、理性、政治的な理性との本質的な〈つながり〉のなかにある」(*VI*. 683, §281) とされる。まず、講義録でも明示的に述べられることとしては、征服－被征服の関係の場合、こうした理念的な〈つながり〉がないとされている。しかし、理念的な〈つながり〉が問題となるのは、こうした征服－被征服の関係に限定されないと思われる。さきに述べたルイ十六世の場合、国制上の位置を失ったがために断頭台に送られたとヘーゲルが主張していると理解することができる。君主は人民がもついっそう高度な教養を身につけるほかはなく、人民の教養形成についていけなくなった君主はお払い箱になるだけの話なのである。

いずれにせよ、人民のがわの教養形成が進めば、旧来のままの君主はそれとして正統性をもたなくなるというのがヘーゲルの根幹的な思想だといえる。そして、ヘーゲルがここで理性といっているものが、君主を形式化して国制の一部分として位置づけることである以上、こうした形式性をもたない君主は、教養形成の低い人民には適合的ではあっても、より高い人民の教養形成には適合的ではないということになる。端的にいえば、ヘーゲル的な概念規定に合わない君主は、ヘーゲル的な教養形成を積んだ者にとってみな非正統となるわけである。

ヘーゲルにとって、君主は、国制の一齣として決定的ではあるが、あくまでここに埋没すべき存在にほかならない。君主は、「人民の精神」が息づくことによってのみ正当化されうるである。「君主そのものは、その時代の息子であり、人民の息子である。君主はけっして月から落ちてきたものではなくて、君主のなかにはその人民の精神が息づいているのである」（*III*. 246, §281）。

六　まとめ――国家は人民の実像

ヘーゲルは、「国家も他の諸国家との関係を欠いては現実的な個体ではない」（§331 Anm.）というから、さらに国際場裡における国家の正当性を議論しなければ、片手落ちのところである。もっともこのことは第三章第四節で論じておいた。

現前する国家の正当性は、ヘーゲルによれば、その人民の普遍的な自己意識の教養形成しだいなのである。こうした自由論レベルの原理的な思考をすることによって、ヘーゲルは同時に現前する国制を不当なものとして廃棄する論理をもつかんだわけである。にもかかわらず、「ヘーゲルの国家は反動的である」という評価には、根強いものがある。しかし、国家の正当性が人民の教養形成次第であることを知ったわれわれとしてみれば、評者の教養形成レベルではヘーゲルは「反動的」かもしれないというべきなのだろう。

かくして、国家は人民の教養形成の鏡であり続ける。

第四節　経験場における自由の教養形成──「教養」としての「文化」概念

一　はじめに──教養形成としての文化

ヘーゲルのいう〈国家〉のあり方が人民の教養形成に依存するとしたとき、その教養形成とは、いったいいかなるものであるのか、ということが問題になってこざるをえない。これに答えるに、端的に、〝普遍的な自己意識だ〟とするのは根本的ではあるが、その普遍態こそがそれ自体無規定で内容を示してくれない憾みがある。その普遍態が規定されたかたちで現れる内容的な面からすると、教養形成（Bildung）を感性的にも確認しうる局面である「文化 Bildung」としてとらえておくことが必要になるであろう。

ところで、いったい、ヘーゲル哲学に文化論はあるのか？　このような問いに対し、「文化」をあくまで Kultur の訳語として限定して考えるとすれば、ヘーゲル哲学の一つの中心的な議論がこのことの解明からなる、と主張することは、かなり難しいようにみえる。もちろん、Kultur は啓蒙の世紀において相当程度に一般的となった概念だから、ヘーゲルが最初期のベルン時代からこの語を用いていたとしても、驚くにはあたらない[276]。ただ、この場合でも、より原義に近く「開発」という訳語を当てるのがふさわしい場合が多いことには、注意を要する[277]。このことからしても、今日一般的に理解されるような「文化」概念を問題にしようとするときに、その核心的な議論をヘーゲルのなかに求めようとすることは、時代的な懸隔もあいまって、有効性が乏しいとみられるだろう。

しかしながら、ヘーゲルに先行するモーゼス・メンデルスゾーン（Moses Mendelssohn 1729–86）が、一七八四年に『「啓蒙とはなにか」という問いについて』において、「教養 Bildung」と「文化 Kultur」、「啓蒙 Aufklärung」の概念を「社会生活の諸様態」、「社会状態をよりよくする人間の努力の成果」だとし、「教養」は、実践的なものにかかわる「文化」と理論的なものにかかわる「啓蒙」とに別れるとしたことを考えると、[279]「文化」を論ずるさいにたんにKulturという言葉に着目するだけでは、ヘーゲルにおいても片手落ちではないか、という反省に迫られる。すなわち、ヘーゲルでも、「教養」ないしは「啓蒙」の概念にまで考察範囲を拡張して「文化」を考える視座も必要であろう、ということである。とはいえ、ヘーゲルの場合、「教養」と「文化」、「啓蒙」という三つの概念をメンデルスゾーンのするような整理された図式で使用するわけでもないから、ヘーゲルにおけるこれらの意義は、そのテキストに即して改めて明確にされる必要がある。

こうした作業をおこなっていくと浮かび上がってくるのが、ヘーゲルでは、「文化」概念が中心に座らず、「教養」概念への饒舌なまでの言及がなされていることである。ヘーゲルの主著の一つ『精神の現象学』において「精神」章の第二節目に「みずからを疎遠にする精神、すなわち教養形成」の節が設けられているのは周知のことだが、そこでは、「啓蒙」が主題化されることはあっても「文化」への言及は皆無である。ヘーゲルには、「教養」と「啓蒙」を規定したい衝動はあっても、「文化」という言葉に対しては、まったく無関心といっていいほど淡白なところがある。

---

(276) Vgl. G. W. F. Hegel, "[Fragmente über Volksreligion und Christentum] (1793–1794)", in: *HW.*, Bd. 1, 1971, S. 29, 47, 95.

(277) たとえば、前掲書九五頁で、「悟性の使用と開発 (Gebrauch und Kultur des Verstandes)」という箇所がそれに該当する。なお、さらに原義に近く「耕作」で用いる場合が、『美学講義』のなかにある。「〔エジプトの〕土地は、際限なく豊饒で、苦労して耕作する必要がなかった (der Boden... bedurfte keiner mühsamen Kultur)」。Hegel, Vorlesungen über die Ästhetik II, *HW.*, Bd. 14, S. 286.

(278) たとえば、「文化とは特定の集団のメンバーによって学習された自明でかつきわめて影響力のある認識の仕方と規則のシステムである」とされる。ジェイムズ・L・ピーコック『人類学と人類学者』、今福龍太訳、岩波書店、一九八八年、二七頁。

(279) Moses Mendelssohn, „Ueber die Frage: was heißt aufklären?", in: *Berlinische Monatsschrift*, Hrsg. v. F. Gedike u. J. E. Biester, Bd. 4, Berlin 1784 (Google), Neuntes Stük, September, S. 193–200. Vgl. *Geschichtliche Grundbegriffe, Historisches Lexikon zur politisch-ozialen Sprache in Deutschland*, hrsg. v. O. Brunner, et al., Bd. 1, Stuttgart 1972 (abgek. *GG1.*), S. 508.

しかしながら、ニュルンベルク時代の「中級クラスのための意識論（一八〇八・〇九年）」では、生死を賭するいわゆる「承認を求める闘争」にかかわって、「野蛮な関係が文化（Kultur）の第一段階である」と語っている箇所がある（*BM*. 79）。のちの『エンツュクロペディー』の補遺では、「承認を求める闘争」の帰結である主人と奴隷の関係にかかわり、奴隷が服従する立場にたちいたったことを評価して、「意志の個別態が震え上がること、我欲の虚無性の感情、服従の習慣は、あらゆる人間の教養形成（Bildung）において一つの必然的なモメントである」（*E3*. 225, §435 *Zu*.）としている。この議論がさきのニュルンベルク時代のものとほぼパラレルな位置にあること、また先述のごとくヘーゲルのテキストでは「文化」への言及がきわめて少ないことを考えあわせると、ヘーゲルにとって Kultur としての「文化」と Bildung としての「教養」の間には、一般的に後者を語りさえすれば十分という関係が成り立っているとみてよい。

したがって、ヘーゲルにおいて文化論を語りうるとすれば、その「教養」の議論を追跡することに帰着するといえるだろう。もちろん、このような処理をすることによって、「教養」概念がもつ特殊ドイツ的な含意[280]を「文化」概念に持ち込む虞をなしとしない。また、ヘーゲルが生きた時代においてこそ課題となった特殊な問題領域——すなわち「啓蒙」とのかかわりで「教養」を語ること——にしか通用しないかたちで「文化」概念を規定する狭さが危惧されるところでもある。とはいえ、ヘーゲルは、みずからの議論が哲学的なものとして権利を主張しうると考えた以上、われわれとしては、そうした危険は熟知しつつも、ヘーゲル哲学において「教養」としての「文化」がいかに取り扱われるのか、その構造を明確にする必要があると考える。

このさい、『精神の現象学』で「教養形成」と「啓蒙」が主題化される事情を追跡することも魅惑的ではあるが、とくに「教養」概念だけに注目しうる対象に限定して議論することにしたい。そうなると、先述のごとくニュルンベルク時代に「承認を求める闘争」にかかわって「文化」概念が登場してきた事情に照らせば、それ以降のヘーゲルの著作、とくにハイデルベルク・ベルリン時代のヘーゲルの著作である『エンツュクロペディー』と

『法の哲学』などに依拠するのが好適であろう。

また、「教養」概念は、ヘーゲルの著作のあらゆるところで登場しうる基礎的な概念であるから、それを取り上げる場面を限定しなければ、議論が拡散することは必定である。そこで、通常われわれが「文化」を考えるさい、そのたんなる概念ばかりではなく、背景にそれなりの経験的な事象を抱えている事情に鑑み、本節では、ヘーゲルのいう「教養形成」としての「文化」概念が経験の場面においてどのように取り扱われるかを明確にすることで、目的を達成したいと考える。

二　自由としての理性態と共同態

「野蛮な関係が文化の第一段階である」というヘーゲルの命題における「野蛮」とは、もちろん、生死を賭する「承認を求める闘争」のプロセスを指すであろうが、「文化」ということでは、こうした「野蛮」によってもたらされる成果をも含めて理解すべきかと思われる。

「中級クラスのための意識論」でその成果として指摘されるものは、「感性的な現存在から自由である」ことを示すこと、また「他者」を「存在する物」ないし「疎遠なもの」として直観するのではなく、そのなかに「自己」を直観することだとされている（*BM.* 79）。そして、こうした成果は、「普遍的な自己意識」の性格として引き継がれる。「普遍的な自己意識」では、（一）みずからを他の自己意識において直観し、みずからの特殊態、衝動を廃棄すること、（二）それが自他相互に成り立つことによって自他の意志が自由となること、これらのこと

（280）Vgl. *GGl.*, S. 508 f. ドイツ語の Bildung 概念に意味内容上まったく等価なものは、他国語にはないとされる。

が生ずるとされる（*BM*. 82）。このような把握は、のちの『エンツュクロペディー』の定式においても基本的に変わらないが、さらにそれによれば、「普遍的な自己意識」は、家族、国家などの人倫の実体を形作り、愛や友情、勇気、名誉といった徳の実体になるとされる。また、その補遺によれば、「普遍的な自己意識」とは、「真実態においては理性の概念」だとされている（E3. 226 f., §§ 436 f.）。

このことからすると、ヘーゲルにとっての「文化」ないし「教養」の端緒とは、簡単にいえば、自由としての理性態と共同態が相携えて成立する地平にあるといえるであろう。

しかし、こうした把握には、そのそれぞれのモメントに即しておそらく異論があると思われる。たとえば、そもそも自己意識を基礎に議論することは、西洋近代主義的な発想を示すものだといわれよう。また、文化の理性態に対しては、感性や表象などの多様な文化表現形式を捨象して理性主義的な一面性に陥っていると評価する向きもあるであろうし、文化の共同態に対しては、文化に許容されうる反共同態的な内容を排斥するような一種の政治主義を嗅ぎつけるかもしれない。

ことがヘーゲルの議論から離れ、めいめいの自己意識観ないし自由観、理性観、共同態観によって理解されたときには、「文化」ないし「教養」が自由としての理性態と共同態だととらえる主張は、そのような批判すべき主張に転落してしまう可能態もある。

しかしながら、ヘーゲルの自己意識論はすでに指摘したように理性能力の前提となるものであるから、非西洋的ないし非近代的な世界に生きる人びとに対して自己意識を否定するとすれば、ヘーゲル的にはその理性能力自体を否定することになる。ヘーゲルの考えでは、人間における自己意識は、それ自体で想定されるものであって、現実において問題になるのは、そのそれだけで独立した発現形態なのである。[281] したがって、ヘーゲルの自己意識論を西洋近代主義として斥けることは、あまり得策ではないであろう。

また、ヘーゲルの場合、理性は「知としての真理」として精神であるが（*E3*. § 439）、理論的な面に限っていっても、こうした精神は、たんなる論理的な思考だけを指すものではなく、直観や表象をもモメントとしている。絶対精神である芸術、宗教がそれらの形式によって成り立っているゆえんである。このことは、ヘーゲル理解の常識に属する。さらに、ヘーゲルは、人びとが反共同態的な態度を採りうるとしても、それ自体、共同態と無関係ではありえず、その所産でしかないと評価する観点ももっており[282]、反共同態という自慢は、じつは共同態に包摂されてしまうと見抜いている。このように考えると、ヘーゲルの議論に理性主義的な一面性や共同態主義的な政治主義を見咎める場合、むしろ反転して見咎めるがわの理性観、共同態観こそが問われなければならないことになってしまうのである。

自由としての理性態と共同態は、ヘーゲルにおいては『エンツュクロペディー』の「客観的精神」で骨格的に展開される。客観的精神とは、「みずからを自由なものとして知り、こうしたみずからの対象としてみずからを欲している精神」が自由の内容を現存在のかたちで展開するにいたっている「有限な意志」のことをいう(*E3*. 300, §482)。すなわち、客観的精神とは自由を実現する精神のことであるが、そのシステム的な詳論が『法の哲学』となる仕組みである。

このため、ヘーゲルにおける「教養」としての「文化」論は、〈客観的な精神〉論ないし『法の哲学』と重なる。そして、たしかに、『法の哲学』の議論進行は、このような自由としての理性態および共同態の深化にあるわけであり、また、普遍態の形成が理念の関心事とされるのである。たとえば、その〈緒論〉において、「教養形成の絶対的な価値」は、「思考の普遍態が成長すること」にほかならないとされたり(§20)、〈市民社会〉論で、

(281) ヘーゲルは、奴隷制の正当化論を、「人間を、人間の概念にふさわしくない現存在の面から、総じて自然的存在者と解する立場に基づく」とする。他方で、奴隷制の不法論を、「精神としての、それ自体で自由なものとしての人間の概念に固執する」ものだという(§57 Anm.)。ヘーゲルは、それ自体の自由からそれだけで独立した自由への進展を考えている。

(282) 「ディオゲネスの全体像は、本質的にアテナイの社会的生活の所産にすぎず、それによって制約されている」(*V*. 599, §195)。

市民社会の成員がもつ「個別態と自然態」とを、「形式的な自由と形式的な普遍態へと高め」、「主観態を教養形成する過程」が語られ（§187）、〈国家〉論で、概念的な区別項を形成した国家の実体が「教養形成の形式を通過した」精神だとされるのが（§270）、そうである。このような論理は、「教養」がまさしく「形成」でもあることによって、「文化」がもつ動態性を、その自由という動因に即して論理化したものだと評価することができる。

ところで、「文化」をすぐれて精神のあり方——ヘーゲル的には個人のそれのみならず家族や市民社会、国家のあり方も含まれる——としてとらえることについては、おそらく異論の少ないところかと思う。

しかし、それをさらに掘り下げて、精神の運動原理をどの点につかむのかが問題となる、という発想をしたのがヘーゲルである。ヘーゲルは、この運動原理を「自由」に認めたわけである。『法の哲学』は、「法の理念」を扱うのであるが、その「法の実体と規定」は、「自由」であるとされている（§1, §4）。基本的にガンスが編集した『歴史哲学講義』では、物質と精神とを対比して、物質の実体を重力、精神の実体を自由だとする（*HW*12. 30）。ヘーゲル的には、「文化」論は、その形成論理をとらえるがゆえに、「自由」論として展開されることにならざるをえない、といえるであろう。もし、このような把握に違和感を覚えるとすれば、精神の運動原理を「自由」以外のなにかに——たとえば自然的であるがゆえに不自由なリビドーなどに——求めるか、あるいはそのような精神の運動原理などはない、とするほかはなくなってしまう。

三　文化の経験的な把握としての実定性

一般には、精神の実体を自由として把握すること自体は、概念展開をこととするヘーゲル特有のものにすぎず、それ以外の場面ではけっして通用しないとみられるだろう。ヘーゲルの関心事は、概念展開にすぎないのであって、実際の経験的な事象としての「文化」を把握できないとみられるのが普通だと思われる。自由の概念の展開による経験の把握——とりわけ歴史の把握——は、ヘーゲルの生きた時代においても十分に理解されなかったものとみえ、ヘーゲルみずからが自己弁護を試みなければならない羽目に陥っているほどである。

ヘーゲルによれば、物理学でケプラーの法則が発見されるには幾何学の知識が前提とされていたように、ある特定の人民の精神を理解するには、先行的に「自由の意識」について知らなければならないとする[283]。これは、カテゴリーを使用する悟性の主体的な能動性というカント的な発想をいわば下敷きにした——その悟性態から理性態へと転換を図ったうえでの——議論であるが、ここで注目しておきたいことは、カテゴリーに包摂されるべき内容というものが、ヘーゲルにおいても、あくまで経験によってのみ把握可能だとされる点である。「一定の特殊態が実際に一つの人民の固有の原理をなしているという点は、経験的につかまれ、歴史的に証明されなければならない[284]」。

もちろん、この種の経験論に対しては、すでに仕上がり済みの図式に対して経験的な素材を投げ込むにすぎないという批判も可能であろう。しかしながら、こうした批判を容認するとしても、すくなくとも、ヘーゲルは、ある人民の特殊なあり方を把握するさい、概念展開だけでは無内容であり、あくまで経験からくる知見を動員しなければならないことを自認していたのである。もちろん、その反面は、自由に関する哲学的な把握が精神に関する経験的な知見を法則性へと高めうるという理解である。いや、むしろ、そのことによって、経験的につかまれた現実がじつは自由の所産として理解されるようになるのである。

このような経験的なものにも、ヘーゲルでは一定の位置づけが与えられている。『法の哲学』の冒頭で、ヘー

(283) Vgl. Hegel, „Philosophie der Weltgeschichte, Einleitung 1830/31", in: *Gesammelte Werke*, Bd. 18, hrsg. v. W. Jaeschke, Hamburg 1995, S. 198.
(284) Vgl. a. a. O.

ゲルは、法の実定性（Positivität）の問題について触れて、これを形式面と内容面の双方から検討している。もちろん、ヘーゲルのおもな狙いは、「哲学的な法の限界を明確にする」（§3 Anm.）点にあるが、この限界こそは、哲学的な法学である『法の哲学』の主要な論理展開と自由の経験的な局面との接触地点なのである。この実定性は、形式面、内容面の双方から検討されているが、『法の哲学』で概念展開される事柄は、ヘーゲル自身が経験的な現実を評価するさいの指針となっているといえよう。

四　共同態への態度

形式面での法の実定性とは、法の通用性の形式にほかならない。法は、形式面において、「国家において通用性をもつ形式によって、実定的である」（§3）。この定式は、たんなる法源論として理解してはならず、社会構造全般にかかわる一般的な事象の通用性を問題としているとみなければならない。ところで、法が通用するとは、人びとがこれに服する、ということにほかならず、こうした服従の形式こそがここで議論されるわけである。普遍態への服従が――「承認を求める闘争」の帰結として――自由としての理性態と共同態の端緒であったわけだが、法すなわち自由を精神がいかに意識し、またどのような態度でこれに臨むかが、法の実定的な面、すなわち経験的な面だというわけである。

ヘーゲルは、『法の哲学』の自筆ノートのなかでこうした精神的な態度を列挙して、「恐怖」や「信仰と信頼」、「理性や洞察（Einsicht）」を挙げる[285]（RN. 91）。もちろん、ヘーゲル自身、これらのうち「理性や洞察」を重視する立場にあることに間違いないが、それだけが純粋に成立するものでもないと考えている[286]。〈人倫〉論においても、「人倫的な実体とその掟と権力に対する主体の関係」を、直接的には「信仰や信頼」だと規定し、にわかに「理性や洞察」を前面に出すわけではない（§147）。公正な「父たち」は、「観念論の概念に反して」、みずからの「感性Sinn」、「伝統Tradition」から、掟（法律・法則）というものを知っているわけである[287]（*RN*. 91）。もちろん、ここには「思いつきMeinung」としての偶然態や恣意が含まれるため（*RN*. 93）、その内容自体は哲学的な法論たりえない。しかしながら、経験的なものとしての自由を考えるさいには、このような精神的な態度という「形式」の実情こそが問題となるとヘーゲルはみているのである。

『歴史哲学講義』の議論として有名な、オリエントでは一人の者が自由、ギリシアとローマでは若干の者が自由、ゲルマンの世界ではすべての者が自由という区別立ては、このような精神的な態度と密接に結びつく。こうした区別立ては、国家に対する個人の信頼の情を基本的な前提としつつも、個人の現実的な生活が「振り返ることのない習慣（Gewohnheit）と習俗（Sitte）」にすぎないのか、あるいは個人が「独立して存在し振り返る人格的な主観」となっているのか、という観点に基づくものである。いいかえれば、個人が「洞察」と「意志」をもたずに掟に対して絶対的に服従する「実体的な自由」の状態にあるのか、あるいは個人が現実の否定をも含めた振り返りをする「主観的な自由」の状態にあるのかという区別である（*HW12*. 134 f., *VPW*. 113）。もちろん、ヘーゲルのいわゆる「実体＝主体」観からすれば、自由に関するこうした二つのモメントが統一するところに完成されたあり方が認められる。「世界史」の最終段階とされるゲルマン世界で実現される精神こそは、「無限な対立」から復帰して「最初の実体性」にたち戻った精神であり、こうした統一なのである（§353）。

ヘーゲル的に「文化」を自由論として把握することは、「自由」の自覚性の観点で「文化」を理解することに

（285）このような列挙は、すでに一八一七・一八年の「自然法と国家学」講義において鮮明に出ている（*L*. 5）。
（286）法の実定性をめぐるヘーゲルの自筆ノートで、「純粋理性的な法状態」を要求することは、理性が支配的であるべきだという点で正しくとも、理性が現実に、現存在という外面態に踏み込む点では正しくない、としている（*RN*. 89）。
（287）この議論は、〈人倫〉論では「習俗」として問題となる。

より、人間の社会を組織する実定的な掟のあり方の形成論理をつかむのみならず、当該「文化」に所属する個々人の心理的な現実に即してそれをつかむことに道を拓いてくれる。もっとも、自由の無自覚性からその自覚化への展開がヘーゲルにおいて一つの方向性をもっている以上、そこに進化主義的な狭隘性を見咎めることも可能であろう[288]。しかしながら、このことから、逆に、自由の無自覚性をそのまま維持することが正当であると言い切れるかどうか、疑問なしとしない。

五　歴史的な生成物としての人民

つぎに、ヘーゲルのいう法の実定性の内容的な側面に着目することによって浮かび上がるのは、人民のあり方の問題である。ヘーゲルによれば、法の実定性は、内容上、法を対象や事件の特殊で外面的な性質に適用せざるをえないことや、決定に必要な末端規定のほかに、「一つの人民の特殊な国民的な性格（Nationalcharakter）、すなわち、その人民の歴史的な発展段階と自然必然態に属するすべての諸関係の〈つながり〉」によって生ずるものである[289]（§3）。このうち、われわれが問題とすべき「教養形成」としての「文化」に深く関係するのは、「人民の特殊な国民的な性格」であろう。『歴史哲学講義』によれば、人民は、時間と空間の関係において特殊なかたちで分散的に現実存在し、その点で自然態を帯びることになる（*HW12*. 105 f., *VPW*. 55）。

まず、議論の手始めとして、ヘーゲルにおいて人民がどのように把握されたのかを確認しておきたい。

『法の哲学』の規定にしたがうかぎり、人民は、「それだけで独立して存在する自己意識をその概念に合致したかたちで含むものとして」の人倫的な実体のことをいう[290]（§156）。こうした定式は晦渋だが、簡潔にいえば、自己意識という名にふさわしい者たちの共同体のことを人民というのである。ここでヘーゲルは、身体的な特徴などのある特定の自然的なメルクマールに着目して人民を区別するのではなく、あくまで自己意識の精神的な一体性に着目する。人民は、「現実的な精神」であって、「もっぱら精神として存在する」（§§156 f.）。この場合、精神とはいっても、その表現手段としての言語などが着目されるわけではない。

つとに『ドイツ憲法論』においては、習俗や教養、言語に関し、「かつては人民結合の根本的な支柱であったこれらの事柄に関する同一態は、いまや偶然態のうちに数えられるべきだ」（VD. 477）としている。もっとも、ここでいう「偶然態」は、国家を形成する点での偶然態であるから、この議論は人民にかかわらないともみられようが、行論上直後に敵対的な諸人民が一国家をなし一人民となる旨のことがさらに述べられており、この点からすると人民自体がある規定態において縛られないとしなければならない。ヘーゲルにおいて、人民は、言語にも縛られないのである。

では、人民的な紐帯とはいったいなにか？　ヘーゲルにとって重要なのは、あくまで精神の本体であって、そ

(288) たとえば、和辻哲郎は、ヘーゲルの「歴史哲学」講義における〈自然類型〉論を高く評価しつつも、一般的にその意義を低めたのが「世界史に対する彼の眼界の狭小のゆえ」だとする。その狭小さとは、「欧州人以外の諸国民を奴隷視し」「欧州人を『選民』とする世界史」を描いたことだという。和辻哲郎『風土』、岩波文庫、一九七九年、二七八頁。和辻の評価はヘーゲルに対して不当である。

(289) 藤野渉・赤沢正敏訳では、「国民的性格」と「歴史的発展段階」、「自然必然態」の三つが並列関係となる。ヘーゲル「法の哲学」藤野渉・赤沢正敏訳、『ヘーゲル――世界の名著四四』、中央公論社、一九七八年、一八〇頁参照。しかし、ホトーの講義筆記録には、「人民の性格は、さらに人民の歴史的発展段階によって規定される」という文言があり、これを参考にする（V. 105, §3）。ただし、一八一七・一八年の「自然法と国家学」講義では、並列的である（I. 247, §159）。

(290) 人倫的実体は、精神として、みずからを客観化する働きがあるとされ、ここから、家族、市民社会、国家という概念展開が語られる（§157）。したがって、「教養」としての「文化」を全面的に語る場合には、このそれぞれについて議論する必要がでてくる（VPG. 87）。

れは、直接的には習俗、習慣として表現されるが、自己意識に媒介された掟のかたちで表現されるものでもある（§144, §151）。こうした人民精神が絶対的なものである――「人倫的な実体はあらゆるところに存在する神である」（*L*. 87 f., §71 Anm.）――という事情から、とりわけ宗教という絶対精神の形態で表現されると考えられている。「宗教は人民が真理としているものの定義を示す場所である」[291]（*HW12*. 70）。

このため、ヘーゲルにしたがって考えるとき、人民の把握は、外面的には、人倫的な実体に即して習俗や習慣、掟をとらえることによって[292]、また人民宗教に表現された「真理」をとらえることによって達成されることになる。ただ、このさい注意しなければならないのは、これらのことは複合的な全体であって、ある特定の一モメントをもって人民の本質的なメルクマールとすることが不可能だということである。

しかし、ヘーゲルの論理からすれば、なかでも宗教は、人民精神の絶対精神として、「一モメント」などというべきでなく、まさしく人民の全体を表現するというべきではないか、とも思われよう。たとえば、ユダヤ人は、どこに居住しようとも、一つの人民であると。

人民が国家を形成するという観点がここに絡むとさらに錯綜した問題が提起されることになる。ヘーゲルは、基本的に、人民というよりは国家との関係で宗教の問題を考えようとするが、ここでとくに注目したいのは、次のことである。国家においてただ一つの宗教だけがおこなわれるという観点は、プロテスタンティズムへのヘーゲルの傾斜にもかかわらず――否、そうであればこそであろうが――、ヘーゲルのものではない、ということである。

たとえば、すでに『ドイツ憲法論』において、近代国家に関し、宗教の同一態が国家を統一するわけでもなければ、宗教の分裂が国家を分裂させるわけでもない、とされているが（*VD*. 478 f.）、のちに『法の哲学』では、プロテスタンティズムの支配的な地位を前提としつつもユダヤ教との共存を主張している（Fußnote zu §270 Anm.）。むしろ、ヘーゲルにとっては、国家と宗教の同一化が生じていると、国家が存在しないといっても過言ではないのである[293]（§270 Anm.）。「一つの国家の市民は、必然的に一つの宗教に属さなければならないかのようにしばしばみなされている。しかしながら、国家は、信仰されたもの、感覚されたものの形式から離れることではじめて真の発達がある」（*III*. 225, §270）。

人民と宗教とをつねに同一次元でみる観点でいくと、ヘーゲルのこうした国家・宗教観は、多民族国家の容認というかたちで解読するしかない。しかし、『法の哲学』の論理構造としては、人民という人倫的な実体が国家になるのであった。したがって、ナイーブにこの点に固執すれば、ヘーゲル的な国家はつねに単一民族国家のかたちでしか理解できないことになる。

これに対し、ヘーゲルはというと、国民（Nation）が国家を形成する絶対的な権利を有することを当然とみながらも、平然と、国民が諸国家に分断されて力を失ったり、あるいは諸国民が一国家をなして国家そのものが弱さを抱えたりするプロセスに言及する（*I*. 247. §159 Anm.）。ヘーゲルがこうしたことも想定しうるのは、特定の人民は、まさに経験的な存在として歴史的な形成物であって、万古不易に純粋なかたちで存在し続けるものではありえない、という理解があるからである[294]。いくつかの国民を抱えた国家は、数百年に及ぶ混淆によって、弱さを克

(291) 絶対精神の他の形態である芸術、哲学は、同一の内容の異なる形式とされる。
(292) ヘーゲルは、一八二二・二三年の『世界史哲学講義』において、「国家は、観念的側面に対して、外面的な現象と生命性の面、外的な素材の面をもつ」といい、慣習、自然との関係での人間の実践的態度、法、学問をそれとして挙げる（*V2W*. 88–91）。
(293)『法の哲学』では「東洋の専制政治」を例とするが、ヘーゲルにとっては、現実においてトルコで生じていたことである。「トルコでは、教会と宗教の統一がある。国家命令は宗教命令であり、その逆でもある」（V. 740, §270）。ここで「教会」は明らかに「国家」の誤記。
(294) この背景には、ヘーゲルのドイツ民族喪失感がある。早くには「キリスト教の実定性（補遺）」において、「古代ドイツ人の想像は、今日では、われわれの表象や思いつき、信仰の全域にわたって、支離滅裂の状態にあり、われわれと無縁のものになっている」とする。Vgl. Hegel, „Die Positivität der christlichen Religion (1795/1796). Zusätze“, in: *HW*., Bd. 1, S. 200.

服することができる。また、理性が伝染することによって、別の宗教を抱えたものとの不調和がなくなり、相互の排斥も必要なくなる（*I.* 247 f.）。いうなれば、経験的には一つの国家に多民族が存在していたとしても、一つの人民を形成してゆこうとする国家という点において、ヘーゲルは、みずからの論理的な把握と現実が一致していると考えたわけである[295]。

六　人民の経験的・自然的な原理

人民が歴史的に形成されるものであるならば、人民の運動原理をつかむことが次の関心事となるはずである。こうした議論にかかわるのが、『法の哲学』でいえば〈世界史〉の議論、またその詳論である『世界史哲学講義』である。それらは、基本的に、国家の理念を「類 Gattung」として解明する場であるから（§259）、国家形式にとらわれない人民精神そのものを考えるには不足があるかもしれない。もっとも、なお国家形式をもっていない人民、部族等が国家状態へと移行する論理も、ここに含まれてはいる[296]（§349）。しかし、やはり、〈世界史〉の議論として内容的な中核をなすのは、オリエント的、ギリシア的、ローマ的、ゲルマン的と称される「世界史的な国」の「原理 Prinzip」の展開——すなわち世界精神の展開——だと思われる[297]（§§352 ff.）。ヘーゲルは、こうした世界精神の展開を、歴史に関する経験的な知見のなかに自由の展開を読み解く——すなわちすでに述べたような実体的な自由と主観的な自由の相互関係を読み解く——手法によって提示したわけである。

このような展開が世界史像として適当かいなかはこの場で論ずべき主題ではない。ここで注意すべきことは、世界精神が「原理」を展開するかたちで議論されている点である。ヘーゲルは、歴史の二つのレベルにかかわって、この「原理」の意味づけをおこなっている。すなわち、歴史には人民精神固有の内部的な歴史のレベルと普遍的な世界史のレベルがあるとされるが（*E3*. §548）、一個の人民精神の観点からすれば、その「特殊な原理」は、普遍的な世界史の場裡において通用することもあればしないこともある、とみられている。また、世界史において通用する場合でも、世界精神の発展として原理的な転換をおこなった「支配的な人民」（§347）がもつ「原理」と、それ以外の後塵を拝した人民がもつものとでは、いわば格付けが違うとされる。すなわち、「遅れた人民に対し自由な展開を委ねるより高次の原理も考えうるが、それは、遅れた人民にとって固有のものではない」[298]（*III*. 282, §347）。

これは、人民ごとの「原理」が均等のものではなく、そこに互換性がないことに由来するわけだが、それゆえに「原理」なのである。こうした不均等性の基礎となっているものが、自然であり、その経験的な事実性である。人民に関するヘーゲルの把握に関しては、その自然態をすでに指摘しておいたが、人民の多様性をこの自然態に帰着させる議論がある。「人民精神としての精神は、自然に規定されて、多くの〈類〉と〈種〉を含んでいる。このような自然的な側面も権利をもたなくてはならないからである」（*L*. 258, §165 Anm.）。

「自然的な側面も権利をもつ」事情は、根柢的には、主観的な精神が自然態をその根柢においてもっていることに由来するであろう。これは、『エンツュクロペディー』では、「人間学」における「自然的な心」の箇所で、

(295) こうした観点からすれば、もともと国家は、一人民をなそうとする運動体である。そのことの成否は、経験的事項であろう。

(296) 「歴史において最初のものは、世界史以前に横たわるものである」（*III*. 284, §350）。しかし、他方で、「国家形成がおこなわれていない人民（国民（Nation）そのもの）は、本来は、なにも歴史をもっていない」（*E3*. §549 Anm.）。

(297) なお、『エンツュクロペディー』では、すべての版をつうじてこの展開が示されない。こうした事情は、ヘーゲルの哲学全体を概括するときには、この展開が副次的なものにとどまる、という評価を許すであろう。四つの世界史的圏域の議論は、整理された明確なかたちでは、一八一七・一八年の『自然法と国家学』講義ではじめて登場する（*L*. 258, §165）。

(298) 一八一九・二〇年の講義筆記録では、引用箇所に続き、「より高次の原理は、その人民にとって腐敗として現れ、他の人民による暴力となる」とある。攘夷派が「正当性」を主張しうるゆえんである。

「自然精神」の「遊星的な性格」が特殊化し、人種（Rasse）および地方精神（Lokalgeist）を構成するという箇所と深く関係する。ヘーゲルによれば、このような特殊態は、「もろもろの人民の外面的な生活様式、職業、肉体形成および素質」に現れ、「人民原理がもつ知的および人倫的な性格の内的な傾向や能力」のなかに現れる[299]（*E3*. §§ 393 f.）。「地理的な、人間学的な現実存在」としての「自然原理」は、「歴史全体、人民の生活と形成において規定者となっている」わけである（*III*. 281, § 346）。

人民の「原理」がこのように自然によって規定され、特殊化しており、しかもこの「原理」に互換性がない事情から、「原理」と人民との不即不離性が生ずるし、世界精神の展開では、「原理」の交代即支配的な人民の交代という事態を生み出すことにもなる。「このような原理が同時に自然原理であることによって、ある人民は、ただ一度だけ歴史において画期をなすのである。それは、人民がこうした一つの原理と結びついているからである」（*III*. 281 f., § 346）。

七　自然態からの脱却運動

ところで、このように自然精神の自然規定態がとりわけ強く表現される箇所が、〈自己意識〉論以前の〈人間学〉だということには注意を要する。当然、自己意識は、さしあたりこうした自然態を脱却するところに成り立つから、ヘーゲルの「教養形成」としての「文化」の端緒は、こうした自然規定態を否定するところにある、という点が重要である[300]。自己意識は、さしあたりの自然との一体性から脱却してゆく根本的な衝動をもっており、この点で、自然は精神そのものを生み出すわけではないのである。たしかに、ある人民の自然精神（地方精神）が他の人民と区別される特有のものをもっているとすることは、ヘーゲルの認識といわなければならない。しかしながら、「教養形成」としての「文化」は、あくまで、こうした自然態からの自己意識的な脱却過程において成立している、ということである。

そして、こうした自然態からの脱却が自己意識によって果たされる教養形成の過程である事情から、ある一定の達成段階をもたらすモメントとして時間――すなわち歴史――を重視せざるをえないことになる。「特定の人民精神は、時間のうちにあり、内容面では本質的なことだが特殊な原理をもち、それに規定された自己意識と現実態の展開を経なければならない」(*E3*. §548)。ここで自己意識の展開とは、人倫的な実体の運動であり、すでに述べたように、実体的なものが教養形成を介して主体的なものとなる運動のことである。この実体内部の教養形成は、主要には市民社会論の課題となるが、市民社会がいまだ形成されていない場合には、その形成を促すことが実体の第一の使命となるであろう[301]。

また、こうした自然態からの脱却が、みずからの原理だけでは果たすことができず、外因論的に達成される場合がある。世界史上没落した人民は、他の人民によってもたらされた「より高次の原理を積極的に受容してこれに同化すべく自己形成する」(§347 Anm.) ほかはない。あるいは、逆に、支配的な人民に成り上がった立場からみれば、みずからの「原理が爾余のもろもろの人民のうちにも移植される」わけである (*L*. 257, §164 Anm.)。

(299) 和辻哲郎は、『エンツュクロペディー』初版に依拠して、この箇所の議論を重視する。和辻、前掲書、二七二頁参照。また、『歴史哲学講義』に依拠して、「自然類型の意義はまさに本質的である」とする。和辻、前掲書、二七六頁参照。

(300) 和辻哲郎は、「自然は人間の一切の自己解放の運動の最初の立脚点として、その文化産物の特殊態を規定する」(和辻、前掲箇所)とし、ヘーゲルと同様に「最初の立脚点」として自然を位置づけるかにみえる箇所もある。しかし、ヘーゲルの世界史を無効とし、自然類型を重視する以上、自然による被規定態を不当に過大視しているといわなければならない。ヘーゲル的にいえば、和辻の議論は、没自己意識的「遊星的生活」論にすぎない。

(301) 「国家の内部ではじめて家族が市民社会へと発達する」(§256 Anm.)。

もっとも、この間にかならずしも滑らかな関係があるとはかぎらない。しかも、ヘーゲルの認識としては、諸個人ともろもろの人民は、「純粋な思考と、みずからについての知にまでまだ達していないかぎりは、いまだいかなる人格態ももっていない」(§35 Anm.)し、国家形式を具えていない人民は、承認されない(§349)。現実の人民間の関係において、ヘーゲルは、冷徹にも、「教養形成」すなわち「文化」の差異によって差別関係が出来することの必然態を観て取っているわけである。「文明諸国民 zivilisierte Nationen」は、「国家の実体的な諸モメントにおいて自分たちより劣っている他国民を」同等の権利をもたないものとして「未開人 Barbaren」とみなすことがあるわけである(§351)。

しかし、ヘーゲルの論理おいてきわめて重要なことは、こうした差別システムを多系発生論的に固定化することではなく、「承認を求める闘争」を語り、そうした抑圧からの解放的なモメントも同時に強調する点である(§351 Anm.)。ヘーゲルは、経験的な現実として「承認を求める闘争」が出来している場合には、非抑圧者がわの人民の自己意識、自己感情の高まりをむしろ重視する立場に立っているとさえいえる。[302]

いずれにせよ、闘争過程というかたちであろうがなかろうが、ヘーゲルは、人民の特殊な原理がほかの人民に伝播可能であることを説いているとみていいから、人民精神が自然によって規定されているとはいっても、単純にその「地理的で気候的な規定態」に左右されたかたちで理解してはならないことだけは、確かであろう。もちろん、人民の位置した地理的で気候的な規定態をヘーゲルが軽視しなかったということは正しい。しかしながら、同じ地理的で気候的な規定態をもちながらも、それ以上の高次の規定者である自己意識の程度いかん——それが当該人民内部であれほかの人民との関係においてであれ——では、異なった「文化」を形成することになるのである。[303]

ヘーゲルに文化論がないとすれば、それはヘーゲルが自己意識の自由の地平から「文化」を議論しようとするからである。

ヘーゲル自身は、「文化」の核心を自己意識の「教養形成」という点に認め、しかもその自己意識が経験と接する場面でみずからの自由を発揮し、理性態と共同態を実現してゆくことが「文化」の内実だと考えた。自己意識の自由が根本にすえられることによって、「文化」の動態性を法則的に理解する道が開かれるという確信に基づいてである。そして、こうした把握は、「文化」を享受する個々人の心理的な現実をつかむ道を与え、人民の発展史的なあり方を開示してゆくものなのである。

ヘーゲルがおこなう概念展開は、それ自体は経験論的なものではないが、つねに経験との接触面が明確に位置づけられるかたちでおこなわれている。しかし、このことが着目されることは少ないといえるだろう。ヘーゲル自身は、とりわけ「世界史」を議論するさいに、その当時としては細心に経験面をつかもうとしたと思われる。その一つの結実が、「世界史」で展開される「原理」というものである。「世界史」における世界精神の展開が単

(302) たとえば、自筆ノートで、西インドの現実に対し、奴隷制の現実が、普遍的自己意識に規定されていると評価する議論がある（本書三二五頁参照）。ヘーゲルは、こうした一般的状態の変更にすべてがかかっていると理解する。Vgl. *RN*. 263.「人間の由来から、その人間が自由および支配に対して資格をもっているかまたは資格をもっていないかを決定する根拠を引き出すことはまったく不可能なことである」（*E3*. 57）。

(303)「穏和なイオニアの空はホメロスの詩の典雅に寄与するところが多かったにはちがいない。けれども、この空だけがホメロスを生むというわけのものではない。事実、その後かならずしもこれを生まなかったのである。トルコの支配下にはどんな詩人も出なかった」（*HW12*. 106）。Vgl. *VPW*. 55. 和辻は、しかしながら、ホメロスの芸術の特殊な性格を生み出したのは「自然類型」だという。和辻、前掲書、二七六頁参照。

純な自己意識の運動のあり方とは異なり、それなりに経験に裏打ちされたかたちになっているのはその経験主義のなせる技である。そして、「世界史的な人民」の「原理」にしても、あくまで「世界精神の特殊な段階を表現する」にすぎない（*III*. 281, §345）、というヘーゲル自身の言明は、最終段階と目されるゲルマン的な国においても同様に適用されるものとして、注目するに価するであろう。〝歴史は終わらない〟のである。

だが、しかし、それにしても、自己意識の自由の観点から「文化」を論ずることは、いまだに自己意識の地平に立ち上っていない立場からするならば、理解不能の事態であるに違いない。

補論第一　理念と時間——ヘーゲルにおける「現在」の理解

一　はじめに

ヘーゲル哲学において理念と時間の関係を問うことは、たんに事柄に対する関心に誘われるだけのものはなく、この哲学の基本性格を考えるさいに不可欠な観点だといえる。

たとえば、理性と現実態の同一態を主張する二重命題（「理性的であるものこそ現実的であり、現実的であるものこそ理性的である」）をヘーゲルは現在的だとするため、われわれは、この命題を、目の前に外面的に存在する現実の理性態を主張する現状肯定論だと論断したりする。だが、ヘーゲルは、この命題と同時に、「時間的なものや過ぎ去りゆくものという〈見かけ〉」のうちの「内在的な実体」や「永遠なもの」すなわち理念や理性こそが、「現在的に存在するもの」だという（Vorrede. XX）。つまり、ヘーゲルのいう「現在」は、われわれの通常考える時間性と可変的な外面的な現実とを内在的に超えた地平で成立する側面をもっている。してみると、「現在」に関する理解のつけ方しだいでは、かならずしもかの命題を現状肯定論だと評価できなくなるだろう。そして、こうなれば、ヘーゲル哲学に対する一つの有力な性格づけが揺らぐことにもなるだろう。

しかし、もちろん、ヘーゲルの「現在」観とわれわれの「現在」観が、「現在 Gegenwart」という語によって同一の事態に接しているともみなくてはなるまい。すると、問題の核心は、なにゆえヘーゲルが、通常は対象的な現実への射程しかなく可変的だとみられる「現在」のうちに、じつは永遠の理念が存在すると主張するのかにある。ヘーゲルがこうした主張をするのは、理念と時間——とくに「現在」——のおのおのと両者の相互関係に関する独自の理解があるからだと思われる。

そこで、とくにいわゆる体系期ヘーゲルの議論を素材に、「現在」が本来的にいかに理解されるべきかに焦点を絞り、理念と時間の関係を考察することにしたい。

二　理念の過程的な性格と時間

もともと、ヘーゲルのいう理念は、時間とかかわらざるをえない性格をもつ。たとえば、『精神の現象学』には「時間は現存在する概念自身である」（*PhäG.* 46, 584）という有名な定式があるが、ここでの「現存在する概念」は『論理学』でいうと「客観的ないしは実在的な概念」（*LII.* 463）すなわち理念のことだから、時間は理念であるともいいうるわけである。ところで、この定式でいう「現存在」とは、「意識に対する対象性の形式」（*PhäG.* 583）のことだから、対象性の形式で意識された概念（理念）が時間なのである。概念（理念）の現存在や対象態という規定は、のちの『エンツュクロペディー』でいうと「自然として存在する理念の規定」である「外面態」にあたり（*E3.* §247）、ここでは時間が「外面態としての否定」（*E3.* §247 Anm.）だとされる。このように、理念（概念）のもつ不可欠な一面として現存在や対象性、外面態や否定を認めるところにヘーゲルの理念論の重要な特質があり、ここから、時間が理念にとって密接不可分なものとして登場してくるのである。

周知のごとく、ヘーゲル自身の哲学的な意図の一つとして、カントに対抗して、理念の認識不可能と非存在の主張を克服することがあった。この場ではこうした哲学的な営為をたどるべくもないので帰結のみ述べれば、ヘーゲルは、真理である理念を「概念と客観態との絶対的な統一」（*E3.* §213）としてとらえることで、みずからの意図が達成されたと考える。ヘーゲルによれば、現象を超越してこそ真理となるはずの理念は、かえってそれゆえに、たんなる主観的で偶然的な抽象物でも、感性界にみずからと合致する対象をもたないような――つまり現実存在を出発点・拠点としないような――形式的に論理的なものでもない（*LII.* 463, E3. §213 Anm.）。ヘーゲルのいう理念は、永遠に彼岸にとどまる――たんに漸近的にすら到達しえない――「目標」などではない。客観的な世界と主観的な世界は、それ自体が概念と実在態の合致なのである（*LII.* 464）。

しかし、このように主張されると、逆に、実在的なものがすべて真に概念に合致しているのか、われわれは疑念をもたざるをえないだろう。そして、ヘーゲルに即しても、「現実的な諸物はそれらの有限態や非真理態の面からみれば客観」（*LII.* 465）なのだから、理念にいたっても実在態や客観態が概念に完全に合致しえてない側面が残る。だが、このように両者の不調和を承認すれば、理念の真理態を毀損しはしまいか。もちろん、概念に合致しない実在態を、かれの言明通り、たんなる現象、主観的で偶然的で恣意的なもの、総じて非真理だと受け取れば（*LII.* 464）、なんの問題も生じないかにみえる。しかしながら、これでは、概念と客観態とは相対的にしか統一しておらず、むしろカントやフィヒテにならい、客観態の欠如する概念を彼岸の理念として構想する方が妥当だと感じられるだろう。

われわれがこう評価したくなるのも、客観態自体が一挙に全面的に概念と同一でないかぎりは、両者の絶対的な統一が成り立たないと理解するからである。こうした理解はたしかにもっともで、「統一」の規定が「静的に恒存的な抽象的な同一態」を表現するという理由から、ヘーゲルは、絶対者を「有限者と無限者との統一」などとするのは「誤り」だと斥けるほどである（*E3.* §215 Anm.）。もちろん、ヘーゲルが理念を「概念と客観態との絶対的な統一」とするのは両者に同一態を認めるからだが（*LII.* 466）、この同一態は、「抽象的な同一態」ではなく、「絶対的な否定態」（*E3.* §215）、「自己同一的な否定態」（*LII.* 467）として理解される必要がある。つまり、ヘーゲルによれば、理念は、本質的に概念と実在態の統一であるのと同様に、自己否定的な自然をもつために「本質的に両者の区別でもあり」（*LII.* 465）、この区別をふたたび同一態や統一へと還帰させる動揺的な運動をつうじてのみ成立する[304]（*E3.* §214 Anm, *LII.* 467）。したがって、「理念は過程（Prozeß）である」（*E3.* §215）、「理念の自己同一態は過程と一つのものである」（*LII.* 467）とされるのである。

このように理念が過程としてはじめて成立すると考えるさいに留意すべきは、理念はなにも、過程が終結した時点でのみ真なる姿を現し、それ以前には存在しないととらえてはならないことである[305]。たしかに、理念のモメントとなる概念と客観態を区別の相でみれば、過程にある客観は、なお理念によって完全に仕上げられず不完全にしか概念に従属していない（*LII.* 465）。だからこそ、両者は抽象的に同一ではなく過程として同一なのである。だが、しかし、この不完全性は、産出されるとただちに同時的に撤廃されて理念の「否定的な統一」（*E3.* §215 Anm.）――すなわち概念の主観態（*LII.* 466）――へと還帰させられている（*E3.* §214 Anm.）。したがって、客観がいかに不完全性を呈しようとも、そこに概念への還帰があるかぎりは、理念は成立しているのである。

だが、以上のごとき立論はヘーゲルの〈理念〉論序論に基づくからであって、『精神の現象学』では「絶対的なものは、本質的に帰結であり、終わり（Ende）においてはじめて真実の姿となる」（*PhäG.* 24）といわれ、「論理学」の〈絶対的な理念〉論でも「終わり」においてこそ「実現された概念」が成立するとみられるから（*E3.* §242）、理念の過程性は最終的に廃棄されると思われよう。しかしながら、『精神の現象学』でいう「帰結」は、「実現された目的」や「現存在する現実的なもの」としての「運動であるとともに展開された成（Werden）」のことである[306]（*PhäG.* 26）。また、『論理学』の最終的な統一者である「終わり」自体が、直接態としては「最初のもの」と同一に否定的な自然をもちあわせ、静的ではない「自己媒介的な運動と活動態であるような統一」なのである（*LII.* 565）。したがって、理念は、いかなる段階にたちいたっても、成と運動をもつ以上「過程と一つのもの」であることをやめない。

このように、理念は、概念と実在態の区別を産出し続け、同時にこの区別を統一へと還帰させ続けている。なるほど、ある段階の客観態にのみ目を奪われ理念的な統一への還帰に目をつむれば、理念は相対的にしか実現されていないとみえるとしても、実際にはこうした還帰が同時的にはたらくことによって、理念は過程として絶対的に実現されているわけである。しかし、その同時点における理念の絶対的な統一も、そこで終息するのではなく、あらためて概念と実在態の区別を産出しこれを統一に還帰させるから、自己同一的であれそれ自身否定態なのである。こうした幾重にも折り重なる区別と統一の同時的な産出は、形式的には千篇一律だとしても、なお概念に完全には従属していない――「直接的な統一」や「たんにそれ自体でしかない統一」（*LII.* 465）としての――客観態を消化してゆくのだから、各段階ではその実在的な内容を異にする。

したがって、「概念と客観態の絶対的な統一」としてそれだけで独立した理念は、直接的に外面的に直観された場合、同一態を保ちながら外面的で客観的な形態を変化させてゆく。そして、理念のこうした外面的

（304）もちろん「理念の静止（Ruhe）」もあるが、これは理念による対立の永遠な産出と克服の安定性と確実性のことである（*LII.* 468）。

（305）A・コジェーヴのごとく、時間の最後の未来のない非時間的な瞬間に絶対知が産出されるとは論じえない。Cf. A. Kojève, *Introduction à la lecture de Hegel*, Paris 1947, p. 380. 時間と永遠を截然と区別するコジェーヴの観点は、後述のごとくヘーゲルには無効である。ヘーゲルの狙いが「時間と永遠の伝統的な分裂の克服」にあるとするブラウアーの指摘がむしろ妥当である。Vgl. O. D. Brauer, *Dialektik der Zeit. Untersuchungen zu Hegels Metaphysik der Weltgeschichte*, Stuttgart 1982, S. 144.

（306）精神は、純粋概念の把握により時間形式を廃棄するともいうが（*PhäG.* 583）、ふたたび直接態から展開を余儀なくされる点で（*PhäG.* 591）、時間を抹消しえない。

な形態変化は、みずからのある外面態をみずからのものではないとして〈みずからの外に脱出してゆくことAußersichkommen〉だといえる。こうした脱出は、なにも理念と切り離された客観態のみに属する規定態ではなく、客観態は理念と同一的でもあるため、理念自体の自己同一的な否定態が外面的かつ抽象的に現れたものとみるべきである。ヘーゲルは、こうした理念の外面態――すなわち「みずからの外にあることAußersichsein」――としての「否定的な統一」や「直観された成」(*E3.* §258)を、時間として規定する。

三　過程を廃棄した現在と過程としての現在

「直観された成」という時間の構造は、「存在すると同時に存在せず、存在しないと同時に存在する」(*E3.* §258)という否定的な統一である。われわれはこうした存在と非存在とをモメント的に分断して理解するのを常とするが、ヘーゲルは、「存在と非存在は、諸モメントが段階的に連続するかたちで相互に交替するのではなく」、「両者は同時に直接的に存在する」ものとして理解されるべきだという(*A.* 51)。成のあり方に由来するこうした同時性は、理念が、概念と実在態を区別する運動と、この両者を否定的な統一に還帰させる運動とを遂行するさいの同時性と同一のものだといえよう。つまり、理念のもつ区別と統一の過程的な同時性は、外面的に直観された場合、時間における存在と非存在の同時性として表現されるのである。

だが、こうした同時点は、直観の立場では次のごとき事情から、唯一無二ではなく差異化され段階的に連続するものでもある。この同時点は、『いまJetzt』としての現在」であり、これは、「無への移行としての存在と、存在への移行としての無との区別」を「個別態へと直接的に消滅させる運動」として規定される(*E3.* §259)。ところで、こうした「いま」は、「存在と非存在との統一」としてそれ自身否定的な統一であるから、みずからを

「否定態の総体性（Totalität）」として設定する（*A.* 51）。そこで、こうした「いま」が「存在するものとして固定化される（fixiert）」と、この存在が同時的に「無へと消滅する抽象的な存在」であるため（*E3.* §258 Anm.）、その「いま」とは別の「いま」が発生することになる。こうした「いま」が、「有限な現在」とよばれ、「段階的に連続する」（*A.* 51）といわれるゆえんである。したがって、直観として存在へ一面的に固執するかぎり、差異化された同時点とその連続が発生することになる。

ただ、ここで留意すべきは、「直観された成」としての「いま」は、あくまで否定的な統一であるから、「無への移行としての存在」という過去（Vergangenheit）と、「存在への移行としての無」という未来（Zukunft）の二モメントをすでに統一していることである（*A.* 52）。本来、理念がそうであったのと同様に、「『いま』自身は過程にすぎない。この過程において過去と未来は一体となる」のである（ebd.）。あるいは、時間はたしかに理念が「みずからの外にあること」なのだが、時間のもつ否定態は、理念自身のものであるかぎり、「点性」としての――なお自己意識や精神のように自由ではないとしても――「みずからの内にあることInsichsein」（*A.* 50）なのである。したがって、時間は、「外面態と〈みずからの内にあること〉という両規定の統一」（ebd.）、ないしは「〈みずからの外に脱出してゆくこと〉としての純粋な〈みずからの内にあること〉」[307]（*E3.* §258 Anm.）だとされる。

これに対し、存在するものとして固定化された「いま」である「有限な現在」は、たしかに「否定態の総体性」ではあっても、過去と未来の二モメントを捨象し「いま」が本来もつ過程性を廃棄したところで設定されたものにすぎない。もちろん、理念は客観態を有する以上直観としては存在であるから、存在への一面的な固執か

（307）〈みずからの内にあること〉の点で「時間は純粋な自己意識の『〈わたし〉＝〈わたし〉』と同一の原理」（*E3.* §258 Anm.）となる。時間と〈わたし〉の同一視の観点はシェリング起源と思われる。Vgl. F. W. J. Schelling, *System des transzendentalen Idealismus*, *Philosophische Bibliothek*, Bd. 254, Hamburg, 1957, S. 133.

ら生ずる有限な「いま」の系列も、理念の外面態としては一面で妥当とみるべきだろう。だが、こうした「いま」系列として一面的に時間が把握されるのは、けっして時間が「いま」として把握されるからではなく、「いま」が、存在として固定化され、過去と未来の二モメントを内包する過程として把握されないことに由来する。[308]

したがって、ヘーゲルの把握した時間は、もちろん存在としては「いま」系列を排除しないが、「いま」という「点性」の〈みずからの内にあること〉として本質的に理解されなくては十分ではない。この〈みずからの内にあること〉とは「区別された諸規定の統一」（*A*. 50）であるから、「存在と非存在の統一」（*E3*. §259 Anm.）としての、あるいは過去と未来との統一としての「いま」が、存在として固定されずに「具体的な統一」そのものとして把握されたとき、「いま」系列をなす「有限な現在」の本質的な事態としての「現在」が理解されることになる。ところで、「いま」としての「現在」は、こうした統一ではあっても、〈みずからの内にあること〉がもつ区別を「個別態へと直接的に消滅させること」であった。だが、「有限な現在」を超えた現在が理解されるには、この個別態が、存在としての有限態を脱却し、同時に普遍態だとされなければならないだろう。もちろん、「いま」を〈みずからの内にあること〉としてとらえたとき、われわれはすでに、個別的な「いま」ではない『いま』の普遍態」（*A*. 53）をそこに看取してはいる。しかし、われわれは、「いま」の普遍態ということで、〈みずからの内にあること〉とは別様の普遍態を表象する傾向をもつともいえる。ヘーゲルは、こうした表象を次のように斥ける。

第一に、ヘーゲルによれば、「いま」の普遍態は、直観された場合、「時間の連続態」（ebd.）だと考えられる。[309] このように論じられるのは、連続態が、たんに個別的な「いま」の偏在性ばかりではなく、時間にとって本質的な、「みずからをみずからに関係づける否定態」（*E3*. §258 Anm.）、ないしは過去と未来という「他のモメント」への繋がり（*E3*. §259）を表現するからであろう。だが、分離性のモメントをもつ連続性は、もちろん個別的な「いま」を内包するものの、こうした「いま」の普遍態は、それだけで独立すると、個別的な「いま」に対立するだけのものとなってしまう（*A.* 53）。あくまで、連続態とは、〈みずからの外に脱出してゆくこと〉の側面でしかないのである。

そこで、第二に、「いま」をあくまで個別的なものに即して「現存在自身の内で保持する」と、「持続 Dauer」、「存立 Bestehen」とよばれる「いま」の普遍態が生ずる（*U.* 72）。だが、この場合の持続には、たんに「ある物」が変化しないという意味しかなく、これが持続しても別の「変化が他の変化に即して現れ」ざるをえない（*A.* 54）。つまり、「有限な物の持続はたんにある相対的なものにすぎず」（ebd.）、したがって、現存在の持続では「いま」の真なる普遍態を語りえない。もともと、持続には、「過程を廃棄した存在」（*A.* 53）でしかないという決定的な欠陥がつきまとっているのである。

連続態は個別的な「いま」から浮き上がってしまう点で、持続は過程性を廃棄してしまう点で、この二つの「いま」の普遍態はいずれも、時間の〈みずからの内にあること〉を正当に扱うものではない。こうした一面的な把握に対して、ヘーゲルは、やはり過程そのものが普遍的な「いま」だとする。「いま」の普遍態を持続ととらえるさいの肯定的な結論は、有限態を超克する普遍態が、無変化としての没時間であることだった（*A.* 54）。現存在の持続それ自体が相対的な無変化であり没時間なのに対して、ヘーゲルは、「絶対的な没時間性」を、理念

（308）ブラウアーの指摘のごとく、ヘーゲルはアリストテレス的な「いま」を斥けるが、ヘーゲル的な「いま」に過去と未来のモメントがないとの評価は妥当と思えない。Vgl. Brauer, a. a. O., S. 142 f. ヘーゲルは、過去と未来を結びつけるかぎりで「いま」が存在すると明言するからである（*A.* 52）。たしかに、ブラウアーが根拠とする『エンツュクロペディー』第一版では、過去や未来と区別されたモメントとしてのみ「いま」を扱う（*El.* 136, § 202 Anm.）。だが、これは、「存在するものとして固定化された『いま』」をたんに「いま」と表現していると解するのが整合的である。また、「直観された成」は非本来的時間で、自然では「具体的現在」が成立しないという笹沢の主張は、成を現存在とみるかぎりで妥当するにすぎない。笹沢豊「精神の成熟——ヘーゲルの「時間」概念をめぐって」、中埜肇編『ヘーゲル哲学研究』（理想社、一九八六年）所収、二五七、二六〇頁参照。

（309）「時間の連続態」は「直観された成」とは異なる。

や理性、普遍的なもののうちに存在する「永遠性」だとする（*A*. 53 f.）。こうした永遠性こそが、「悪無限的な持続」ではなく、「みずからの内に折れ返ったもの」として真に「無限な持続なのである」（*U*. 73）。

ここで絶対的な没時間性や永遠性が持ち出されるからといって、時間ないしは「いま」・「現在」とこれらが別物だと解されてはならない。

ヘーゲルは、「理念としてのもろもろの〈類〉」が「永遠である」理由を、「〈類〉がみずから自身における過程である」（*A*. 54）点に求める。したがって、絶対的な没時間性や永遠性とは、じつは理念の過程性そのものなのである。もともと、理念が概念と客観態との過程的な統一だとされたときに、これが「永遠の創造、永遠の生命態、永遠の精神」（*E3*. §214 Anm.）とされていたことを想起すべきである。この過程性を、ことさら没時間性や永遠性というのは、過程そのものの安定性や無変化性を表現するためである。

そのうえで、理念の過程性としての絶対的な没時間性や永遠性を、ヘーゲルは「絶対的な現在」（*A*. 54, *U*. 73）と呼ぶのである。しかも、「絶対的に現在するもの、すなわち永遠なものは、現在・未来・過去の統一としての時間自身である」[310]（*JSIII*. 12）。すなわち、絶対的な没時間性や永遠性とは、絶対的な「現在」としての時間だということになる。それゆえ、ヘーゲルは、こうした永遠性の概念が、（一）「時間の外にあたかも現実存在するかのように時間の捨象として否定的に把握されてはならない」といい、（二）「時間にしたがって到来するものでもない」と言明する（*E3*. §258 Anm.）。つまり、永遠性は、「前も後もない『いま』なのである（*E3*. §247 Zu.）。こうして、「いま」の普遍態は、絶対的な没時間性や永遠性としてはじめて真なる把握をかちとり、直接態としては、「いま」・「現在」という「直観された成」に還帰してゆくのである[311]。

四　過去と未来を内容充実させる主観的な精神

真に把握された「現在」が、過去と未来の過程的な統一だとしても、ここでモメントをなす過去と未来は、存在と無とのたんなる形式的な移行（Übergehen）や「急転 Umschlagen」（*U.* 71）でしかないようにみえる。もちろん、過去と未来がこうした移行運動であればこそ、両者を統一した「直観された成」として「現在」が理解されうるのである。ところが、われわれは、通例、時間を「いま」系列と理解したうえで、もはや存在しない「いま」を過去、いまだ存在しない「いま」を未来としてとらえ、それらの存在的な内容を思い泛べる。ヘーゲルは、時間の諸モメントに伴うこうした内容をいかに位置づけるのか。

もちろん、時間は、「端的に抽象的で観念的なもの」（*E3.* §258）であり、「あらゆる変化に関していかなる内容も内実も欠如した抽象的なもの」（*A.* 50）だとされるから、時間の諸モメントにまつわる内容を問題とする必要もないともいえる。だが、成としての「現在」を直観するはたらきに焦点を合わせるとき、こうした内容の問題がおのずと浮かび上がってこざるをえない。というのも、ヘーゲルによれば、直観においては、注意ないし想起（Erinnerung）という知性の内面態のモメントに対して「感情規定態を、存在するものとして・否定的なものとし

（310）シェリングは、「たんなる相対的な無差別点」としての「現在」に対し、実体が物のうちに直接産出する「現在」を「無限で永遠な没時間の現在」だとする。Vgl. F. W. J. Schelling, *System der gesammten Philosophie und der Naturphilosophie insbesondere* (1804), Ausgewählte Schriften, Bd. 3, Frankfurt a. M. 1985, S. 286. なお、永遠性と絶対的現在の同一視の立場とネオ・プラトニズムとの関係の示唆については、vgl. Bonsiepen, a. a. O., S. 30, 34.

（311）笹沢の「絶対的現在」の理解は、これを「いま」に還帰させないために、「過去－現在－未来を貫く」という空間的表象以上にでない。笹沢、前掲論文、二六七―八頁参照。「精神は、過ぎ去っているのでも、未だないのでもなく、本質的に『いま』存在する」（*HW12.* 105）。

て・みずから自身の抽象的な〈他であること〉として、設定する」ことによって、知性は「感覚の内容」を「空間と時間に投げ入れる」からである（E3. §448）。つまり、時間は、主観的な精神のもつ直観のはたらきによって、同時に感覚内容を獲得するものでもある。したがって、時間の諸モメントに伴う内容は、主観的な精神の問題として議論されることになる。[312]

ところで、直観においては、知性が獲得する時間の感覚内容も、なお「いま」・「現在」のものでしかない。なぜなら、たしかに「『いま』は過去と未来の外に存在するものではなく」（U. 71）「両者をみずからの内で結びつけるかぎりで存在する」（A. 52）のだが、直観は直接態だけを対象とするため、直接的な否定的な統一である成としての「いま」・「現在」という時間形式しか認められないからである。ヘーゲルが「時間が『いま』である自然においては、過去や未来という次元の区別が存立するにいたらない」（E3. §259 Anm.）というのも、自然が理念の直接態だからである。したがって、過去と未来を剔出して存立させるには、たんなる直観を超えた媒介的な知が必要となる。そこで、ヘーゲルは、「未来と過去は思考枠組における分離である」（A. 52 f.）といい、「これらの次元はたんに主観的な表象、すなわち、想起と、恐怖あるいは希望のなかにのみ存在せざるをえない」（E3. §259 Anm.）とするのである。[313]

直観によって時間のうちに入った感覚内容は、直観の「みずから外にあるもの」だが、同時に、直観から分離されずに「みずから自身のもの」（E3. §448 Zu.）として設定されて、「みずからへ内化 Erinnerung-in-sich」されている（E3. §449）。だが、直観では「内容の対象態が優越する」ためにこうした「みずからへの内化」が「たんにそれ自体でしか現前しない」（E3. §449 Zu.）ので、これをそれだけで独立して設定するには、直観自体を振り返ってとらえ直す機能をもつ表象が必要となる（ebd.）。この表象は、「みずからの内面態」である「みずから自身の時間」のうちに「感情の内容」を設定することで（E3. §452）、過去と未来の次元をそれだけで独立のものとするのである。

ようするに、直観では、たんに否定的な統一としての「現在」という時間だけがあり、この「現在」には、その本性上「ある直接的に個別的な客観」（E3. §445 Zu.）しか内容として存在しない。これに対し、表象では、「みずから自身の時間」という内面態の時間が成立し、内容的にも、直観のもつ「感情内容」が心像（Bild）となって――なお「思考されておらず理性態の形式に高められていない」（E3. §453 Zu.）ものの――「その最初の直接態と〈他のもの〉に対立する抽象的な個別態とから解放され、〈わたし〉の普遍態のうちに受容される」（E3. §452）ことになるのである。

ところで、過去と未来は、あくまでモメントであって、両者の否定的な統一としての「現在」においてのみ存立するため、両者の内容を内面的に時間構成して確証すること自体は、この「現在」の主観態に属する。実際、過去が生ずるのは、無へと移行した存在の直観を表象にまで高め、われわれが「いま」こうした表象内にもつものと、「現在」の直接的な直観とを比較するからだとされる（E3. §450 Zu.）。「過ぎ去ったもの」は、たしかに「その直接態の面からすると過ぎ去ったもの」なのだが、「精神において依然として維持されている」のであって、過去はこうした「現在性 Gegenwärtigkeit」をもつわけである(314)（ebd.）。

未来の場合はどうであろうか。『イエナ・体系構想III』では、未来の表象は、「現在の存在をそれ自身未来に転移させる」（JSIII. 11）ことで成立するという。こうした議論は、論脈こそ異なるが、後期でも維持されている。たとえば、一八二四年の『宗教哲学講義』では、普遍態として完成している「いま」・「現在」であっても、教団が

(312) 直観の主体は理念だと思われる（§244）。
(313) 笹沢は過去と未来をもっぱら主観的時間として把えるが、ヘーゲルの命題の趣旨は、「いま」のモメントである過去と未来を固定化する認識作用が表象であることの指摘にすぎない。笹沢、前掲論文、二五九頁参照。たしかに、自然では「存在するものとして」の過去と未来は空間だとされるが、自然でも両者はモメントとしてはたらいている。
(314) 「精神は、背後に斥けたかにみえる諸モメントを、現在の深底にも蔵している」（HW12. 105）。

——有限な現在としての——「いま」に設定されることによって、未来として設定されるという（*VR*. 122）。ここで注目すべきは、絶対精神でも宗教という表象的なエレメントでは、完成された「現在」——すなわち絶対的な「現在」——が未来として設定されることである。[315] つまり、未来の内容は、有限の「現在」の立場が、非存在として把握された「現在」の完成態を表象として設定し、これと「現在」の直接的な直観とを「比較」して成立するものだとみられる。そして、こうした未来にしても、「現在」に生じた表象なのだから、「現在」のうちにこそあるのである。

このように、過去と未来の内容をなす心像は、外面的な時間から離脱して（*E3*. §452）、内面的に時間構成する「現在」の主観態に属している。だが、こうした心像は、ただ知性に内化（想起）されるだけであって、「没意識的に保存されている」（*E3*. §453）にすぎない。つまり、過去と未来は、さしあたり心像の段階にとどまるかぎりでは、こうした没意識という「真っ暗の坑」（*E3*. §453 Anm.）に沈みこんでいるのである。ところで、表象としての知性は、「みずからがもつもろもろの心像からなる宝を隠蔽する真っ暗な闇を引き裂き、そして現在性のもつ光りに満ちた明るさによってその闇を追放する」（*E3*. §455 Anm.）。このような知性は構想力であるから（ebd.）、没意識的な過去と未来の内容に現在性を付与するものは、たんなる想起ではなく構想力なのである。

しかし、本来、過去と未来は、「有限な現在」がそうであったのと同様、「無への移行としての存在」と「存在への移行としての無」をそれぞれ「固定化した」場合に生じたものであった（*U*. 71）。ところが、このように固定化された時間の諸モメントは真ではなく、あくまで過去と未来を過程的に統一した「絶対的な現在」こそが時間の真なる姿である。したがって、構想力が過去と未来の内容に現在性を付与するとはいっても、両者の固定化に固執するかぎり、なおその内容は有限性を脱しえない。そこで、たんに構想力の段階にとどまらずに、過去と未来の内容を思考（概念的な把握）によって理性態や理念の内容にまで高揚させることが、最終的に求められることになる。そして、これが達成されたとき、直接態としては、理念の直観としての時間、過去と未来を否定的に統一する「現在」に、把握された内容は還帰してゆく。

もっとも、このときには、ヘーゲルによれば理念は自由そのものであるから、内容的な過去と未来は無差別化され、残るところ過程的な統一のモメントとしての存在と無の移行運動しかないともいうべきだろう。だが、ぜひとも内容的に時間モメントを明別することが求められるなら、理念は、これを存在としての「いま」系列として現示することを拒まない。しかしながら、こうした系列の真実の内容はいかなる「いま」においても凝縮して現在しているのである。このような意味で、内容上も「絶対的な現在」は、「具体的な現在」として「過去の所産であり、未来を孕む[316]」（*E3*. §259 *Zu*.）のである。

四　まとめ——理念の「内的な脈動」としての「現在」

ヘーゲルが「理性を現在の十字架に咲く薔薇として認識し」「現在を喜ぶ」（Vorrede, XXII）ことのできるのは、「有限な現在」という通念の「いま」から、理念の過程性と同一の——過去と未来を否定的に統一した——「絶対的な現在」の「いま」を透かしみるからである。ヘーゲルにしたがえば、可変的で外面的な対象的現実に理念「内的な脈動（Puls）」（Vorrede, XX）を聴きとること（Vernehmen）が、「現在」の本来的な理解のつけ方だといえよう。こうした脈動に触れうるかいなか、それはひとえにわれわれの思考いかんにかかっている。

(315) これは、教団において和解が彼岸や未来として登場する『精神の現象学』の議論と同一である（*PhäG*. 574）。

(316) ヘーゲルが目にしたとされる『ミネルヴァ』第一号の寓意版画には、「現在は未来を孕む Die gegenwartige Zeit ist Schwanger mit der Zukunft.」という文句が刻まれている。*Minerva, Ein Journal historischen und politischen Inhalts*, hrsg. v. J. W. v. Archenholz, Erster Band, Januar. Februar. Marz., Berlin 1792（Google）. Cf. J. D'hondt, *Hegel secret, Recherches sur les sources cachés de la pencée de Hegel*, Paris 1968, p. 24.

補論第二　自然と和解する精神——成熟期ヘーゲル精神哲学の一根本問題

一　はじめに

ヘーゲルは、その哲学の成熟とみられる『エンツュクロペディー』において、〈精神哲学〉を最高の地位を占めるものとして位置づけているようである。たとえば、『エンツュクロペディー』は〈絶対的なもの〉の把握の書として理解することが可能であるが、ヘーゲルによれば、「〈絶対的なもの〉は精神である」とすることが「〈絶対的なもの〉の最高の定義」だとされる（*E3*. §384 Anm.）。また、哲学の必要性というものが精神そのものの自己把握という点に認められている箇所もある（*E3*. §11）。そもそもが、〈論理学〉、〈自然哲学〉と進行し、最後に〈精神哲学〉がたち現れることからしても、〈精神哲学〉が哲学の最高部門だとみるのは自然な理解であろう。

しかし、このように理解した場合、とりわけ自然に対し精神がどのように振る舞うかという問題関心にかかわって、成熟期のヘーゲルは自然に対して抑圧的な立場をとるにいたった、と解釈されるかもしれなくなる。すなわち、生命や愛を基調とする青年時代のヘーゲルの世界了解はイェーナ後期以降変貌し、これらは自然的なものとして精神よりも低次のものと位置づけられてしまっているというわけである。こうした「転向」にフィヒテの自我論が影響を与えたとみれば、ヘーゲルの〈精神哲学〉は、〈わたし〉(自我)の立場から自然の自立態を奪い、これを支配し抑圧する近代主義の一典型だと評価されることにもなりかねない。

もちろん、自然と精神のいずれが上かという単純明快な問いを立てれば、成熟期ヘーゲルの議論は、基本的に精神に軍配を上げる思想だといわれてしかるべきだろう。ヘーゲルが精神の優位性を語っている箇所は枚挙にいとまがないが、たとえば、『エンツュクロペディー』では、自然が「〈他であること〉の形式をとった理念」(*E3*. §247)だとされるのに対し、精神は「自然の真理」であり、「この真理のなかでは自然が消失している」(*E3*. §381)とされている。しかしながら、こうした問いかけ自身が、自然と精神の分裂を自明の理として固定化し、この枠組みにヘーゲルを流し込んでいる疑いもあり、精神の優位性という答えだけでヘーゲルの〈精神哲学〉の位置づけを単純に納得してしまうのは、なお早計だと思われる。

この補論では、おもに『エンツュクロペディー』とその講義録、『法の哲学』を中心に、〈精神哲学〉の内部で精神が自然をどのように扱っているのかを検討することをつうじて、精神の優位性なるものの意味あいを考えてみたい。

二　自然との同一態への道

〈精神哲学〉の〈主観的精神〉論は、(一)心ないしは自然精神を扱う〈人間学〉、(二)意識を扱う〈精神の現象学〉、(三)自己規定的な精神を扱う〈心理学〉に区分されている(*E3*. §387)。こうした区分が自然と精神との関係も配慮してなされていることは、その本文の記述だけではおそらく見通しがきかないと思われる。従来の研究環境では、第三版に対する補遺を精密に読むことによってはじめて、そうした伏線を浮かび上がらせることができた（*E3.* §387 *Zu., HW10.* 39 ff.）。しかし、今日的には、一八二七・二八年の『精神哲学』講義録も利用することができる。その冒頭の記述は、自然と精神との関係について印象深いものがある。すなわち、そこでは、（一）〈人間学〉は、「精神がまだ自然に埋没している自然生活において精神を考察する」とされ、（二）「意識としての精神」を問題にする〈精神の現象学〉は、「精神が自然から姿を現わし〔はじめ〕たものの、なお自然に関係している」領域を扱うとされる。そして、この脈絡で、（三）〈心理学〉は、「自己関係し自己展開するような精神を対象とする」とされている。この場合の「自己関係」とは、いわば自然を脱却して「みずからの自由のなかで自己形成する」関係ということである（*VANM13.* 3）。こうした系列が、心、〈わたし〉、精神の発展として考えられていることも注目に値する（*VANM13.* 137）。というのも、ヘーゲルにおいて精神がその本来の姿を完全に現わすのは、〈主観的精神〉の展開による最終的成果であること、またヘーゲルの〈精神哲学〉が単純に近代的自我論を基礎に構築されたものではないことが、このことによって明確になるからである。

こうした展開で看過されてはならないのは、〈精神哲学〉で議論される精神が〈主観的精神〉論冒頭では自然に埋没しきっていることである。『エンツュクロペディー』の本文では、〈人間学〉の議論でも、一般的な規定として「精神は自然の真理として生成した」と言明するので（*E3.* §388）、自然と精神との直接的な一体性を見通すことは困難かもしれない。しかし、〈人間学〉の冒頭の議論が「自然的な心」というかたちで精神の自然態を問題にしていることからすれば、講義録での言明は整合性のあるものである。いずれにせよヘーゲルは、〈精神哲学〉の出発点を、自然と精神との直接的な一体性にあるとみる。自然を客観とし精神を主観とみれば、いわば主客未分の状態がその出発点となっているわけである。あるいは、〈精神哲学〉の出発点は、自然そのものにあるということすらできるだろう。なぜなら、「直接的な一体性（Einheit）の場合、精神はなお自然的な本質（Wesen）でしかない」からだ（*VANM13.* 20）。

ところで、自然と精神との一体性は、あくまで「たんにそれ自体で存在する、すなわち、たんにわれわれに対して存在する一体性」であり、「意識の彼岸にある一体性」だとされている（*VANM13*. 19）。したがってヘーゲルは、通常は無意識のレベルで自然と精神との一体性があると説いているわけである。もっとも、「一体性」という言い方は、哲学的に厳密に扱わなければ「劣悪で表面的な表現」に堕するきらいがあると注意されてもいる（ebd.）。ヘーゲルが要求するのは、自然と精神との一体性があるというにとどまらず、これがいかなる具体的な規定態をもつのか、ということであろう。ヘーゲルが〈人間学〉で試みているのは、こうした一体性がもつ規定態、すなわち無意識の規定態を把握することであった。〈精神哲学〉は、ヘーゲル流に無意識論を始原とし基礎としているのである。自然と精神との一体性の破れは、第二段階の〈精神の現象学〉で発生する。ここでは、いずれも「自然的な心」に由来する二つのモメント、すなわち〈わたし〉と世界とが対立関係に入る（*E3*. §412）。「自然的な心」が、みずからの直接態に対して違和感をもちはじめ、こうした直接態を外面態として自分から排除するとき、排除するがわが「無限な自己関係」としての〈わたし〉となり、排除される直接態・外面態が〈振り返り〉の対象としての世界となる。「自然的な心が外面的なものとして表象されると、自然は世界である」（*VANM13*. 137）。

ここでぜひとも注意しておきたいことは、〈わたし〉と世界がともに「自然的な心」に淵源していることである。ヘーゲルの場合、〈わたし〉にせよ世界にせよ、それぞれ別個の認識根拠によって独立性が保証されるがごとき実体ではない。このようにあくまで〈振り返り〉の一モメントとして〈わたし〉を位置づける見地には、カントの統覚やフィヒテの自我論に対するヘーゲルの批判も含まれている（*E3*. §415 Anm.）。ヘーゲルにおいては、確実な〈わたし〉が無批判に設定されるがごときデカルト的な実体主義的な構成が完全に覆されているわけである。

〈精神の現象学〉の段階では、〈わたし〉と世界とを区別することによって、本来は自己でありながら他者として突き放した世界――すなわち自然を対象化し、意識、自己意識、理性の階梯を経て世界了解を構成してゆくことになる。通常、世界といえば、みずからの身体性とまったく切断されたものとみられがちだが、このような見方は、〈精神の現象学〉でも一番最初の段階にあたる〈感性的な意識〉の立場のものでしかない（E3. §418）。この場合、世界は、「精神の否定的なものであり」、「精神の彼岸にある不可解なもの」となってしまう（E3. §414）。〈精神の現象学〉は、こうした不可解性を克服する論理を叙述することで構成されている。

ここで、おそらく次のことが気づかれるはずである。すなわち、世界が不可解であるという事態は、じつは自己に関する無知を露呈させたものだということである。というのも、もともと世界は〈わたし〉と一体をなす「自然的な心」に由来したから、世界が分からないということは、自分が分からないというに等しいからである。つまり、ヘーゲルにおいて、世界了解とはじつは自己了解のことにほかならない。

〈精神哲学〉導入論で「汝みずからを知れ」の意味が説かれて、これは個人的な自己認識や人間知のことではないとされているが、こうした理解は世界了解の自己了解性が背景にあってのことなのである（E3. §377）。ところで、〈わたし〉は世界を突き放すことによって、自己のなにを了解しようとするのか。ヘーゲルは、〈精神の現象学〉の序論で、「世界の真理とは、感覚的なものが内的なものをもつということである。その実体や法則、普遍的なものや〈類〉が、感覚的な存在の真理である」（VANM13. 145）としている。すでに指摘したように、世界は自然を意味するものであった。そしてヘーゲル自身、「自然がもつ理性態とは、概念が自然の魂であることをいう」（VANM13. 22）といい、自然には理性が内在しているととらえている。

したがって、自然はなるほど「〈他のあり方〉の形式における理念」、「概念の真実ならざる現実存在」（VANM13. 23）なのだが、しかし、そこにはたしかに理性が内在していて、こうした理性――すなわち法則性や普遍態や〈類〉――を把握することこそが、ヘーゲル的な自己了解の根幹をなしているわけである。〈わたし〉と世界の分裂のなかで世界に了解をつけ、ひいてはこれが自己了解となるというのは、自己意識の成立根拠でもあり、詳細には主奴の弁証法で議論されることである。すなわち、世界を了解するとは、「客観に対し、直接態、外面態および個別態の形式の代わりに、普遍的なもの、内面的なものの形式を与え」ることであり、このことは同時に、意識のがわが客観を内面化してみずからの内に取り入れることでもある（*E3*. §417 *Zu*., *HW10*. 204）。「独自の内面化が客観の内面化として現象する」（ebd.）。客観の了解自体が独自の内面化と不可分であり、この点で独自の内面すなわち意識そのものが対象化されることでもあるから、自己意識が発生するという論理である（*E3*. §417 *Zu*., *HW10*. 205）。ヘーゲルの場合、自己意識は、対象世界すなわち自然との相関においてはじめて成立する性格のものなのである。

〈精神の現象学〉のつぎに控える〈心理学〉の議論は、一般に精神の自己関係、自己規定を問題とするものであるから（*VANM13*. 21）、自然とは隔絶した領域で精神が空回りする話だというイメージがもたれやすい。しかし、講義録によれば、〈心理学〉では、自然と精神との「直接的な一体性」が「精神にたいして存在すること、精神に対して生成すること、精神に対して産出されること」（ebd.）を問題とするとされている。つまり、自己関係的であるとされる精神そのものの議論で問題となるのが、まさに自然との一体性だというわけである。

そもそも、ヘーゲルは、「精神を真実に考察すると、われわれは、精神が自然と和解し、精神が本質的に自然にたち向かい、精神がみずからの自然と自然一般とをみずからの活動の対象としているのに気づく」（*VANM13*. 3）といっている。もちろん、ここでは、精神の一局面である自然との対抗性も明確に謳われている。しかし、この一面をそれだけで強調してはならないであろう。というのも、精神が自然から脱却して獲得した自由――これは「精神の根本本質」をなしている――は、「自然からの自由であるとともに自然における自由」だとされており（*VANM13*. 19）、精神と自然との間柄は、緊張感はあるとしても、あくまで和解の関係としてとらえられているからである。ヘーゲルにおいて精神が高調される場合にも、精神は自然と離れない。いやむしろ、自然を把握することで精神は自然との同一態へと還帰してゆくといったほうが、よりふさわしいのである。

三　精神の自然である自由

ヘーゲルは、「人間において真実なものは、人間がその精神の自然に合致することである」(VANM13. 7) とする。この場合、もちろん、「精神の自然」とは自由のことであるから、ここで登場する自然は、外面態である自然そのものとあり方が異なると理解するのが穏当であろう。すなわち、ここでいわれる自然は、精神の必然態という意味で理解されるべきもので、外面的で物質的な自然とは相対的に区別されなければならないと思われる。しかしながら、外面的で物質的な自然と完全に分断されたかたちでこの自然を理解するとなると、精神を外面的な自然の内面化として了解するヘーゲルの立場から逸脱することになる。

物質的なものと精神的なものとのこうした一体性は、図式化を求める立場には了解しがたいものかもしれない。自然といえばもっぱら外面的な物質態だと理解する固定観念があれば、とくにそうである。もちろん、ヘーゲルがこのように自然を語る面もあるが、それは一面にすぎない。当時の自然科学のなかでも、ヘーゲルが動物磁気論にかなりの関心を寄せていたことは周知の事実だが、それは、自然がもつ観念態に着目したからである(VANM13. 15)。動物磁気もさることながら、自然の領域では、主体性や〈類〉という物質態を超える事態もあり、これらによって物質態がたんなるモメントとなってしまっているという考え方が、ヘーゲルが自然を理解するさいの基本となっている(VANM13. 25)。端的にいえば、ヘーゲルは、自然をもっぱら物質と考えるのではなく、つねに観念態とワンセットで把握しているのである。

したがって、ヘーゲルの場合、自然において観念態(それだけで独立しては精神)が問題となるのと同様に、精神においても自然——すなわち実在態が——問題になる。こういうレベルまで、「精神の自然」に関する理解を深めなければならないだろう。たんなる言葉の綾として「自然」に言及しているわけではない、ということである。〈客観的精神〉論である『法の哲学』では、「意志の自然」とか「行為の自然」とかいう表現がかなり多用されているが、これらについても同様のことがいえる。ヘーゲルのシステムで自然が客観の位置を占めるのとパラレルに、〈精神哲学〉では自由が客観の位置を占める。

ヘーゲルは、『法の哲学』において「精神の世界」を「第二の自然」として位置づけているが(§4)、その自筆ノートでは、「精神は、一つの自然としてある、一つの世界のシステムとしてある、と把握される」(RW. 165)と明言している。こうした理解があればこそ、ヘーゲルにとって自由は自然なのであり、それゆえ、その書の副題に近代自然法論とは似もつかぬかたちで「自然法」という看板を掲げることもできたわけだ。

ところで、カントの『実践理性批判』が意志の質料的な側面としての自然を捨象して進められるのとは対照的に、ヘーゲルの場合、この質料的なもの、自然的なものにこだわる態度が顕著である。いやむしろ誤解を招くかもしれないが——こうした質料、自然につき動かされるかたちで〈客観的精神〉が展開されていくとみてもよいくらいである。

〈客観的精神〉論は〈抽象法〉論から始まるが、ここでは、自由の実現の端緒として、人格が「自由の外的な領域」(§41)、すなわち物件を要求せざるをえないとされている。この場合、「目の前の自然と関係する」(§39)とされることからすれば、物件はすなわち自然であり、自由はこうした自然を外面態とするということである。もともと、システム的にみて自然は理念の外面態であるが、ここで内面態と外面態の同一態という議論に思いを致せば(LII. 179 f.)、外面態のありようで内面態である自由の底が知れてしまうわけである。

すなわち、物件にこだわる〈抽象法〉的な自由は、物化された自由でしかなく、かといって物件を捨象する〈道徳〉的な自由も実在態を欠いた空虚な自由でしかない、ということになる。〈人倫〉は、単純にいえばこの二つの立場の総合としてあるが、(一)家族、(二)市民社会、(三)国家のいずれもが、それにかかわる個人の自由のあり方を客観的に指示している。この場合、それぞれの段階で、性関係、自生的な市場、君主の身体性という自然的なものがもつ内在的な論理もしくは理性態を摘出することに心が砕かれているのである。

しかし、そうはいっても、とりわけ君主の自然態、それに基づく立憲君主制は、ヘーゲルの議論のなかでももっとも顰蹙を買う議論であるかと思われる。とはいえ、われわれが納得するかどうかはともかく、ヘーゲルが提示した君主の理性態がどこにあるかをつかんでおくことだけは必要であろう。それは、端的にいえば君主の決定の形式性にあるが（§ 280 f.）、こうした把握は、国家の必然態をめぐるヘーゲル的な議論の系だと考えられる（§ 270）。国家の必然態の要点は、人民の教養形成にしたがって不断にみずから自身を分肢組織化し、自然といわば同形の有機的な編成をなしてゆくことにあるが、このことによって、当初専横を極めざるをえない君主ないしは人民の恣意的な政治的な決定を廃棄する方向に進んでいく。その結果として「画竜点睛の点を打つ」（V. 764, § 280）君主という議論になるのである。ヘーゲルが有機的な自然と国家の同形性を語るのは、精神を自然として把握するシステム構想にかかわるのであって、たんなる自然からのパラダイム借用ではない。

一般に、意志がこのように教養形成によって恣意性から脱却するという進行は、『法の哲学』の一つの根本論理として認めることができる。ヘーゲルは、その序論で、「思考の普遍態がすくすくと生えてくることが教養形成の絶対的な価値である」（§ 20）とし、さらに〈市民社会〉論では、こうしたことが理念の関心事だとしている（§ 187）。相互外在的な世界が自然哲学の議論のなかでその内面的な法則と〈類〉を顕わにしていったのと同様に、ヘーゲルの〈客観的精神〉にも、さしあたり無教養で恣意的な意志が横溢している事態からその混沌を脱して理性的な意志に高まる論理が埋め込まれているのである。ここで、恣意性は外面的な世界としての自然であり、これを克服する精神の自由は必然的な本性としての自然だと理解すればよいだろう。こうした理解の有無と深くかかわるのが、マルクスによるヘーゲル批判である。マルクスは、理性的とされる国家においてじつは経験的なものが無批判に真理だとされているとヘーゲルの国法論を批判した（KHS. 241）。しかし、ヘーゲルは、外面態と必然態の双方から国家の自然態を問題とする立場だから、当然、経験的なもの――そのままの時代状況ということではないが――を精神のがわから位置づけるかたちで議論を進める面もあるわけである。マルクスによる論駁は、この点で、もともとヘーゲルの議論と噛みあわないものだといえるだろう。

このように、教養形成が議論の骨格となっていればこそ、〈客観的精神〉は最終的に「〈類〉としての普遍的な理念」(§259)、すなわち〈世界史〉として総括されなければならないことになる。ルソーの「完成可能態 Perfektibilität」の概念がこの箇所で「精神の自然」の予感として位置づけられるのは、けっして偶然のことではない(§343 Anm.)。精神は、〈世界史〉の場面に立ちいたって時間へと解放されるわけだが、この時間こそは、自然哲学では「まったくの抽象的な相互外在」(E3. §253)とされるように、自然の根本規定なのである。こうした時間の地平に精神が還帰せざるをえないということ、ここにも精神が自然であることの実が示されているといってよいであろう。

自然を狭く外面的な物質態にまで切りつめれば、ヘーゲルが精神を自然として語ることの真意が見透せなくなるだろう。精神の自然たる自由、これは現実的なものであらざるをえず、外面的な恣意性の溢れるなかで客観的に産出される——このようにヘーゲルは把握したわけである。もちろん、〈自然哲学〉で語られる場合の自然と〈精神哲学〉で語られる場合の自然とでは、様相が異なることはいうまでもない。しかし、〈精神哲学〉では、自然としての人間がもつ精神としての自然が語られるという点で、双方の自然を同一とみなす基礎があるのである。

四　プロセスとしての絶対的精神

〈精神哲学〉が〈論理学〉、〈自然哲学〉という他の部門との関係でどのような位置を占めるかという問題を考えるとき、意外と看過されているのが、〈絶対的精神〉の〈哲学〉節における三重の推論の規定である。ここでは、『エンツュクロペディー』を冒頭から順次読解してきた者にとっては、ある意味で衝撃的などんでん返しが食らわされることになる。

ヘーゲルのシステムでは、端的にいえば、その終結において始原に還帰する。『エンツュクロペディー』の結末である〈哲学〉で、哲学は「みずからを思考する精神」として論理的なものであり、こうして始原に還帰しているという。こうした円環の議論の当否はさて措き、一般には〃やれやれ、やっと終わった〃ということであろう。しかし、ヘーゲルは、みずからが叙述してきた〈論理学〉、〈自然哲学〉、〈精神哲学〉という一連の進行を、なんと「現象」だと断じてしまうのである（E3. §574 f.）。

もちろん、ここでいう「現象」とは、自然現象とか精神現象とかの謂ではなく、のちに「学問は、主観的な認識として現象する」（E3. §576）とされるように、〈学問の現象性〉のことを意味する。ヘーゲルは、こうした進行が必然的であるように議論したわけだが、このさいの「移行」がもつ内在的な「必然態」こそは、進行における中間である自然の特色となっている。すなわち、「自然がその現存在において示すものは、自由ではなく必然態と偶然態である」（E3. §248）。『エンツュクロペディー』初版では、こうした必然的な移行を伴う学問を「存在の学問」（Gl6. 309）だとしている。ヘーゲルは〈論理学―自然哲学―精神哲学〉というかたちの移行的な〈つながり〉を「第一の推論」と呼ぶが、これは、次の推論との対比でいえば、現存在の推論、質的な推論というべき性格をもっているといえる。

もっとも、自然には必然態と同時に偶然態も含まれる。それと同様に、〈論理学〉にしたがえば、現存在の推論、質的な推論も、偶然態を抱え込んでいる（E3. §184 f.）。もちろん、学問の全体的な構図を〈論理学〉や〈自然哲学〉の特定の議論に直接流し込むことは、意味のないことであるし、また不可能というべきものだろう。しかし、ヘーゲルがみずからのシステムを回顧するとき、その議論進行をそのまま唯一のものとして是認する態度をとっていないことだけは確かである。

なぜ是認できないのか。もちろん、必然であったはずの〈つながり〉に、ある種の不具合、したがって偶然態ともいうべきものが随伴しているからである。ヘーゲルがその偶然態をどのようにとらえたのかは明示的ではないが、すくなくとも議論の進行が移行関係としてとらえられていることに関係しそうである。というのも、「移行」というのは、〈論理学〉でいえば〈存在論〉の議論を特色づけるものであり、こうした直接態の議論だけでシステム全体を了解するというのは、他方に控える媒介の立場からすれば、なお不本意というものなのだろうからである。ただ、この場合でも、全体の論証関係そのものに偶然態ないしは誤りが含まれると自認する意味で、学問の偶然態がとらえられているわけではないだろう。そうではなく、その論証関係全体がたんに移行関係としてだけ把握されてしまうことが問題なのである。したがって、〈精神哲学〉を移行的な（シーケンシャルな）議論の結末の成果としてのみとらえるのは、さしあたり必然的な読解であったとしても、なお制限された偶然的なものでしかない。

学問は、直接態としては連続的な進行をするとしても、ヘーゲルは、こうした現象としての学問を乗り越える視点があることを指摘する。すなわち、〈自然哲学—精神哲学—論理学〉という第二の推論、「理念における精神的な振り返りをする推論」（*E3.* §576）がそれである。この推論は、中間である精神が、「自然を前提とし、これを論理的なものに推理連結する」（ebd.）プロセスを営むものとして理解される。すなわち、これは、所与としての自然に論理的なものを結びつけることであって、自然のなかに論理的なものを探求する精神活動のことにほかならない。

ここでとくに注目されるべきは、学問が「振り返りをする推論」とされていることである。〈論理学〉の規定にしたがうかぎり、「振り返りをする推論」は、全称性の推論を獲得するために、帰納法さらには類推を基礎とするものである（*E3.* §190）。したがって、この場合、学問は、諸部門の移行ではなく、自然の論理の帰納的な探求過程として——つまりはその実証的な探求として——考えられているのであり、おそらくこれは学問に関する常識的な理解の一面とも合致すると思われる。ただ、この場合注意を要するのは、自然は所与性としてあって、精神が学問過程で目指しているのは自由だとされることである（E3. §576）。ここで注目すべきは、「必然態から自由への移行は単純な移行ではなく、多くのモメントの段階的な進行である。自然哲学はこれらのモメントの表現となっている」（E3. §381 Zu., HW10. 24）というヘーゲルの言明であろう。

もちろん、自然が自由そのものなのではない。しかしながら、ヘーゲルによれば、自然には「それ自体で存在する精神」（ebd.）があり、そこには自由が孕まれているのであって、たんに精神によってのみ自由が成立するかのごとき主張はなされていない。また、「振り返りをする推論」というプロセスに即して、次のようにいうこともできる。すなわち、この推論で要求される中間項は本質的な普遍態としての〈類〉であるが（E3. §190）、自然の場合、類過程としての「性関係」の段階でこれは「外的な必然態を完全に脱却している」（E3. §381 Zu., HW10. 20）とされるように、〈類〉は、それ自体で自由なる精神といって差し支えない性格のものである。さらに、類的なものを把握する実証的な態度は、経験論的なものであるから、推論するがわの自由な精神の発露でもある。というのも、ヘーゲルによれば、経験論には、「みずからの知のなかに認められるものを人間は自分でみて、そのなかでみずから自身を現に知るのでなければならない」といった「自由という重要な原理」が含まれるからである（E3. §38 Anm.）。

したがって、第二の推論としての学問は、自然における〈類〉、すなわち潜在的に自由なるものを実証的に把握することで自由を現実に顕在化させる過程的な営みであり、それ自身が自由そのものなのである。そして、この過程性という点では、学問は、硬直したシステムによって教条化しえないものなのであり、つねにその現存在形態を破壊し流動化し再構築する性格のものだといえる。これは、ヘーゲルにおいて絶対的な理念の特性でもあることを指摘しておくべきであろう。すなわち、〈絶対的な理念〉においては、「移行や前提は存在せず、流動的で透明でないようないかなる規定もまったく存在しない」（E3. §237）とされている。このような次第だから、第一の推論がもつ移行論的な性格にばかり固執して、なにか一階上の概念に立ちいたれば——たとえば自然的な市民社会を自由な国家で乗り越えれば――すべてが解決するかのごとき発想をした者としてヘーゲルをとらえることは、ヘーゲルの本意に背く最悪の誤解といわなければならない。

もっとも、こうした第二の推論としての学問は、あくまで「主観的な認識として現象する」（*E3.* §576）ものでしかなく、客観態がそのものとして保証されているわけではない。そもそも、この推論が帰納法的である以上は、そこから導かれた内容は、有限的なものでしかなく、したがって偶然態を完全に脱却しうるものではないのである。もっとも、ヘーゲルのいう第二の推論は、あくまで自然と論理的なものの推理連結であるから、この両者を分断して生ずるがごとき経験論的な制限を帯びているとみられてはならないかもしれない。ただ、学問の内容は、こうした推論の特性上、有限的で偶然的であるほかはなく、したがって、なお現象でしかないわけである。そして、このような〈学問の現象性〉は、〈精神哲学〉という個別態のエレメントが中間を占めるかぎり、必然的に出来せざるをえない。このため、〈精神哲学〉は、みずからの認識の成果である普遍態そのものに――すなわち〈論理学〉に――中間の座を譲らざるをえなくなる。こうして登場するのが、〈精神哲学―論理学―自然哲学〉という第三の推論である。

この第三の推論における中間は、『エンツュクロペディー』の規定でより正確にいうと、「みずからを知る理性」ないしは「絶対的に普遍的なもの」である（*E3.* §577）。この場合、この理性ないしは普遍が「精神と自然に分裂する」とされるから（ebd.）、論理学を始原として進行した第一の推論とあいまって、ヘーゲルに対する論理学的な汎神論の嫌疑をかけるに十分な証拠がここにあるといわれるかもしれない。しかしながら、第二の推論で明らかにされる〈類〉、すなわち個別的な普遍が、自然における普遍的なものであることからすれば、第三の推論でいう理性ないし普遍は、精神や自然と切断されて抽象的に独自に成り立つ論理ではなく、むしろこの両者を完全に含み込んだ論理といわなければならない。そうであればこそ、理性は、精神と自然という「二つの現象にみずからを根源分割する」とされ、また、この二つが「理念の宣明」と規定されることになるのである（ebd.）。

この場合、自然にせよ精神にせよ——自然が客観的であり精神が主観的であるという差異はあるものの——ともに理念自身の過程的な現象だとされる。このため、自然と精神が別個の領域として独自に運動しているという見方は、ヘーゲルにおいて最終的には消失する性格のものである。すなわち、「持続的に進展し展開するのは事柄の自然（本性）、概念であり、同様にこの運動が認識の活動である」（ebd.）とされ、自然の運動といっても、認識の活動といっても、基本的には同一の事態とみなされるのである。

以上、〈哲学〉節における三重の推論を順次検討してきたが、この観点からすれば、ヘーゲルの〈精神哲学〉は、移行の積み重ねで議論される体系的な展開の結末としてだけ理解されてはならない。〈精神哲学〉は、さらに、主観的な運動としては実証性を基礎に普遍的なものをつかむ過程的な活動であり、またそのことによって自然を内面化し、自然と同一のあり方をもたらすものなのである。

五　まとめ

自然が精神によって把握された場合、その内容がよしんば自然の本来性であると主張されたとしても、それ自体は自然ではない。この理解はそれなりに真当なものだと思われる。これは、ミネルヴァの梟と同一の論理である。しかしまた、萌えいずる緑のありように感激しても、内面化や法則化の欠如したこの風景はなお乱雑な表象でしかないというのも真実ではないか。だとすれば、事象の精神的な把握はおそらくわれわれにとって急務であり、ヘーゲルが精神の優位を語るとすれば、それは、自然を動かしかつ自覚する論理の主導性を主張しているということだと思われるのである。

ヘーゲルの言明の一部をとらえて、必然態である自然と自由である精神とを固定的に対立させると、優位に立つ精神が自然を支配し抑圧するという像が捏造される。しかし、こうした対立は、議論の進行上明確にされるべきものだとしても、ヘーゲルにとって絶対的なものではありえない。そもそも〈わたし〉が自然と一体である地平から分出した事情を考えても、近代的で自我論的な自然支配という考え方は、ヘーゲルにはまったく無縁である。むしろ、ヘーゲルのすべての努力は、自然との一体性を精神においていかに再構築するかという点にかかっていたといってよいだろう。その「一体性」という直接的な断言で陶酔せず、地道なプロセスとして、ということである。

〈精神哲学〉の従来の読解は、「自然からの自由」という面ばかりに着目しすぎたのではないか。ヘーゲルの立場が、「自然における自由」の面をいい、また随所で精神を自然として語るものであることを看過すると、ヘーゲルの〈精神哲学〉の評価は正当にはなされないと思われる。もっとも、自然と精神を対立させる観点に馴染んだわれわれにとって、ヘーゲルが構想した自然と精神の和解は、いまもって理解の彼岸なのかもしれない。

結語　自由による差異の承認――ヘーゲルの政治論理と民主主義の具体化

一　はじめに

今日の政治のあり方について問い直すとき、自由と民主主義（デモクラシー）の理念を抜きにはこれを考えることができないだろう。すなわち、今日の政治は、どのようにどの程度、自由を実現しているのか、あるいは民主的に運営されているのか、と問い直すわけである。

だが、このような問い直しは、ただちに難問に直面するだろう。というのも、この問いを具体化するとき、自由と民主主義がいったいいかなる理念なのか、ということを先立ってはっきりさせる必要がでてくるからである。このさい、自由と民主主義の理念は、経験主義的に規定することができないことに注意しなければならない。これらの理念は、むしろ経験的な現実を規定し評価する性格をもつので、論理的に経験に先立つからである。

したがって、自由と民主主義の理念に対する問いは、本質的に哲学的な問いである。この問いにかかわって、自由の理念の展開として共同体（人倫）を把握し政治を考察した哲学的著作がある。ヘーゲルの『法の哲学』である。しかし、ヘーゲルは、そのなかで政治機構を立憲君主制として提示したので、その当時においてすら、民主主義を志向する周囲の者たちをおおいに失望させた[317]。このことを表面的にみれば、自由と民主主義はそのままでは両立しないとヘーゲルが示したということでもある。

自由と民主主義が両立しないならば、これらの理念の双方によって今日の政治を問い直すことなどできない注文となるだろう。ヘーゲルにしたがうかぎり、一方の自由の理念によってのみ政治を問い直すことが可能なのかもしれない。しかし、今日の私たちは、民主主義の理念を放棄するわけにはいかないだろう。だとすると、私たちの民主主義イメージは、ヘーゲルの議論と切り結ぶことによってより輪郭をはっきりさせなければならない。

民主主義は、狭義には、人民の福利を目的とした政治的な意志形成に人民自身がかかわって人民自身が自己統治してゆくことを意味している。この理念の根柢には、人民のそれぞれがすくなくとも政治的な観点で平等であり同権であるという原理がある[318]。そうした理念は、応用されて、市民社会の諸団体や家族といった政治組織以外にも同様の趣旨で使われることがある。いや、むしろ、私たちの日常にとっては、私たちが生まれ育ち生活する家族や、私たちの学び働く学校や会社が民主主義の理念で営まれることこそが関心事になるのではないか。端的にいって、政治は、こうした私たちの日常的な場に実際に現れているのである。

その点で、ヘーゲルによる共同体の議論は、家族や市民社会を包括したものとして国家をとらえ、それぞれの組織体の論理を提示している。したがって、ヘーゲルが洞察した組織体の論理が全体として民主主義的に構成されないことに妥当性があるのかどうかを問うてみることは、今日の政治を民主主義の観点で問い直す基礎的作業になるに違いない。

本書の結語として、差異につきあいきれない民主主義に内在する問題を差異につきあう方向で解決しようとすると、民主主義の抽象性を廃棄して、差異に基づく具体化に行きつかざるをえない道筋があることを、ヘーゲルの政治論理に照らしてたどってみたいと思う。

二　自由による差異の発生――平等と同権の破綻とその特殊領域化

具体的に家族や社会、国家の議論に進む前に、ヘーゲルにおいて自由と民主主義が直結しないとみられる事情について、そのアウトラインを素描してみたい。結論を先取り的にいえば、それは、自由の理念を展開すると差異を生み出さざるをえなくなり、その差異を抹殺する抽象論ではなく、差異そのものをたがいに認めあっていく（相互承認する）必要がある、と考えることからくる。これに対し、民主主義は、原理的にいって平等や同権という同一性を基盤にするから、そうした差異に正当な地位を与えないとみられるのである。

自由の基本的なエレメントを考えてみよう。たとえば、「自由にしてよい」と言われたとき、そう言われる以前の拘束〈から自由〉になり、みずからが定めたなんらかの目的や内容〈への自由〉が許されたと理解するだろう。このさい、その目的や内容自身が個々人の勝手に委ねられるとみれば、自由にとって本質的なことは、〈への自由〉よりは〈からの自由〉という解放にあり、端的にいって自由放任にあると考えられることになる。(319) 〈からの自由〉は、なんの目的や内容も規定しない点で、ヘーゲル的にいえば自由な意志の普遍態（§5）を意味する。ヘーゲルによれば、ここに自由の出発点があるのだが、この普遍態にだけ固執するなら、抽象的な平等

（317）註104参照。
（318）カール・シュミットは、『憲法論』（原著一八二八年）において、「民主制という特殊の国家形体は、特殊の、実質的な平等の概念の上にのみ基礎づけられうる」とし、「すべての人間の無差別に基づくのではなく、一定の人民への所属に基づく」として、「実質的な平等」が前提となって「平等選挙権、平等投票権その他」の適用例があるとする。カール・シュミット『憲法論』、阿部照哉・村上義弘訳、みすず書房、一九七四年、二六二―四頁参照。このさい、その「実質」は、なにか特殊なものである点で規定的だが、人民のそれぞれには差異なく通用するものとなるだろう。差異の無視ないし抹消がこうした民主主義の必然的要請である。

要求がなされていっさいの規定態が解消され、したがって差異のある社会組織や政治組織が成り立たなくなってしまう[320]。ヘーゲルは、こうした自由を要求する立場をファナティズムだという。新自由主義の立場は、このファナティズムの系だといってもよい[321]。

とはいえ、自由な意志は、実際には、ある特定の目的や内容をもち、その点で特殊なものであるほかはない（§6）。これは、特殊なもの〈への自由〉である。もっとも、その目的や内容は、個々人がめいめいに勝手に設定するものだから、任意性を帯び恣意的なものである。〈からの自由〉は、個々人が恣意的に振る舞うことを放任するもので、もちろん個々人の特殊なありようを容認するだろうが、個々人のレベルで〈への自由〉が生じていることには目を背けている。

注目すべきことは、自由な意志のこうした特殊態によって、個々人のあいだにある意志の目的や内容に、つまりその利害関心に差異のあることが示されていることである。〈からの自由〉は、こうした特殊態を容認する点で利害関心の差異を容認する立場にもみえるが、個々の利害関心に深入りしないのだから、このかぎり、たがいにトータルな人間として承認しあうものではない。そこに相互承認があるとしても、その承認のレベルは、たかだか、個々の差異を捨象した抽象的な普遍態である〈人格〉としてのものでしかなく、冷淡なものだろう。

ところで、現実的に自由な意志は、個々人がある特殊なありようをみずから設定するとしても、同時に普遍態としてそれを撤回し無効にすることもできるわけだから、ほかならぬ「自分で決めた」ということそのものだということができる。こうした現実的な意志は、個別の意志である（§7）。これがさきほどの特殊態と決定的に違うのは、特殊なありよう〈への自由〉が働いていると同時に、普遍態としてそこ〈からの自由〉も働いている点にある。意志の自由の普遍態が働くことによって、自由な意志そのものとその特殊態とのあいだで主導権を握るものが自由な意志そのものであることがはっきりする。つまり、自由な意志は、特殊態によって規定されるのではない、ということである。逆にいえば、意志は、特殊態によって——たとえば自然のそれによって——規定されるかぎり、自由ではない。

さて、現実的に自由な意志がこうしたものであるとき、それぞれの意志は特殊な利害関心をいだいた差異あるものとなるが、この差異を超えたそれぞれの意志の同一性を「自分で決めた」という意志のあり方そのものに求めるだけならば、差異そのものは、依然として認めあう関係にならないだろう。というのも、それは、その差異のなかで、たかだか自分自身の特殊態を認めるにすぎず、相手の特殊態を認めるものになっていないからである。したがって、相手の特殊態を認めることができるようになるためには、自分と相手とのあいだに意志の一致がなければならない。つまり、それぞれの差異をたがいに同一な意志として「ともに決めた」ことにしなければならない[322]。

(319) バーリンは、「二つの自由概念」(原著一九五八年)において、干渉もうけず放任されていることを自由の「『消極的』negative な意味」だとし、これを「からの自由 liberty *from*」と名づけ、統制ないしは干渉の根拠を自由の「『積極的』positive な意味」だとし、これを「への自由 freedom *to*」と名づける。アイザィア・バーリン『自由論』2、生松敬三・小川晃一・小池銈訳、みすず書房、一九七一年、三〇三頁以下、三一一頁、三一七頁参照。バーリンによれば、この二つの自由概念は非和解的であり、バーリン自身は、「消極的」自由が「より真実で、より人間味のある理想」だとする(前掲書、三八一頁、三八八頁以下参照)。なお、バーリンは、ヘーゲルのとらえた自由について、「世界を理解することによってわれわれは自由になると信じていた」とするが(前掲書、三三八頁参照)、ヘーゲルの自由があくまで意志論的であることを見損なっている。

(320) ヘーゲルは、これをフランス革命批判として語る(§5 Anm.)。

(321) バーリンは、「一定の福祉国家政策を承認する」のに対し、「リバタリアンは、「消極的自由」の概念をもっぱら「政府の強制からの自由」という意味で理解し、福祉国家政策に反対する」。橋本努「自由」『リバタリアニズム読本』、森村進編著、勁草書房、二〇〇五年、三八頁。

(322) コノリーは、ヘーゲルの政治哲学を「包摂の政治」ととらえ、「他者性の同化」を引き起こすと主張するが、ヘーゲルの共同性において差異の承認がなされる点を見ようとしていない。ウィリアム・E・コノリー『政治理論とモダニティー』、金田耕一・栗栖聡・的射場敬一・山田正行訳、昭和堂、一九九三年、一五八頁以下参照。

このとき、こうした意志の同一性は、特殊な利害関心の差異と別次元で成り立つようにもみえるが、内容的には、相手が自分と異なることがほかならぬ自分自身の特殊態でもあるわけだから、その差異そのものに同一性の根拠があるわけである。この場合の差異には、自他の区別がなく、いずれも自分の差異ということになる。自分は、相手の差異を自分の差異として欲するといってもよい。ただ、ここで注意しなければならないのは、差異そのものが抹消されるわけではないし、差異は差異として不平等なまま残るということである。

民主主義が平等と同権という同一性を原理とするならば、おのおのが抱えこまざるをえないこうした差異を位置づけることができないだろう。その同一性は、差異を抹消するか無視するところに抽象的に成り立っており、おのおのが抱える差異を欲するところに進むことができないからである。もちろん、民主主義に基づく政治的要求は、同一性に依拠してはじめて正当化される。そこでは、たかだか差異の存在が容認されているにすぎず、差異そのものは、とくに求められるものでもなく、たがいに冷淡で無関心なものとしてである。

とはいえ、意志の特殊態が必然的である以上、政治は、それに対する配慮もせざるをえないはずである。たとえば、政治は、個々人の生命や財産を守るといった使命を果たすため、その多様な特殊態になんらかのかたちで応接せざるをえないだろう。そのとき、あくまで平等と同権を貫こうとするなら、特殊態を無視しないかぎり、そこに内在する普遍的なものを探求してゆかざるをえない。特殊態をそのまま放置するのでは、平等と同権を語りえないからである。だとすると、今度は、その特殊な意志の目的や内容を普遍的に規定するものがなにか、ということが焦点になる。

ヘーゲルは、そうした探求のプロセスを教養形成としてとらえる（§191 f.）。私たちが「なにか」（特殊態）を欲求するとき、その「なにか」を理論的に把握して実践的に形成することによって欲求を実現することになるだろうが、そうした理論と実践には普遍的なものがあるだろうし（§197）、また、それを社会的に通用するものとして実現するさいには、習俗や法律といった普遍的なものに則る必要がある（§182）。あるいは、そこには、よき趣味

ように、私たちがどのような敬虔な心情といったものが働くかもしれない。こうした普遍的なものの具体的なあり方は、時代により地域により違ったものであればそれに従うことができるのかという教養形成の到達点によって、時代により地域により違ったものとして現れる（§274）。

もちろん、こうした普遍的なものに依拠するとしても、それは、特殊態の範囲に収まる普遍的なものであるから、民主主義がこの種の普遍的なものに配慮してゆこうとすれば、同時に特殊なものに対して権利を与えていくしかない。こうした権利は、特殊の範囲では普遍態として平等と同権の同一性を示すだろうが、他の特殊の範囲に対してはあくまで特殊にとどまらざるをえない。したがって、民主主義は、意志の特殊態にかかわらざるをえない以上は、平等と同権を範囲限定してゆかざるをえなくなる。ところが、この範囲限定そのものは、平等と同権という同一性の原理そのものを毀損するものにほかならない。

したがって、民主主義がもつ同一件の原理を純粋に維持しようとする政治は、おのおのの意志の特殊態にけっして踏み込んではならないだろう。特殊態は、同一性の原理を毀損するからである。しかし、民主主義がもつ同一性の原理をもって意志の特殊態に踏み込む政治は、当初の同一性を毀損して――したがって民主主義を廃棄して――、特殊態の内部で同一性を確立する――したがって民主主義を再興する――ことになるだろう。これを、民主主義の抽象性を脱してそれをより具体化するものとみなすとすれば、平等と同権の観点からは、全体としては民主主義ならざる国制ができ、部分的にのみ民主主義が通用するかたちになる。もちろん、部分が民主的に運営されているからその全体も民主主義だというのは、言いすぎであろう。しかし、平等と同権の民主主義が、その抽象性のままでは実現しえないかぎり、それを部分で実現しながら全体としてまとめていくものが民主主義の有機的な編成といいうるかもしれない。

三　家族の共同性と性別役割分業

ヘーゲルの家族論は、今日、実態はともかく思想的にはなかなか受け入れがたいものの一つであるに違いない。というのも、一つには、家族のもつ共同性を実体性としてとらえ（§157）、その共同性のもとに子供との関係において家族メンバーの従属を考えているし、また一つには、とりわけ夫婦関係について自然に基づく性別役割分業として考えていこうとしているからである（§166）。

〈共同性への従属〉という観念は、おそらく、自由についての今日の理解には含まれていないと思われる。〈からの自由〉は、まさしく、そうした〈共同性への従属〉からの脱却をプラスに理解するものであろう。また、〈への自由〉を語るさいにも、それが〈共同性への従属〉に絡め取られないように努力しようとするのが一般的である。

ここには、家族論以前にも考えておくべき――したがって家族論にかぎらずすべての場面に通底する――自由と放棄ないし献身とのかかわりの問題がある。

さきほど、現実的に自由な意志には意志の特殊態がつきものであることを示したが、こうした特殊態を選び取ることが勝手であり恣意というものである。さきにも述べたように、「自由にしてよい」と言われたときにまず私たちの思いつくのが「自分の好きなことをしてよい」ということであるなら、ここでは、なにを意志の目的や内容とするかという特殊態は、不問に付されている。この特殊態を規制することはもとより、そもそもそれを問うこと自体が剣呑である。なぜなら、恣意が自由だと思っている無教養の立場には、この問いが抑圧への一歩だからである。〝なにをしようとわたしの勝手でしょ〟というわけだ。

こうした恣意は、共同性にかならずしもいたりつかないし、それでよいという考えも含むだろう。となると、恣意によっては、家族の根柢にある愛というものが成立しない（§162）。なぜなら、愛は、たんなる「好き」とはレベルが違った共同の精神であって(§163)、これに発する規範や規制こそを喜んで受け入れ、むしろ「自分の好きなこと」だとするものだからである。つまり、愛は、意志の目的や内容の点で本質的に恣意によることができないのである(§164 Anm.)。

自分の意志がもつ当面の特殊態が、共同に発する規範や規制という普遍態と矛盾するとき、普遍態のほうを特殊態に整合するように変えることもありうるが、場合によっては普遍態にしたがってみずからの特殊態を放棄する、という局面にたちいたることがある。このような調整ができずに特殊態をそのまま維持するならば、そこで共同性は破綻するだろう。そう、愛が壊れる。

すでに述べたように、現実的に自由な意志は、個別の意志であって、特殊態を選ぶものであるが、この特殊態を放棄することもできる普遍態でもある。したがって、この意志は、共同体を維持しようとするなら、みずからの特殊態を放棄して共同体に献身することも厭わないだろう。ここで誤解してはならないことは、こうした献身が、それをおこなう当人の意志の自発性によるものであって、他人の強制するところではない、という点である。

もっとも、〝自発的な献身というのはあくまで後づけされた美名であって、そもそも献身は、共同体の規範や規制によって強制されるのが実態である〟と指摘されるかもしれないし、そうした強制的性格を隠蔽した自発性を組織するところに政治の技量や醍醐味があるのかもしれない。というのも、剝き出しの強制は、そのためのコストがかかるばかりではなく、真剣さを帯びた献身を勝ち取ることができないからである。

ヘーゲルは、「愛は、悟性にとって解きがたいとてつもない矛盾である」と言っている(§158 Zu.)。すなわち、愛のかたちでは、個体の自由の実現が同時に当の個体の自由(とくにその恣意)の廃棄を含意し、そこで共同体の自由がたち現れることになるが、これでは、個体レベルでの矛盾が個体レベルでは解消しないことになるから、個体の自由を一面的に固執するしかない悟性には、こうした愛の事態が理解不可能だ、ということである。

さて、このような愛の謎を回避してあえて家族を理解しようとするなら、その自然的基盤である生殖活動を愛によらない個体の活動として家族を構成することになるだろう。これに好都合なのがカントの論理である。カントは、家族の出発点である男女の結婚を性器の相互使用の契約として定式化した[323]。

そうしたカント的な構成は、結婚を一般的な物件をめぐる契約関係に解消するものだから、その延長線上で考えれば、市民社会で人びとが作り上げる会社と、家族とは、原理的に区別されないことになる。この構成では、会社の業務がその特殊な目的にしたがって恣意的に遂行されるのと同様に、家族についても、どのようなあり方をしようともそれを独自のライフスタイルとして恣意的に扱ってよいことになる。とりわけ、家族における自然的な基盤は、精神的なものとして尊重せずともよいことになるだろう。

性別役割分業——ここでは自然的な性別に関連して期待される行為や態度の一般を理解してたんなる業務分担に矮小化しない——は、夫婦それぞれの役割の違いが生ずる根拠を自然の性別に求めるものであるから、今日的には、自然にしたがって役割の配当を一般的に決定する点で個体レベルでの不自由を帰結するものと理解される。このさい、個体の不自由を打破するために、その決定の恣意性を指摘しようとして、自然と役割との必然的な結合を実証的な手法で疑うことは、あまり本質的な議論ではない。というのも、役割の配当の決定自身が、自由な意志によってなされたものであり、決定の特殊なあり方の点ではすでに本質的に恣意的だからである。

にもかかわらず、自由な意志が自然のあり方を参照するのは、自然に具わる乗り越えがたい必然態——性交、妊娠・出産、授乳——もさることながら、自然に基礎をもつおのおのの精神的な差異そのものも尊重するからである。

これには、抜き差しならない課題がある。すなわち、現実的に自由な意志、つまり個体の意志は、精神としては本質的に普遍的なものであるが、それが個別態となる根柢には自然の生命としての身体がある、ということである[324]。したがって、個体の意志は、深刻なことに、こうした身体を自分のものとすることによってはじめて現実的なものになる（§47 f.）。しかも、この身体は、自然の生命として性別を抱えており、個体の意志には、この性別を自分のものとする以外に自由になる道が残されていない。[325]

もちろん、個体の意志は、みずから性別を理解しそれにかかわりながら行為するさいに、自然そのものだけを相手にするのではなく、自分を取り巻く環境がもちあわせた習俗を参照するはずである。この習俗は、人間の精神的な営みのなかで教養形成されたものであるから、恣意性を帯びているという指摘も起こりうるところだが、忘れてならないことは、それが人間にとっての〈第二の自然〉としてある、という点である。

人間の〈第二の自然〉は、自然の動かしがたい必然態を受け入れながら、そのままのかたちで放置するのではなく精神としての秩序を与えたものだといってよい。この秩序は、精神として自由に規定されている点で自然を超えているから、自然の必然態に比すれば恣意的で偶然的であろうが、[326] 自然と離れることがないほどには必然的である。いずれにせよ、個体の意志は、自然の性別をわがものとし、その性として他の性の意志と交流する。こうしたときに、他の性の意志を異なった性のものではなく、同一の性のものとして、あるいは性を超越した無性ものとして扱うことは、他の性にとってかけがえのない精神的な差異をそのものとして承認しない侮辱したあり方では

---

(323)「法則に従う性共同体は婚姻（matrimonium）である。それは、性を異にする二人格が互いの性的特性を生涯にわたって互いに占有し合うための結合である」。カント「人倫の形而上学」『カント全集』11、樽井正義・池尾恭一訳、岩波書店、二〇〇二年、三七頁。

(324)養老孟司は、「『実存的主体としての私』なんてないと思うと同時に、『身体という自分』については、実存そのものだと思っている」という。養老孟司『無思想の発見』、筑摩書房、二〇〇五年、二一五頁。これに照らせば、身体に伴う性別は、みずからの実存そのものを規定するものだろう。

(325)ここでは、両性具有については議論しない。性同一性障害は、身体レベルでの改変を迫るほどに身体的障害である。

(326)自然は必然と同等ではない。ヘーゲルは、『エンツュクロペディー』第三版（一八三一年）で「偶然態と外から規定されるということも、自然の領域では正しさ（権利）をもっている。この偶然態が最大になるのは、具体的な形成物の領域である」（*E3.* §250）という。

ないか。

しかしながら、性別役割分業への批判は、性別そのものの否認にあるのではなく、社会的な役割を自然的な性別に固定的に結びつける点への批判であるとされるだろう。しかし、私たちの白昼の世界では、性別は、剥き出しのかたちで自然の差異が露出しているわけではなく、つねに〈第二の自然〉としての習俗における取り扱いの差異、つまり社会的な役割や期待の差異によって理解されている。だとするならば、性別役割分業への批判は、白昼の世界において、性別を剥き出しのかたちでの自然の露出に還元し、社会的な役割として性差をつかみとる道を封鎖するものである。

性別役割分業への批判は、民主主義の平等と同権の原理に依拠している。したがって、民主主義は、その原理に依拠するかぎり、自然的な性を精神的に構成する結婚と家族の有機的な共同性を原理的に破壊することにいたりつくだろう。是非はともかく、家族の解体は、平等と同権の原理の必然的帰結である。しかし、このことによる愛の消失は、人間の再生産を減衰させ、ひいては民主主義的な政治的共同体をも解体することになる。こうした自滅的な民主主義の帰結を回避しようとすれば、性別の差異の承認がなされる家族のあり方を追求してゆかざるをえなくなるだろう。

四　職業による普遍態再興とそれぞれの名誉

私たちは、家族のなかだけでは自足して生きていくことができない。それは、家族自身が、相互に異なる家族の出身者の結婚によって開始されることからして、ほぼ必然的な事態だといえる。つまり、私たちは、生命を類的に維持するみずからの欲求を異質な他者とともにでなければ充足することができない。こうした生命の類的な維持を基盤として人間が交流するなかには、家族そのものが愛という精神的なものとして成り立っている事情から、異なる家族どうしの精神的な交流も含まれることになる。いや、むしろ、家族においては、自由な意志としての精神のほうが主導権を握るのだから、家族どうしの精神的な交流こそが人間の生命の類的な維持を可能にしている、といったほうがいい。

ヘーゲルは、家族が市民社会に接するときには、夫が家長となって家族を人格的に代表すると考える（§171）。こうした考えも、今日では、時代遅れとみなされ、あまり支持されるものではないだろう。それは、性別役割分業を基礎としているのだが、こうした家族論的な問題は他での議論に譲り（本書第一章第一節参照）、ここでは、家族どうしの精神的な交流の面、つまり独立した人格どうしの交流の面に焦点を合わせたい。

このさい、人格のそれぞれが市民社会において特殊なものであることはいうまでもないだろうが、この人格は、家族の実体を代表するかぎりでは、家族の内部に向かって普遍的なものとして位置づけられている（§166）。このことに留意しておかなければならないのは、市民社会における特殊な人格の特殊な活動が正当化される根拠に深くかかわるからである。

当然ながら、ヘーゲルの議論どおり市民社会の上位に国家を想定するなら、人格の特殊な活動が正当化される根拠として、国家が定める法律や規範といった普遍態に合致していることが第一に挙げられうる（§182）。だから、本質的に利己的で特殊な活動といえども、それが国家的に正当化されているかぎりで普遍的な活動でもあるから、当の人格が特殊の面にしか関心を寄せていないとしても、それで十分に市民社会は機能する。しかしながら、当の人格自身が普遍態そのものをわがものとしようとするなら、みずからの特殊な活動は恣意的で廃棄可能なものでしかないから、それに没頭しえなくなり、精神的に分裂するにいたる。市民社会が「分裂」の立場であるというのは（§33）、こうした個体レベルでの精神的な分裂をも表現しているのである。

市民社会に現れる人格は、精神的な分裂をこのように必然的に引き起こすのだから、そうした存在として理解され、またみずからもそう納得するしかないとすれば、個体にとっては苛酷にすぎるであろう。このさい、ここでの分裂は、特殊な活動が自分のものでありながら、法律や規範といった普遍態がかならずしも自分の納得するものとなっていない、という、いわば本性上外在的な分裂となっている点に注目する必要がある。ようするに、このかぎりでは、人格に現れる精神的な分裂は、みずからに疎遠な分裂でしかないのである。

しかしながら、すでに述べたように、家族を抱えた人格にとっては、市民社会における特殊な活動がそのままのかたちで家族の内部に向かっての普遍的なものとなっている。したがって、市民社会的に特殊な活動は、他を介することなく直接的にそれ自体で、家族の実体という普遍的なものによって正当化されうるだろう[327]。つまり、人格は、特殊な活動をみずからの家族に寄与するものと位置づけることによって、同時に普遍態との統一を獲得し倫理的になることができる。市民社会での精神の分裂が、家族において統一に転じて解消されるわけである。

もっとも、このさいにも、当の人格が家族に寄与することなく特殊な活動を営むこともあるだろう。たとえば、夫がみずからの稼ぎを家族に渡さないことを想定してみるとよい。このさいには、家族における特殊と普遍の統一が成り立っていないわけであり、それゆえにそうした家族は破綻し崩壊するしかない。しかし、同時に指摘しておくべきは、市民社会での特殊な活動は、家族を背景にもたないかぎり、直接的にそれ自体は利己的であり、契約相手と国家が[328]媒介的にその価値を認めてかろうじて共同的なものとなるしかないことである。

したがって、就職は、いわゆる自己実現としてのみとらえられるならば、それはつねに顚倒して特殊なものとしてすら無意味化する。なぜなら、特殊態は、普遍態を欠くかぎり意味をなさないからである。就職は、どのようなものであろうとも家族という普遍態に寄与するかぎり、その範囲で共同体的な価値を有するだろう。しかし、就職は、家族と無関係に考えられるとき、孤独な「自己」なるものの実現だけでは意味をなさず、契約相手と国家が有する普遍的なものを達成する以外に意味を受け取ることができない[329]。職業を選択する個人とその出自である家族との対立があるとすれば、それは、当の個人と家族との間の対立というよりも、本質的には、契約相手や国家と家族とのあいだの対立と考えるべきなのだろう(330)。

このように人格の特殊な活動を承認する根拠が普遍的なものにあると考えられるとき、そうした普遍的なものとの結合がどのようなかたちになっているのかが、市民社会における個体の居場所の特性を決めることになる。

これまで指摘したところから容易に見通せるように、みずからの普遍態をもっぱら家族に求めるあり方と、それを国家に求めるあり方とが極となるとすれば、その双方の極を抱えて揺れ動くあり方がそれらに加わることになる。市民社会においては、さしあたり特殊な利害関心となる職業のあり方そのものに、普遍態への関わり方の差異が表現されることになるだろう。すなわち、特殊な職業がもっぱら家族の維持そのものであることもあろうし、あるいはもっぱら国家の維持そのものであることもあるだろうが、職業のなかには、特殊な利害関心のために契約相手と国家を維持しなければならないものもある(§202)。

もっぱら家族を維持する職業は、自足的に営まれる農業であり、ヘーゲルはこれを実体的な職業身分と呼ぶ(§203)。普遍態と特殊態とが家族という職業の場で精神的に一体化していているから、実体的なのである。対して、もっぱら国家を維持する職業は、具体的には行政官・裁判官・軍人・芸術家・僧侶・学者などになるが、ヘーゲルはこれを普遍的な職業身分と呼ぶ(§205)。この身分の表現する普遍態は、国家のそれである。みずからの

(327) マイホーム主義には、このような実体的な基盤がある。

(328) 契約関係の民事が基本だが、最終的には国家的である。

(329) したがって、男女共同参画社会を推進するためには、人間を家族の場から引き離すかぎり、その参画の社会的意義を鼓吹する以外にない。本邦の男女共同参画社会基本法第二条は、「男女共同参画社会の形成」を定義して、「男女が、社会の対等な構成員として、自らの意思によって社会のあらゆる分野における活動に参画する機会が確保され、もって男女が均等に政治的、経済的、社会的及び文化的利益を享受することができ、かつ、共に責任を担うべき社会を形成することをいう。」とする。

(330) したがって、家産を職業とワンセットで相続すること——家業を継ぐこと——を拒む事態は、係争としては個人と社会のあいだに起こっているように見えるものの、その実、社会と家族との係争なのである。

特殊な利害関心のために国家を維持しなければならない職業は、商工業であり、ヘーゲルはこれを〈折れ返り〉の職業身分と呼ぶ（§204）。個人の特殊な活動と国家の普遍態とがつねに分離して双方が反射的に対照される関係にあるからである。この職業身分には、このままのかたちだと普遍態が自分自身のものとして現れてこない。

市民社会では概して特殊態と普遍態とが分裂するのだとしても、これは典型的に商工業において現れる。もっとも、このさい、普遍態が現れさえすればよいのであれば、国家がそれとして現れるのだから、これで十分だということもできよう。しかしながら、こうしたあり方では、商工業はつねに特殊態として国家に対抗するものとして位置づけられ、それ自体として普遍的なものがあると認められなくなる。このとき、国家は、ポリツァイ（警察）国家として現象して、国家無視の商工業に対して普遍態として対抗する。つまり、商工業は、利己心のみで動く非共同体的な存在でしかなく、したがって不名誉な存在でしかなくなるのである。

おそらく、こうした位置づけがなされることは、市民生活を支える商工業にとって不当なものであろう。どのような産業構成となるにせよ、自然産物をなんらかのかたちで媒介することによって市民生活が成り立つ以上、その媒介を担う商工業は普遍態や共同態の一端を担っているからである。しかし、だからといって、商工業のあり方を変えないまま、そこにそれ自体で含まれうる普遍態や共同態の意味あいを理解しさえすれば、自動的に承認され、名誉も認められる、というようなものなのでもない。ここで不可欠なことは、商工業自身がみずからの普遍態や共同態をそれだけで独立して顕現させることである。このためには、同業者がみずからをコルポラツィオンとして組織してその共同の事項を普遍的に統治してゆかなければならない（§251）。

個々の市民にとっては、みずからがなんらかの特殊な職業を担うことによって、それが同時に普遍的なものとして承認されることによってこそ、差異のある独自な実存がありのままに名誉を感ずる事態がある。コルポラツィオンは、このことを実現する。[331]

ところで、民主主義的な平等や同権の思考枠組では、このような差異ある独自な実存を位置づけることができないことに注目する必要がある。もっとも、差異ある実存は、いずれも、人格という抽象的な水準を超えた同一の普遍態に結びついているのであれば、こうしたより具体的な同一性の水準で平等や同権を再構築すればよいのかもしれない。しかしながら、個々の市民がみずからの特殊な職業で普遍態と結びつく場合、その普遍態自体は、その職業に応じてまったく違った差異あるものとならざるをえない。農業の普遍態は家族の共同態であり、商工業の普遍態はコルポラツィオンの共同態であり、国家への従事では国家がまさに普遍態であり共同態である。これらを無理に通約しようとすれば、ふたたび職業を無視して抽象的な人格以外に持ち出すものがなくなってしまう。しかし、こうした平等や同権で民主主義を語ることは、社会的現実をみない、というに等しい。だとすれば、基礎的な平等や同権のうえにさらに差異を承認する国制が必要になるのではあるまいか。

五　政治的意志の現実過程としての立憲君主制——民主制の具体化とその転倒

政治に固有な対象があるとすれば、それは、共同体の統一的な意志を決定するあり方以外に求めることができないだろう。このさい、そうした意志は法律や習俗として表現されるから、これらを決定するあり方、すなわち端的には立法こそが政治の本質的な機能となる。もちろん、すでにある実定的な法律や習俗にしたがって行政をしたり裁判をしたりすることも、ある種の意志の決定を含むかぎりで政治的であるに違いない。だが、行政や裁

(331) この論理は、ヘーゲルにおいては職業論となるが、非職業論的に拡張することができる。すなわち、差異ある存在——たとえばなんらかのマイノリティ——は、人格として孤立するかぎりでは承認されないが、なんらかのサークルを作るかぎりでは承認の場が生じうる、ということである。問題は、その先の社会的有機性に組み入れられうるか、にかかわる。

判の決定を超越する立法という原初的な決定のあり方こそが、当の共同体の政治のあり方を本質的に規定せざるをえない。こうした原初的な決定が、宗教的権威であれ教義的（党派的）権威であれ、ある種の絶対的な精神を語る権威主義的な決定のあり方であるなら、行政や裁判も同様な決定のあり方にならざるをえないだろうし、民意を伺う決定であるなら、行政や裁判もそれに背くことができないだろう。もちろん、それが民主主義で想定されている決定のあり方は、民意を伺う決定のあり方のはずである。

もっとも、立法という原初的な決定が権威主義的にも民主主義的にもなされうるのだとすれば、政治は、権威主義にも民主主義にも分岐しうる「決定そのもの」に淵源している、ということである。したがって、政治は、この点で、現実的で自由な意志の問題領域にたち戻る。

ヘーゲルがその国家論で「決定」について議論するとき、自己意識の権利の立場を強調することは、そのことと深いかかわりがある。ヘーゲルにとって、最終決定は、個体としての人間の決定に終始するものでなければならない。ここで重要なことは、決定した自分以外のいかなる根拠によってもその決定を正当化しない、という点である。このさい、決定した自己の根拠なるものが批判に耐えないものであろうとも、自己意識が根拠である以上は、そうした無根拠を引き受けざるをえない、ということもここには含意されている（§279 u. Anm.）。

これは、当たり前のことのようにも思えるが、案外に難しいことであろう。ひとは、自分自身の行動ですら、自分の意志以外のなにかにその責を帰して、自分の行動を免責しようとするものであって（責任転嫁）、それが共同体を動かす大きな決定であってみれば、とうていみずからが背負い込むことができず、外在的ななにかのせいにすることになるだろう。挙句の果てには、大義名分であるとか、星の巡りあわせであるとかのせいにする。

そうした外在的で無責任な根拠は、権威主義的発想では、宗教的権威であるにせよ教義的権威であるにせよ（§270）、なにかしらの実定的な表象や理屈（イデオロギー）として表現されることになるのだろうが、実際にそれを自己意識が決める以上は、どの道、最終的には本質的に無根拠であるほかはない（§279）。というのも、自己意識の決定が、そもそも無規定態としては無根拠だからである。ところが、権威主義的な発想では、そうした無根拠である決定を、あたかも根拠があるかのように振る舞わざるをえない。すくなくとも、末端の役人のレベルでは、〈わたし〉の決定は、〈わたし〉のというよりは上司の決定でなければならないのだから、その意味でつねに根拠づけられなければならないのである。これは、なにも、決定する個人のパーソナリティの問題というよりは、システム的に強いられた思考方法といわなければならない。権威主義による根拠づけは、決定する者がみずからの無責任を無罪放免する根拠であって、本質的に無根拠であるものをあたかも根拠があるかのように詐称し粉飾する。

しかしながら、民主主義的な決定は、あけすけに本質的に無根拠である。なぜなら、民意が決めた、と称する以上に、その決定根拠がないからである。もっとも、だからその点にこそ根拠があるではないか、と言われるかもしれない。このことは、民主主義的な決定の性格を吟味するためにも、十分に考えておく必要がある。

今日の民主主義的な決定は、平等で同権の人格が有権者となって——代議制で媒介しながら——おこなう投票において多数を占めた意志によってなされている。つまり、民主主義的な決定は多数決を根拠にし、多数派の意志が国民の意志だと擬制する。もっとも、その多数派を形成するために、少数派の意見に耳を傾け、討議によって合意を形成することも、道徳的な要請としてつけ加えられるだろう。ただ、これは、多数決の究極性に比べれば、あくまで副次的な要請とならざるをえない。

だが、多数派の意志は、所詮は国民の一部多数の意志でしかなく、端的に国民の意志とするには不足がある。平等で同権の個々の人格を集合させるかたちで国民を考えていこうとするかぎり[332]、多数決による民主主義的な決定は、少数派の国民を排除しながらその決定を強制するメカニズムであり、当の少数派にとってはまったく民主

(332) ヘーゲルは、人民を個々人の集合体としてみる見方を批判する（*El*. §440）。

的なものではない。
多数決による民主主義的な決定は、このような党派的な分裂を予定せざるをえないから、国民の意志を「一つの」ものとして表現できない。したがって、こうした決定は、「一つの」国民の意志としては、ヘーゲルが君主に帰するのと同様に実際のところ無根拠である。

もっとも、多数決による決定を「一つの」国民の意志とみなすルールがあるのだから、この点に決定の根拠があると強弁する手続き主義の道も残されているかもしれない。しかし、これを持ち出すと、深刻な問題を露呈させることになるだろう。多数決による決定は、方法それ自体としては普遍的なものであるが、現実的には、つねになにか特定の目的や内容を具えている。だから、この決定を「一つの」国民の意志として語るときには、普遍的な方法に依拠しているわけだが、この決定の目的や内容自身は、その方法によって演繹されているのではなく、その特定の目的や内容を導く経験的な事情の論理に導かれている。つまり、決定方法ではなく、経験的な事情の論理こそが現実的な決定の根拠となるべきものである。ところが、多数決による決定では、そうした事情の論理は、多数派の党派的利害によって特殊に構成されたものでしかない。したがって、多数決による決定を「一つの」国民の意志として語ることは、事情の論理こそが問題の焦点であることを隠蔽し、それをめぐる多数派の特殊な党派的利害を国民の利害として詐称することにほかならない。

決定内容の特殊態を決定方法の普遍態に依拠して合理化する手法は、実際には決定者の特殊な利益が追求されている以上、専制政治のものである（§278 Anm.）。その手法は、まったくの没論理である以上、非合理主義に支えられるしかない。したがって、必然的に、専制政治は、非理性的で暴力的なありようをするしかない。多数派でありさえすれば国民の名のもとになにごともなしうると考えるのは、民主主義であるかもしれないが、専制主義ともいわなければならない。たんなる大衆動員としてのポピュリズムは、こうならざるをえないだろう。

このように、民主主義は、多数決が国民の意志だと言い募ると、専制主義に顛倒する。とはいえ、民主主義は、決定にさいして多数決の手法をとらざるをえない以上は、「一つの」国民の意志として無根拠であることを深く自覚しなければならない。つまり、最終的な決定自身は、決定する主観のみぞ知る無根拠なものでしかないのである。しかしながら、このような結論を引き受けてしまえば、決定に根拠を求めても仕方がない、というニヒリズムにいたるだろうか?

さきほど、現実的な決定の根拠には経験的な事情の論理がある、と指摘した。現実的な決定にさいして、この論理が特殊利害に左右されず、普遍的なかたちで取り出されるならば、そのことが決定の客観的な根拠となりうるだろう。民主的な討論においても、おのおのの特殊な利害関心の表明ではなく、事情の論理の普遍的なものをとらえることに主眼があるのだとすれば、そのように導かれるメカニズムを求めざるをえないだろう。

そのとき、民主制に参加する市民の利害関心の多様性に直面せざるをえない。前項で、個別の人格がいかにして普遍態を獲得するのかについて議論したが、ここでは、もともと国家的な普遍態が主要な関心事となっていない者に対して、事情の論理を普遍的なかたちで取り出すことが期待できるか、という問題が浮上する。ここは、民主主義観の分かれ道であって、平等で同権の人格として一般的に政治に関与するという抽象的なあり方にとどまるか、あるいは、当の人格の利害関心に即して政治に関与してゆく道を拓くのか、という分かれ道である。

このさい、ヘーゲルは、普遍的なものを把握した内容の競いあいを基礎に考えなかった。これは、いずれにせよ、多数決と同じ羽目に陥るからである。今日の代表制民主主義は、概念としてみればこのような競いあいであって、政策と称する特殊な普遍的なものを国民に提示して信をうることにより成り立っている。ここに政党が関与するとすれば、それは、個々の政策の理念的・体系的な構想を提示するものとして位置づけられるだろう。だが、代議士レベルであれ政党レベルであれ、ここには、普遍的な政策の特殊な分裂が前提としてある。したがって、立法府の多数派が行政府を構成するかたちになれば、この国制は、必然的に特殊な政策を決定し施行するものとならざるをえない。つまり、このようなかたちでの代表制民主主義は、恣意的な専制主義に陥らざるをえないのである。

したがって、普遍的な政策は、本質的に普遍的なものとして確保されなければならない。このためにヘーゲルが持ち出すのは、普遍的なものに利害関心がある普遍的な身分が政府を構成してそれをうち出すことである。だが、このやり方は、ただちに反論されるだろう。すなわち、そうした政府官僚が事情の論理を把握するとしても、そもそも政府官僚自身が特殊な利益を追求する輩ではないか、という難点を突く反論が出てくる[333]。

そこで、このように政府自体が抱え込まざるをえない特殊態をいかにして除去するか、という論理が同時に示されなければならないはずである。ヘーゲルは、このさい、政府自身を挟み撃ちで統制し検閲する、という方策を採る（§297）。すなわち、一方では、主観的な無根拠によって決定を下す君主のがわからのものと、他方では、普遍的な身分以外によって組織する二院制の議会からのものである。君主は、政府官僚の任免をおこなう権限を有することにより、たんにみずからの意に添わないという理由だけで政府官僚にブレーキをかけることができる（§283）。また、普遍的な身分以外で構成される議会は、政府提案に対して同意を与えるかどうかの決定権を有することにより、普遍的な身分の見解である政策の実施の死命を制することになる（§301 Anm.）。

だが、このような挟み撃ちによっても、事情の論理の普遍的な把握は、なお困難だということもできるであろう。ヘーゲルは、この点を十分に理解している。しかし、これでもう普遍的なものは出尽くしたのである。ここではっきりすることは、こうした普遍的なものがなおも不十分だとみられるならば、それは、当の共同体の人民が経験的にどの程度まで普遍的なものの自己意識に到達しているかに依存しているということである（§274）。それは、普遍的なものをなにか外在的な権威によって「過たず」決定するのではなく、自己意識を有する人民の意志として決定するかぎりは、その人民の意志の経験的な現実以外に普遍的なものの内実を語りえないからである。このことは、国家に対して要求する普遍性の質の経験的な限界にほかならない。

六　おわりのおわりに

原理の問題として、ヘーゲルの洞察によれば、自由が差異を生み出す以上、民主主義が依拠する平等と同権が破綻せざるをえないので、差異を承認しながら特殊な領域で平等と同権を再興せざるをえない（第二項）。つぎに、家族においては、愛による統一として共同体が意志され、個体レベルの恣意的な特殊態が放棄される関係が成り立ち、自然に基礎をもつ各人の精神的な差異が尊重されるかたちで性別役割分業がなされていくことになる。これらが民主主義の原理に反する以上、民主主義を推進することによって、家族の解体は必然的となる。家族の解体が再生産のきかない政治的な共同体を解体せしめるとすれば、その自滅を回避するために性別の差異の承認がなされる家族のあり方を追求せざるをえないだろう（第三項）。さらに、市民社会においては、人格が特殊な活動で生きていくさいに、これを普遍的なものと結合してゆくあり方に差異が生ぜざるをえず、その差異が職業身分の区別となる。こうした身分的な区分は民主主義的ではないだろうが、この区分を消し去れば、個人が差異によって名誉を感ずる社会的現実を無視することになる（第四項）。最後に、国家においては、決定のもつ主観的な無根拠性を直視せざるをえず、客観的な根拠を求めるならば、普遍的なものに関心があるものたち（普遍的な身分）によって政府を組織してゆかざるをえないが、他方、それに対する民意を伺うならば、普遍的なものにコミットしている者が議会を構成し、政府を検閲せざるをえない（第五項）。ヘーゲルによれば、この国制は立憲君主制であるが、これは、人民を差異に基づいて有機的に位置づけていった結果であるともいえ、いわば民主主義の具体化ともいうべきものなのである。平等で同権的な民主主義は、みずからを廃棄し転倒させて、有機的な政治体制

（333）マルクスの反論。「官僚制は普遍的利益の想像上の特殊性、官僚制自身の精神を衛るために、特殊利益の想像上の普遍性、団体精神を衛らねばならない」（*KHS*. 282）。

を構成せざるをえないだろう。

あとがき

「ヘーゲル国家学」は、なによりも、主権者としての自覚をもって「国家」に関与する志を持つ若者たちに捧げられる学問である。

ヘーゲルの『法の哲学』は、そもそも大学の教科書であって、その肝要な論理や分りやすい例解などは、講義において学生たちに口伝されるものであった（だから、『法の哲学』と「自然法と国家学（法）」講義を対立的にとらえることは土台が無理なのである）。それを受講する学生たちは、「国家」の論理を踏まえて実践に乗り出そうとする前途有為な若者たちである。だから、ヘーゲルの講義は、けっして、「ミネルバのフクロウ」で一般的にイメージされるようなたんなる現状追認に堕する講釈なのではない。むしろ、現状を突破しまともな「国家」を建設するために必要な理性的なものに目を開かせるために心血の注がれたものなのである。

〝そうはいっても、ヘーゲルのいう主権者はどうせ君主ではないか〟と批判する評者は、本書をまだ熟読されていないか、ヘーゲルの議論に対してすでに固く態度決定されている方であろう。こうした批判に対しては、「偉大にして理性的なもののがわでは、世論が将来自分を是認し承認してくれて、世論のもつもろもろの先入観のなかの一つにしてくれるであろうと確信することができる」という『法の哲学』第三一八節の言葉を呟いておきたい。

＊

「国家」を扱う学問——たいていの場合いまではそれは「法学」や「政治学」だと思いこまれているが——に

は、現状分析や歴史的理解が必要なことはいうまでもない。しかし、その学問がいやしくも「自由」や「民主主義」を扱うつもりなら、それらの概念を哲学的に吟味することは絶対に避けられない。ここで「哲学的に吟味する」というのは、そうした概念のなりたちを、経験主義的に時空よって制約された意味づけをするのではなく、ただ概念それだけで考える、ということである。なぜなら、「自由」や「民主主義」のそもそもの意味は、時空に制約された感性的なものを本質的に欠いているからである。

もっとも、今日的に「自由」や「民主主義」を考えるさい、そこには、わが国において現在までに培われたなんらかのイメージが伴わざるをえないだろう。それは、やむをえざることである。もちろん、こうしたイメージを前提として、『現象学』的にそれを吟味する方法もありうるところであるし、むしろこれを先行させたほうがヘーゲルのシステム的な方法論にかなっているかもしれない。この点、「ヘーゲル国家学」への導入論の欠如は、これを公衆の理解にまで届けようとするにははなはだ不親切なのだと思う。

こうした至らなさは、私の研究経歴にまったく規定されたものである。「ヘーゲル国家学」にまつわる——専門的研究者にすらはびこる——諸偏見の打破、私の狭い額では、この点に集中せざるをえなかった。こうした事情から、「自由」と「民主主義」を真正面から「概念」として理解しようとする試みとして、「ヘーゲル国家学」を提起することにしたのである。

＊

本書は、筆者が「ヘーゲル国家学」についてこれまで考究した諸論考からなっている。詳細は、初出一覧で示しておいた。

このさい、ここで編成したような組み立てが研究の出発点でかならずしも目論まれていたわけではないが、すくなくとも連続した問題意識で——前後することもあるとはいえ——書き続けてきたことだけはいえる。ただ、

『法の哲学』の〈国家〉論全体を簡単に祖述しつつその意味を解明するといった分りやすいスタイルで連続させることはできなかった。この点は、「ヘーゲル国家学」の要約が得られると期待した読者にはたいへん申し訳ないところである。

とはいえ、ヘーゲルの議論に接していちばん〝カチン〟とくるところ、すなわち一番納得のいかないところにこだわって議論に努めたつもりである。おそらく、そうしたところがヘーゲル理解の分かれ道であり、それこそがよくよく考えてみなければならない研究に値するポイントだからである。そして、その点で腑に落ちることによってこそ、「自由」や「民主主義」のある種の教条に固守して身動きのとれないありようから脱出することができるのではないかと思っている。

もっとも、世には、「主人」の言うように「自由」や「民主主義」を理解して満足する人びともいる。それは、おそらく「思考の安全保障」上必要なことで、それで幸せなのだから、それでいいのである。ただ、哲学をしてしまった者はそのように言われたとおりには生きることができない、というだけのことである。しかし、これはおそらくとても厄介なことで、世間との摩擦や軋轢、その反感を呼び覚ますことにもなるのだろう。ひたすら世の良識を信じて祈るほかはない。

*

「ヘーゲル国家学」における根本問題は、「序論」で示したように、「国家概念の動態性」をつかむことである。本書「第一章」では、〈家族〉・〈市民社会〉・〈国家〉のそれぞれを「自由」のあり方である〈人倫〉として成り立たせるしくみについて考えた。そして、「第二章」では、〈国家〉を動かすものが「個別的な自己意識」であることを明確にした。「第三章」では、〈国家〉の権力機構が恣意性を除去しようとすることで分肢組織化することを闡明した。「第四章」では、〈国家〉の現実的なありようが〈人民〉の〈教養形成〉に依存することを示した。

このように、「国家概念の動態性」は、意志の「自由」を発揮する自覚的な個人が恣意性を除去しようと教養形成をおこなうことにあることが明確になったのではないかと思う。

では、「民主主義」はどうか。「ヘーゲル国家学」と「民主主義」の結びつきは、ほぼ望み薄のようにみえる。ヘーゲル自身が民主制批判をしているし、マルクスもヘーゲルの反民主主義性を糾弾しているのだから、自他ともに認める〝反民主主義〟といわなければならないようである。

しかし、〝人民に主権がある〟というのが「民主主義」の根幹であるならば、ヘーゲルの〈国家〉論は、この人民主権の本来的な具体化としてある、というのが本書の明かにしたことの一つである。民主制は、立憲君主制としてのみ理性的であり現実的である、ということである。だが、おそらく、このテーゼは、「ヘーゲル国家学」にしか通用しない議論として哄笑を呼び起こすか、よくても黙殺されるにちがいない。とはいえ、これも、人民主権という概念を――すなわち「国家概念」を――「動態」としてとらえるときには、避けて通れない議論のはずなのである。この点は、「結語」においてよりはっきりさせておいた。

なお、「国家概念」が「動態」であるからには、「概念」と「時間」との関係が問われることになるため、「補論第一」でこのことの理解を試みた。また、この「動態」は、学問のシステムがもつ「動態」としても理解する必要がある。学問は、概念のシステムだからである。この点は、『法の哲学』がヘーゲルの〈精神哲学〉において〈客観的精神〉論として位置づけられること、そして、こうしたシステムとしては、「移行」としての〈学問の現象性〉を免れず、学問を深化させるには、さらに帰納による経験の法則化や、概念そのものをつかむ必要があることを、「補論第二」で示しておいた。

ヘーゲルの学問システム自体が「動態」なのである。これは、ヘーゲルの学問営為――とくに大学での講義活動――全体からして確実に言いうることだと思う。

＊

これまでの碩学であれば、おそらく、諸論考の集積を「ヘーゲル国家学」と銘打つことに躊躇したことと思う。思うに、「研究」は、所詮は二次的なものであって、「学問」分野の創出ではないからである。原典は、あくまでヘーゲルの『法の哲学』であり、またその講義録である。

しかし、本書があえてそうしたのは、あくまで「学問」たろうとしたヘーゲルの素志を貫くには、こう名づけなければ落ち着かないからである。それに、ヘーゲルの議論を思想史の〝標本箱〟に入れて悦に入る態度だけは、非哲学的なこととして断固拒否したかったからでもある。また、解釈が迫られたさいに、〝生けるヘーゲル、死せるヘーゲル〟といった、ア・プリオリな立場性による恣意的な選別でヘーゲルを乗り越えたといった幻想に浸れなかったこともある。そうした死活の判断には、なにか特定の固い信条――宗教意識であれ党派意識であれ――が必要となるだろうが、筆者には、依拠すべきそれがなかったのである。

ヘーゲルのいう「国家」を丸ごと「学問」として受け取る、こうした姿勢があってもよいのではないか。

＊

本書をまとめるにあたり一番悩ましかったのは、それぞれの論考の初出時に用いた訳語や文体と、それに対する今日の意識との著しい懸隔である。

読者は、本書で、「即自」「対自」「即かつ対自」「止揚」などといった有名なヘーゲル業界用語や、「反省」や「思弁」（本書で一部意図的に保存）といった哲学業界用語が見当たらないことに気づくと思う。研究駆け出しのころは、それらを用いることこそが「ヘーゲル的」「哲学的」だと思い込んでいた。

しかし、ヘーゲル最初の「自然法と国家学」講義を翻訳し推敲を重ねるなかで、その議論が理解されない元凶となっているこれらのジャーゴンを「廃棄」する決意がしだいに固まってきた。その一部は、講義録を法政大学出版局で上梓したさいにすでに解決したが、「反省」を〈折れ返り〉や〈振り返り〉とし、「思弁」を〈鏡映視〉とするといった代替は、なお生煮え状態である。いずれにせよ、ジャーゴンの克服が成功しているかどうかは公衆の判断に委ねるしかない。ただ、この場でご理解いただきたいことは、そうした意味不明な言葉から日本におけるヘーゲル理解ないし哲学理解を解放しなければ、これらの大衆化はけっして望めないという判断である。

初出のままの論集とする、というのも一つの立場であろう。私自身もそれに愛着がある。しかし、そうすれば、おそらく筆者の乱れた思考を如実に示す益にもまして、読者が全体を通観できない害悪のほうが勝ると思われた。公衆に「ヘーゲル国家学」を示すには、これはきわめて具合の悪いことであろう。私の頭の悪さがヘーゲルのそれと取り違えられては事である。そこで、初出の論考には大幅に手を入れ、ジャーゴンを極力排するのみならず、とりわけ訳語および文体の統一に心を砕いた。また、散見された粗笨な誤りも訂しておいた。もっとも、それでも不統一にして粗笨なところもまだまだあろうかと思う。これは、もはや能力の限界とご寛恕を願いつつ、よろしくご教導いただきたいと思う。

ともあれ、そのようにして一貫性をもたせるにしても、集成に由来する議論の重複については、いかんともしがたかった。無理やり手を入れて整理するとなると、個々の部分で議論の歪みが生じかねないからである。この点、読者におかれては、くどい議論をしていると思われることたびたびであろうが、なにとぞ事情をご斟酌賜り、論脈のかぎりのこととご容赦いただければ幸いである。

それにしても、初出のままとしないならば、最新の資料や重要な論考にも言及して再吟味するのが筋というものだろうし、この間にいただいた多くの論文や研究書にも言及して報恩すべきところであろうが、限りある心身が〝対応できない〟と悲鳴を上げてきた。これに素直に従ったことをお赦しいただきたい。いずれにせよ、いまや公衆のご批判、ご批評を乞うのみである。

本書が成るまでの間に歩んできた道について、私事になるがこの場を借りて記しておきたい。

＊

東京大学文学部哲学科では、『精神の現象学』を輪読されていた渡辺二郎先生の演習の末席を温めた。卒業論文は、「道徳性とは何か――ヘーゲルの『精神の現象学』の「道徳性」の章を拠り所として――」であり、口頭試問で三十分間とっちめられた。一橋大学大学院社会学研究科に進学するさい、先生は「社会哲学とはなにか」という根本的な質問をされ、私はしどろもどろになった。「社会」というものを哲学的に理解できていなかったのである。それでも、卒業するとき、学友たちに「国家論を深める」と宣言した。無知なるがゆえの無謀である。先輩のいる石油会社への内定が決まっていたが、わが志を赦していただいた。

大学院では、マルクス主義国家論を講じていた加藤哲郎先生に、マルクス批判のかたちでヘーゲル『法の哲学』の国家論を研究したいと申し出て指導教官をお願いし、快く受け入れていただいた。また、島崎隆先生にはヘーゲルの『論理学』、岩佐茂先生には『エンツュクロペディー』を読んでいただいた。

修士課程の出発点では、ヘーゲルの『法の哲学』とそれに対するマルクスの批判、これに研究文献の渉猟といったところでなんとかなるのではあるまいかと、甘い見通しを立てていた。しかし、岩崎允胤先生――進学時にはすでに退官されていたが『パルメニデス』を読んでいただいた――の旧ゼミ生が集う自主ゼミで薫陶を受けるなか、初夏のある夕べ、先輩からボソッと「イルティング編集の講義録は読んだの?」と問われた。「それって、読まなきゃなりませんかね。」「だって、『法の哲学』やるんでしょ?」「……」

それ以来、講義録に浸かる日々が続き、また続々と出版される新しい講義録も読まざるをえず、修士論文を書き上げるまでそれと悪戦苦闘した。構内にある院生寮と研究室の絶え間ない往復運動、そして国立の街を縦横する夜の酒を交えた談論風発……。ジンメルもウェーバーもアドルノもやって来た。

本書で展開する議論の出発点は、こうした日々であった。

修士論文は、「近代市民社会的存在－意識構造とコルポラツィオン的止揚」である。当時の一橋では、先述のように――単位化できる――自主ゼミ制度があり、その講師を招くかたちで、加藤尚武先生には『法の哲学』を読んでいただき、久保陽一先生にはいわゆる「神学論集」を読んでいただいた。（そうしたなかで、博士課程単位取得論文「国家実体の変動と有機化の論理－ヘーゲル『法の哲学』「国家」論の理念論的意味－」を書き上げた。）それ以来、加藤尚武先生や久保陽一先生には長らくおつきあいいただき、懇切なご指導を頂戴してきた。また、これを前後して一九八六年「ヘーゲル研究会」――今日の「日本ヘーゲル学会」――が設立され、それにかかわることで同好の多くの先生方や先輩方からご教示を受けることができ、おおいに視野を広げることができた。

なかでも、髙柳良治先生には、拙稿が先生のご論考に言及したこともあってか、詳細なご批評をしていただくことがたびたびで、先生ご監訳の翻訳者にも加えてもらうこともあり、その温かいご指導はたいへんありがたいものであった。しかし、先生は、一昨年、突然の病に臥し急逝されてしまった。本書は、なによりも髙柳先生にご批評いただかねばならぬ書である。本書を捧げ、心からご冥福をお祈りしたい。そして、天の声の叱正が下るのを期待したい。

本書は、先生方、先輩方の学恩の賜物です。心から感謝申し上げます。

＊

本書の出版は、跡見学園女子大学学術図書出版助成による。

この出版助成を受ける申請にあたって、法政大学出版局編集部長の郷間雅俊さん、また編集者の高橋浩貴さんに引き受けていただくよう急なお願いをし、事情を酌んでいただいた。また、跡見学園女子大学全学教育・研究支援委員会の皆さんには、大部の原稿をお読みいただき審査のご迷惑をおかけした。本書が世に出ることができるのは、これに意義を認めてくださった以上の方々のお蔭である。そのご厚意に衷心より感謝いたします。また、本書の出版助成をご裁可くださった跡見学園女子大学山田徹雄学長、跡見学園山﨑一穎理事長には、このような光栄な機会をお与えていただいたことに深く御礼申し上げます。

とりわけ、高橋さんには、訳語や文体を統一するなどの私の作業がなかなか進まないのを辛抱強く待っていただき、さらに表現上の不明点などの指摘を丁寧にしていただいた。本書が読みやすくなっているとすれば、高橋さんのご苦労によるところである。また、索引の編成は、高橋さんに頼りきりであった。ほんとうにありがとうございました。

＊

時あたかも立憲主義の崩壊にさいし、あらためて理性的国家の樹立の必要性が高まるなか、本書が刊行されたことをみずから慶びます。

若者たちに幸多からんことを！

二〇一六年一月一八日、雪、立川にて

神山伸弘記す

索　引

あ行

か行

さ行

た行

な行

は行

ま行

や行

ら・わ行

文　献

ヘーゲルのテキスト

Georg Wilhelm Friedrich Hegel, *Naturrecht und Staatswissenschaft im Grundrisse, Grundlinien der Philosophie des Rechts*, Belin 1821（1820）, in: *HW.*, Bd. 7, 1970. 節数付記。序文は、**Vorrede** と示し、初版頁数を付記する。「法の哲学」藤野渉・赤沢正敏訳（『中公バックス　世界の名著 44　ヘーゲル』（岩崎武雄編集）、中央公論社、1978 年所収、ホフマイスター版・ラッソン版による訳）参照。

HW.: G. W. F. Hegel, *Werke in zwanzig Bänden*, Suhrkamp, Frankfurt am Main 1970 f.

HW12.: *HW.*, Bd. 12, Vorlesungen über die Philosophie der Geschichte.

VR.: *Vorlesungen über Rechtsphilosophie 1818–1831*, Edition und Kommentar in sechs Bänden von K.-H. Ilting, 4 Bde., Stuttgart-Bad Cannstatt 1974.

RN.: „Hegels Vorlesungsnotizen 1821–1825“, in: *VR.*, Bd. 2, 1974.『法の哲学』初版ヘーゲル自家用本自筆ノート。頁数付記。必要に応じ対応節数付記。

E1.: Georg Wilhelm Friedrich Hegel, *Encyklopädie der philosophischen Wissenschaften im Grundrisse*, Heidelberg 1817.『エンツュクロペディー』初版（グロックナー版の写真版）。節数付記。必要に応じ頁数付記。

EN.: „Hegels Vorlesungsnotizen 1818–1819“, in: *VR.*, Bd. 1, 1973.『エンツュクロペディー』初版ヘーゲル自家用本自筆ノート。頁数付記。

E3.: Hegel, Enzyklopädie der philosophischen Wissenschaften im Grundrisse（1830）, *HW.*, Bd. 8–10, 1970.『エンツュクロペディー』第 3 版。節数付記。Anm. はヘーゲルの註解（Anmerkung）。Zu. はホトーによる補遺（Zusatz）.

PhäG.: Hegel, Phänomenologie des Geistes, *HW.*, Bd. 3, 1970.

LII.: Hegel, Wissenschaft der Logik II, *HW.*, Bd. 6, 1969. 頁数付記。

JSIII.: *Jenaer Systementwürfe III*, Naturphilosophie und Philosophie des Geistes, Neu hrsg. v. R.-P. Horstmann, *Philosophische Bibliothek*, Bd. 333, Hamburg 1987. 頁数付記。

Hegel, „Grundkonzept zum Geist des Christentums“, in: *HW.*, Bd. 1, 1971.

Hegel, „[Fragmente über Volksreligion und Christentum]（1793–1794）“, in: *HW.*, Bd. 1.

Hegel, „Die Positivität der christlichen Religion（1795/1796）Zusätze“, in: *HW.*, Bd. 1.

VD.: Hegel, „Die Verfassung Deutschlands（1800–1802）“, in: *HW.*, Bd. 2.

LKW.: Hegel, „Verhandlungen in der Versammlung der Landstände des Königreichs Württemberg im Jahr 1815 und 1816“, in: *HW.*, Bd. 4, Frankfurt am Main 1970.

Hegel, „Erwiderung auf Schubarth/Carganico（Jahrbücher für wissenschaftliche Kritik; 1829）“, in: *MHR.*, Bd. 1, S. 214–9.

BH.: *Briefe von und an Hegel*, 4 Bde., J. Hoffmeister（hrsg.）, *Philosophische Bibliothek*, Bd. 235–7, Hamburg 1969; Bd. 238 a–b, 1981.

VANM.: Georg Wilhelm Friedrich Hegel, *Vorlesungen, Ausgewählte Nachschriften und Manuskripte*, Hamburg 1983 ff.

I.: „Vorlesungen über Naturrecht und Staatswissenschaft, Heidelberg 1817/18, Nachgeschrieben von P. Wannenmann", in: *VANM.*, Bd. 1, hrsg. v. C. Becker et al., 1983. 1817・18 年講義。頁数・節数付記。G. W. F. ヘーゲル『自然法と国家学講義――ハイデルベルク大学 1817・1818 年』、高柳良治監訳、神山伸弘・滝口清榮・徳増多加志・原崎道彦・平山茂樹訳、法政大学出版局、2007 年。

I2.: „Naturrecht und Staatswissenschaft, Vorgetragen von G. W. F. Hegel zu Heidelberg im Winterhalbjahr 1817/18, P. Wannenmann", in: G. W. F. Hegel, *Die Philosophie des Rechts, Die Mitschriften Wannenmann (Heidelberg 1817/18) und Homeyer (Berlin 1818/19)*, hrsg. v. K.-H. Ilting, Stuttgart 1983.

II.: „Naturrecht und Staatswissenschaft nach der Vorlesungsnachschrift von C. G. Homeyer 1818/1819", in: *VR.*, Bd. 1. 1818・19 年講義。

II2.: „Natur- und Staatsrecht, nach Vortrag des Professors Hegel im Winterhalbjahr 1818/19, von C. G. Homeyer", in: G W. F. Hegel, *Die Philosophie des Rechts, Die Mitschriften Wannenmann (Heidelberg 1817/18) und Homeyer (Berlin 1818/19)*, hrsg. v. K.-H. Ilting, Stuttgart 1983.

III.: *Philosophie des Rechts, Die Vorlesung von 1819/20 in einer Nachschrift*, hrsg. v. D. Henrich, Frankfurt am Main 1983. 1819・20 年講義。頁数・節数付記。

III2.: Vorlesungen über die Philosophie des Rechts, Berlin 1819/20, *VANM.*, Bd. 14, 2000.

V.: „Philosophie des Rechts, nach der Vorlesungsnachschrift von H. G. Hotho 1822/23", in: *VR.*, Bd. 3. 1822・23 年講義。頁数・節数付記。

VI.: „Philosophie des Rechts, nach der Vorlesungsnachschrift K. G. v. Griesheims 1824/25", in: *VR.*, Bd. 4, 1974. 1824・25 年講義。頁数・節数付記。

VL.: *Vorlesungen über die Logik*, *VANM.*, Bd. 10, 2001. 頁数付記。G・W・F・ヘーゲル『論理学講義――ベルリン大学 1831 年』、牧野広義ほか訳、文理閣、2010 年。

A.: Nachschrift A. In: W. Bonsiepen, „Hegels Raum-Zeit-Lehre, Dargestellt anhand zweiter Vorlesungsnachschriften", in: *Hegel-Studien*, Bonn 20（1985）, 9–78. 頁数付記。

U.: Nachschrift U. In: dito. 頁数付記。

VPN.: *Vorlesungen über die Philosophie der Natur, Berlin 1819/20*, *VANM.*, Bd. 16, 2002. ヘーゲル『自然哲学（哲学体系 II）』上巻（『ヘーゲル全集』2a）、加藤尚武訳、岩波書店、1998 年。

VRV.: „Die Vollendete Religion, nach der Vorlesung von 1824", in: *VANM.*, Bd. 5, 1984. 頁数付記。

Hegel, *Vorlesungen über die Geschichte der Philosophie I*, *HW.*, Bd. 18, 1971.

VPW.: Hegel, *Vorlesungen über die Philosophie der Weltgeschichte, Berlin 1822/1823*, Nachschrift von K. G. J. v. Griesheim, H. G. Hotho, u. F. C. H. V. v. Kehler, hrsg. v. K. H. Ilting et al., *VANM.*, Bd. 12, 1996.

BM.: Hegel, „Bewußtseinslehre für die Mittelklasse（1808/09）", in: *HW.*, Bd. 4.

Hegel, *Vorlesungen über die Ästhetik II*, *HW.*, Bd. 14.

Hegel, „Philosophie der Weltgeschichte, Einleitung 1830/31", in: *Gesammelte Werke*, Bd. 18, hrsg. v. W. Jaeschke, Hamburg 1995.

二次文献（略記号）

CS.: Jean-Jacques Rousseau, "Du Contrat Social" *Œuvres complètes*, III, Gallimard, ［Paris］ 1964. ルソー『社会契約論』、桑原武夫・前川貞次郎訳、岩波文庫、1954 年。頁数付記。必要に応じ章節数を § で示す。漢数字は邦訳。

EF.: I. Kant, „Zum ewigen Frieden, Ein philosophischer Entwurf", in: *Kants Werke*, Akademie-Textausgabe, Bd. VIII, Berlin 1968. カント『永遠平和のために』、宇都宮芳明訳、岩波文庫、1985 年。頁数付記。漢数字は邦訳。

FW.: *Fichtes Werke*, hrsg. v. I. H. Fichte, Berlin 1971.

GN.: Johann Gottlieb Fichte, „Grundlage des Naturrechts nach Principien der Wissenschaftslehre", in: *FW.*, Bd. 3. フィヒテ「知識学の原理による自然法の基礎」、藤澤賢一郎訳、『フィヒテ全集』第 6 巻、哲書房、1995 年。頁数付記。漢数字は邦訳。

KHS.: K. Marx, „Zur Kritik der Hegelschen Rechtsphilosophie, ［Kritik des Hegelschen Staatsrechts（§§ 261–313）］", in: *K. Marx, F. Engels Werke*, Bd. 1. Berlin 1956. 頁数付記。マルクス「ヘーゲル法哲学の批判から　ヘーゲル国法論（第 261 節―第 313 節）の批判」、真下真一訳、『マルクス＝エンゲルス全集』第 1 巻、大月書店、1959 年。

MHR.: *Materialien zu Hegels Rechtsphilosophie*, 2 Bde., hrsg. v. M. Riedel, Suhrkamp, Frankfurt am Main 1975.

HPR.: *Hegels Philosophie des Rechts, Die Theorie der Rechtsformen und ihre Logik*, hrsg. v. D. Henrich und R.-P. Horstmann, Stuttgart 1982.

HRZ.: *Hegels Rechtsphilosophie im Zusammenhang der europäischen Verfassungsgeschichte*, hrsg. v. H-C. Lucas u. O. Pöggeler,（Spekulation und Erfahrung, Texte und Untersuchungen zum Deutschen Idealismus: Abteilung II, Untersuchungen; Bd. 1）, Stuttgart-Bad Cannstatt 1986.

AL.: *Anspruch und Leistung von Hegels Rechtsphilosophie*, hrsg. v. Christoph Jermann,（Spekulation und Erfahrung, Texte und Untersuchungen zum Deutschen Idealismus: Abteilung II, Untersuchugen; Bd. 5）, Stuttgart-Bad Cannstatt 1987.

金子 : 金子武蔵『ヘーゲルの国家観』、岩波書店、第 6 刷 1984 年（第 1 刷 1944 年）。

二次文献（その他）

Shlomo Avineri, *Hegel's Theory of the Modern State*, Cambridge, London 1972. シュロモ・アヴィネリ『ヘーゲルの近代国家論』、髙柳良治訳、未來社、1978 年。

P. Becchi, „Im Schatten der Entscheidung, Hegels unterschiedliche Ansätze in seiner Lehre zur fürstlichen Gewalt", in: *Archiv für Rechts- und Sozialphilosophie*, Stuttgart 72（1986）, S. 231–45.

K. F. Bertram, *Widerstand und Revolution, Ein Beitrag zur Unterscheidung der Tatbestände und ihrer Rechtsfolgen*, Berlin 1964. K・F・ベルトラム『抵抗権と革命――その法理』、西浦公訳、御茶の水書房、1980 年。

Siegfried Blasche, „Natürliche Sittlichkeit und bürgerliche Gesellschaft. Hegels Konstruktion der Familie als sittliche Intimität im entsittlichten Leben", in: *MHR*, Bd. 2, S. 312–37.

B. Bourgeois, "Le prince hégélien", in: E. Weil, K.-H. Ilting, et al., *Hegel et la philosophie du Droit*, Paris 1979.

Reinhard Brandt, „Dichotomie und Verkehrung, Zu Marx' Kritik des Hegelschen Staatsrechts", in: *Hegel-Studien*, Bonn 14 (1979), S. 225–42.

O. D. Brauer, *Dialektik der Zeit, Untersuchungen zu Hegels Metaphysik der Weltgeschichte*, Stuttgart 1982.

C. Cesa, „Entscheidung und Schicksal: die fürstliche Gewalt", in: *HPR.*, 185–222.

Paul Chamley, "La Doctorine économique de Hegel d'après les notes de cours de Berlin", in: *HPR.*, S. 132–8.

W. E. Connolly, *Political Theory and Modernity*, Oxford 1988. ウィリアム・E・コノリー『政治理論とモダニティー』、金田耕一・栗栖聡・的射場敬一・山田正行訳、昭和堂、1993年。

Iring Fetscher, „Zur Akutualität der politischen Philosophie Hegels", in: *Hegel-Bilanz, Zur Aktualität und Inaktualität der Philosophie Hegels*, hrsg, v. R. Heede u. J. Ritter, Frankfurt am Main 1973, S. 193–229.

J. G. Fichte, „Zum ewigen Frieden. Ein philosophischer Entwurf von Immanuel Kant. Königsberg, bei Nicolovius. 1775. 104 S. 8°", in: *FW.*, Bd. 8. フィヒテ「カントの『永遠平和のために』論評」、杉田孝夫・渡辺壮一訳、『フィヒテ全集』第6巻、哲書房、1995年。

E. Gans, „Erwiderung auf Schubarth (Jahrbücher für wissenschaftliche Kritik; 1839)", in: *MHR.*, Bd. 1, S. 267–75.

Deutsches Wörterbuch von Jacob Grimm und Wilhelm Grimm, Leipzig 1854 ff., Nachdr. München, Deutscher Taschenbuch Verlag, 1991.

Geschichtliche Grundbegriffe, Historisches Lexikon zur politisch-sozialen Sprache in Deutschland, hrsg. v. O. Brunner, et al., Bd. 1, Stuttgart 1972.

J. Habermas, *Theorie und Praxis, Sozialphilosophische Studien*, Frankfurt am Main 1974.

Manfred Hanisch, *Dialektische Logik und politisches Argument, Untersuchungen zu den methodishen Grundlagen der Hegelschen Staatsphilosophie*, Königstein/Ts. 1981.

G. Heiman, "The Souces and Significance of Hegel's Corporate Doctrine", in: *Hegel's Political Philosophy, Problems and Perspectives*, ed. by Z. A. Pelcynski, Cambridge 1971.

Dieter Henrich, „Vernunft in Verwirklichung, Einleitung des Herausgebers", in *III.*

D. Henrich, „Leutwein über Hegel, Ein Dokument zu Hegels Biographie", in: *Hegel-Studien*, Bonn 3 (1965), S. 39–77.

Jacques D'Hondt, *Hegel en son temps (Berlin, 1818–1831)*, Paris 1968. J・ドント『ベルリンのヘーゲル』、花田圭介監訳・杉山吉弘訳、法政大学出版局、1983年。

J. D'hondt, *Hegel secret, Recherches sur les sources cachés de la pencée de Hegel*, Paris 1968.

Vittorio Hösle, „Die Stellung von Hegels Philosophie des objektiven Geistes in seinem System und ihre Aporie", in: *AL.*, S. 11–53.

V. Hösle, „Der Staat", in: *AL.*, S. 183–226.

V. Hösle, *Hegels System, Der Idealismus der Subjektivität und das Problem der Intersubjektivität*, Bd. 2, Hamburg 1987.

K.-H. Ilting, „Einleitung, Die „Rechtsphilosophie" von 1820 und Hegels Vorlesungen über Rechtsphilosophie", in: *VR.*, Bd. 1, S. 23–126.

K.-H. Ilting, „Einleitung des Heraus-gebers, Der exoterische und esoterische Hegel (1824–1831)", in: *VR.*, Bd. 4, S. 45–91.

K.-H. Ilting, „Philosophie als Phänomenologie des Bewußtseins der Freiheit", in: *HPR.*
K.-H. Ilting, „Die Struktur der Hegelschen Rechtsphilosophie", in: *MHR.*, Bd. 2.
Christoph Jermann, „Die Familie, Die bürgerliche Gesellschaft", in: *AL.*, S. 145–82.
Kant, Die Metaphysik der Sitten, in: *Kants Werke*, Akademie-Textausgabe, Bd. 6, Berlin 1968. カント「人倫の形而上学」『カント全集』11、樽井正義・池尾恭一訳、岩波書店、2002 年。
A. Kojève, *Introduction à la lecture de Hegel*, Paris 1947.
„Magister Leutwein an Schwegler über Hegels Stifts-Zeit", *Dokumente zu Hegels Entwicklung*, hrsg. v. J. Hoffmeister, Stuttgart 1936.
H.-C. Lucas/U. Rameil, „Furcht vor der Zensur? Zur Entstehungs- und Druckgeschichte von Hegels Grundlinien der Philosophie des Rechts", in: *Hegel-Studien*, Bonn 15 (1980), S. 63–93.
Friedrich Müller, *Korporation und Assoziation, Eine Problemgeschichte der Vereinigungsfreiheit im deutschen Vormärz*, Berlin 1965.
G. Lübbe-Wolff, „Hegels Staatsrecht als Stellungsnahme im ersten preußischen Verfassungskampf", in: *Zeitschrift für philosophische Forschung*, Meisenheim/Gran 35 (1981).
Hans-Christian Lucas, „„Wer hat die Verfassung zu machen, das Volk oder wer anders?" Zu Hegels Verständnis der konstitutionellen Monarchie zwischen Heidelberg und Berlin", in: *HRZ.*, S. 175–220.
Marx, „Ökonomish-philosophische Manuskripte (Erste Wiedergabe)", in: *K. Marx, F. Engels Gesamtausgabe*, I. Abt. Bd. 2, Berlin 1982, S. 301 ff. マルクス「ヘーゲル国法論（第 261 節―第 313 節の批判）」、真下信一訳、『マルクス＝エンゲルス全集』第 1 巻、大月書店、1959 年、233–372 頁。
M. Maidan, "Réconcilation et Conflit, Les Limites de la Philosophie Politique de Hegel", in: *ARSP.*, Stuttgart 73 (1987), pp. 330–7.
Montesquieu, De l'esprit des lois, *Œuvres complétes*, tome II, Paris 1951.
Henning Ottmann, *Individuum und Gemeinschaft bei Hegel,* Band I, Hegel im Spiegel der Interpretation, (Quellen und Studien zur Philosophie; Bd. 11), Berlin/New York 1977.
H. Ottmann, „Hegels Rechtsphilosophie und das Problem der Akkomodation, Zu Iltings Hegelkritik und seiner Edition der Hegelschen Vorlesungen über Rechtsphilosophie", in: *Zeitschrift für philosophische Forschung*, Meisenheim/Glan 33 (1979), S. 227–43.
Adriaan Theodoor Peperzak, *Philosophy and Politics, A Commentary on the Preface to Hegel's Philosophy of Right*, (Archives internationales d'histoire de idées; 113), Dordrecht/Boston/Lancaster 1987.
Raymond Plant, "Economic and Social Integration in Hegel's Political Philosophy", in: *Hegel's Social and Political Thought, The Philosophy of Objective Spirit*, ed. by D. P. Verene, New Jersey 1980.
O. Pöggeler, „Einleitung", in: *VANM.*, Bd. 1, 1983, S. IX–XLVIII.
B. P. Priddat, *Hegel als Ökonom*, Berlin 1990. ビルガー・P・プリッダート『経済学者ヘーゲル』、髙柳良治・滝口清榮・早瀬明・神山伸弘訳、御茶の水書房、1999 年。
D. Ricard, *On the Principles of Political Economy, and Taxation* (1817), ed. by E. C. K. Gonner, London 1908.
Manfred Riedel, *Bürgerliche Gesellschaft und Staat bei Hegel, Grundproblem und Struktur der Hegelschen Rechtsphilosophie*, Neuwied und Berlin 1970. M・リーデル『ヘーゲルにおける

市民社会と国家』、池田貞夫・平野英一訳、未來社、1985 年。
J. Ritter, *Hegel und die französische Revolution*, Köln/Opladen 1957. ヨアヒム・リッター『ヘーゲルとフランス革命』、出口純夫訳、理想社、1969 年。
D. Rosenfield, *Politique et liberté, une étude sur la structure logique de la philosophie du droit de Hegel*, Paris 1984.
F. W. J. Schelling, *System des transzendentalen Idealismus, Philosophische Bibliothek*, Bd. 254, Hamburg 1957.
F. W. J. Schelling, *System der gesammten Philosophie und der Naturphilosophie insbesondere (1804)*, Ausgewählte Schriften, Bd. 3, Frankfurt am Main 1985.
L. Siep, „Intersubjektivität, Recht und Staat in Hegels, Grundlinein der Philosophie des Rechts ' ", in: *HPR.*, S. 255–76.
L. Siep, „Hegels Theorie der Gewaltenteilung", in: *HRZ.*, S. 387–420.
L. Siep, *Anerkennung als Prinzip der praktischen Philosophie*, Freiburg/München 1979.
Herbert Schnädelbach, *Hegels praktische Philosophie, Ein Kommentar der Texte in der Reihenfolge ihrer Entstehung*, Frankfurt am Main 2000.
Charles Taylor, *Hegel and modern society*, London 1979. チャールズ・テイラー『ヘーゲルと近代社会』、渡辺義雄訳、岩波書店、1981 年。
Michael Teunissen, „Die verdrängte Intersubjektivität in Hegels Philosophie des Rechts", in *HPR.*, S. 317–81.
N. v. Thaden, „v. Thaden an Hegel（Syndruphoff den 8 Aug. 1821）", in: *BH.*, Bd. 2, S. 278–82.
A. S. Walton, "Economy, utility and community in Hegel's theory of civil society", in: *The State and Civil Society, Studies in Hegel's Political Philosophy*, ed. by Z. A. Pelczynski, Cambridge 1984, pp. 244–61.
E. Weil, *Hegel et l'etat*, Paris 1950.
芦部信喜『憲法制定権力』、東京大学出版会、1983 年。

上野千鶴子『家父長制と資本制——マルクス主義フェミニズムの地平』、岩波書店、1990 年。

生方卓「ヘーゲルのポリツァイ論について」、『政経論叢』第 44 巻。

生方卓「ヘーゲルにおける『欲求のシステム』——講義筆録の検討」、『政経論叢』第 44 巻。

C・I・グリアン『ヘーゲルと危機の時代の哲学』、橋本剛・高田純訳、御茶の水書房、1983 年。

栗原彬「メタファーとしての家族」、『シリーズ　変貌する家族 7　メタファーとしての家族』、上野千鶴子他編、岩波書店、1992 年。

粂康弘『システムと方法——哲学的理論構成と弁証法』、世界書院、1984 年。

権左武志『ヘーゲルにおける理性・国家・歴史』、岩波書店、2010 年。

笹沢豊「精神の成熟——ヘーゲルの「時間」概念をめぐって」、中埜肇編『ヘーゲル哲学研究』、理想社、1986 年。

柴田高好『ヘーゲルの国家理論』、日本評論社、1986 年。

カール・シュミット『憲法論』、阿部照哉・村上義弘訳、みすず書房、1974 年（原著 1928 年）。

髙柳良治「ホッブズ、ルソー、およびヘーゲルの中間団体論」、『国学院経済学』第 28 巻、1981 年。

髙柳良治『ヘーゲル社会理論の射程』御茶の水書房、2000年。

滝口清榮「ヘーゲル法哲学の基本構想――公と私の脱構築」、『思想』935号、2000年。

竹村喜一郎「市民社会観の旋回と理性国家の位相」、『ヘーゲル』、以文社、1980年。

西憲二「後期ヘーゲルの市民社会と経済認識――経済的自由主義をめぐって」、『経済科学』第27巻第2号。

橋本努「自由」、『リバタリアニズム読本』森村進編著、勁草書房、2005年。

アイザィア・バーリン『自由論』1・2、生松敬三・小川晃一・小池銈訳、みすず書房、1971年。

早瀬明「市民社会に対抗する家族――ヘーゲル家族論の政治的含意」、『ヘーゲル哲学研究』第9号、2003年。

福吉勝男『ヘーゲルに還る――市民社会から国家へ』、中公新書、1999年。

R・K・ホッチェヴァール『ヘーゲルとプロイセン国家』、壽福眞美訳、法政大学出版局。

M・バウム、K・R・マイスト「法・政治・歴史」、O・ペゲラー『ヘーゲルの全体像』谷嶋喬四郎監訳、以文社、1988年。

馬場伸也「ヘーゲル的国家・歴史観からカント的共同体論へ」、日本平和学会編集委員会編『平和の思想――講座平和学II』、早稲田大学出版部、1984年。

フランシス・フクヤマ『歴史の終り』（上・下）、渡部昇一訳、三笠書房、1992年。

ジェイムズ・L・ピーコック『人類学と人類学者』、今福龍太訳、岩波書店、1988年。

E・リーチ『社会人類学案内』、長島信弘訳、岩波書店、1985年。

水野健郎「ヘーゲル『法哲学』の生成と理念（序）――イルティング・テーゼとその批判」、『哲学・思想論集』（筑波大学）、第12号。

養老孟司『無思想の発見』、筑摩書房、2005年。

吉永みち子『性同一性障害』、集英社新書、2000年。

鷲田小彌太『ヘーゲル『法哲学』研究序論』、新泉社、1975年。

和辻哲郎『風土』、岩波文庫、1979年。

初出一覧

序論　1　本書のための書き下ろし。

序論　2　「イルティング・テーゼ」、『現代思想』第21巻第8号、1993年7月20日、256–259頁。

序論　3–6　「解釈者の国家像批判としての国家の動的内在論理——ヘーゲル『法の哲学』に対する対立的評価からの脱却をめぐって」、『フォーラム』（跡見学園女子大学文化学会）20号、2002年3月20日、74–84頁。

第1章第1節　「生命ある善としての家族——ヘーゲル『法の哲学』における人倫的実体の始めの姿について」、『跡見学園女子大学人文学フォーラム』第3号、2005年3月15日、41–61頁。

第1章第2節　「市民社会の人倫的再編——ヘーゲル『法の哲学』における「職業団体」導出論理」、『一橋論叢』（一橋大学一橋学会）第101巻第2号、1989年2月1日、281–300頁。

第1章第3節　「ヘーゲルの『法の哲学』における国家生成の論理——「最初のもの」としての国家の現実的主体性について」、『一橋論叢』（一橋大学一橋学会）第99巻第6号、1988年6月1日、875–894頁。

第2章第1節　「自己意識の思惟としての国家——ヘーゲル『法の哲学』における国家への人格の一関与形態」、『倫理学年報』（日本倫理学会）第38集、1989年3月30日、73–89頁。

第2章第2節　「個々人は普遍的意志を担いうるか？——ヘーゲル『法の哲学』において人民を精神と捉える意味」、岩佐茂・島崎隆編『精神の哲学者　ヘーゲル』、創風社、2003年4月5日、148–176頁。

第2章第3節　「人倫的理念の超越性と実在性の間——ヘーゲル『法の哲学』における革命の権利づけをめぐって」、『一橋研究』（一橋大学大学院一橋研究編集委員会）第14巻第1号、1989年4月30日、35–60頁。

第3章第1節　「君主の無意味性——ヘーゲル『法の哲学』における「君主」の使命」、『一橋論叢』（一橋大学一橋学会）第104巻第2号、1990年8月1日、200–219頁。

第3章第2節　「統治と市民社会の差異の意義——ヘーゲルの『法の哲学』における統治権の恣意性排斥をめぐって」、『一橋論叢』（一橋大学一橋学会）第108巻第2号、1992年8月1日、209–229頁。

第3章第3節　「習俗の顕現場としての議会——ヘーゲルの『法の哲学』における議会の位置づけ」、『一橋論叢』（一橋大学一橋学会）第112巻第2号、1994年8月1日、245–264頁。

第3章第4節　「戦争を必然とみることの意味——ヘーゲル『法の哲学』における相互承認の積み重ねとしての国際関係」、『跡見学園女子大学紀要』（跡見学園女子大学）第35号、2002年3月15日、13–29頁。

第4章第1節　「ヘーゲル『法の哲学』における「国家の論理」——国家を動かす〈自由な意志〉の〈論理〉と〈恣意〉の〈教養形成〉的役割」、加藤尚武・滝口清榮編

『ヘーゲルの国家論』、理想社、2006年2月20日、61–92頁。

第4章第2節 「踊る国家――ヘーゲル『法の哲学』における国家の形態化の論理」、上妻精・長谷川宏・高山守・竹村喜一郎編『ヘーゲル　時代を先駆ける弁証法』、情況出版、1994年12月15日、46–66頁。

第4章第3節 「教養の鏡としての国家――ヘーゲル『法の哲学』における国家の正当性について」、『ヘーゲル哲学研究』（ヘーゲル研究会）第2号、1996年7月20日、15–26頁。

第4章第4節 「経験場における自由の教養――ヘーゲル哲学における教養としての文化概念」、『フォーラム』（跡見学園女子大学文化学会）17号、1999年3月18日、34–51頁。

補論第1 「理念と時間――ヘーゲルにおける「現在」の了解」、『哲学』（日本哲学会）第40号、1990年4月1日、142–154頁。

補論第2 「自然と和解する精神――成熟期ヘーゲル精神哲学の一根本問題」、加藤尚武編『ヘーゲルを学ぶ人のために』、世界思想社、2001年1月30日、116–132頁。

結　語 「自由による差異の承認――ヘーゲルの政治論理と民主主義の具体化」、加藤哲郎・今井晋哉・神山伸弘編著『〈政治を問い直す2〉差異のデモクラシー』、日本経済評論社、2010年7月1日、83–105頁。

神山伸弘（かみやま・のぶひろ）
1959年生まれ。一橋大学大学院社会学研究科社会学専攻博士課程単位修得退学。跡見学園女子大学文学部教授。西洋哲学・西洋思想史・政治思想史専攻。共編著に『〈政治を問い直す2〉差異のデモクラシー』（日本経済評論社、2010年）、共訳書にジープ『ドイツ観念論における実践哲学』（哲書房、1995年）、プリッダート『経済学者ヘーゲル』（御茶の水書房、1999年）、ヘーゲル『自然法と国家学講義』（法政大学出版局、2007年）、『フィヒテ全集第16巻　閉鎖商業国家・国家論講義』（哲書房、2013年）ほか。

ヘーゲル国家学

2016年2月25日　初版第1刷発行
著　者　神山伸弘
発行所　一般財団法人　法政大学出版局
〒102-0071 東京都千代田区富士見 2-17-1
電話 03(5214)5540　振替 00160-6-95814
組版：HUP　印刷：日経印刷　製本：誠製本

Printed in Japan
ISBN978-4-588-15076-0